福島原発苛酷事故の経験から

被災当事者の思想と環境倫理学

〈証言と考察〉

山本剛史 編・著
Yamamoto Takashi

言叢社

苛酷事故にみまわれた福島の過去・現在・未来
——あれから8年

石丸小四郎《いしまるこしろう》　双葉地方原発反対同盟

〔二〇一九年八月二一日　講演スライドより〕

苛酷事故後の東京電力福島第一原発の現状
（NHK ニュース 2019年4月）

同第一原発６基全稼働時　（東京電力(株)1980年）

何故！ 福島は分断するのか？ 02

ネガティブな思考に対する拒否反応……

しかし、それは過去の災禍の忘却につながる！

これは「復興」ですか
第27回―大熊町新庁舎開庁
豊田直已

安倍首相来る

ふりむくひまがあったら まえにすすめ

ふりむくひまがあったら

（豊田直己「これは『復興』ですか？ 第27回大熊町新庁舎開庁」『科学』2019年6月号、岩波書店、口絵。（左：482頁　右：483頁）

- 福島県の現状は第一次産業を中心にして非常に厳しい現状にある……健康問題、少子高齢化、観光業など……
- 「風評」とは根拠のないあいまいさだ……。噂だけで「経済的損害をもたらされている」と言う。
- ところが、苛酷事故以降ほとんどか実害だ。実害であるかぎり東電と国に賠償させるべきだ。賠償問題には極めて消極的な内堀知事である。ところが支持は80％超……だ？ 03
- ところが「原発はもうたくさん！」と言う民意は健在で、福島第二原発廃炉、トリチウム汚染水問題などを食いとめ、はねかえしている。

激震は３分間続いた！ 04

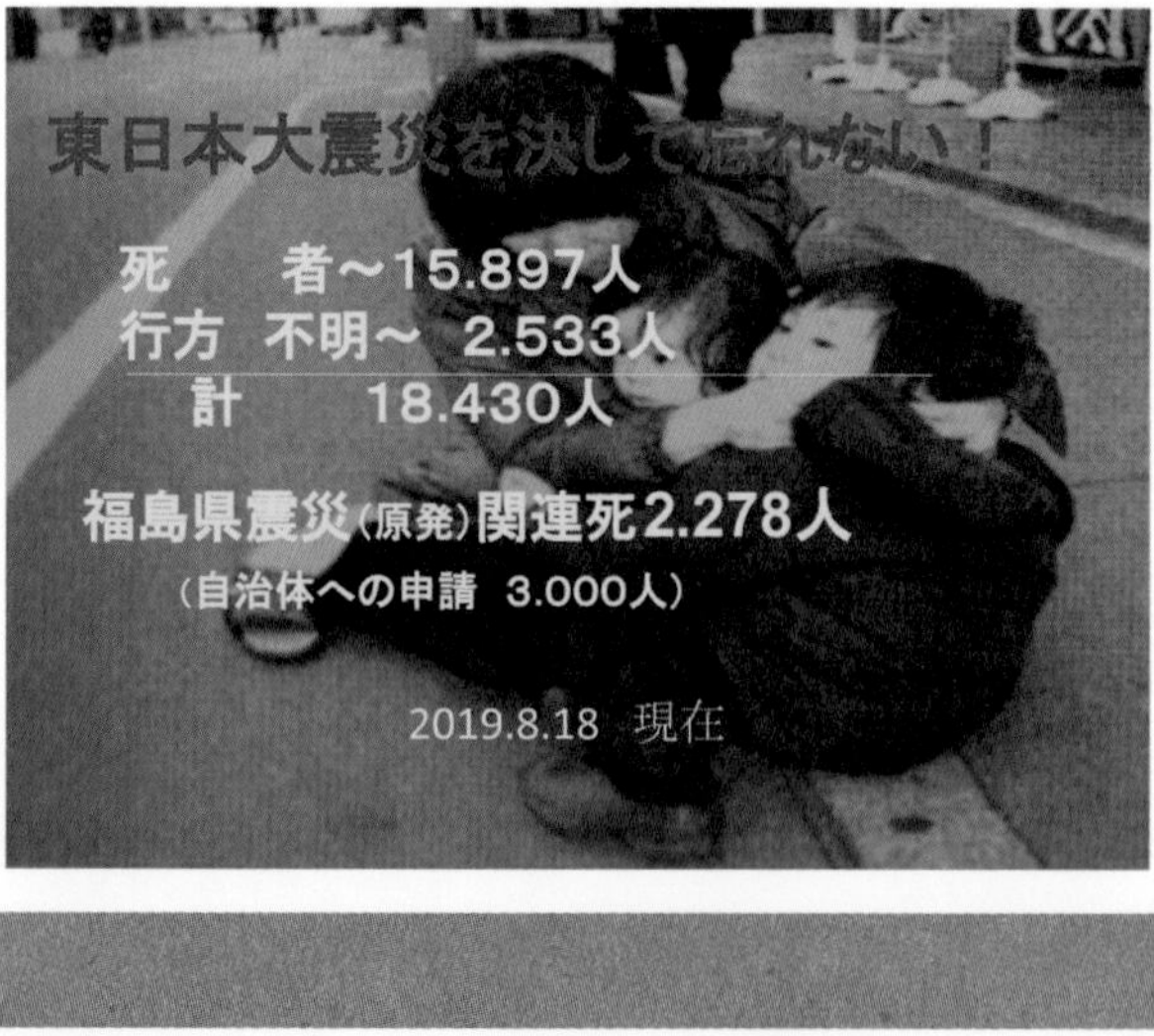
東日本大震災を決して忘れない！
死　　者～15.897人
行方 不明～ 2.533人
計　　18.430人
福島県震災（原発）関連死2.278人
（自治体への申請 3.000人）
2019.8.18 現在

震度７の激しい揺れに襲われ、子どもを抱きしめ、座り込む母親

写真（河北新報、2011.3.12）

05

南海トラフ巨大地震は30年以内に70％の確率で起きる！

・必ず来る南海トラフ巨大地震
　東海・東南海・南海地震が連動

・M9.1、1～2分後には津波が
　襲来する

・東日本大震災より一桁多い被害

・人口の半分近い６千万人が被害

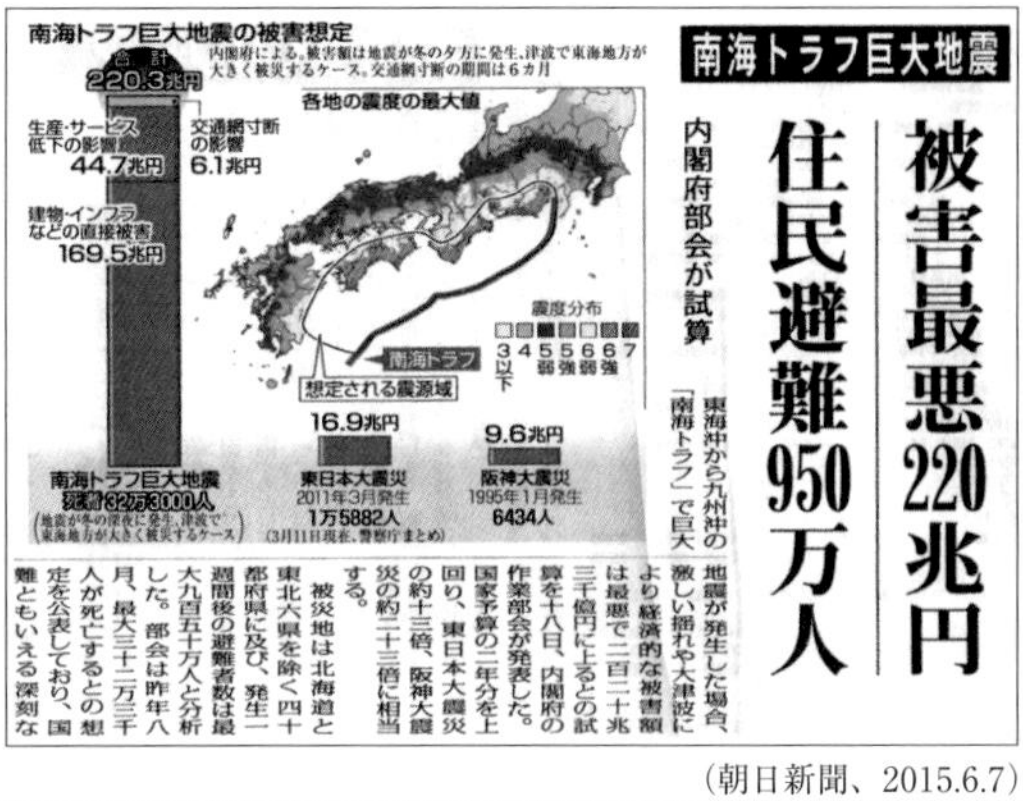

南海トラフ巨大地震

被害最悪220兆円

住民避難950万人

内閣府部会が試算

東海沖から九州沖の「南海トラフ」で巨大地震が発生した場合、激しい揺れや大津波により経済的な被害額は最悪で二百二十兆三千億円に上るとの試算を十八日、内閣府の作業部会が発表した。国家予算の二年分を上回り、東日本大震災の約十三倍、阪神大震災の約二十三倍に相当する。

　被災地は北海道と東北六県を除く四十都府県に及び、発生一週間後の避難者数は最大九百五十万人と分析した。部会は昨年八月、最大三十二万三千人が死亡するとの想定を公表しており、国難ともいえる深刻な

（朝日新聞、2015.6.7）

06

巨大な地震が世界各地で頻発

太平洋プレートを中心にした円は「魔のプレート」とも言う

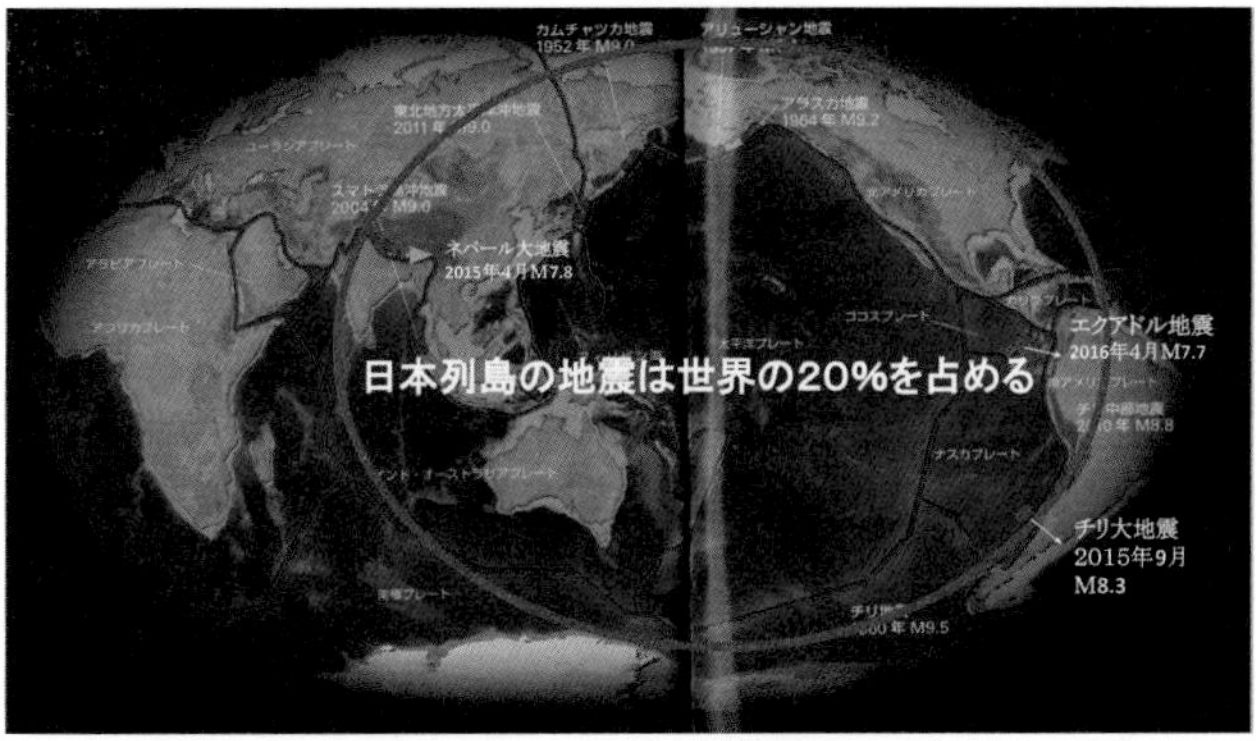

（『Newton』2011 年 6 月号 「特集 福島原発超巨大地震」80・81 頁より作成）

07

海水を取り除いた地球は荒々しい姿

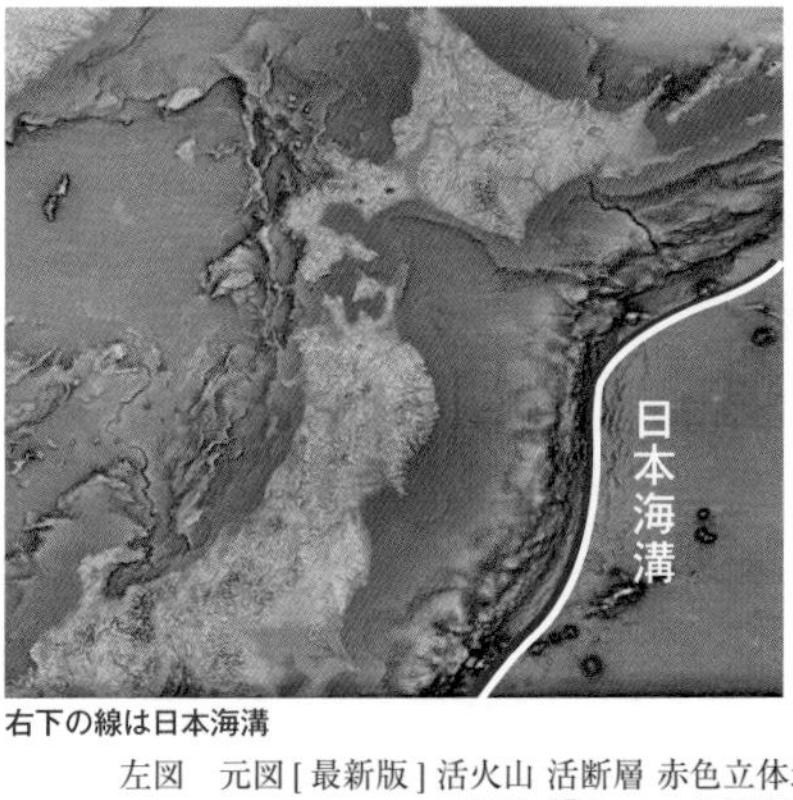

右下の線は日本海溝

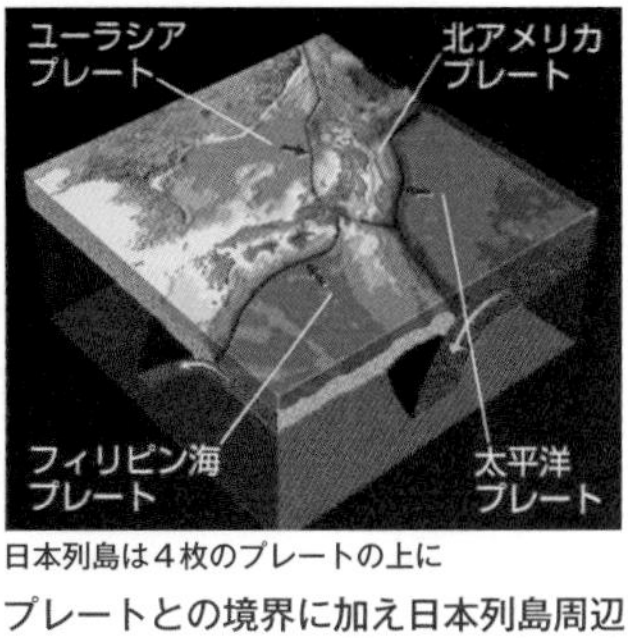

日本列島は４枚のプレートの上に

プレートとの境界に加え日本列島周辺には確認されただけでも、約 2000 もの活断層がある。

左図　元図［最新版］活火山 活断層 赤色立体地図でみる 日本の凸凹　千葉達朗〔著〕技術評論社

右図（『Newton』別冊 2011 年 4 月号「次にひかえるＭ９超巨大地震」9 頁）

伏在(未知)断層を入れると数知れず

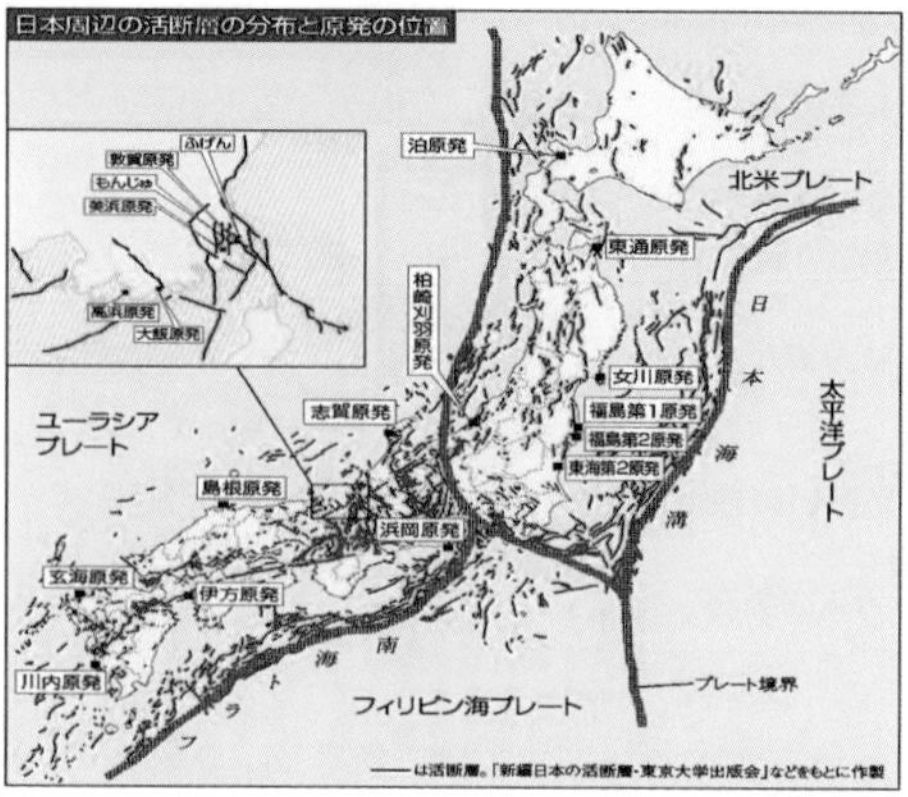

（しんぶん赤旗 2013 年 1 月 14 日） 08

日本列島の大地は変化し移動している

3.11以降は東北は東へ…

・地球上のプレートは別々の方向に移動している。

・太平洋プレートは年 8cm、フィリピン海プレートは年 6cm 動いているのだ。

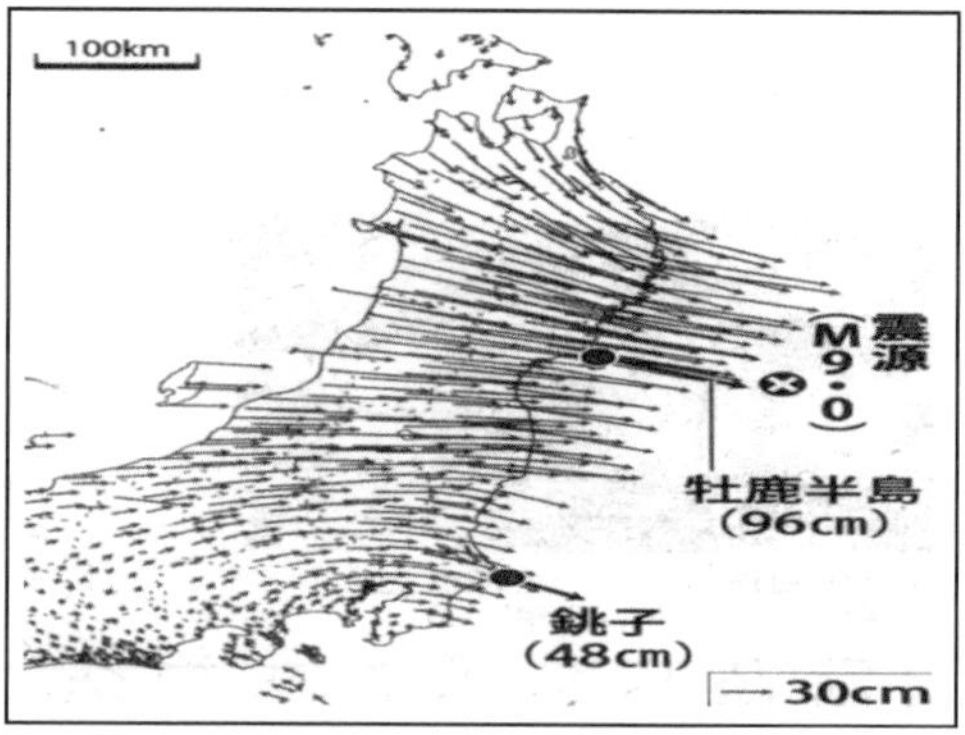

（『Newton』別冊 2011 年 4 月号「次にひかえるM 9 超巨大地震」21 頁） 09

東北から関東まで巨大津波が襲った

津波の遡上の高さは女川町17.6m、第一原発で15.7m だった。

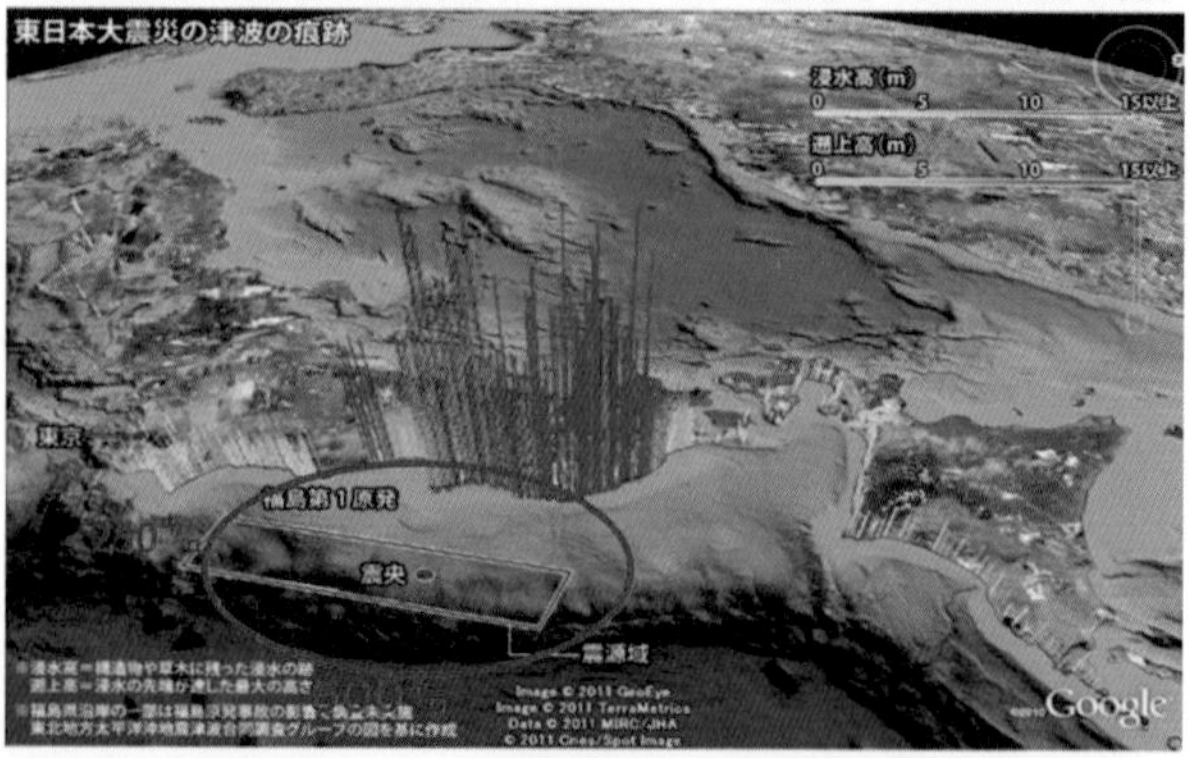

（毎日新聞 2011 年 8 月 29 日朝刊『東日本大震災の津波の痕跡』） 10

11

穏やかな海が猛威となる

すべてを飲み込む　自然を侮ってはいけない

（河北新報、2011.3.12）

12

防波堤を越え市街地を襲う黒い波

車がマッチ箱のように流れる　人々は真っ黒な海の色を忘れられないと言う

（河北新報、2011.3.12）

13

津波が畑や農業用ハウスを飲み込む

（NHK「映像記録 3.11 あの日を忘れない」（初回放送 2012 年 3 月 4 日））

沖合から不気味な波頭が迫ってくる

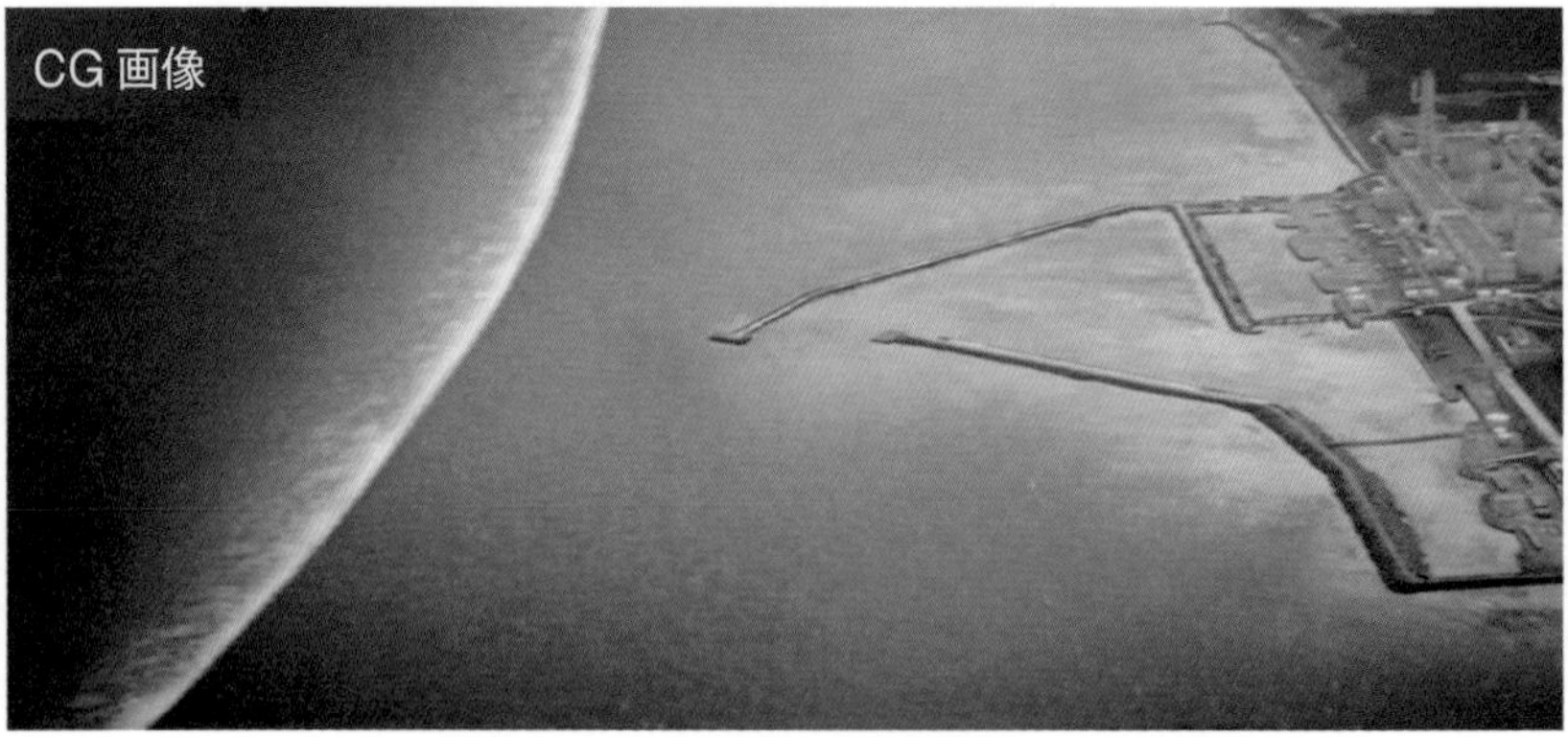

14

（NHK「原発メルトダウン 88 時間」（2016 年 3 月 13 日）

第一原発を襲う津波の第一波

津波の波頭は 120 m の排気筒の半分まで飛沫を上げる

15

（NHK「原発メルトダウン 88 時間」（2016 年 3 月 13 日）

15m以上の津波が原発を飲み込む

16

（NHK「原発メルトダウン 88 時間」（2016 年 3 月 13 日）

第一原発の南方向から見た一撃

第一原発を襲った波は15.7mだったが飛沫は凄い高さである

17

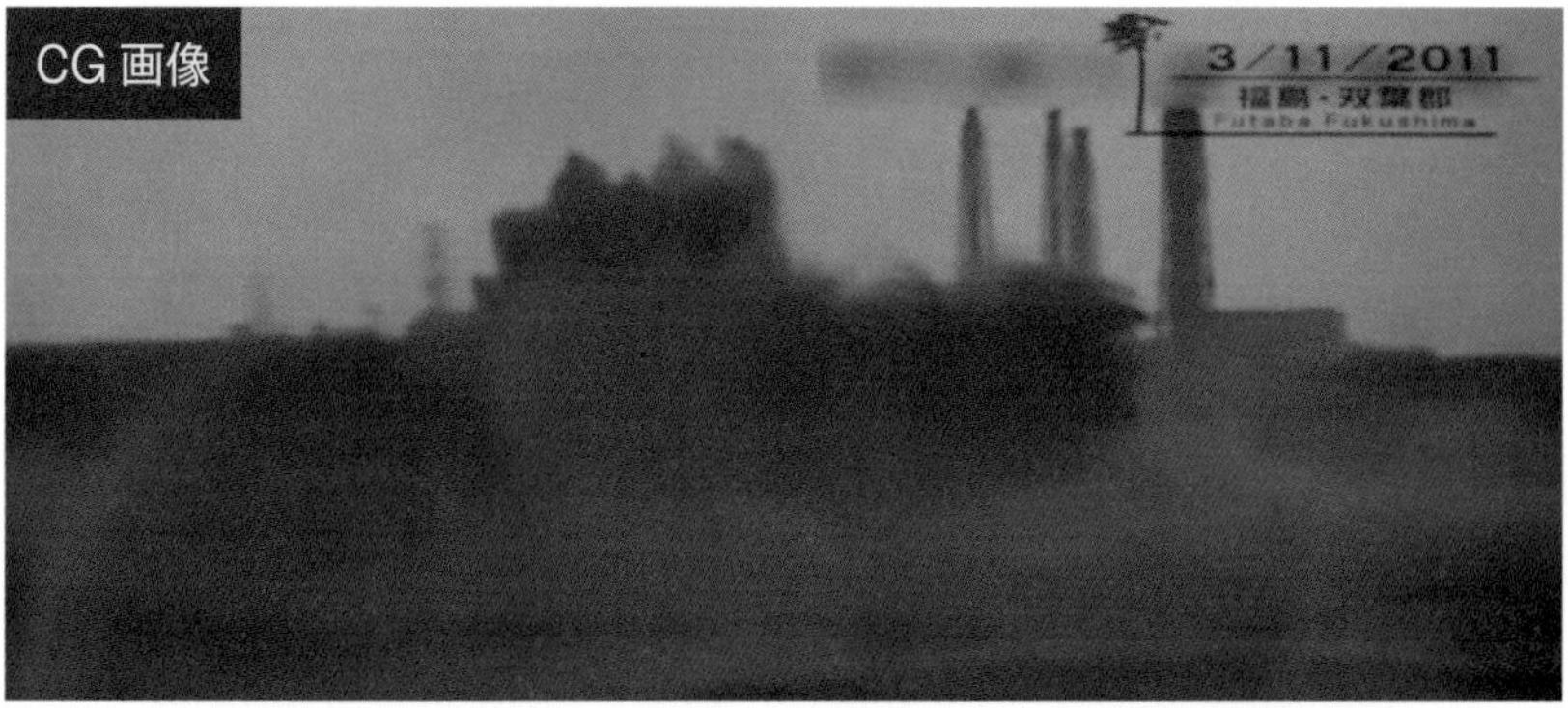

（NHK「原発メルトダウン 88 時間」(2016 年 3 月 13 日)

第二原発と広野火力発電所を襲う津波

18

（NHK「原発メルトダウン 88 時間」(2016 年 3 月 13 日)

第二波 原子炉建屋とタービン建屋へ

19

(『Newton』2014 年 4 月号「特集 災厄福島原発 1000 日ドキュメント」24 頁)

建設場所は戦中の飛行場跡地

40ｍの断崖を削り原子炉を建てた

20

（福島県ホームページ）

津波に弱い場所…東電は知っていた！

海を131m 埋め立てて造った

21

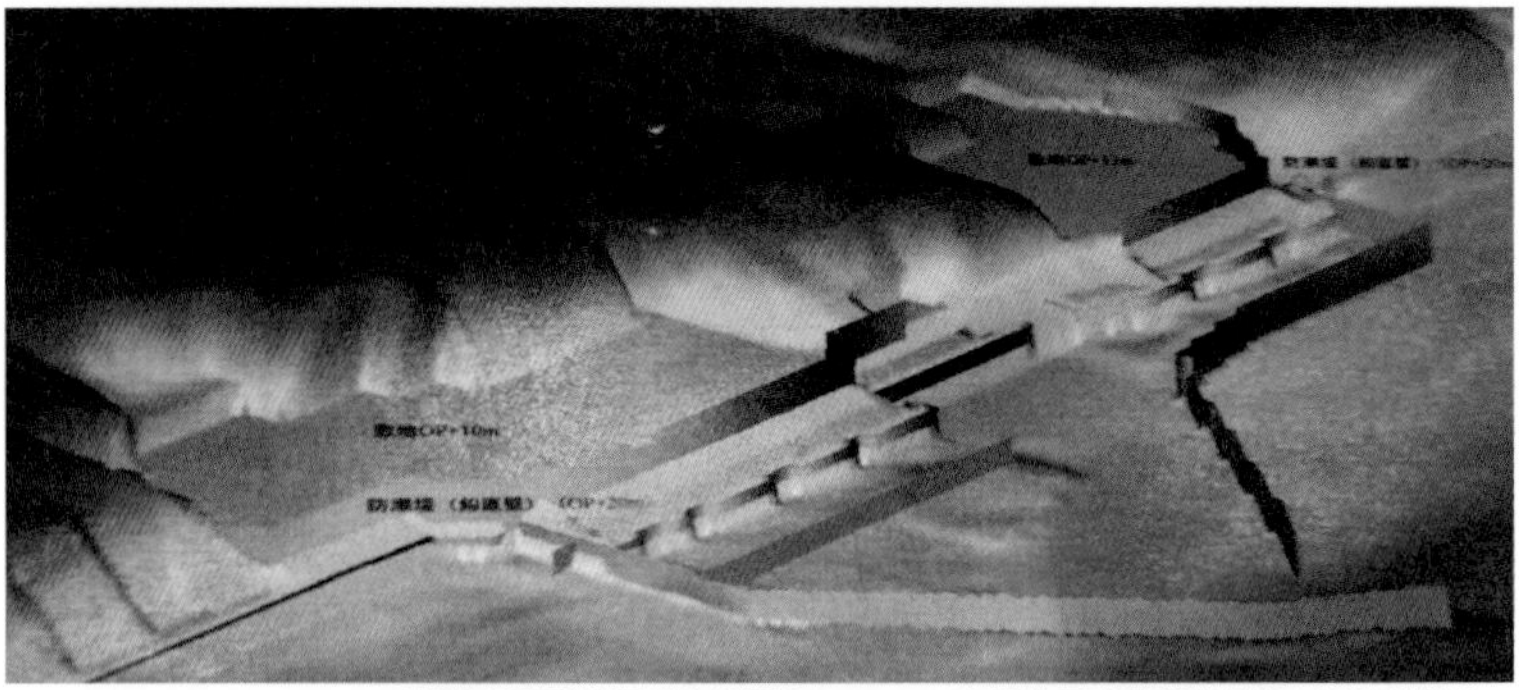

（福島原発刑事訴訟支援団ホームページ 福島原発刑事裁判第１回公判報告：
弁護士 海渡雄一・14. 想定津波水位の計算結果とこれに対する被告人らの対応）

全電源喪失は送電線鉄塔倒壊が始まり

地震→軟弱地盤→液状化→地盤崩壊→倒壊

22

（東京電力ホームページ　鉄塔倒壊に関わる福島第一原子力発電所内の盛土の崩壊原因）

23

基礎版は海抜マイナス1.32mだった

米国GEのターンキィ方式を採用
米国の東・中部のハリケーンのみ警戒の設計だった

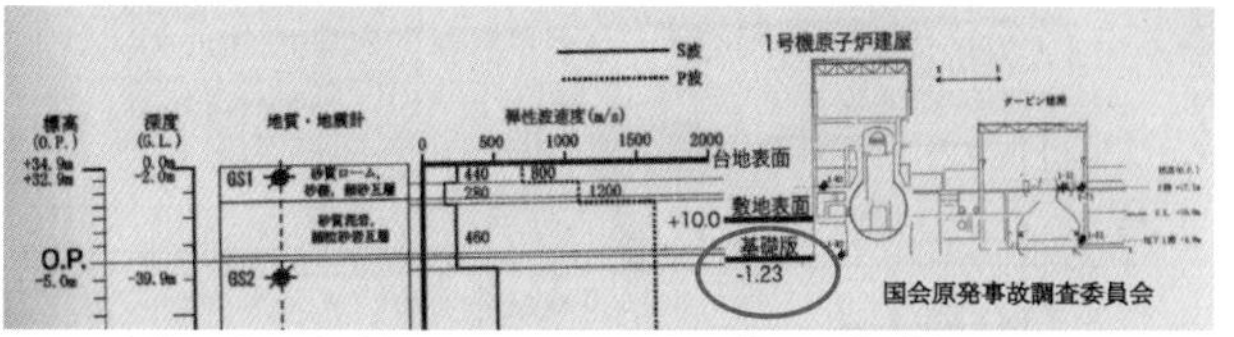

（図上：『国会事故調査委員会報告書』【参考資料 2.2.1-3】（付録 CD-ROM 所収）を基に作成。）

（図下：佐伯正治「福島原子力発電所土木工事の概要（1）」『土木技術』第 22 巻 9 号 1967 年、102 頁を基に作成。）

海抜40メートルを掘削し、更に1.23メートル掘り進み、基礎版を造った

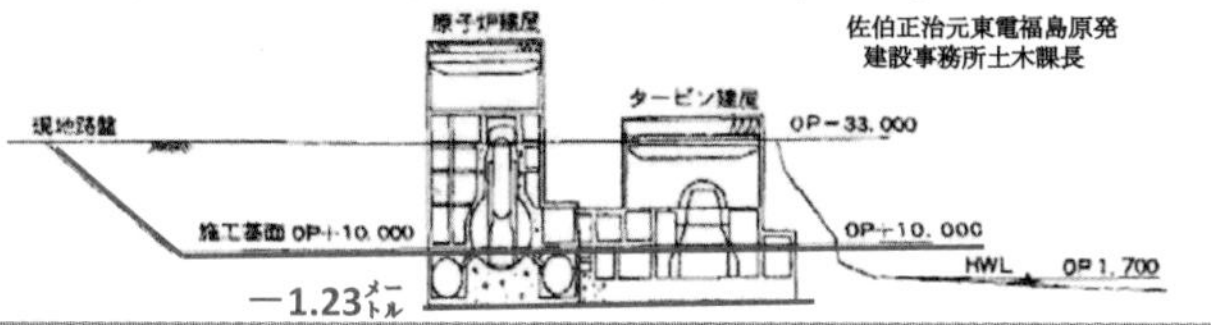

24

津波に呑み込まれ全電源喪失へ

・非常用ディーゼル発電機は高さ４mの巨大なもの。

・それが津波に呑み込まれ、最も恐ろしい「ステーションブラックアウト」（全電源喪失）へ。

・海水ポンプは動力費を節約するため低い位置に。

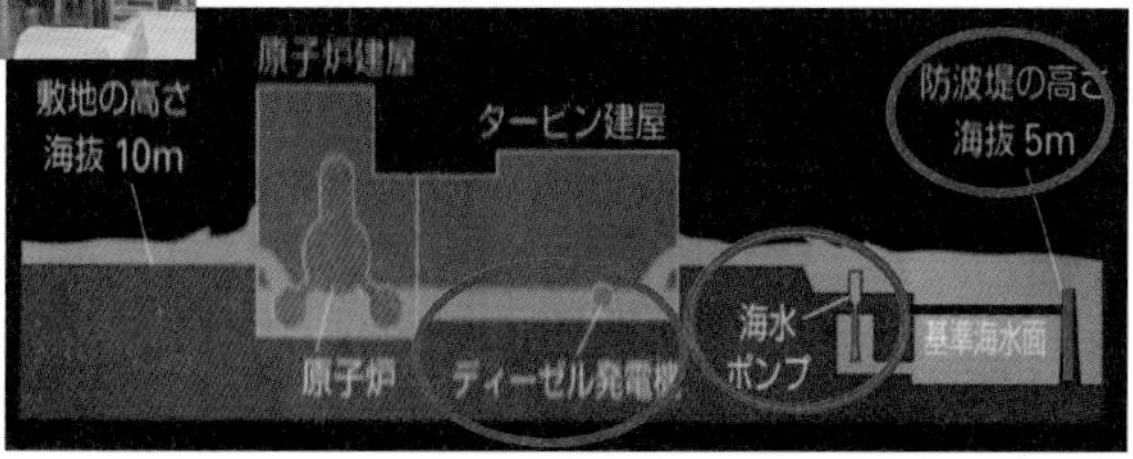

上写真（東京電力ホームページ）下図（『Newton』別冊 2011 年 4 月号「次にひかえるＭ９超巨大地震」43 頁）

25

どちらも水素爆発と言うが？

３月 12 日 15 時 36 分 1 号機の水素爆発

３月 14 日 11 時 01 分 3 号機の水素爆発

写真（福島中央テレビニュース映像より）

同じ水素爆発だが破壊は３号機が激しい 26

写真（『Newton』2018年4月号87頁）

2011年3月15日 午前10時 放射性物質放出 27

写真（東京電力ホームページ）

（NHKスペシャル「メルトダウン File. 4 放射能"大量放出"の真相」WSPEEDIによる解析 2015年） 28

29

2011年3月12日セシウム 137 飛散シュミレーション

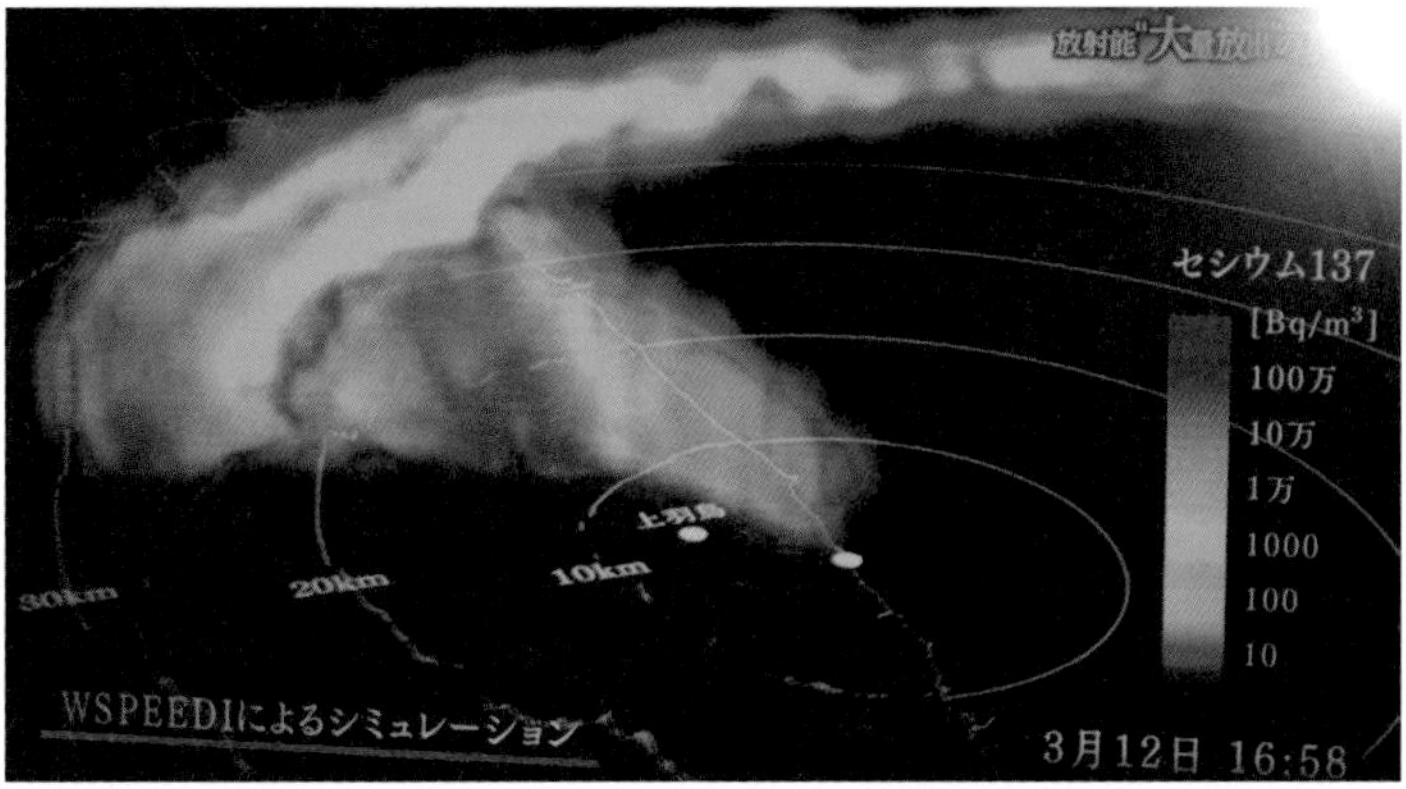

（NHK スペシャル「メルトダウン File. 4 放射能"大量放出"の真相」WSPEEDI による解析 2015 年）

30

2011年3月16日セシウム 137 飛散シュミレーション

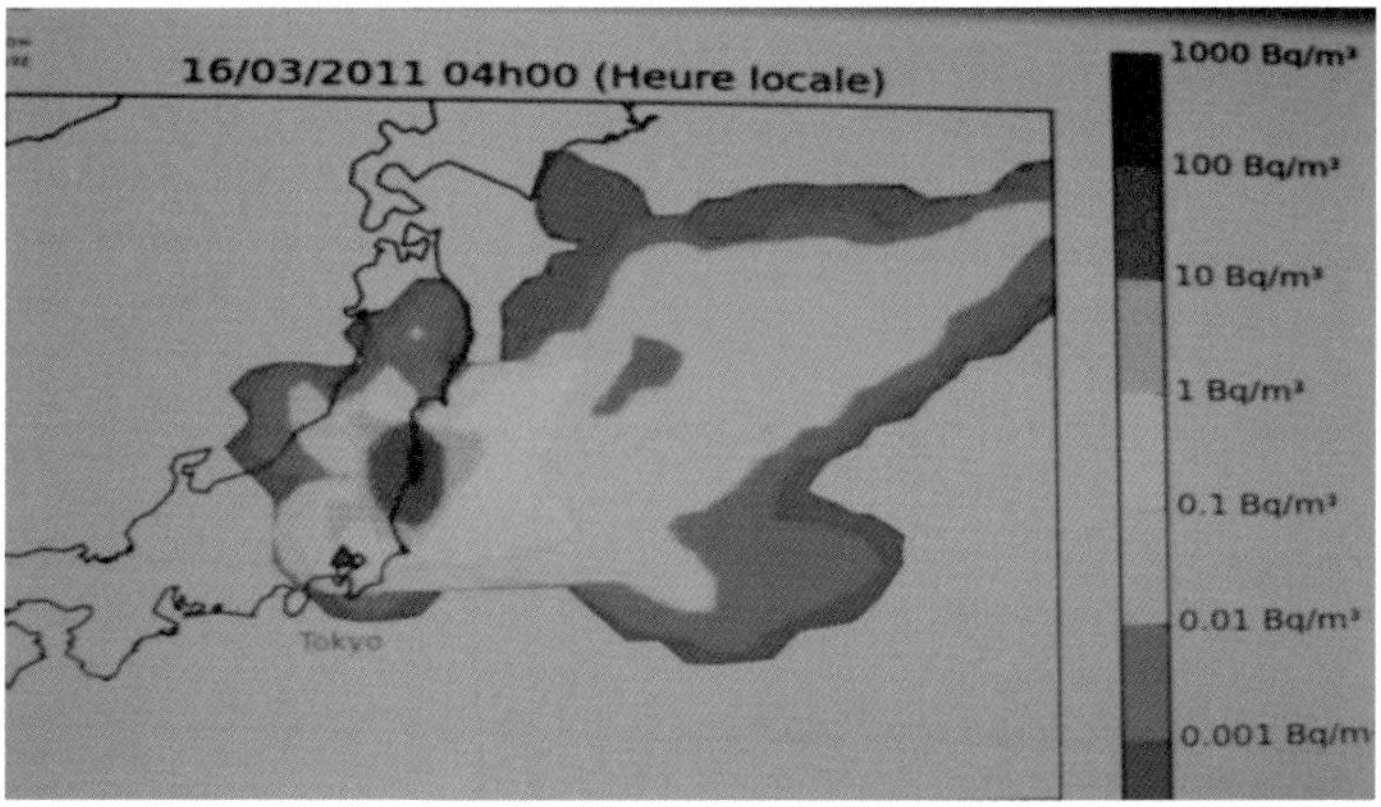

（IRSN: フランス放射能防護原子力安全研究所 作成）

31

県土の３分の２が放射線管理区域

東日本の汚染状況

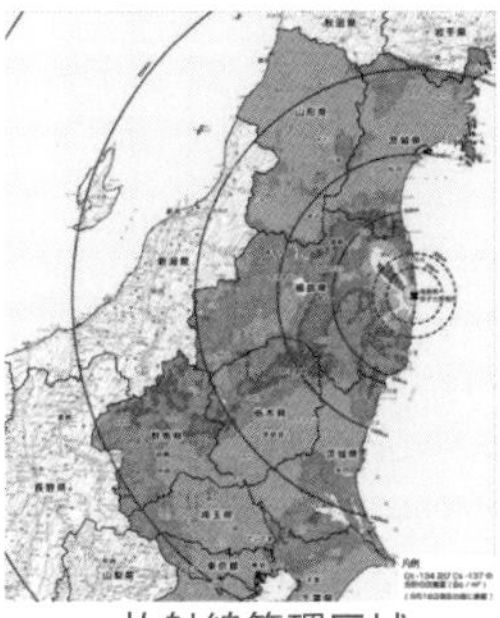

放射線管理区域
・4万ベクレル／㎡以上
・0.6マイクロシーベルト／時

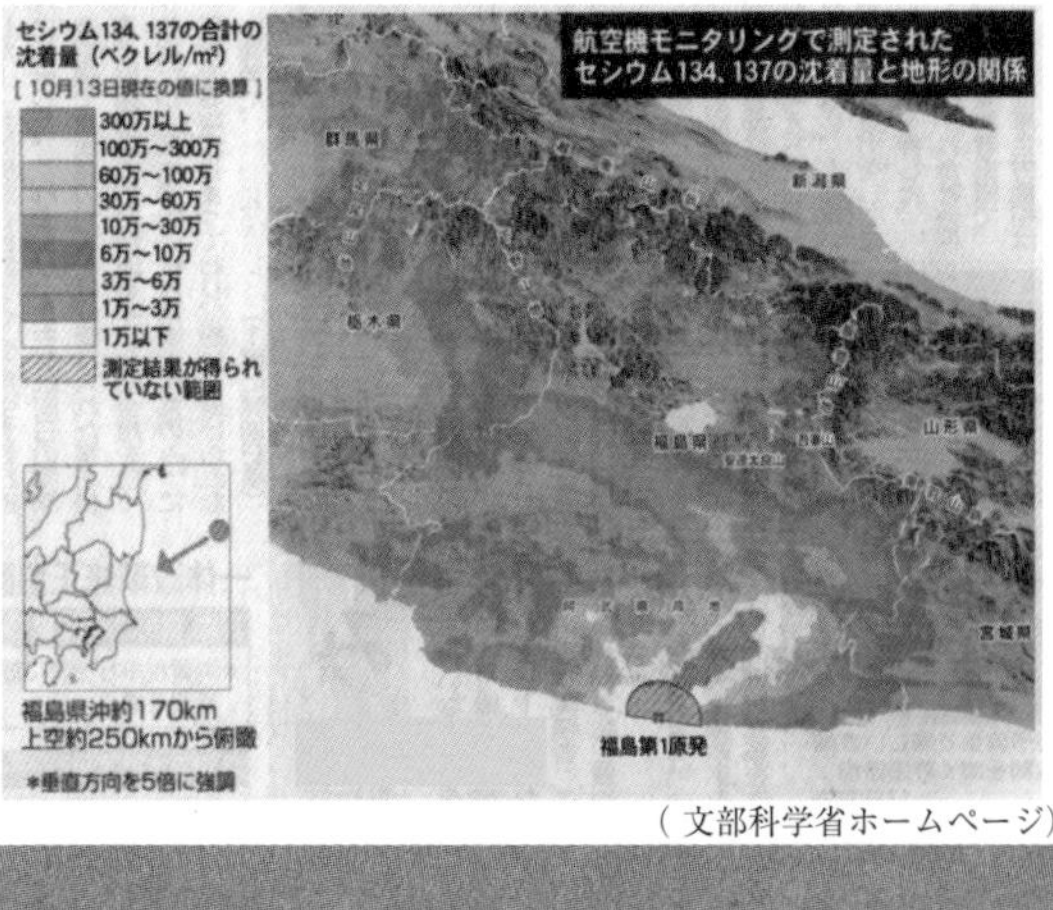

（文部科学省ホームページ）

「月間降下物測定 720 カ月が教えること
――降下量の変遷はどうであったか？」

気象研究所（つくば市）セシウム 137 月間降水量 1 ～ 150 位まで
(1957 年～ 2016 年 3 月　満 60 年 720 ヶ月）

順位	年	月	^{137}Cs Bq m^{-2}	^{90}Sr 月$^{-1}$	発生源
1	2011	3	23100	5	2011 年東電福島原発事故
2	2011	4	1780	5	2011 年東電福島原発事故
3	1963	6	548	170	大気圏核実験（米ソ）
4	2011	5	330	0	2011 年東電福島原発事故
5	1963	8	262	70	大気圏核実験（米ソ）
6	1963	5	206	98	大気圏核実験（米ソ）
7	1963	9	197	61	大気圏核実験（米ソ）
8	1959	5	193	61	大気圏核実験（米ソ）
9	1963	7	189	83	大気圏核実験（米ソ）
10	1963	3	179	95	大気圏核実験（米ソ）

（『科学』2019 年 5 月号、筑波大アイソトープ 環境動態研究所客員教授 青山道夫氏） 32

南相馬市立総合病院 成人甲状腺がん 29 倍 白血病 10.8 倍に増加

南相馬市立総合病院

傷病名	平22年	平29年		
甲状腺癌（成人）	1	29	**29**	倍
白血病	5	54	**10.8**	倍
肺がん	64	269	**4.2**	倍
小児がん	1	4	**4**	倍
肺炎	245	974	**3.98**	倍
心筋梗塞	39	155	**3.97**	倍
肝臓がん	12	47	**3.92**	倍
大腸がん	131	392	**2.99**	倍
胃がん	147	333	**2.27**	倍

（南相馬市総合病院事務課） 33

白血病・甲状腺がん・小児がんの患者数

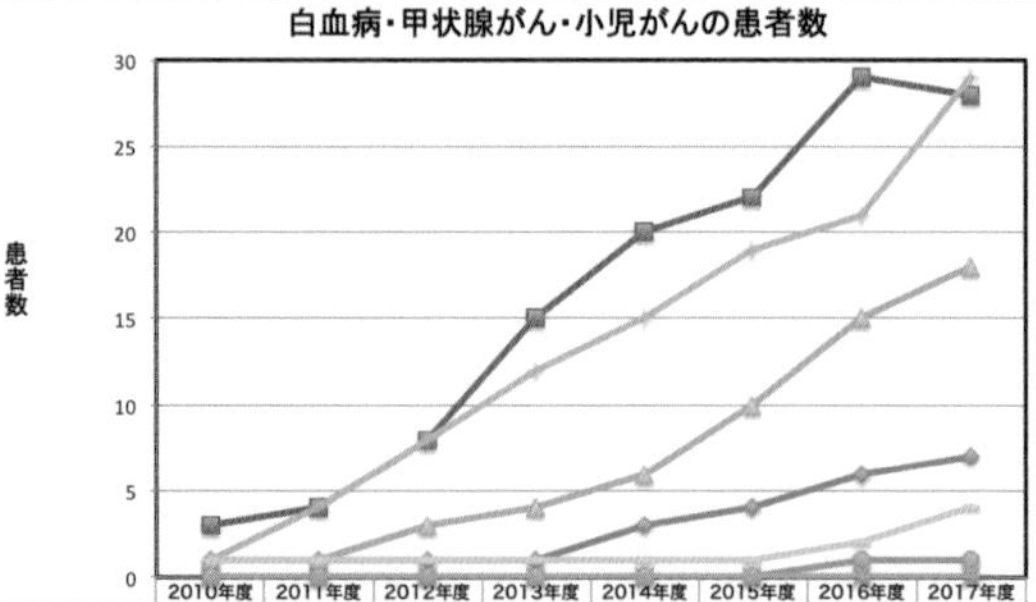

	2010年度	2011年度	2012年度	2013年度	2014年度	2015年度	2016年度	2017年度
リンパ性白血病（成人）	1	1	1	1	3	4	6	7
骨髄性白血病（成人）	3	4	8	15	20	22	29	28
その他の白血病（成人）	1	1	3	4	6	10	15	18
リンパ性白血病（小児）	0	0	0	0	0	0	0	0
骨髄性白血病（小児）	0	0	0	0	0	0	0	0
その他の白血病（小児）	0	0	0	0	0	0	1	1
甲状腺がん（成人）	1	4	8	12	15	19	21	29
甲状腺がん（小児）	0	0	0	0	0	0	0	0
小児癌（脳腫瘍等）	1	1	1	1	1	1	2	4

34

（OurPlanetTV、2018 年 10 月 12 日「南相馬の患者データ～裁判で証拠提出へ」(南相馬市立総合病院事務課表を元に作成)）

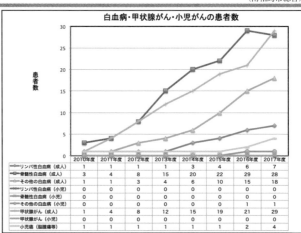

35

3.11 福島県 震災(原発)関連死 2,278 人

(2019年8月18日現在)

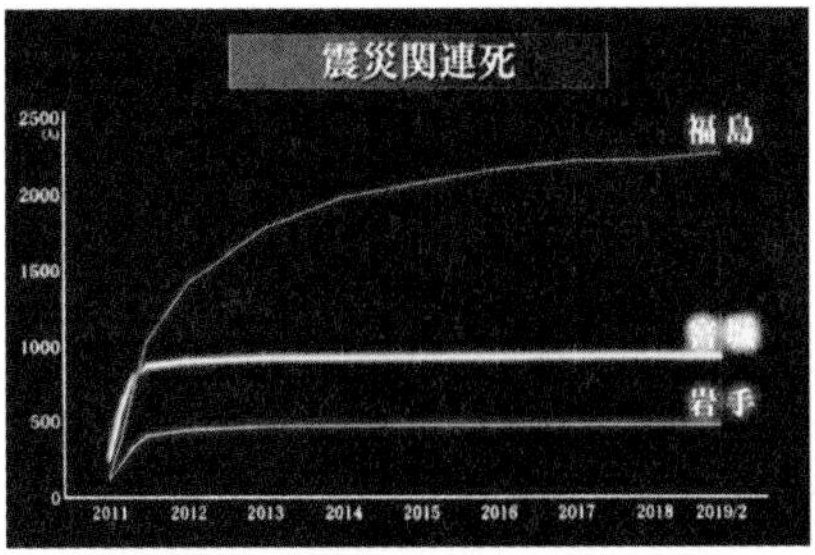

・2011年3月、震災以降3県とも急激に増加したが、近年は岩手・宮城県は年1人で推移。福島県だけが50人台で推移している。

・死因はストレスなどで体力が衰える肺炎が28%、心疾患20%と続く…

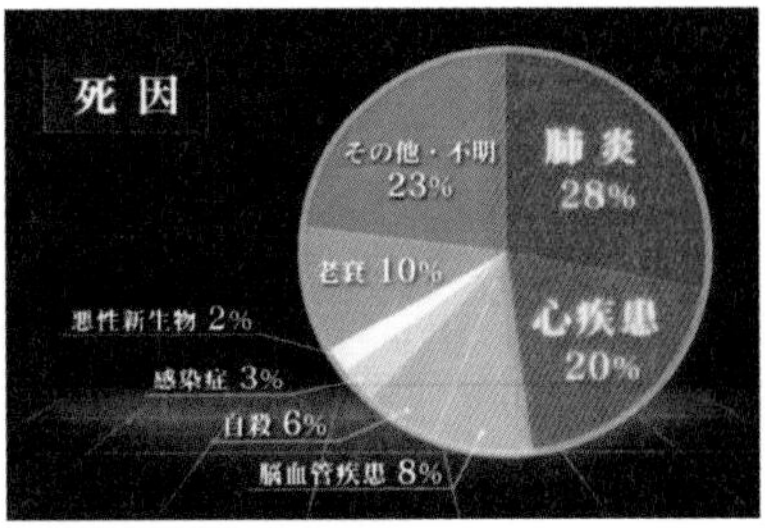

(NHKニュースウェブ 2019.3.6)

36

同疾患 死者発生数(男女合計人数)

地域	2009年	2010年	2011年	2012年	2013年	2014年	2015年	2016年	2017年
福島県	1355	1372	1500	1591	1483	1499	1424	1209	1187
全国	43209	42629	43265	42107	39956	38991	37222	35926	34950

・福島県は同疾患がもともと多い地域であった。2010年全都道府県ワーストワン1だった。

・2011年以降、更に増え人口10万人当たり42.7人(全国20.3人)同2012年同43.7人になった。

・福島県の態度は「急性心筋梗塞ではない人も含まれている可能性がある」と主張、報道もそれに従っている。

・この間「風評被害」を口実に真実に蓋をする傾向が顕著である。

・人体がセシウムを取り込むと、血液中よりも心臓の筋肉のほうが、放射線セシウムの濃度が高くなることが知られている。(国際放射線防護委員会・ICRP)

(週刊金曜日 2019.5.10 明石尚二郎氏)

37

福島県の甲状腺問題

8年前のこの光景を忘れてはいないはずだ!

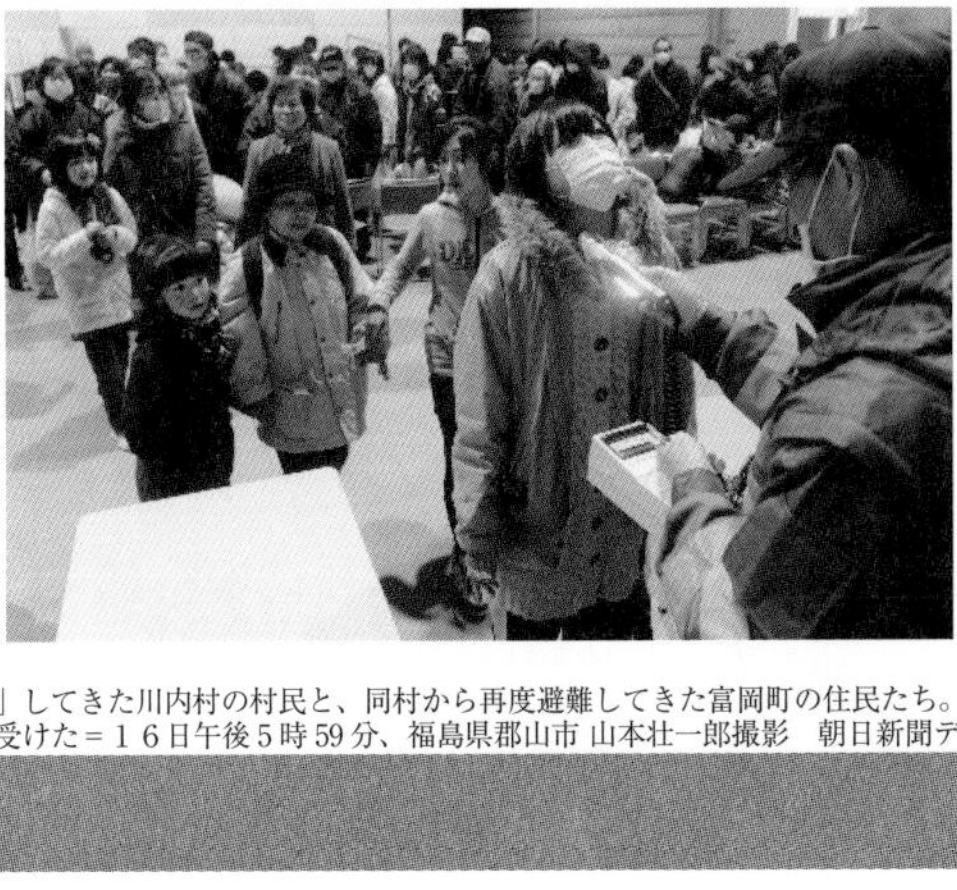

(「全村避難」してきた川内村の村民と、同村から再度避難してきた富岡町の住民たち。避難所に入る前に放射線量の検査を受けた=16日午後5時59分、福島県郡山市 山本壮一郎撮影　朝日新聞デジタル 2011年3月17日)

ヨウ素は広範囲に降り注いだ！！

・事故により多くの人が避難をし、今も
4万人以上の人が故郷に帰れないでいる。

・チェルノブイリ原発事故で唯一放射能による健康被害を認めたのが小児甲状腺がん。

（朝日新聞デジタル 2011 年 3 月 1 5 日午後、福島市 水野義則撮影）

原子力開発機構による　2011年3月28日
ヨウ素拡散シュミレーション

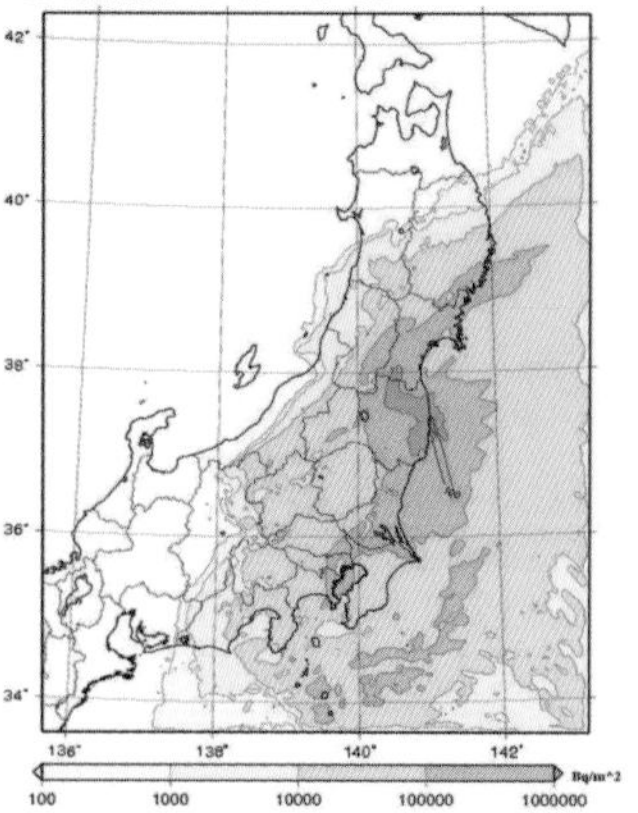

（原子力開発機構）

38

福島甲状腺がんの現状

小児甲状腺がんは100万人に
1〜2人といわれている。

福島県の発症は
20〜50倍

第35回県民健康調査検討委員会（7月8日）公表

悪性ないし悪性疑いは
218人

がん確定は174人（集計外11名含まず）

検討委員会で公表された甲状腺がんの人数

		B・C判定	2次検査受診者	診断確定	A判定相当	A判定相当以外					手術済み
							経過観察	受診者数	穿刺細胞診 経過観察	穿刺細胞診 悪性疑い	がん
1巡目	300,472	2,293	2,130	2,091	711	1,380	831	547	431	116※	102
	81.7%	0.8%	92.9%	98.1%	34.0%	65.9%	60.2%	39.6%	78.7%	21.2%	101
2巡目	270,450	2,227	1,874	1,826	428	1,398	1,191	207	136	71	52
	71.0%		84.1%	97.4%	23.5%	76.5%	85.1%	14.8%	65.7%	34.3%	52
3巡目	217,702	1,490	1,081	1,019	104	891	915	67	43	24	18
	実施64.7%	0.7%	33.5%	94.3	10.4%	89.5%	89.8%	7.3%	67.1%	32.8%	18
4巡目	76,979	591	311	224	18	206	195	11	6	5	1
	実施26.2%	0.7%	52.6%	72.30	8.0%	92.0%	94.6%	5..3%	54.5%	45.4%	1
節目	44,542	105	83	80	4	76	70	6	4	2	1
	実施率8.9%	4.6%	79.10%	96.4%	5.0%	92.1%	94.5%	7.9%	66.6%	33.3%	1
集計外											11
合計						3,805	2,976	827	615	218	174

（OurPlanetTV 作成）

39

原発は破壊し尽くされた その現状は

（共同通信 2019.4.5）

40

41

第一原発の現状は…リスク源と対策は…

①原発事故は終わっていない。大気、海に放射性物質は漏れ出ている。

②廃炉作業とは！

- 約1万3千体の使用済み燃料取り出しと保管をどうするか？
- 「溶融燃料魂デブリ」取り出し、どう保管をどうするか？
- 先が見えない「地下水対策」
- 115万トンを超えた汚染水対策など(トリチウム水の他、ストロンチウム等)
- 建屋滞留水をどうするか？
- 40万トンが10年後、80万トンになる膨大な廃棄物対策をどうするか？
- ALPS7系統のスラリー、スラッジ、吸着材など莫大な放射能は？

③地震・津波対策をどうするか？

42

汚染水対策は効果わずか！

汚染水タンク

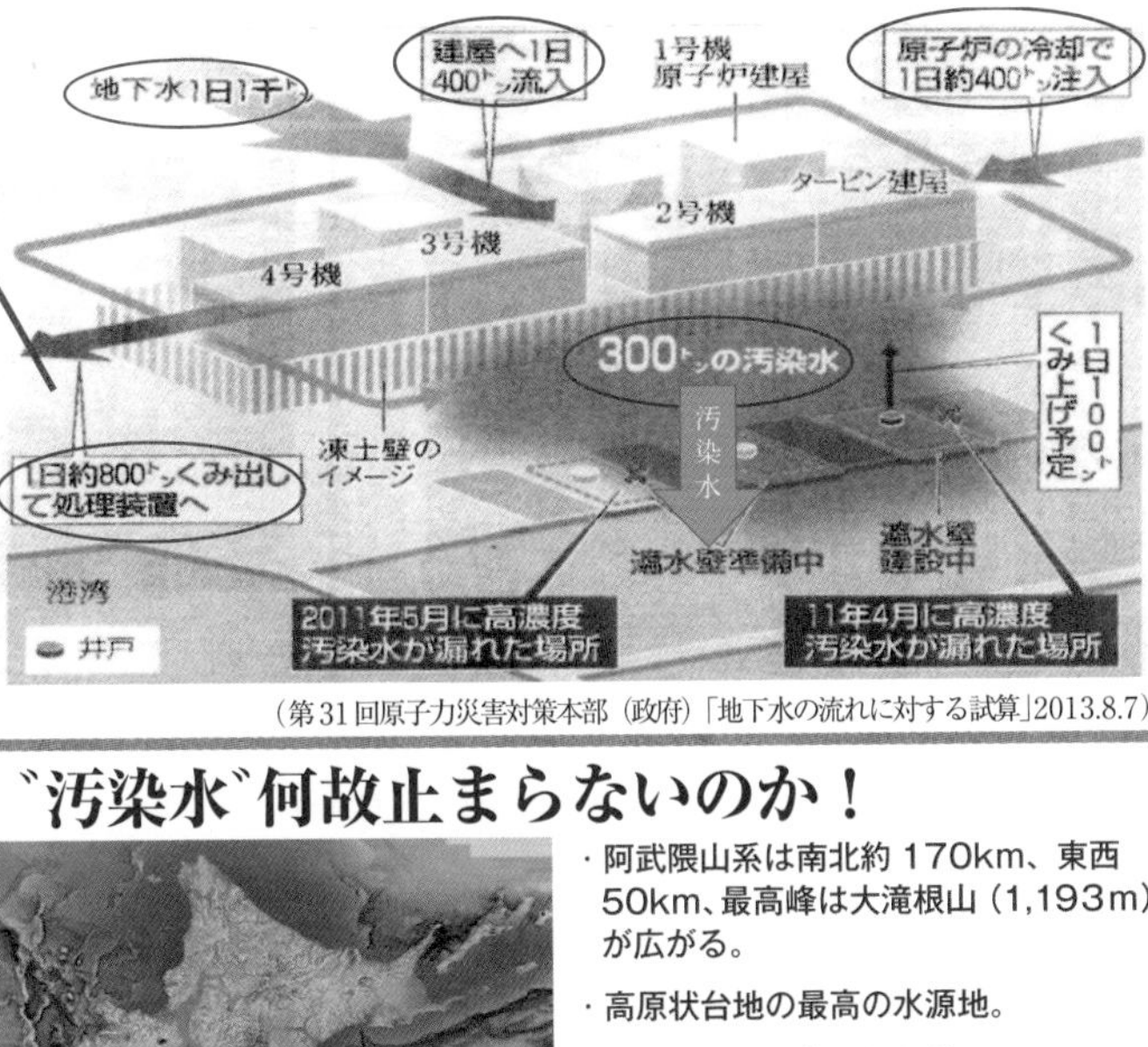

（第31回原子力災害対策本部（政府）「地下水の流れに対する試算」2013.8.7）

43

"汚染水"何故止まらないのか！

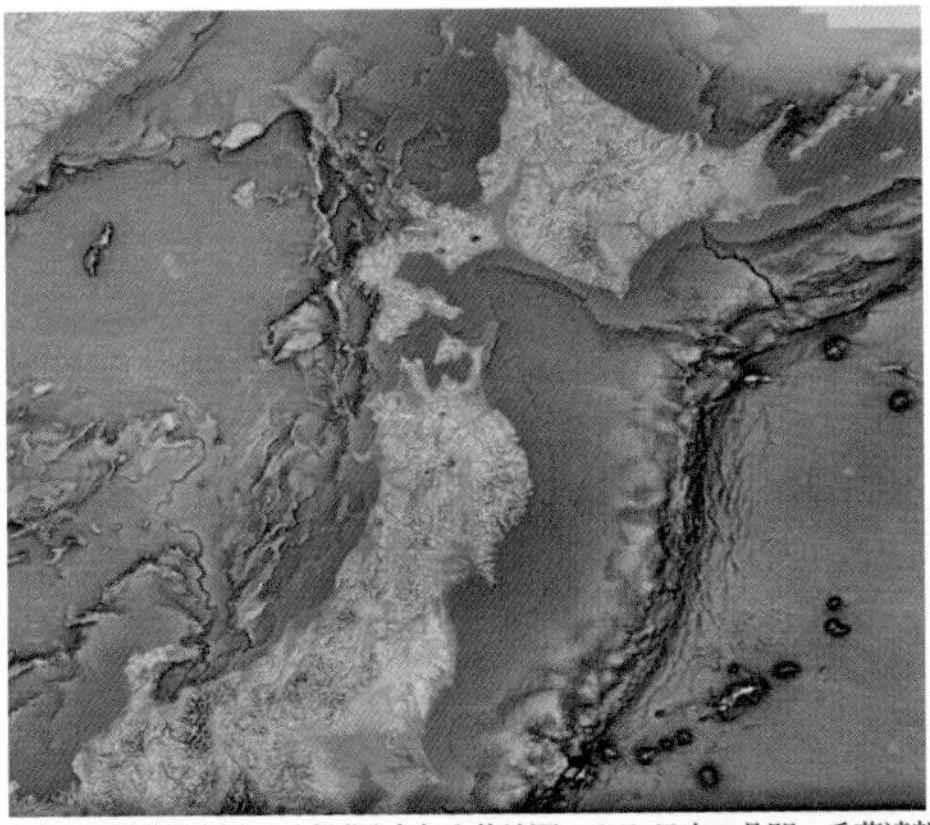

- 阿武隈山系は南北約 170km、東西 50km、最高峰は大滝根山（1,193m）が広がる。
- 高原状台地の最高の水源地。
- 補給量は年間約 40.8 億トン。
- 双葉郡にはダムが5つある。
- 第一原発周辺には一億トンの地下水が流れ込んでいる。

左図［最新版］活火山 活断層 赤色立体地図でみる 日本の凸凹　千葉達朗〔著〕技術評論社　　右図（東京電力HD）

事故前　原子炉・タービン建屋の浮き上がり防止のため、地下水を汲み上げていた！

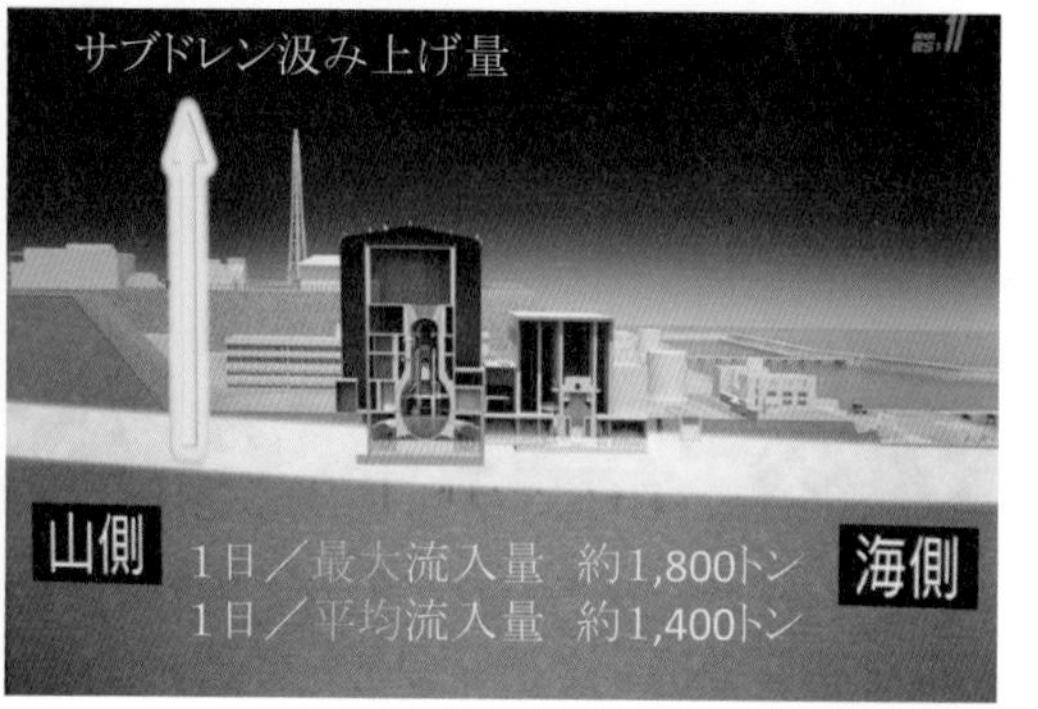

（NHKスペシャル）

事故前のサブドレイン地下水流入実績
(2008年3月～2011年2月)

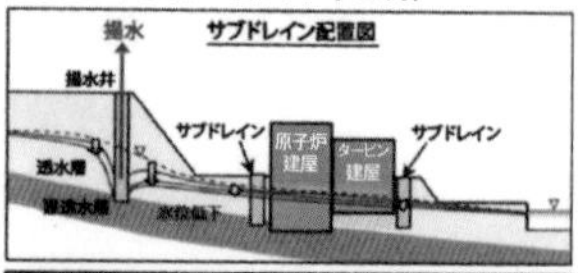

サブドレイン設置場所	最大値（㎥／月）	平均値（㎥／月）
1号機周辺	7681	6849
2号機周辺	3631	2409
3号機周辺	4264	3635
4号機周辺	10346	8933
SPT建屋周辺	2376	1901
固体廃棄物	563	379
運用共用施設	2228	1435
廃棄物減容施設	16665	12153
プロセス主建屋	5531	3872
焼却炉建屋	155	87
合計	53440	41655
日換算流入量	1724m³/d	1344m³/d

（東京電力ＨＤ）

44

汚染水対策の主な設備と取り組み

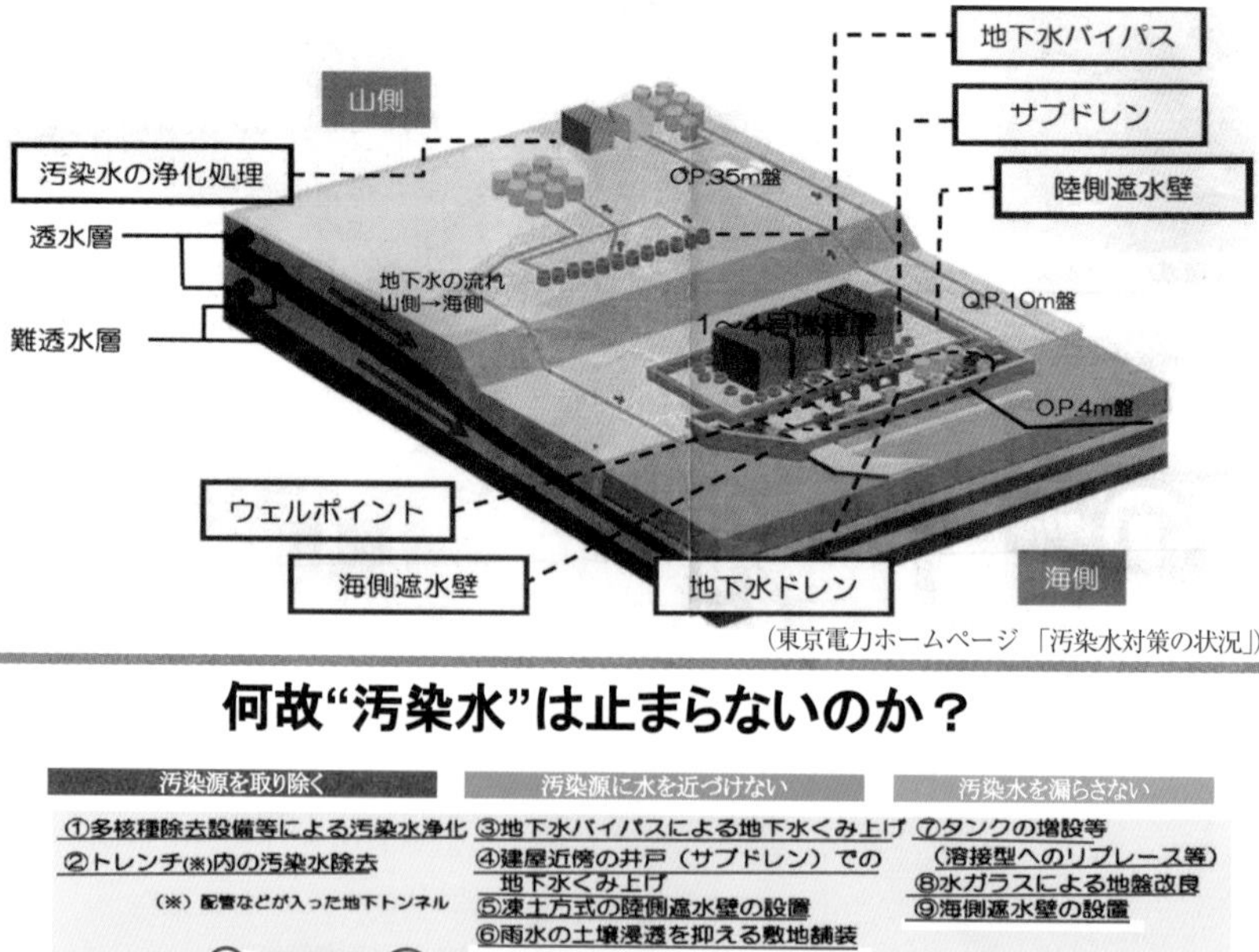

（東京電力ホームページ「汚染水対策の状況」）

45

何故“汚染水”は止まらないのか？

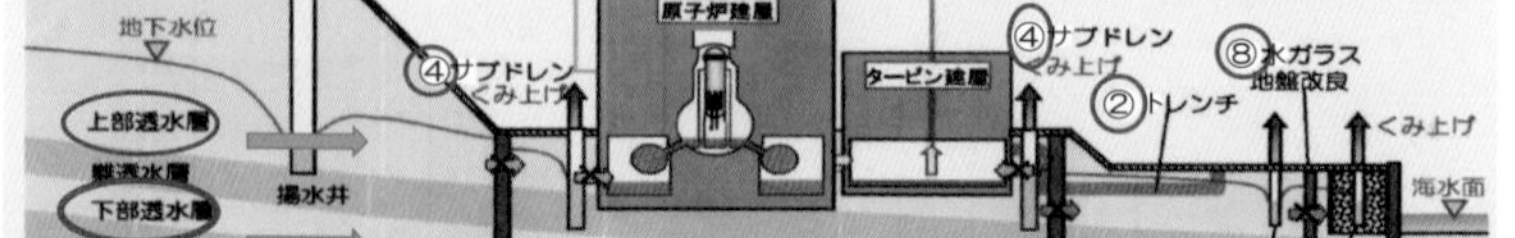

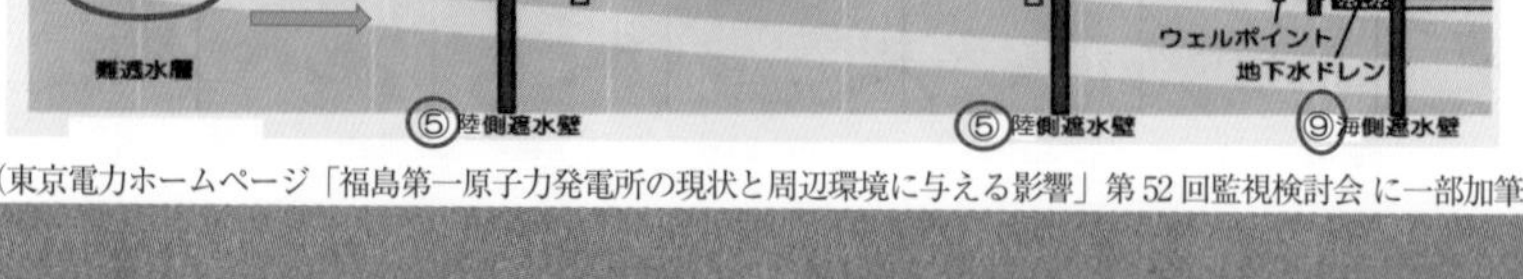

（東京電力ホームページ「福島第一原子力発電所の現状と周辺環境に与える影響」第52回監視検討会 に一部加筆）

46

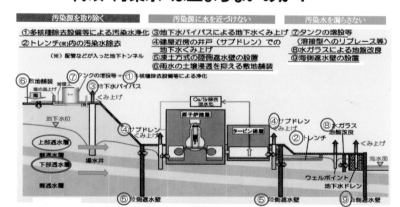

350億円の切り札！の「陸側遮水壁」を見ると！

47

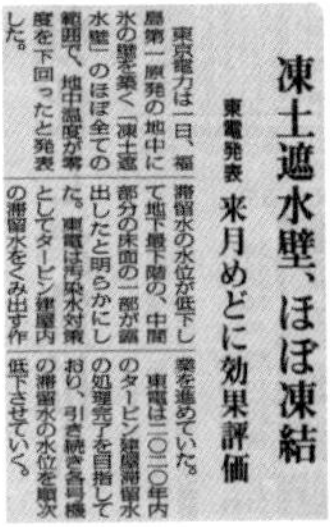
凍土遮水壁、ほぼ凍結
東電発表　来月めどに効果評価

東京電力は一日、福島第一原発の地中に氷の壁を築く「凍土遮水壁」のほぼ全ての範囲で、地中温度が零度を下回ったと発表した。

滞留水の水位が低下して地下最下階の、中間部分の床面の一部が露出したと明らかにした。東電は汚染水対策としてタービン建屋内の滞留水をくみ出す作業を進めていた。

東電は二〇二〇年内のタービン建屋滞留水の処理完了を目指しており、引き続き各号機の滞留水の水位を順次低下させていく。

左図（福島民報 2018.2.1）　右図（『Newton』）

これが62種類の放射性物質だ！

48

放射性物質
核種・半減期表

	核種	半減期
1	ルビジウム (Rb) -86	約 19 日
2	ストロンチウム (Sr) -89	約 51 日
3	ストロンチウム (Sr) -90	約 29 年
4	イットリウム (Y) -90	約 64 時間
5	イットリウム (Y) -91	約 59 日
6	ニオブ (Nb) -95	約 35 日
7	テクネチウム (Tc) -99	約 210,000 年
8	ルテニウム (Ru) -103	約 40 日
9	ルテニウム (Ru) -106	約 370 日
10	ロジウム (Rh) -103m	約 56 分
11	ロジウム (Rh) -106	約 30 秒
12	銀 (Ag) -110m	約 250 日
13	カドミウム (Cd) -113m	約 15 年
14	カドミウム (Cd) -115m	約 45 日
15	スズ (Sn) -119m	約 290 日
16	スズ (Sn) -123	約 130 日
17	スズ (Sn) -126	約 100,000 年
18	アンチモン (Sb) -124	約 60 日
19	アンチモン (Sb) -125	約 3 年
20	テルル (Te) -123m	約 120 日
21	テルル (Te) -125m	約 58 日
22	テルル (Te) -127	約 9 時間
23	テルル (Te) -127m	約 110 日
24	テルル (Te) -129	約 70 分
25	テルル (Te) -129m	約 34 日
26	ヨウ素 (I) -129	約16,000,000 年
27	セシウム (Cs) -134	約 2 年
28	セシウム (Cs) -135	約 3,000,000 年
29	セシウム (Cs) -136	約 13 日
30	セシウム (Cs) -137	約 30 年
31	バリウム (Ba) -137m	約 3 分

	核種	半減期
32	バリウム (Ba) -140	約 13日
33	セリウム (Ce) -141	約 32日
34	セリウム (Ce) -144	約 280日
35	プラセオジム (Pr) -144	約 17分
36	プラセオジム (Pr) -144m	約 7分
37	プロメチウム (Pm) -146	約 6年
38	プロメチウム (Pm) -147	約 3年
39	プロメチウム (Pm) -148	約 5日
40	プロメチウム (Pm) -148m	約 41日
41	サマリウム (Sm) -151	約 87年
42	ユウロピウム (Eu) -152	約 13年
43	ユウロピウム (Eu) -154	約 9年
44	ユウロピウム (Eu) -155	約 5年
45	ガドリニウム (Gd) -153	約 240日
46	テルビウム (Tb) -160	約 72日
47	プルトニウム (Pu) -238	約 88年
48	プルトニウム (Pu) -239	約 24,000年
49	プルトニウム (Pu) -240	約 6,600年
50	プルトニウム (Pu) -241	約 14年
51	アメリシウム (Am) -241	約 430年
52	アメリシウム (Am) -242m	約 150年
53	アメリシウム (Am) -243	約 7400年
54	キュリウム (C) -242	約 160日
55	キュリウム (Cm) -243	約 29年
56	キュリウム (Cm) -244	約 18年
57	マンガン (Mn) -54	約 310日
58	鉄 (Fe) -59	約 45日
59	コバルト (Co) -58	約 71日
60	コバルト (Co) -60	約 5年
61	ニッケル (Ni) -63	約 100年
62	亜鉛 (Zn) -65	約 240日

ALPS・多核種除去設備7系統は それ自体（容器・配管） 巨大な放射性廃棄物になる！

49

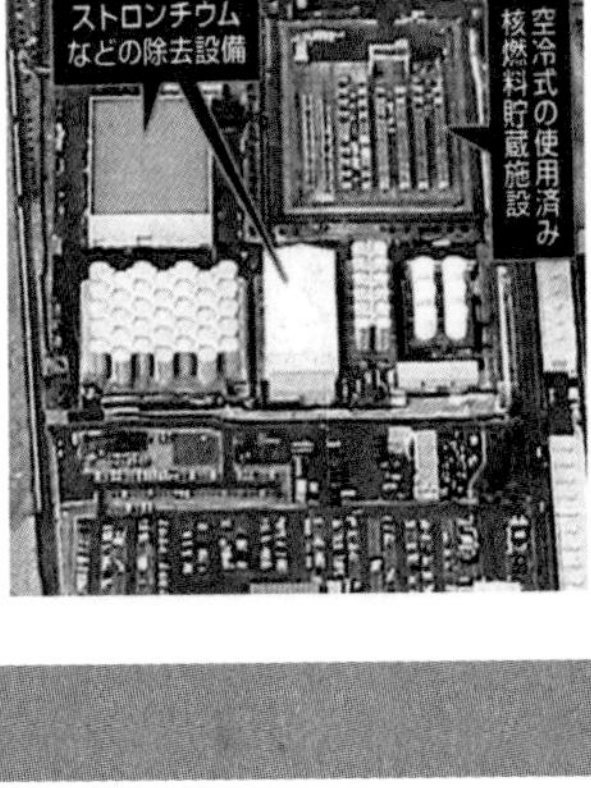

吸着材・スラッジなど3,200 m^3／年発生する

ALPS・多核種除去設備処理フローシート

左写真（東京新聞 2018.2.18）　右写真（『Newton』2018年4月号）

建屋とタンクに約115トンの汚染水

（東京電力福島第一原発敷地内に立ち並ぶ、トリチウム水などが入ったタンク（2018.02 共同通信））

50

汚染水のまとめ

二次廃棄物の種類と発生状況

発生元	形態（貯蔵形態）、数*	内容物の主要成分	備考、代表核種のインベントリー※	耐震性※※	標高※※
除染装置（AREVA）	スラッジ（建屋内貯槽）597m³	硫酸バリウム＋フェロシアン化物	90Sr:2E17（実績値：～1E16Bq）	B（S）	10m
セシウム吸着装置（KURION）	ろ過材（吸着塔）	珪砂	137Cs:6E17（～2014年実績：～2E17Bq）	B（S）	>30m
	吸着材（吸着塔）計758基	ゼオライト 珪チタン酸塩			
第二セシウム吸着装置（SARRY）	ろ過材（吸着塔）	砂	137Cs:6E17（～2014年実績：～3E17Bq）	B（S）	>30m
	吸着材（吸着塔）計180基	ゼオライト 珪チタン酸塩			
多核種除去設備（既設・増設ALPS）	スラリー（高性能容器）	鉄共沈沈殿物 炭酸塩沈殿物	90Sr:～6E16Bq	B（S）	>30m
	吸着材（高性能容器）計2251基	ゼオライト （珪）チタン酸塩 フェロシアン化物 活性炭（キレート）樹脂 その他			
高性能多核種除去設備及びRO濃縮水処理設備	吸着材（吸着塔）計94基	既設・増設ALPSの吸着材類似品	90Sr:～2E17Bq	B（S）	>30m
サブドレン浄化設備等	（上記の範疇に含まれる） 計177基		各種モバイル系設備などを含む 未評価	B（S）	>30m
蒸発濃縮装置	廃液（溶接タンク）9233m³（スラッジ込）	濃縮塩水	水処理設備による処理を検討中	B	>30m
	スラリー（横置タンク）	炭酸カルシウム	90Sr:～1E15Bq	B（S）	>30m

・「ALPS7系統」の「二次廃棄物」中にどれほどの放射能量が・・・。

・吸着塔　4,057体

・スラッジ　9,830m3

・セシウム(Cs) 137　50京Bq

・ストロンチウム(Sr) 90　50京Bq

（東京電力HD（株）「水処理二次廃棄物処理にむけた検討状況」第5回特定原子力施設放射性廃棄物規制委員会・2017.2.10）

51

ALPS 7系統での放射性物質処理により生じる2次放射性廃棄物

スラリーとは！

燃料デブリに触れた水から放射性物質を取り除くために、ALPS（多核種除去設備）を使って浄化するが、その前処理で薬剤を注入した結果生じる、細かい沈殿物が水に混ざったものを指す。
高線量の放射線を発するので厳重な管理の下で保管されている。

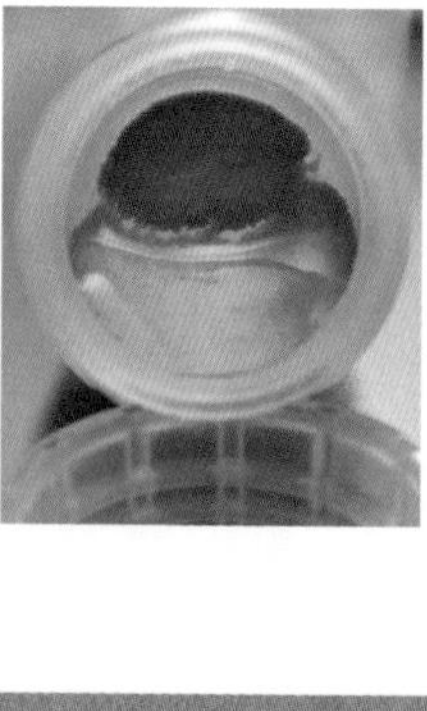

（東京電力HD（株）特定原子力施設放射性廃棄物規制検討会（第6回）資料2）

52

53

使用済み燃料の取り出しと概況

		現状	取り出し開始時期
1号機		オペレーテングフロア上部の調査を進めている。	2023年度目処
2号機		オペレーテングフロア上部にアクセスするための台座設置。	同
3号機		燃料取り出しカバーの設置が進んでいる。	2018年度目処

第一原発の使用済み燃料の置き場所

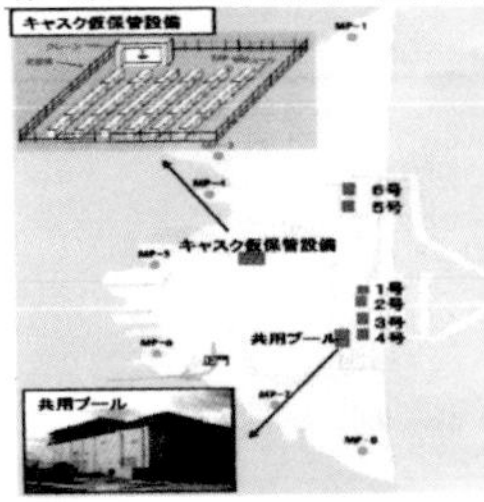

(注)「オペレーテングフロア」とは点検や燃料の交換などを行う原子炉建屋の最上階を言う。

・第一原発の使用済み核燃料13,137体(使用済み燃料12,337体、新燃料800体)の行き先は決まっていない！

(東京電力ＨＤ「使用済み燃料等の保管状況より」を基に作成)

54

保管場所	保管体数（体）			
	使用済燃料プール		新燃料貯蔵庫	
	新燃料	使用済燃料	新燃料	合計
１号機	100	292	0	392
２号機	28	587	0	615
３号機	52	514	0	566
４号機	0	0	0	0
６号機	168	1,374	0	1,542
６号機	198	1,456	230	1,884
１～６号機	546	4,223	230	4,999

保管場所	保管体数（体）		
	新燃料	使用済燃料	合計
キャスク仮保管設備	0	1,550	1,550
共用プール	24	6,564	6,588

	保管体数（体）		
	新燃料	使用済燃料	合計
福島第一合計	800	12,377	13,137

(東京電力ＨＤ「使用済み燃料等の保管状況より」を基に作成)

55

破壊された燃料塊デブリ１千トンの現状は…

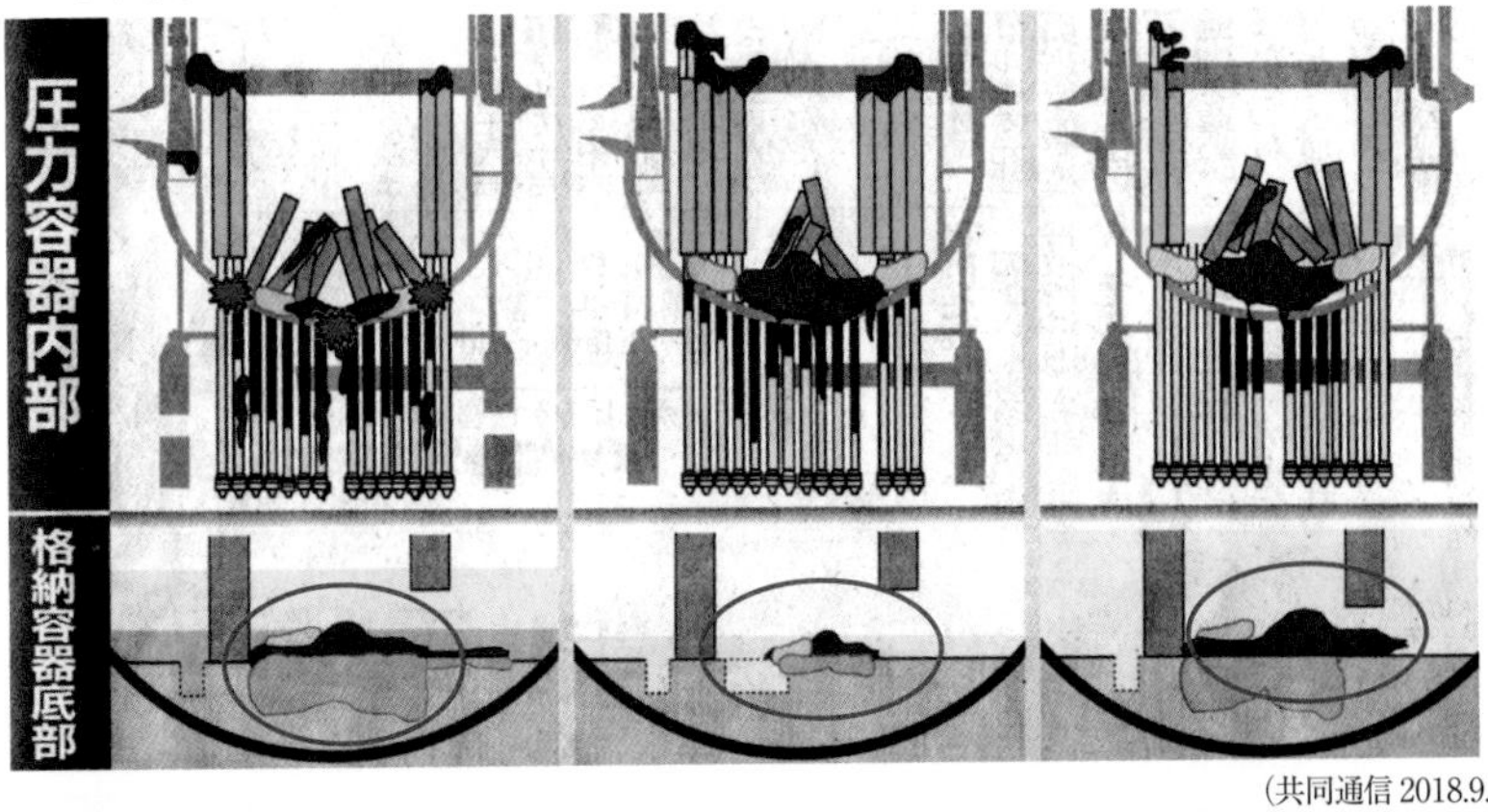

(共同通信 2018.9.7)

約40万㎥ 瓦礫（がれき）類の発生予測

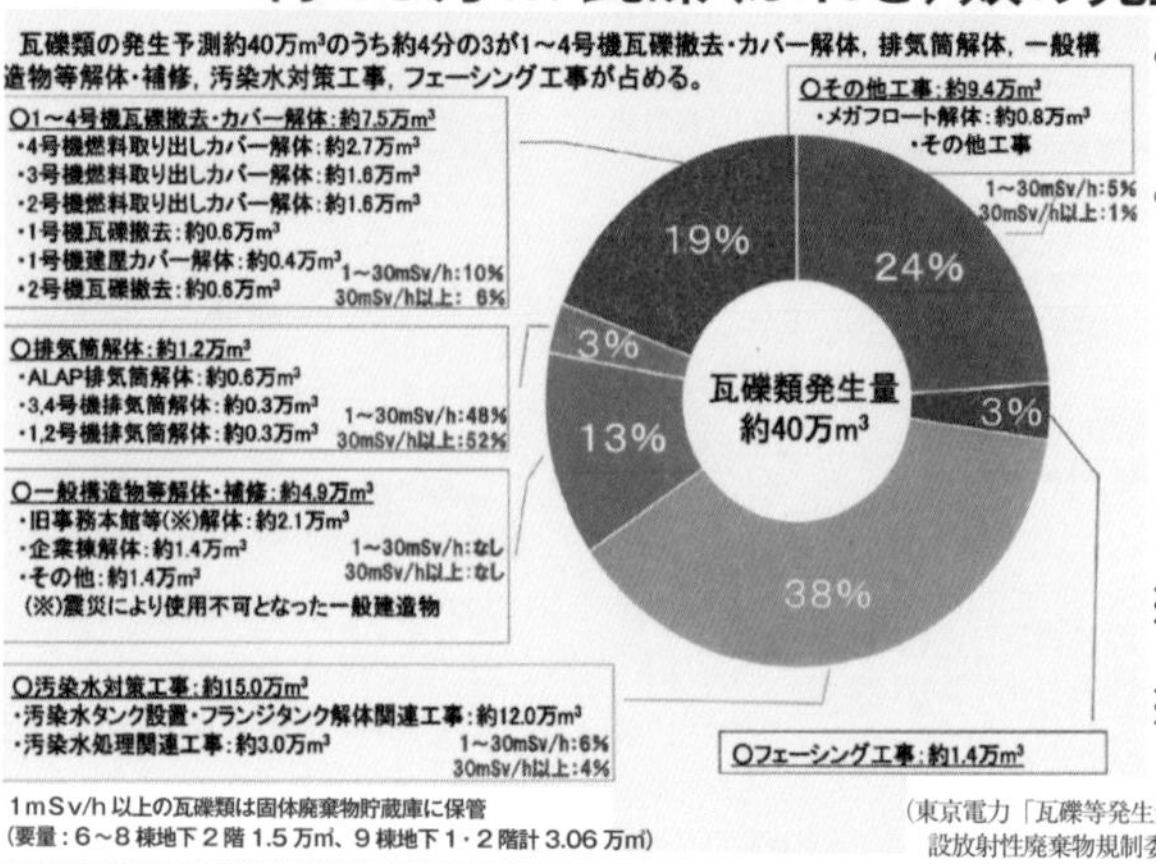

1mSv/h 以上の瓦礫類は固体廃棄物貯蔵庫に保管
（要量：6～8 棟地下２階 1.5 万㎥、9 棟地下 1・2 階計 3.06 万㎥）

○1～4号機瓦礫撤去・カバー解体

○排気筒解体

○一般構造物解体・補修

○汚染水対策工事

○フェーシング工事

※10年後予測77万トン

※赤字は被ばく線量

（東京電力「瓦礫等発生量の内訳について」第２回特定原子力施設放射性廃棄物規制委員会・2016.2.12 若挟ネット 長沢啓行氏）

56

約３年前から作業員不足の兆候は表れていた！

毎日新聞

廃炉「作業員不足」5割

協力企業 若手集まらず

福島第１・本社調査

廃炉 誰が担う

復興の途上

残る偽装請負/ベテラン引退進む

（毎日新聞 2016 年 3 月 7 日）

57

廃炉・収束「作業員不足」５割

1. 廃炉作業に携わる協力企業のうち作業員不足を懸念する企業は半数に上った。
2. 廃炉完了（2041年～2051年）時期について4割が達成不可能と予測した。
3. 作業員は足りているか？　足りない50％

（足りない理由）

・定年と線量高く離れる人多い

・若い人が集まらない、少子高齢化

・技術の継承が困難

・放射線が高く希望者減

・大学の原子力工学科の減少

自治体に提出された建設関係許認可資料より

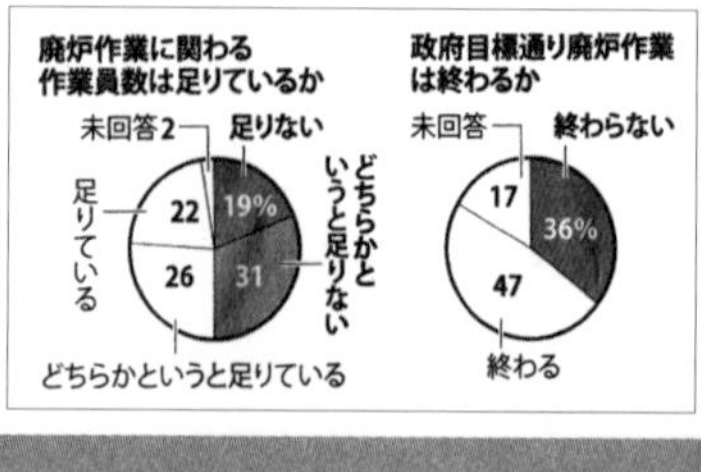

58

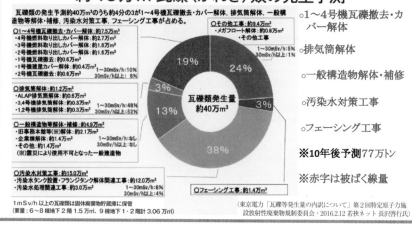

59

原発事故の刑事責任追及に対する関心

9月8日(日) 真実は隠せない―有罪判決を求める 東電刑事裁判 判決直前大集会
14:00~16:30 東京都 文京区民センター 3-A 会議室
主催：福島原発刑事訴訟支援団 福島県田村市船引町芦沢字小倉140-1
Eメール info@shien-dan.org 電話 080-5739-7279 HP https://shien-dan.org

（福島原発刑事訴訟支援団ホームページより）

60

相双地方に増設含め、14基全部稼働していたら日本は住めない地域になっていたであろう！

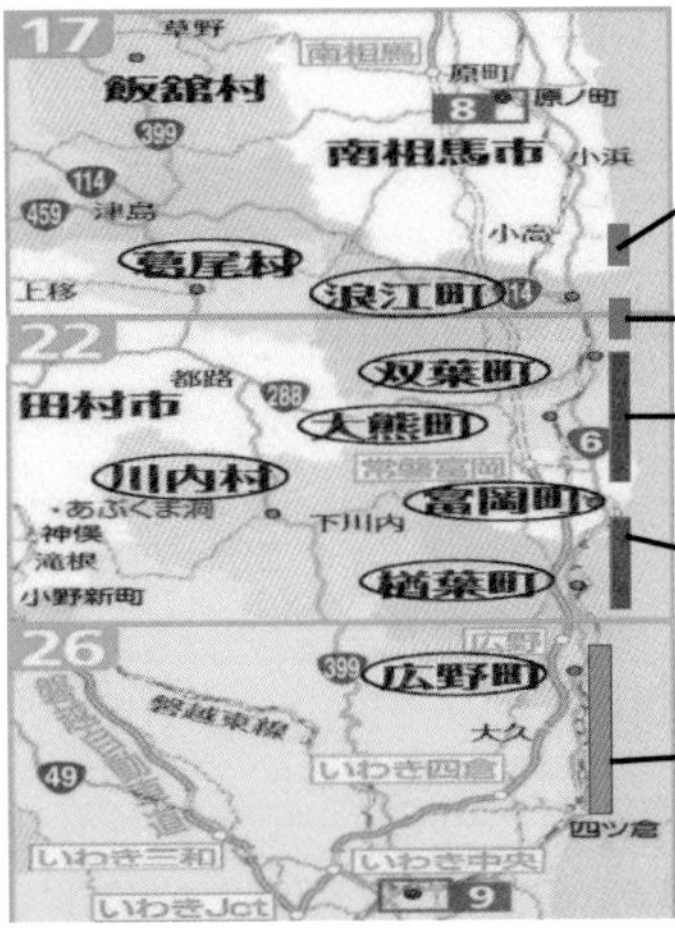

浪江・小高原発２基 建設計画（東北電力）
福島第一原発２基・増設計画
福島第一原発６基中３基メルトダウン
福島第二原発４基、外部電源１基のみ生き残り「紙一重」で事故をまぬがれた。
広野火力発電所６基

61

石丸小四郎 講演スライド「苛酷事故にみまわれた——あれから８年　福島の過去・現在・未来」

〈証言と考察〉

被災当事者の思想と環境倫理学　目次

福島原発苛酷事故の経験から

目次

＊表紙オモテ写真　第一部3章一二二頁右下より：浪江町にある「希望の牧場・よしざわ」に、〝命の砦〟として現在も飼育されている牛（撮影・森山晴香 二〇一二年七月）
＊表紙ウラ線画　世代をこえてつながってゆくいのちのひろがりは、原発事故によって放出された放射線によって不確かなものとなった。私たちひとりひとりがその不確かさに臨み、いのちのひろがりを守り、順々にゆだねてゆく責任のかたちの象徴として、表現された。（作・吉原航平）

【凡例】

一、第一部「証言」において証言してくださった方々について、文中の敬称は略した。

一、本文の太字・傍線による強調は、いずれも編著者の判断によるものである。

一、本文引用文中において、筆者自身の補足は〔　〕をもって表記する。

一、海外文献から引用する際に、日本語訳書の存在するものについては、翻訳を適宜参照させていただいたが、必要に応じて訳し直したところもある。しかし、本書で引用する一連のＩＣＲＰ（国際放射線防護委員会）刊行物については、その刊行物すべてがＩＣＲＰのウェブサイト https://www.icrp.org/page.asp?id=506 からダウンロードできる公式訳であることに鑑み、変更していない。ただし、訳文の適切さに疑義がある場合は、本文において検討した。

一、引用文献中の人名をはじめとする固有名詞に関して、一般的であると思われる表記を採用して記しているが、それと異なる表記を原著者がしている場合、その文献に関しては原著者の表記を尊重した。具体的には、Claude Eatherly の場合、クロード・イーザリーと表記しているが、例外的にクロード・エザリーと表記した個所がある。また、ハンス・ヨナス（Hans Jonas）について訳者の表記を尊重してハンス・ヨーナス、ウルリヒ・ベック（Ulrich Beck）についてウルリッヒ・ベックとした箇所がある。

序文

二〇一一年三月一一日に福島県沖で発生した大地震と、それに伴い太平洋沿岸の広い地域に襲来した大津波、そしてそれら自然の猛威と、事業者東京電力の津波対策の怠慢が重なって生じた福島第一原子力発電所の苛酷事故は、福島県浜通り地域を中心に、事故後十余年経った今でも元住んでいた故郷に帰りたくても帰れない人々、家族を生んだ。その尋常でない事態が象徴しているように、事故は日本の経済にも大きなダメージを与え、さらには二〇二三年八月二四日から始まった、廃炉作業中の第一原発の敷地内に貯留し切れなくなった（と東京電力および政府が主張する）いわゆる汚染水（福島第一原発敷地直下を流れる地下水、建屋に降り注いだ雨水、さらには原子炉の冷却水が溶融した核燃料デブリに触れたり、建屋内に既に溜まっている汚染水と混ざったりして生じる）の海洋放出は、日本政府、ひいては日本人に対する国際的な信用を毀損する可能性が大きい。このこと一つとっても、事故の影響は地理的に原発に近い地域に限定されないことは明らかである。したがって、日本で今を生きる私たちには、原発事故とは何かをいくらかでも理解し、原発事故発生後の世で自らと科学ないし技術とのあるべき関係についてそれぞれが考えていく必要がある。被災地域（それは福島県内に限らない。ではどの程度まで広がっているのか、という問題も大きいが）と関わりがあろうとなかろうと、日本に生きる人間に共通の問題なのである。

そもそもにしてからが、地震発生日三月一一日午後七時三分に政府が発した「原子力緊急事態宣言」は、二〇二四年二月の現時点で解除されていない。そこからして、福島第一原発の事故は公式にまだ終わっていない。本書はこの原発事故が現在も続いているという状況に即して、倫理学が「環境倫理学」という枠組みで論じてきた人間と環境、人間と自然、人間と技術との関わりを改めて問い直す書物である。一般的に、倫理学とは人間が善く生きるとはどのようなことか、という問いについて様々な視角から研究する学問である。文献研究が中心となる古来の倫理学に加えて、この数十年来応用倫理学が各ジャンルにおいて研究されて久しい。そのなかでも生命倫理学は、主に医療における人間の善き生を取扱う。日本でも倫理学者以上に医療関係の研究者や医療従事者が中心となって議論と研究が積み重ねられてきた。

環境倫理学は、人間が環境（自然環境や技術を介してつくられた人工物環境）とどのような関係を結んで生きるべきか、ということを論じる。例えば人間と人間以外の生物との関係の問い直しである。これは人間以外の生物にも道徳的に配慮される何らかの資格があるか、あるとしたらどのように関係していくべきかという観点で論じられたり、意図的であるなしを問わず人為によって当地に持ちこまれた外来種が既存の生態系をかく乱することにどのように対処すべきか、など多様な観点で論じられたりしてきた。

また、現在の世代の大量生産・大量消費そして大量廃棄の営みが、地球規模で気候すら変えてしまっているという認識が世界で共有されて既に久しい。二〇〇一年に公表されたＩＰＣＣ（気候変動に関する政府間パネル）第三次報告書ですでに、地球温暖化は人為的であるとの判断が示され、今日では地球全体の平均気温の上昇幅を、産業革命前と比較して一・五℃以内におさめる必要があるとの認識の下、エネルギー源の化石燃料から再生可能エネルギーへの転換が世界各地で進行中である。

このいわゆる「エネルギー転換」は、現在世代の資源消費が例えば百年以上後から生まれてくる将来世代の生存条件に著しい悪影響を及ぼすなら、それは不正な行為ではないか、という世代間倫理の観点からも正当化される。もっとも、二一世紀に入り気候変動の影響が誰の目にも顕著になるにしたがい、例えばスウェーデンの若き活動家グレタ・トゥーンベリが訴えるように、もはやエネルギー転換は世代間倫理のみにより正当化される問題ではなくなった。それは、若き世代にとって自らの生存条件確保の問題となったのである。

さらに「原子力緊急事態宣言」継続中の日本では、原発事故にどう対処していくかということが、現在の世代から将来世代に至るまで広がる倫理の問題である。放射性物質の飛散と降着によって、人体を含む自然が目に見えないところでかすかに、しかし決定的に改変されている。この改変を克服すべく、二〇一〇年代から継続して日本では例えば除染政策がとられ、膨大な量の除染ゴミが排出された。福島県内の除染ゴミは大熊町と双葉町にまたがって設けられた中間貯蔵施設へ運び込まれている。除染により、年間追加被ばく線量が二〇mSv（ミリシーベルト）を下回るようになった地域から避難指示は解除され、避難先から帰還したい住民は自由に帰還できるようになった。

ところが、この二〇mSvという基準は、現行法で通常原子力関連施設の関係者のみが立ち入ることのできる管理区域やその外側の周辺監視区域にも当てはまらない、一般市民が生活を営む領域の一年間の線量限度一mSvという基準と食い違っている（原子力規制委員会告示第八号による）。この二重基準状態もまた、この十余年継続中である。飛散した放射性物質の危険性は、それぞれの核種の半減期の繰り返しのなかでほんとうに緩やかに低減していくと考えられるが、原発事故発生時に生きている世代において解消されるものではない。

環境倫理学、あるいは哲学、倫理学全体としてこのような事態をどのように考察しているのか、と問われたときに、念頭に置かざるを得ない事件がある。それは本書第二部であらためて取上げて検討する、日本の環境倫理学の実質的な創始者といえる加藤尚武による、医学博士山下俊一のいわゆる「ニコニコ発言」の擁護である。山下は二〇一一年三月一九日に福島県放射線健康リスク管理アドバイザーに就任し、翌々日二一日の講演会にて「ニコニコしている人には放射能は来ない。クヨクヨしていると放射能が来る」と発言したのだった。この発言について後にいわゆる「子ども脱被ばく裁判」の証人尋問の際に、当時の聴衆を愚弄、もしくは脅迫しているのではないか、と原告側弁護士から問われ、山下は「発言により不快になった人がいたら申し訳ない」と謝罪に追い込まれたのだった[1]。

しかしこの「ニコニコ発言」について、加藤尚武は二〇一三年の日本生命倫理学会のシンポジュウムの席で、山下の優れた人となりを知っているがゆえに、彼のその発言も信用できると述べたのである。筆者は、その当時この発言に対して真正面から反論した研究者を、シンポジストとして同席していた宗教学者の島薗進以外、寡聞にして知らない。加藤は二一世紀に入るより前から、生命倫理学並びに環境倫理学の学識に基づき、舞台を大学の研究室と講義室や読書界にとどめず、環境省や厚生労働省をはじめとする政府の審議会等で発言をくりかえしてきた。そうした活躍は、生命倫理学や環境倫理学が研究領域として確立されるだけでなく、その内容が高等教育ばかりか中学校や高等学校すなわち中等教育、さらには専門学校での授業内容にまで反映される要因の一つとなったと考えられる。したがって、ナイーブのそしりを免れないかもしれないが、個人的にこの山下俊一擁護の衝撃は非常に大きかった。

加藤尚武の山下発言擁護が、単に山下俊一その人を個人的に過大に評価していたからなのか、それとも加藤環境倫理学に内在する原因によるものなのか、を解明しない限り、いわゆる「環境倫理学」なる学問分野の存在意義そのものが問われるのではないか。これが本書執筆に至る原点的発想の一つである。

＊

もっとも哲学者、倫理学者たちが原発事故に対して全く無関心であったわけではない。一冊だけ例を挙げれば、佐藤嘉幸と田口卓臣による『脱原発の哲学』（人文書院、二〇一六年）は狭義の哲学的な文献研究の枠を超えて、かつ具体的な提言を行なう志の非常に高い書物である。他にもないわけではもちろんない。それでも、加藤の山下発言擁護と、それに対する学会での批判的言論の乏しさから浮かび上がってくるのは、環境倫理学をはじめとする倫理学や哲学を研究している者たちが、原発事故について被災者の視点を入れた思索を展開してこなかったのではないか、という疑いである。

加藤尚武は環境倫理学に三つの問題系、すなわち、自然の生存権・世代間倫理・地球全体主義があると提唱し、今では高等学校の教科書までそれに沿った記述がなされている。吉永明弘はそのような加藤環境倫理学を「グローバルな環境倫理」と呼び、三つの問題系いずれもが、「地球環境問題の解決を目指す」ことに主眼を置いていると位置づける。[2] 一方で、鬼頭秀一は一九九六年に刊行した『自然保護を問い直す』という著作のなかで、自らの環境倫理学を「ローカルな環境倫理」と呼称した。[3] この「ローカルな環境倫理」は、その後日本の環境倫理学の主流になっていく。[4] 鬼頭が環境倫理学の課題として考えていることを端的に示す文章がある。

「……人間の欲望や自由でさえ、自然とのかかわりあいの中で、人間社会の中で様々な形態をとって存在してきたのである。それゆえ、欲望も含んだ人間の営みの形態がそれぞれの地域において自然とのかかわりあいの中でどのように進展してきて、今後、どのような形で作り上げられて構築していくべきなのかという議論が立てられなければならない。[5]」

すなわち鬼頭は、人間と自然との関係が地域ごとに多様であり、地球全体で一律ではないと主張した。鬼頭の論旨に沿って環境倫理学なるものが成立するとしたなら、それは必然的に地域ごとの人間の自然観や自然との関係に即したものとならざるを得ない。言いかえれば、その地に生きる人間の生活や、その地の自然のありよう、生活における自然との関係の実際のありようを踏まえてとらえられねばならない。裏を返せば、地球に生きる人間の自然との関係性を一律に規定しようとする環境倫理学は、実際の人間のありようと齟齬をきたし、かえって人間（に加えて自然も）を抑圧しかねない。[6] 地域ごとの多様性を理解しようとする環境倫理学は、まずもってその地に生きる人間の主体性を確保し尊重する学となるはずである。

しかし、実のところ「ローカルな環境倫理」の研究者たちは一部の例外を除いて、公害問題への関心は薄かったのである。[7] 環境経済学者である吉田文和には、「最大・最悪の公害としての原発災害」という題名の論文がある。[8] 原発事故を吉田の言うとおりに受け止め、公害研究の積み重ねに基づいた研究をしてもよかったはずだが、肝心の環境倫理学者たちこそ、筆者も含めてそういった研究をほぼしてこなかった。鬼頭秀一はどうか。鬼頭は農林水産業を第一に念頭に置いて、人間と自然との関係を「生業」に見るが、その土台である地域の自然が放射性物質によって汚染され、「生業」が困難、さらには不可能になる事態に至ったばかりか、被ばくリスクを超えて、「生活の根源を奪われることで精神的な被害を含む二次的な被害を受けることになった」と書き記す。[9] さらに、そうした被害に苦しむ人々に対し、被ばくリスクを甘受して元住んでいた家へ戻るべきだと言わんばかりの帰還政策が展開されていて、[10] 被災者や素人市民と政府並びに放射線の専門家との間の双方向のリスクコミュニケーションではなく、「自然科学者のみならず哲学や社会学などの人文社会科学の専門家をも巻き込み、信じられない言説空間が構築されてきている」と述べる。[11]

こうした鬼頭の論述は、しかし残念ながら3・11以後の環境倫理学が問われている課題を示すにとどまっている。また「ローカルな環境倫理」は学際的研究なので、環境社会学者や環境法学者、科学史家や生態学者などが参与している。その環境社会学においては、飯島伸子や舩橋晴俊らを代表とする公害研究の積み重ねがある。ということは、環境倫理学は環境社会学からのフィードバックが十分にできていない、ということでもあるだろう。[12]

「ローカルな環境倫理」の方法論について、鬼頭秀一は文献学的な思想研究だけでなく、フィールドワークが必要であると主張した。[13] したがって、原発事故が継続中であるということを踏まえて環境倫理学をあらためて樹立するためには、学際的に広く関連諸学も含めて参照するだけでなく、方法論的な観点からして大学の外でも研究の種を求めなければならない。本書は、「ローカルな環境倫理」の研究者の一人である吉永明弘の研究手法から直接影響を受けている。吉永は早くから鬼頭秀一の方法論を取入れ、様々な問題の関係者、特にアカデミズムの外部の市民にインタビューして、それに基づき考察するという、ある種社会学的な方法論で研究を重ねてきた。

*

ここまで、環境倫理学の展開の経緯のなかに公害問題ひいては原発問題の影が極めて薄いこと、また「ローカルな環境倫理」の方法論について書いてきたが、本書のもととなったインタビューは、そもそもメディアを介した情報だけでは原発事故の真実は分からないから、当事者の生の声を聴くしかない、という素朴な直観に導かれて行なわれたことも事実である。それを学問的に正当化するのが、鬼頭や吉永の「ローカルな環境倫理」の方法論であった。

筆者自身、大体二〇一六年頃から「ローカルな環境倫理」の方法論に沿って、小平市の都市計画道路3・2・8号線造成に関して市民の意思を問う住民投票の実施を求める運動の関係者や、吉野川可動堰の建設の是非を問う住民投票を実現した運動の中心人物だった村上稔、原発事故当時埼玉県へ全町県外避難を敢行した前双葉町町長井戸川克隆などに対する取材を当時の科研費研究チームにて行なっている。その際の事前準備や当日にうかがった話のなかから、一つには成功する、もしくは成功に近づく運動の共通点として、党派性の排除(例：共産党とのつながり、あるいは自民党とのつながりを運動の前面に出さない)、ワンイシューに絞った運動(例：美しい川の流れを守る運動以外の要素、例えば与党反対のアピールを入れない)、少人数の勉強会を繰り返して啓蒙しかつ横のつながりをつくる(最初は専門家を呼んでもいいが、そこで学んだ素人が次に講師役になってどんどん知識を広めていく)ことが浮かび上がってきた。さらに住民運動の成否をこえて、そもそも地域社会のコミュニティが、コミュニティを良くしたいという声がいきわたる程度の大きさであることが大切であり、その大きさが往々にして既存の行政区域には一致しないという示唆を得た[14]。これらの学びから、先述した筆者の〝素朴な直観〟がより確かなものとして育まれたと言ってもよい。

筆者が実際に話を聞かせていただいた、現在進行形、もしくは近年の運動の当事者ばかりでなく日本環境保護運動史を振り返るならば、環境問題や公害問題の現場で生きている人たちの間で、日々ノウハウ的な知見や、さらにノウハウを超えた思想が生み出されてきた（本書では吉野川可動堰建設反対住民投票運動のほかに、一九六三年から翌六四年にかけて起こった沼津・三島コンビナート反対運動を取上げて検証する）。しかし、そうした知見や思想はせいぜい当事者間内部でのみしか共有されず、現場を越えて広く国民の知恵になっていないのではないか。特に公害被害当事者と、それと連帯する支援者は、加害原因企業に抗議し、訴訟を起こし、厚生労働省をはじめとする省庁と折衝し、さらに場合によっては被害当事者に対する世間の冷たい目に耐えながら生きていかねばならない。そのような生活は心身双方の大変な消耗を伴うもので、その当事者に第三者が何かを求めて当然という状況ではない[15]。

そうであってみれば、「ローカルな環境倫理」の意義とは、地域生態系の保全や里山再生にとどまるものではなく、環境問題や公害問題、本書であれば原発問題に曝されている市民の知見や知恵に取材し、それを特に倫理学理論を通して分析し明確化し、当事者市民からの知恵として共有できるようにすることにあるのではないだろうか。その共有ができていないために、例えば汚染水の海洋放出をおしとどめる国民的な議論が十分に湧きあがらないのではないだろうか。

以上のような問題意識、方法論に沿って本書の構成を説明するなら、原発事故に即した環境倫理学を、被災した人たち、もしくは原発事故と継続的に何らかの形で意識的に対峙している人たちに実際に話を聴き（本書第一部）、その内容を踏まえて独自の環境倫理学の構想を練り上げる（本書第二部）こととなる。そのうち第一部は、1章から3章まで、筆者を含む科研費研究グループ四名（山本剛史、熊坂元大、小松原織香、吉永明弘）で二〇一九年にいわき市並びに浪江町を訪ね、三組（フクシマ原発労働者相談センター、いわき放射能市民測定室たらちね、希望の牧場・ふくしま（当時））に対して行なったインタビューを収める。4章に収めた前福島県双葉町町長井戸川克隆の証言は、二〇一六年に吉永明弘を研究代表者とする研究の一環としてインタビューした後、間もなく別に送って頂いた自撮りメッセージビデオからの書き起こしである。

インタビューの取扱いに関しては様々な考え方があると思う。本書では、第一部の「証言」をそれ自体独立して読み、読者が福島第一原発事故後の倫理（学）について自由に考えを深めることができるように、なるべく文言の書き起こしに手を加えないで掲載するように努めた。もちろん、文章になった時に読みにくく、読んだだけでは理解が難しい箇所や、オフレコが望まれた箇所、単なる繰り返しなどは整理している。なので、読者の皆さんにはどうか、第一部証言をじっくり読んで頂きたい。考えるヒント、考えねばならない問題が凝縮されているはずである。

＊

第二部は第一部の四つの「証言」から、原発事故がもたらしている思想的課題を浮き彫りにしたうえで、新しい環境倫理学を構想していく。

1章では、第一部の四つの「証言」を「ニコニコ発言」を擁護した加藤環境倫理学とあわせ分析する。その際、社会学者ウルリヒ・ベックが自らのリスク社会学において放射性物質や人工化学物質により汚染された自然をあらわした「第二の自然」という概念を取上げ、福島第一原発近隣住民のみならず、日本人一般がこの第二の自然において生きていることの現実を指し示す。ベックの概念の優れた点は第二の自然の汚染度や、汚染が私たちの健康や安全に影響があるのか否かが目に見えないがゆえに、その実態が科学的な測定によってしか知りえないことを含みこんで概念化しているところである。この測定を誰が行なうのか。測定された数値を公表し、公表された値について危険である、危険でないと評価するのはだれか。測定はごく微量に至るまで絶対に正確になされるわけではない。これ以下なら測定しません（できません）という検出下限値が設定されることも多いだろう。だとしたら、その下限値を設定するのはだれか。設定された下限値は基準として妥当なのか。ベックのリスク社会学は、第二の自然において生きざるを得ない人間が、汚染物質を測定しその危険性を裁可する権力の影響下にあることを浮かび上がらせる。

その影響は個々人が、被ばくによる心身の健康リスクについて自律して判断し行為する主体性の十全な発揮を妨げかねない。第一部の証言者たちはみな（ベックの社会学そのものを知っているわけではないが）この主体性を侵害しかねない構造に置かれていることに自覚的である。また、ベックの社会学は政治権力および科学技術の専門家と、素人市民との間の権力構造が、二つの合理性、すなわち科学的合理性と社会的合理性をめぐる力学であることも明らかにしている。この二つの合理性はリスク社会における上述の権力構造のなかで、ときに対立し、ときに依存しあう関係を持っている。

まず科学者は、例えば飛散した放射性物質の危険性について、その判断を正当化する根拠を科学的合理性に求めている。素人市民が特に若い世代の生命や健康に対する懸念に基づいて科学者の判断について異議を唱えても、素人の素人たるゆえん、その異議には科学的合理性がないとして科学者は誤りと見なしがちである。しかし、素人市民の低線量被ばくに対する不安はもっともであろう。ベックの社会学に引き付ければその不安には社会的合理性があると言える。

しかし、科学者による危険であるかないかの評価の基盤である科学的合理性は、実のところ社会的合理性から完全に独立しているわけではなく、科学者本人が是とする社会的な基準に則って行なわれているのだとベックは続ける。これが科学者の社会的合理性である。ならば問題は、科学者の社会的合理性と、素人市民の社会的合理性の食い違いにあることになる。また、第一部の「証言」、ないし福島原発事故以前の日本の環境保護運動史を紐解くなら、素人市民は自らに必要なだけの専門知識を身に付けることで、その主張を科学的合理性にも基づけようとする。加藤尚武はこうした素人市民が科学的合理性の確保を試みつつ説得力のある活動をなしうるという点を完全に読み違えているし、従来の環境倫理学は、環境社会学等における公害研究の蓄積を上手く活かせてこなかった。こうした現状を乗り越えるために、1章でまずベックの社会学も援用しつつ、第一部の「証言」および関連資料を分析していく。

*

環境倫理学が留意しなければならないのは、国、企業、さらには国際的な核開発、核利用関連の人的ネットワークが、福島第一原発事故後に至るまで、いや、より正確には福島第一原発事故後だからこそ、素人市民にとっての社会的合理性に介入し、核開発核利用への反対を和らげ、原子力推進勢力が依拠する社会的合理性へと馴致しようと継続的に動いていることである。

その動きの一つに、放射線防護に関する考え方や基準を勧告し、各国政府の関連法令の準拠点を提供する非政府組織ＩＣＲＰ（国際放射線防護委員会）による刊行物一三八の作成を挙げることができる。これは、すぐ後に世に出た刊行物一四六（二〇二〇年勧告）の露払い的文書である。つまり、放射線防護措置の不徹底に道を開く「最適化」原則を何と倫理学的に正当化しようとする異色の文書である。最適化原則とは、経済的社会的要因を考慮に入れて、個人の被ばく線量や人数を合理的に達成可能な限り低くするよう努めるという原則である。つまり、科学的技術的にできる限り被ばく線量を低く抑えるのではなく、リスク－ベネフィット分析に照らしたらこれ以上の被ばく線量の低減が見合わないという結論になれば、線量の低減を行なわない、というのである。しかし、リスク－ベネフィット分析を実施するのは国や企業の側であり、ベックのリスク社会学を通して見れば、素人市民の側のリスクがどれだけ考慮された末の結論なのか、という極めて大きな疑念が消えない。

刊行物一三八は、いわゆる「生命倫理の四原則」（「自律尊重」「無危害」「善行」「正義」）を参考にして、「善行と無危害」「慎重さ」「正義」「尊厳」という四原則が最適化原則を倫理学的に正当なものとするということの論証を試みている。したがって、環境倫理学にはまさにこの刊行物一三八を吟味評価する責務があろう。2章ではこの文書に加え、続く刊行物一四六に焦点をあて、それらがいかに素人市民の主体性の発揮を阻もうとしているか、また、倫理学的に見てどのような解釈の誤りがあるか、ということを徹底的に明らかにしていく。

＊

核エネルギーの実用化以後の世界はそれ以前と異なり、放射線の目に見えないリスクを含みこんだ第二の自然と化している。第二の自然に生きる人間は、危険性の評価をめぐって自己の主体性が評価権限を有する側によって侵害されるかもしれないという緊張状態に置かれている。日本政府の場合、ＩＣＲＰが日本を含めた各国政府の放射線防護の方針として提示する最適化原則を、帰還政策を支える社会的合理性として暗黙の内に事実上位置づけている。

福島第一原発事故が起こった当地日本において、この緊張状態は国及び電力会社と、被災者の間の加害－被害構造の緊張状態でもある。このように書くと、被害の様相は多様ではないか、それは加害－被害といういわゆる二項対立の枠組みではとらえられないのではないか、という批判があるかもしれない。しかし、原発推進の国策があり、その中心に東電をはじめとする電力会社がある。国会事故調査委員会や政府事故調査委員会、さらには全国各地で起こされている被災者による国や東電を相手どった訴訟の判決文や口頭弁論準備書面などからは、東京電力が津波対策をおろそかにしていたことや、政府の原発関係規制当局が電気事業者のロビー活動の影響を被り、「必要な独立性及び透明性が確保されることなく、まさに『虜』の構造と言える状態」[16]であったことが明らかにされている。つまり、原発事故は防ぐことのできた人災でもあったことが明らかにされてきているわけで、本書はその圧倒的な加害性に直撃された被災者に、多様極まる被害の様相が生じ、その苦難のなかでの、多々あることとして被災者同士の考えや感情、行動の食い違いも生じるのだと考える。

3章では社会学的な加害‐被害構造論とは違うやり方で、加害側について探求する。二〇世紀のユダヤ人思想家ギュンター・アンデルスは、広島に原爆を投下したアメリカ空軍チームの一人であるクロード・イーザリーと手紙をやり取りするなかで、イーザリーこそが核エネルギーを実用化した時代にそれまで存在すらしなかった全く新たな道徳的な罪に直面した人物だ、という確信を持つに至る。さらにアンデルスが見出していくのは、技術文明の特質から誰しもがイーザリーと同じ立場に立ち、取返しのつかない罪を犯し得る存在となった人類の新しい倫理の必要性と可能性である。アンデルスの到達点から、核エネルギー実用化時代における法外な加害と被害の双方を考慮に入れた倫理の道が開かれる。なお、その全く新たな道徳的な罪をあらわにしたとされるイーザリーの証言や罪責感情自体が事実ではない、という議論が存在する。この問題についても検討し、イーザリーのアンデルスに対する証言の真実性とその性格、さらにイーザリーの罪責感情をもたらした体験の正体を追究する。

また本書では、福島第一原発事故当時の所長吉田昌郎が、イーザリーと似た立場に追い込まれたと考える。なぜなら吉田は東京電力社内で原子力発電関連の要職を歴任しており、特に二〇〇八年の社内会議において、津波対策のやり直しは不可避という報告が上がっていたにもかかわらず、それに対応する防潮堤工事が見送られることに積極的に賛同していたからである。こうしたいきさつや本人の考えを政府事故調査委員会の面談録、いわゆる「吉田調書」などからたどり、分析を行なう。そこから浮かび上がるのが、予防原則の重要性である。予防原則を新しい倫理、新しい環境倫理学の原理とするために、イギリスの経済倫理学者ジョナサン・アルドレッドの議論を検討する。予防原則の適用は、どのような場合に倫理的に肯定されるのか、あるいは要請されるのか。こうした問題を検討し整理する。

*

さらに、予防原則適用の倫理学的な正当化の根拠は何か。アルドレッドの思索の掘り下げを、4章においてハンス・ヨナスのいわゆる「未来倫理」の検討を通して行なう。

4章は、1節でまず未来倫理の概要を整理し、「原子力緊急事態宣言」下における未来倫理の拡張と、未来倫理において権利‐義務の相関関係から独立した「根本義務」の規定と、それが重要となる理由について考察する。2節では、ヨナスによる未来倫理の自然哲学的な基礎付けを検討するが、ここだけは抽象的な思弁が主となるので、読みづらいと感じた方は次の3節へそのまま進んでいただきたい。

3節では、根本義務を果たし得る人間の倫理的性質としてヨナスが位置付けている「責任」概念を考察し、「原子力緊急事態宣言」下の現況に引き付けて、実際に私たちが責任をどう果たし得るか、第一部の四つの証言と照らし合わせながら検討していく。

ところで、ヨナスの未来倫理の根底には、自身が〝新しい定言命法〟と称する「汝の行為のもたらす因果的な帰結が、地球上で真に人間であると言える生命が永続することに差し障りがないように、行為せよ」という倫理原則がある。本書では特にこの「生命が永続することに差し障りがないように」という部分を、2章3節において、ＩＣＲＰが著した刊行物一三八のなかの「正義」原則を検討する際に参照した「環境正義の原理」

と重ね合わせ、放射性物質や人工化学物質に浸透され汚染された第二の自然そのものを当たり前のものとして一方的に諦めて受容するのではなく、本来あるべきいのちのあり様を規範根拠とするという意味にとる。ヨナスの未来倫理は、元々ダーウィニズムを踏まえた自然哲学に基礎を置く。その自然哲学を踏まえてヨナスが著書『責任という原理』で課題の一つとしているのは、西洋古代思想や中世思想と異なり、世界を超えた超越的な価値（＝善）の領域を持たない近代の機械論的自然観を前提としながら、客観的善が世界のなかに存在するのだと証明することだった。

そのような証明が必要なのは、核エネルギーの実用化によって、人類が自らの手によって滅亡する可能性が開かれたからである。また、物理的に全人類が滅亡しなくても、福島第一原子力発電所事故は先祖代々営まれてきた家族と地域の人間関係や歴史を途絶させて、以後の生活を全く望まない方向へと変えてしまう事例を数多く引き起こした。核エネルギーの実用化以前は、人間をはじめとして生き物たちはおのずと世代を超えて生き延びていくものであって、倫理的配慮も必要なかったし、自然自体が倫理的性質を内在させていることに言及する必要もなかった。地域共同体についてもしかりで、低線量被ばくを避けるために生業と人間関係の一切を意に反して断ち切らねばならないような事態は生じなかった。

この世代間の生命のつながりを「いのちの営み」と呼ぼう。そうしたいのちの営みさえも生物学者は研究の対象として客観視する。しかしもちろんその生物学者も例外ではなく、人間はいのちの営みの真っただなかにある。人間をはじめとする生物にとって、生命は中立的なものではない。生物にとっての生命の非中立性、すなわち今を生きている自分と過去から未来へと続くいのちの連なりにとって、生命それ自体が一つの価値、すなわち善であることが核エネルギーの実用化によって、あらためて人類に対して明らかにされたのである。

それ故に、ヨナスにとって、また新しい環境倫理学にとって「自然」とは、外部環境のみならず、いのちの営みに直結する各個の身体でもある。さらに、今を生きる各個体と、個体を超えるいのちの営みとの結節点が生殖であり、かつその結果生まれてくる乳飲み子である。ヨナスの倫理学の独創の一つは、一人の人間として完全な存在でありながらも、その自らの生命を維持するために絶えず他者の手を必要とする乳飲み子に対する配慮の責任から、将来へといのちの営みをつなぐ責任があることを説き明かそうとするところにある。この乳飲み子を世話する責任もまた、核エネルギーの実用化以前は倫理〝学〟の研究対象としてそれほど注目されてきたわけではなかった。

ハンス・ヨナスの倫理学は、予防原則の倫理学的な正当化からさらに進んで、核エネルギーから私たちが真に守らねばならないものが何か、そして私たちはそれを守る資質を有するのだろうか、ということについて考察するところまで進んでいく。加藤尚武による「ニコニコ発言」擁護の検討からヨナス倫理学の解釈に至る第二部は、見渡してみればその全体が、素人市民の側から発想して公害問題に対処する倫理学の、原発事故以前からの不在を埋めようとするものである。本書はこれから、素人市民の行動と思索からボトムアップの新しい環境倫理学の構想を試みる。

まず、第一部の証言から始めたい。

◉序文註

1 OurPlanet-TV（二〇二〇年三月六日配信）「ニコニコ発言「緊張解くため」～山下俊一氏が九年前の発言釈明」（二〇二三年九月一三日最終閲覧）https://www.ourplanet-tv.org/39911/

2 吉永明弘、寺本剛編『環境倫理学』昭和堂、二〇二〇年、一一頁。

3 鬼頭秀一『自然保護を問い直す』ちくま新書、一九九六年、一五九頁。

4 吉永を含め、当時の「ローカルな環境倫理」の研究者が一堂に会したと言ってよい著作として、以下を参照。鬼頭秀一、福永真弓編『環境倫理学』東京大学出版会、二〇〇九年。この著作の中には、確かに政治への市民参加や地域社会に主体的に住民が関与していくことに関する論考が複数収められているが、公害問題について直接論じているのは丸山徳次一人である。「ローカルな環境倫理」にあってさえも、公害問題は諸問題のうちの一つだった。
5 鬼頭秀一、八二頁。
6 吉永明弘『都市の環境倫理』勁草書房、二〇一四年、四五－四九頁参照。
7 丸山徳次は、「ローカルな環境倫理」の潮流とつかず離れず、哲学倫理学のテキスト解釈と並行して水俣病の知見に基づく環境倫理学を模索したが、例外的な存在と言えよう。丸山の思想遍歴については以下を参照。魚住洋一「科学批判から『ミナマタ』へ――丸山徳次の哲学／倫理学」『龍谷哲学論集（丸山徳次先生御退任記念号）』第三一号、二〇一七年、一五－四三頁。
8 吉田文和「最大・最悪の公害としての原発災害」『地域経済経営ネットワーク研究センター年報』第一号、二〇一二年、五一－七四頁。
9 鬼頭秀一「3・11以後の『共生』の課題と環境正義」『共生科学』第一〇巻、二〇一九年、一四頁。
10 鬼頭秀一、一一四頁参照。
11 鬼頭秀一、一一六頁。
12 もっとも、例えば特に環境社会学が環境、さらには原発に関連する倫理問題を洞察すれば即環境倫理学になるか、というとそうでもない。社会学と倫理学の違いもまた存在している。その点については本書第二部4章で触れる。
13 鬼頭秀一、一一四頁参照。
14 科研費チームのインタビューと考察を、『環境倫理』という学術誌を発刊しその第一号に掲載した。そのなかで井戸川克隆は、人口が三〇〇〇人であっても「市」でいいと言う。さらに「国からお金をもらわなくてもやって行けるように、財政規模を小さく、県民負担を小さく、小規模の体制にして、それでもやって行けるような仕組みをちゃんと作ればいいのです」と述べた。地方自治体の行財政規模を小さくし、必要となる行政サービス自体の絶対量を減らすことで、自立したコミュニティー運営ができるようにする。そして、問題意識があれば自分で議員に立候補するなりして主体的に政治に関われるようにすることを良しとしていた。『環境倫理』第一号、二〇一七年、一三一－一三二頁参照。一方で、村上稔は吉野川可動堰住民投票を実現させる過程で、市民運動の側から当時の徳島市議会選挙に立候補し、徳島市議会議員を務めた経歴を持っている。二〇一七年当時の徳島市の人口は二六万人で、有権者が二〇万人という。そんな徳島市について村上は、「徳島市って誰でもがちょっと話したら、絶対間接的に知り合いがいるような規模なんですよ。『こういう人知ってる？』とか言ったら『ああ、どこそこのラーメン屋の大将の弟さんやね』とかね。みんなが知り合いでつながっているくらいの規模なんですよ」と述べる。そういう規模だからこそ、自分と自分の仲間たちが市議会選挙で当選し、かつ元からいる住民投票賛成派の議員を減らさずに議員団の構成を変え、賛成派を多数派にするという難事業を成し遂げることができたというわけである。井戸川と村上が是と想定する規模は違っているものの、住民がコミュニティー運営に対して主体性を充分に発揮するにはそのコミュニティーの大きさが一つの条件と考えていたことは確かである。『環境倫理』二二〇頁および、村上稔『希望を捨てない市民政治』緑風出版、二〇一三年、七四頁以下参照。また、『環境倫理』は以下のURLから読むことができる（〝ペライチ環境倫理〟で検索も可能）。https://drive.google.com/file/d/1Yk8FctqQ4_CiCphNhSMKGLBYTNDc6CB8/view

15　この点に関して、筆者は原発被災者と、カネミ油症患者の長年にわたる苦しみを念頭に置いて書いている。カネミ油症の基本的知識や、最近の動向については「カネミ油症被害者支援センター」のホームページが非常に参考になる。以下を参照。（二〇二三年九月一六日最終閲覧）https://yusho-support.com/

16　東京電力福島原子力発電所事故調査委員会『国会事故調　報告書』徳間書店、二〇一二年、四二頁。

第一部　証言：原発被災経験の風化に抗して

――いのちを支える当事者たちへのインタビュー

1章

「フクシマ原発労働者相談センター」（二〇一九年八月二二日、インタビュー）

苛酷事故にみまわれた──あれから八年、福島の過去・現在・未来

報告者・秋葉信夫（「フクシマ原発労働者相談センター」）
報告者・石丸小四郎（「双葉地方原発反対同盟」）
報告者・鈴木　裕（「フクシマ原発労働者相談センター」）
聞き手・小松原織香・山本剛史・熊坂元大・吉永明弘

はじめに

二〇一九年八月二二日、福島県いわき市の「フクシマ原発労働者相談センター」（代表　狩野光昭氏）を訪問し、秋葉信夫さん、石丸小四郎さん、鈴木裕さんからお話をうかがった。最初に、原発労働者の方々からの相談の実情について、秋葉さんからレジュメに基づくご報告をいただき、質疑応答を行なった。その後、福島原発事故に関する東京電力との交渉などについて、石丸小四郎さんからパワーポイントでご報告いただき、再び質疑応答を行なった。

秋葉さんのお話は相談センターの活動の包括的な紹介であった。当初、原発労働者からの相談というと、健康問題が中心なのかと思っていたが、実際には賃金問題が中心であった。健康問題の相談がないのは、病気になってもそれが原発のせいだと思われていないためだという。また、一番良いのは労働組合に入って交渉することだが、下請けには労働組合がないので、同センターが代わりに交渉窓口になっているという話も印象的

だった。下請けに労組がないというのは、原発に限らない問題ではないか。

石丸さんのご報告からは、福島第一原発事故の重要なポイントを知ることができた。東京電力はここに津波が来たら危ないことを知っていたこと。三月一二日の一号機の爆発と、三月一四日の三号機の爆発を並べて見てみると、見るからに性質が違うこと（三号機にはＭＯＸ燃料が使われている）。これらはもっと広く知られてよい事柄だ。事故後の処置についても、凍土壁の難点と掘割の利点が鮮やかに示されていた。

また、第一原発の二基増設計画や、浪江・小高原発二基の計画を、反対運動により食い止めていたことも初めて知った。もし増設・新規計画が実現されていたら、福島には一四基の原発ができていたことになる。

その他、今後の廃炉作業などを考えたときの原発労働者のリクルートの問題や、東京電力の担当者の質が落ちていることなど、今後も原発に関しては不安要素が多いことを思い知らされた。

（記：吉永明弘）

●――〈1〉秋葉信夫さんの報告「原発・除染労働者の労働問題等の相談事例について」

相談の大半は退職者か退職予定者

原発労働者相談センターは二〇一五年二月に発足しまして、いろんな相談を受けてきました。現在まで資料には八五件と書いてありますが、九〇件の労働相談を受けて、企業交渉や労働基準監督署の申し立てなどをして解決を図ってきました。

東電のしおりを見ますと、約一日四五〇〇人程度が原発内に入っている。地元雇用は六〇％くらいとなっています。原発の労働者には、原発構内で働く原発労働者と除染労働者の二種類があります。原発・除染労働者からの相談は大成建設、鹿島建設等の大手ゼネコンや原子力メーカーである東芝、日立の下請け労働者です。

原発事故当初は放射線の高い労働により労働者確保が困難な状況で、七次や八次下請け労働者からの相談がありましたが、現在は下請け企業が淘汰され、二次下請けや三次下請けの労働者の相談が多くなっています。原発構内の作業員の内訳は五割が水処理です。四割が土木や建築、一割が建屋内の高線量作業となっています。

福島労働局が発表した平成三〇年一月から六月の監査指導結果によれば、労働基準法関令違反は廃炉作業事業者の四二社、違反率四〇％。除染事業者は九六社中五四社が違反し、違反率五六・三％と高止まりしています。毎年この程度の違反率です。

福島第一原発構内での一般作業服で作業できる範囲、グリーンゾーンと呼んでいますが、これが約九六％になりまして、この区域で働く作業員の割増賃金、割増手当ですね。給与明細では特殊手当とか期間手当とか、いろんな名称が使われていますが、東電では危険手当ではなく、あくまで割増手当だと言っています。そのグリーンゾーンで働く人が増えたことで、その割増手当が減額されています。一律に減額されましたから、危険な作業をしているにもかかわらず、一般の労働者と変わりがなくなってきている。確実に危険手当が減額になっています。特に東京オリンピックの関係で、東京で働くのも危険な原発で働くのも手取りは変わらないという状況になってきて、私たちとしては労働力の枯渇が起きて廃炉作業に影響があるのではないかと心配していました。

相談は職場を退職した人か退職予定の人が多くを占めています。現職の人はほとんどおりません。賃金未払い等を雇い入れ企業や上位下請け、元請け企業に言うと、雇い入れ企業の事業主から圧力がかかり、上位下請け企業から仕事の発注がストップされてしまう、と脅されておりまして、現職のうちは言えないのです。期間が過ぎたからもう辞めるんだ、というときになって初めて相談に来るということですね。

相談者は北海道から沖縄まで全国にわたっています。有期雇用の県外労働者が多くなって、だいたい半年から一年という感じですね。主に単身で働きに来て、会社の寮から原発・除染現場に通勤している。したがって相談を受けても、賃金不払いなどが解決しますと、みんな仕事を辞めて他に移っていますので、それ以降の連絡はしづらいということになっています。

相談事例の特徴

（1）賃金および割増賃金の未払い

相談事例の特徴ですが、労働局の監査指導結果によりますと、賃金および割増賃金の不払いは廃炉作業事業所二五件、除染作業従事者で一七件と、労働条件関連の違反で一番多い件数です。

（2）特殊勤務手当の不払い

特殊勤務手当の不払いについては、除染ですね。除染の関係では帰還困難区域の除染労働者について一日六六〇〇〇円が支給されるのですが、これが出ていないということがあります。

（3）待機中賃金の未払い

それから会社の都合により仕事ができない、例えば天候で仕事ができないという場合がありますね。そのときは一日六割支給しなくてはならないんですけど、支払われない。

（4）解雇予告手当の不払い

あとは突然解雇をされて、その解雇の予告手当が出されていない。

（5）社会保険

社会保険関係については、源泉徴収をしていない事業者とか、社会保険・労災保険の未加入で国保加入しているとか、賃金や労働時間等の労働条件の明示なしとか。これは毎年、石丸さんたちと東電との交渉もずっと続けていましたので、この保険の未加入については改善されました。けれども、その分、労働者の負担も多くなります。だから労働者としては痛し痒しです。企業の負担は増えていないのです。

（6）雇用契約

一番問題なのは雇用契約が結ばれていないいんですよね。あるいは雇用契約があっても労働者本人に渡されていない。例えば入職したときにいろんな書類がありますが、はんこを押させられて会社側で保管して本人は分からない、ということが今でもあります。

（7）求人票と実際の労働条件が違う

あと求人票と実際の労働条件が違うということですが、だいたい今はネットで見て、あるいは公共職業安定所に行ってということもありますが、それと実際来てみての雇用契約が違う。例えば求人票だと日給が九四〇〇円から一一四〇〇円だったのが、実際の雇用契約は日給六〇〇〇円。おそらく日給九四〇〇円から一一四〇〇円というのは危険手当とか割増賃金を含めての額なんですね。事故当初は割増賃金は危険手当という呼び方をしていたんです。ところが新聞報道されて危険手当は何万円出るんだということになりますと、労働者は「それ私はもらってない」、となるでしょう。その後、危険手当っていう呼び方をやめたんですよ。割増手当という呼び方をして、それがいくらとは公表しない。それで、割増手当を増やした分、基本賃金を減らしたということで、トータルは同じということがずっと続いています。

実際の賃金は雇用契約書に書いてあるのが優先されるんですね。だから自分はこういう約束で来たんだけども、実際はこれしかもらってないと言われても、雇用契約書どおりに金額が払われていれば監督署でもこれは法的には問題ないことになりますので、労働者としては相談を持っていく場所がないのです。

（8）放射線管理手帳の返還

放射線管理区域に入るときに放射線管理手帳を持ってないと労働できないいんですけど、例えば辞めても返してくれない。これは個人の所有物なんで、退職した場合には一週間以内に返さなくちゃならないんですね。だけど、労働力確保のためになかなか返してくれないという事例がありました。

（9）外国人実習生

あと、外国人実習生が第一原発で働かされていたということがありました。

（10）労災保険

労災の関係ですが、猪狩忠昭さんという方が労働基準監督署へ労災申請を行ないまして、過労性疾患による労災が認定されました。新聞記事[1]にありますけれども、今、会社側と和解ができませんで、未払い賃金の支払いと損害賠償を求めて裁判の途中です。あとはパワハラによる労災申請も行なっています。それから白血病での労災認定と安全配慮義務違反での訴訟も、その新聞[2]に載っています。

相談事例の解決方法

（1）労働基準監督署への申し立て

どういうふうにしていろんな相談事例に対応しているかということですが、まず相談者、事情を聞きますよね。相談者と共に労働基準監督署への申し立てをします。労働基準監督署も、労働者本人が行なってもよく聞いてくれないのですが、ある程度の知識ある者が一緒に行くと、きちんと対応せざるを得なくなるということで、できるだけ相談者と一緒に労働基準監督署に行って申し立てをする。あと相談する人は、結局は何も分かんないんですね。そういう労働者教育の意味でもできるだけ相談者と一緒に監督署に行ってくる。

（2）雇い入れ企業の要請または労働組合による団体交渉の実施

個人で行ったのでは門前払いですので、できる限り鈴木裕さんがやっている「いわき自由労組」という個人加盟の組合に入っていただいて、労働組合として団体交渉を申し入れます。そうすると交渉拒否できませんから、そこを通じて団体交渉を行なっている。

（3）その他

それから福島労働局の個別労働紛争解決の利用や、さっき言った猪狩さんの場合のような訴訟ですね。あと東電および環境省などとの交渉。これは中央でもやっていますし、このいわき地区でもやっている。また、うちの代表は市議会議員ですので（フクシマ原発労働者相談センター代表の狩野光昭氏は社民党所属の市議会議員）、いわき市としてはどういう態度を取るんだと議会で質問したりもしています。

◉1　東京新聞二〇一八年一一月五日「こちら特報部」に、猪狩忠昭さんが過労死と認定されるまでの経緯と、猪狩さんが死に至るまでの過酷な労働の実態に関する記事が掲載されている。猪狩さんは第一原発構内で自動車整備の仕事をしていたが、亡くなるまでの半年間の残業時間が過労死ラインとされる八〇時間をすべての月において超えていたという。仕事内容について、「原発敷地内専用の車両は、事故後一度も点検していない車が三〇〇台以上もあった。敷地外に出せないほど汚染された車が多く、猪狩さんら整備士は、全面マスクをかぶってポリエステル素材の下着をつけ、さらに防護服を着こんだ重装備で車両の下に潜り込むなど、汗だくになって作業をしていた。当時は、猪狩さんを含め五人で、一日に五～六台の点検整備を終えるハードスケジュールだった。」過去に心臓手術を受けたことのある猪狩さんの健康状態について、東電指導の下行われた健康診断では、死亡の三日前から血圧が一六〇を超えていたという。

◉2　社会新報二〇一八年六月二七日「被ばく労働の現状　初めて労災認定されたあらかぶさんの事例から」が資料として提示された。それによると、鍛冶職人のあらかぶさんは北九州市から原発事故処理のために仲間を集めてはせ参じたが、危険手当の中抜きに怒り、福島県から地元へ引き上げた。その後、体調不良を感じて病院へ行ったところ、急性骨髄性白血病と診断された。事故前の玄海原発での作業や、第一及び第二原発での事故処理作業も、放射線防護管理が極めて不十分だったことが分かり、二〇一六年一一月に東京電力と九州電力を相手取り損害賠償請求訴訟を起こした。被ばくによる労災認定はこの記事の時点で四名しかおらず、あらかぶさんはその一人であった。裁判は二〇二四年二月現在も継続中である。

他県から来る原発・除染労働者の問題

他県から来る原発・除染労働者の問題ですけど、作業所と寮との往復で友達との交流がもうないんです。だから孤立している。あとは地域としての交流もなかなかできない。今年になってからは実際に来て相談するというのがほとんどないんですね。電話で、「今、賃金これだけもらって、手当がこれだけもらっているんだけど、それは正しいんですか」という質問が来ます。あとは除染。以前はいわき市も含めて広範囲でやって、いわき市から通っている方が多かったんですけども、除染範囲がどんどん狭まって、ごく一部になったんで、そういう除染労働者が双葉地方に行ったので、ここへの相談は少なくなっています。

最近の具体的な相談事例

【事例1】第一原発の汚染水タンクの解体作業に従事する二次下請けの労働者がパワハラで適応障害となり労災申請を行ないました。これは認められていません。

【事例2】第一原発構内の車両整備工場の整備士の猪狩忠昭さんが、昼の休憩時間後、整備工場に向かう途中に体調不良を訴え、広野町の高野病院に緊急搬送されましたが、致死性不整脈で二〇一七年一〇月二六日に死亡。遺族からの相談で死亡直前、半年間において毎月平均一〇〇時間を超える超過勤務が判明し、過労性疾患による労災認定及び超過勤務未払いについて、いわき労働基準監督署に申し立てを行ない、二〇一八年一〇月に労災が認定されて、今、裁判中であるということです。[3]

【事例3】除染労働者は少なくなって今の中間貯蔵施設、あるいは仮置場の作業からの除染関係の相談が主になってきています。これは大熊町の中間貯蔵施設関連事業の四次下請けの警備会社の社員が解雇されまして、七人の労働者が、①一ヵ月解雇予定の支払い。②超過勤務、朝礼一時間の分が超過勤務されてないということで四月分の待機中の賃金、要するに仕事がないから待っていろということで待機されていたと。それを求めて基準監督署の仲介によって解決された。ここでも放射線管理手帳をなかなか返してくれないという問題がありました。

【事例4】大熊町中間貯蔵施設で働く三次下請けダンプ労働者が、特殊勤務手当、一日六六〇〇円が支払われていないとの相談がありました。最近はこの種のこういう電話相談が多くなっています。

【事例5】中間貯蔵施設において二次下請けと業務委託契約を締結し、タイベックスーツを着用し、ドローンでの調査作業を行なっていたが、元請や一次下請の監督者からパワハラを受けたということです。特殊勤務手当が算定されない業務での業務請負契約書となっているので、特殊勤務手当を請求したいとの相談で、弁護士と相談して二次下請への請求を行なった。これは労働者の相談ではなくて、個人事業者なんです。個人事業者が請

◉3　二〇二〇年三月二七日付の福島民報によると、福島地方裁判所いわき支部は三月二六日、猪狩さんの勤務先だったいわきオールに対して約二六八万六〇〇〇円の未払いの残業代を遺族に対し支払うように命じた。一方で危険手当（通称1F手当）の請求は棄却された。判決について弁護士は、いわき労基署が認定した長時間労働の時間とほぼ変わりなく認められ、後に続く損害賠償事件の訴訟にも良い影響を与えると語った。

また猪狩さんの遺族はほぼ並行して、国、東京電力、元請けの宇徳、宇徳から仕事を受けていたいわきオールに対して、第一原発における救急医療体制の不備が猪狩さんの死を招いたとして、損害賠償請求裁判も起こしていた。二〇二一年三月三〇日の第一審福島地裁いわき支部判決では、いわきオールとその前社長夫妻の三者が連帯して原告に約二五〇〇万円の慰謝料を支払うように命じた。

一方で宇徳および東電には責任なしとされたことから、原告は控訴した。仙台高裁は二〇二二年五月一九日に控訴審判決を出し、東電ほかに法的な過失は認められないとして、原告の請求を棄却した。この損害賠償裁判に関する詳細な検討として、以下を参照。牧内昇平〝【イチエフ過労死裁判】判決が認めた救急体制の課題〟、月刊政経東北 note. 二〇二二年七月一二日配信。https://note.com/seikeitohoku/n/n1cc840ad4a28

負をして、そのなかに納得のいかない支払われ方があった。

【事例6】平成二六年に福島第一原発の下請け会社に就労しましたが、その企業は失踪し、三ヵ月の賃金未払いが発生し、内容証明書を送付しましたが所在不明で解決ができなかった。それで、現在でも請求できるかの相談がありました。賃金の請求権は二年なので、二年経過している分は賃金は請求できませんけれども、二年以内であれば上位の企業や元請企業が立替請求をすることができますので、この制度を利用して支払いを求めていきます。この方は三ヵ月間の雇用契約更新の労働者で、基本給は日給一万円、特殊手当・出張手当が一万二〇〇〇円。合計二万二〇〇〇円。中部圏で働いていましたが、ネット求人広告でいわき市内の原発の下請企業に就職しました。原発内では特殊車両の清掃業務を行なっていました。その後、帰還困難区域の産業廃棄物処理施設に再就職し、焼却灰をフレコンバックに詰め込み、トラックに荷積みする作業をしていました。この会社も平成二九年一一月末退職しましたが、離職票が届かず、催促してようやく三〇年二月に届き、失業給付金を受給しました。離職証明書は事実のあった日の翌日から起算して一〇日以内にハローワークに提出しなければならないんですが、証明がされないためできないという事例です。

おわりに

大まかに言って、こんなことをしています。猪狩さんの労災死については、東京新聞で丁寧な取材がされていますので参照してください。この構内での死亡で労災認定されたのは猪狩さんだけなんですよね。今まで傷病とされた人が一七件です。できればこの猪狩さんの問題をきっかけにして、その人たちが疑問を感じてくれて、少しでもそういう問題の解決に力になれればいいなと。それが結局、労働者を大切にして、廃炉労働者を確保するという大事なことにつながっていくと思っています。

私たちも専門じゃないので、素人の集まりなのでたいしたことはできないんですけど、ただ、何にも知らない労働者にとっては相談できるというか、話を聞いて相談に乗るだけでも、少しは役に立っているのかなと思って活動しています。

●――〈質疑応答〉

労働相談へのアクセス

小松原：労働相談はここで受けておられるんですか。

秋葉：たいていはネットで来たり、電話で来たり。ネットで来ればネットで対応して、できれば来てくださいと。話を聞くだけという人もいるし相談に来る人もいます。だいたいここに来てもらっての相談が多いですね。

小松原：みなさん（秋葉氏、石丸氏、鈴木氏）が相談を受けておられるんですか。

秋葉：私たちもそうですけど、あと代表、会員さんとか、あとは自由労組の役員の方とか、それぞれ得意分野がありますから。あと運送の労働組合やっている人も。そういう運転関係の場合はその方に来てもらうとか、その事例によってですね。

小松原：交渉を二〇一五年から重ねてこられた結果、少し状況が好転したのかなと思うところもあれば、問題の質が変わってきたのかなと思う部分もあるんですが、そのあたりはいかがですか。

秋葉：さっき言ったように、前は七次とか八次の下請け会社があったから、企業の多様な人が労働者を雇用してやっていたから問題が多くなっていましたけど、今はそこまでいってないんで、あんまりひどいのは少なくなってきたんだけれども、逆にこう上手になってきたっていうかね。雇用契約にはちゃんと安い賃金を書いてあるんで違反ではなくなる。巧妙になってきてますね。
小松原：相談件数が最も多かったのはいつ頃ですか。
秋葉：去年までは大体八五件くらい。だいたい同じくらいの数です。今年になってから少ないですね。今は電話での相談がほとんどです。ここに来る相談者は三分の一くらい。個人で来る場合もあるし、何人かの相談もね。例えば、集団で問題を抱えている場合もあるし、個人で来る場合もある。
小松原：そういう方はどこから情報を得られているのでしょう？　ネットでしょうか？
秋葉：前は、立て看板を設置したり、労働者向けにビラまきをしたり。ビラをまいても、そのときは来ないんで、それをしまっておくんです。現職だから相談できなかったけど、辞めるときになって、前にもらったチラシを見て来ましたという人が多いですね。ただ、そのチラシまきも制限がされて、以前は朝早く行ってコンビニ前でこう分担してやったんだけど、コンビニでのビラまきは許可受けないと駄目です、となった。それは東電からの圧力だと思います。
鈴木：あと、みんな我々からビラを受け取っちゃいけないと、厳しく言われている。けど、ほとんどの方が受け取っていきます。九割の方。
熊坂：それはコンビニのオーナーがやめてくれと言っている？　おそらくその背後には東電がいるっていうことですね？
秋葉：そうです。
鈴木：セブンイレブンが一番まけないですね、統一されていて。
秋葉：セブンイレブンとかローソンは難しいね。ファミリーマートはある程度、まかせるところもあるんだけど。
小松原：年齢層はどれぐらいの方が多いのですか。若い方が多いですか。

秋葉：いや、いろいろですよ、年齢層。

鈴木：うん。若い人も、年配の方も。わざわざ戻ってきて、チラシ受け取ってくれる方もいるんですよ。

事故前と事故後の変化

山本：そもそも皆さんのこの活動というのはいつぐらいからなさっているんですか。原発事故の前からなさっている活動なんですか。

秋葉：それぞれ自分の所属の労働組合というなかではやっていますけど、相談センターとして発足したのは二〇一五年二月です。その前にいろんなこういう団体で相談し合って一年くらいの準備期間があって、一年間くらい何度も協議を重ねて、二〇一五年二月から始めました。

山本：皆さんがこういうセンターという形をとる前後に三つに分かれると思うんですね。原発事故前の原発労働者の相談と、事故の後でセンターをつくる前の相談、そしてセンターをつくってからの相談。ということで特に事故前と事故後では、当然、相談の内容は変わってきているんじゃないかなと思うんですが。

鈴木：私は「いわき自由労組」の委員長をやっているんですけども、事故前は、いわきのなかに小名浜地域というところがあって、そこの小名浜地区労で労働相談を専門に受けていたんです。原発労働者からの相談というのはまずあまりなかった。いわき市内の事業者、勤めている方々の労災事故や労働条件の相談が主だったですね。

山本：いわき、小名浜ぐらいだと原発立地から少し離れているから、そもそもそういう話はあんまり来なかった？

鈴木：ほとんど来なかったですね。

山本：じゃあ、事故後にびっくりするような形で相談が増えた？

鈴木：相談が増えたんで、小名浜地区でやっている者と社民党の人たちと一緒に協力して、この相談センターを立ち上げたんです。我々だけではもう間に合わなくなっちゃって、相談員を増やさないといけないということで。一~二年目はすごく相談ありましたね。

秋葉：一~二年目は集団で一グループ、一〇人とか一五人とか二〇人のグループの代表者が、あるいは何名か来て相談することが多かったです。最近はほとんど個人ですね。

鈴木：全国一般ですから、郡山に「ふくしま連帯」という相談所があって、あと、宮城県に「宮城合同労組」という相談所があって、そこで受けていたんです。我々もこちらで受けていてね。九州に帰っちゃった場合には、引き継ぎは九州の全国一般労働組合のほうに連絡して、そちらで解決してもらった。宮城県の人とか岩手県の人が来れば、地元に帰っちゃった場合には、宮城合同労組のほうに引き継いでもらう、というやり方もしています。

秋葉：解決とは言えなくても労働者が納得できたっていうかね。

交渉のプロセス

小松原：例えば退職されてから交渉されると、早く解決したいという気持ちが労働者側にはあると思うんですけど、どれぐらい時間がかかるものでしょうか。

秋葉：やっぱり一カ月くらいはかかるね。

鈴木：あと労働局に持っていった場合には半年から一年ぐらいはどうしてもかかる。

秋葉：ただ、労働局は法的に体裁が整っていれば指導できないからね。さっき言ったように、雇用契約であった賃金と違っていれば指導できるけども、最低賃金に違反してない限りは問題ないっていうことになりますので。

小松原：その場合は裁判をするしかないのでしょうか。

秋葉：一番いいのは労働組合に入ってもらって交渉すること。裁判は費用もかかるし、時間もかかるし、裁判になったら弁護士任せになっちゃうんですよね。実際、やりとりできるのは弁護士と相手であって、そこに労働者はあんまり介在できなくなっちゃうんですよね。だから猪狩さんの場合のように裁判をしなくちゃならない場合もあるけれども、できるだけ労働組合に入っていただいて、交渉を通じてやると、金もかからないし、短時間にできるし、労働者の教育にもなるし、それが一番だと思っています。ただ、今は労働組合の組織率も低いしね。だから、今、大きい労働組合はなかなか動けないけど、こういう個人加盟の組合がありますから、小さいけれども、これはすごい力だよね。

小松原：現職中は労働組合に入ること自体も難しいという雰囲気はありますか。

秋葉：いや、そういう対象組合がないから。みんな下請だから。正社員は東電の労働組合とか、日立やなんかのそれぞれの組合に入っているけどね。あと、実際は働いているのは下請の労働者なんで、その組合自体がないというのがほとんどです。

山本：そうすると働いているうちから個人加盟の組合に入るということでもなくて？

秋葉：やっと問題が起きてから、解決するため会社と話をするにはどうするのかと。もちろん最初は個人で会社にこういうふうに言いなさいと言って、それで解決する場合もあるんですよ。本人が黙っていたんでは何も解決しないからね。あるいは自分は言わないからあんたら言ってくれっていうのも駄目ね。やっぱり本人が会社にきちんと言うことが大事じゃないですか。会社がどういうふうに出るかによって、また相談して、これはもっと言えたかとか、これ以上は無理だとか、あるいは労働組合に入って労働組合として交渉するとか、それはその事例によって違う。

パワハラに関する労災相談

小松原：一般的な労働相談ではパワハラで適応障害になられた方からの相談など、心に関する相談が増えてきています。原発労働者の労働相談でも心に関するものは多いのでしょうか。

秋葉：多いと思います。実際そういう相談は少ないですけどね。実際は抱えている人がいっぱいいると思います。

鈴木：朝礼でみんなが並んでいるところに名指しで大声でハンドマイクでそれも直接本人にパワハラでやった例があります。これは、うちの代表である市会議員の狩野さんと、あとは何人かでその会社に乗り込んでいって直接交渉した。もうその方は当然クビになりましたね。一発で退場です。

原発構内の労働者と外の除染労働者のちがい

山本：最初のほうの話ですけれども、帰還困難区域の除染労働者は一日六六〇〇円っていうのは、危険手当ということですよね？

秋葉：そうですね。

山本：今、帰還困難区域の除染は国が直轄事業でやっていて、環境省が業者を直接雇っているじゃないですか。それだけど、その六六〇〇円が払われてないケースがあると。そこをピンハネしている。

秋葉：でも、その除染の場合は金額が明記されているから労働者はきちんと分かっているから気付くんだね。ただ、構内で働く人は割増賃金ということだけで、金額は明確にされてない。それが本当に正しいのかどうかは分からない。

山本：じゃあ、福島第一原発の構内で働いている人と、今、国の直轄で除染やっている人だと事情が違っていて、除染をやっている人のほうは問題を自分で把握しやすい。

鈴木：そうだね。あと中間貯蔵庫で働いている人も環境省。トラックで運ぶ人も環境省。

山本：じゃあ、その人たちはトラブルがあれば、どこがトラブル源なのかは分かりやすい？

秋葉：そうですね。
山本：雇用契約書も国がやっているからには出るだろうし、隠されない。その話だったら皆さんは対応しやすいですか？
鈴木：そうですね。もう少し詳しく中身探ってみて、具体的にどうなっているかと。
山本：どうなっているか。それでうまくいかないようだったら皆さんが交渉をしに行くっていうような形。
鈴木：そう。アドバイスもまたしやすい。

放射線障害に関する相談はあるか

山本：今、一般作業服で作業できる範囲が九六％になったと説明されましたが、これなどは私なんかが外から来て、こうやって聞くと、これは大丈夫なのか？と思うんですね。基本的に原発には管理区域があって、C区域とかB区域とかD区域とかがあって、それぞれの区域ごとに被ばくを避ける装備が必要ですよね。それがこの建屋ごと吹き飛んでしまったという状況があるなかで、そうしたらなんか装備なしでも入れるようになったと。実際に計測してみたら線量は低いのかもしれないけれども、放射線障害みたいな感じで心配と言ってくる方はおられますか。
石丸：それは、今、一二回の口頭弁論が東京地裁で行なわれていまして、「あらかぶ裁判」というんですけど。その方は白血病に認定をされまして、損害賠償の請求をしているわけです。私たちは原発ができる前から反対もしてきましたから、その過程のなかで白血病になって、支援活動をずっとしてきました。今まで認定され、私たちが支援してきたものだけで、だいたい四件から五件あるんです。その過程のなかでこの課題が生まれたということが一つの経過になっていますね。
秋葉：あらかぶさんは九州の方で、最初にここに相談に来ました。それで、九州の全国一般の労働組合に引き継いで、あちらで取組んでもらって労災認定されたってケースですね。

山本：被ばく労働ということで、事故後の除染作業と、あと構内作業ですね。それで被ばく認定があり、これは白血病だということで、そういう相談も増えている、増えているというか、そういう事例もありますか？

秋葉：あるけど、健康上の相談はほとんどないです。賃金問題がほとんどです。いろいろ話をしているうちに、健康問題はどうなっているんだと初めて気付くということです。最初から被ばく問題で相談に来た人は誰もいません。

鈴木：被ばく問題として取扱っていたのは、石丸さんの「双葉地方原発反対同盟」のほうです。四〇年間原発反対運動をやって、その過程で相談を四〇年間やられているので。その白血病も含めて、放射線の問題は石丸さんの「双葉」のほうでやっていたんですよ。いわきはあまりなかった。

小松原：その賃金問題に取組むなかで、もしかして健康被害もあるかもしれないと頭によぎった方がおられるんですね。その方はその後、どうされたのでしょうか。

秋葉：短期間でしょ。だから自分は健康に問題あるとあんまり思ってないんだよね。すぐ症状が出るわけじゃないしね。それが後になってから、どういうふうになるのかという。

小松原：一つの問題が終結された後はなかなか連絡が取れないということでしょうか。向こうの方ももうアクセスもしてこられないし、こっちからも言っても反応はないというような。

秋葉：そうですね。

鈴木：だから今まで我々いわきに住んでいて、私も北部に住んでいるんですけども、親戚の方とか父親の友人とかで白血病とか肺がんとかがんで亡くなっている方が多いんですよね。実は私のいとこもそうなんですけども、第一原発の下請けに長年勤めていて、もう原発ができたときから。

秋葉：そういう人たちはたいてい、大丈夫だ、大丈夫だって、心配ないんだ、心配ないんだって言う。自分はそういう癌とか白血病で亡くなっても、いや、これは原発のせいではないって。
山本：最後まで言って亡くなる。
秋葉：うん。だけど、周りで見て、あれは絶対原発のせいだよなと、思っている。
鈴木：地域の人は分かるんですよ、原発に行っていることも分かるし。
秋葉：本人たちは安全神話を教育されていますから、それは単なる個人の体質の問題だと言う方が多いですね。
鈴木：給与が全く違うんですよ。俺が三〇代の頃、給料二〇万円ぐらいでしょ。彼らは七〇～八〇万円だから。で、同じところでもその当時、我々はハワイなんか行けなかったよ、もちろんね。その人たちはハワイに毎年行っていたんですよ。羽振りがいいですから分かるんですよね。すると四〇～五〇代になると癌になって、ほとんど亡くなっちゃう。

一九七〇年代の放射線被ばく

石丸：一九七〇年代は放射線被ばくがすごいときだったんですね。今で言えば年間で一九七八年八〇・四七人Sv。[4]すごい線量だ。そのときにいわきは炭鉱の労働者をやっていて退職した人が原発に入ったんですよ。そのときはすごかった。私はこっちに来て、聞取り調査をしたり、さまざまな支援活動したっていう経過があります。
小松原：私は昨日、いわき市の湯本を訪問し、「ほるる」の所で炭坑の労働組合の活動の資料を拝見しました。

◉4　「八〇・四七人Sv」は集団線量を指す。集団線量は、被ばくした集団における一人当たりの線量をすべて加算して算出される。その集団を対象にした線量評価に用いられる。例えば以下を参照。西澤邦秀、飯田孝夫編『放射線安全取扱の基礎〔第三版増訂版〕』名古屋大学出版会、二〇一三年、六四頁。

活発な労働運動の様子が展示されていました。炭鉱労働者が原発に移られたときに労働組合は解散され、引き継ぎというのは難しかったのでしょうか。運動は途切れてしまったのでしょうか。

鈴木：そう、転職した時点でね。炭坑の離職者は郵便局に行ったり、鉄道に行ったり。

秋葉：あとは役所でも現業職員にね。ごみ収集やし尿処理なんかも市でやっていますから。だからそういう形で採用されて転職した方が多いですね。

山本：でも年間八〇人Svというのはすごいですよ。だから線量管理をしているようで、してないみたいな感じですよ、そうなってきますとね。

石丸：あの当時はまさに殺人的な労働でしたね。福島第一原発というのはアメリカのGE社のマーク・ワンが最初だった。マーク・ワンっていうのは小さい原子炉ですから。最初は燃料棒にピンホールがすごく多かったんです。そこからもろに放射線が出て、「放射線が降り積もる」と主張したジャーナリストがいました。そのくらいひどかったんですよ。もちろん排気筒を通じて周囲の地域環境にも放出されるという状況で。まず第一原発っていうのはそういうことの繰り返しだったんですね。

山本：そうはいっても、別にプラントを根本的に建て直したというわけじゃないですね。そうすると一九八〇年代も一九九〇年代もずっとそれが続いていたってことですよね？

石丸：そうです。続いています。しかしピンホールは一九七〇年代前半で克服されました。一号機、二号機、三号機、六号機までほとんど大体年間にピンホールの数でいうと一つか二つぐらいの状況まで克服されてきたんですよ。むしろそれ以降、「応力腐食割れ」が問題になって、そこから被ばくするというのが多いですね。

山本：それは格納容器にひびが入っているということですか。状況が変わりましたね。

石丸：福島第一原発四号機、原子炉圧力容器ゆがみ矯正問題です。

山本：田中三彦さんは、形が大きなドックみたいなものを先にこしらえて一体成形で造ったけど、形がゆがんでいるから万力で直したと書いています。そんなのは危ないからと思って自分は会社を辞めたという、その話ですか？

石丸：そうです。

秋葉：いったんここで区切り、石丸さんから今の問題点について説明していただいて、またその後でやりましょう。

●――〈2〉石丸小四郎さんの報告　スライド画像を見ながらの解説

「苛酷事故にみまわれた……あれから八年、福島の過去・現在・未来」（二〇一九年九月八日）

このパワーポイント[◉5]は一時間ぐらいのものです。私が今、何を問題にしているかということをお話しします。

［本書口絵として再録］

ネガティブに対する拒否反応

「苛酷事故にみまわれた、あれから八年、福島の過去、現在、未来」が今日の課題になります。これが苛酷事故の東京電力第一原発の現状。二〇一九年四月の写真です［口絵　図01・02、以下、数字のみ表記］。こちらは第一原発が六基、一九八〇年代のものです［図01］。これは安倍首相が来る、大熊町の新庁舎の開庁です［図02、『科学』二〇一九年六月号四八五頁、豊田直巳撮影］。「振り向く暇があったら前を向け」。ネガティブな思

◉5　いずれも石丸さんが作成されたスライドである。

考に対する拒否反応。これは福島県全体にあるわけです。否定的、消極的、それから悲観的な物事は早く忘れろということなんですね。私たちからすれば、それは過去の災害の忘却につながるもので、決して許されないという思いでいるわけです。

「風評」ではなく「実害」だ［図03］

福島県は第一次産業を中心にして非常に厳しい現状にある。そして健康問題。今は少子高齢化、観光事業など非常に厳しい状況があると。それで何かにつけて「風評被害」だと言い、原発問題を言い出しにくくなっているっていうのが現状です。

「風評」とは根拠のない曖昧さだ、うわさだけで経済的損失をもたらされていると、私はこういうふうに見ているんです。ところが苛酷事故以降はほとんどが「実害」だ。実害である限り、東電と国に賠償させるべきだ。ところが賠償問題には極めて消極的な福島県知事、内堀雅雄知事です。この知事の支持率が八〇％なんです。新聞紙上で言いますとね。これは異常ですよね。ところが「原発はもうたくさん」という民意は健在で、第二原発の廃炉が決まりましたね。それからトリチウム汚染水問題。これはこれからの課題です。ここ一～二年の課題としてすごく福島県にとって重要ですね。しかし、「原発はもうたくさんだ」という、この民意は健在なんです。これが福島県の特徴ですね。私はここを大事にしていかなきゃならないと思っておるわけです。

東日本大震災を忘れない［図04～19］

二〇一一年の三月一一日に震度七の激震が三分間続いた。本当に何と言っていいか分からないですね、三分間というのは。マグニチュード九ですね。東日本大震災は二〇一三年三月九日付けの警察庁の発表によると、死者一五九〇〇人、不明者二五二三人、合計一八四二三人。[6] さらに、福島県震災関連死二三三七人なんですよね。[7] ですから私たちはこれを決して忘れてはならない、何と言われようとこれは引き継いでいかなきゃなんないと思っているわけです。南海トラフ巨大地震が三〇年以内に七〇%の確率ですよね。で、必ず起きるわけです。起きないなんてことはないわけです。必ず来る南海トラフ巨大地震、東海、東南海、南海地震が連動した場合、マグニチュード九・一。そして一~二分後に津波が来る。3・11のときは四五分から一時間後だった。それが一~二分後で来ると。それで、東日本大震災より一桁多い被害がある。人口の半分近い、日本人口の六〇〇〇万人が被害を受けるであろうというのが、私が尊敬する地震学者の主張です。三〇年以内に七〇%の確立。これは大変な確率なんだよね。これを皆さんきちんと理解しようと。

巨大地震が世界各地で頻発する。ネパール大地震、二〇一五年四月、マグニチュード七・八。チリ地震、二〇一五年九月、マグニチュード八・三。エクアドル地震、二〇一六年四月、マグニチュード七・七。今後どこで起きるのか。私は四枚のプレートの日本列島で起きる可能性が極めて高いと思っているわけです。日本列島の地震は世界の二〇%を占める。日本海溝で、日本列島は四枚のプレートの上にある。プレートの境界に加え日本列島周辺には確認されるだけでも二〇〇〇もの活断層がある。伏在断層を入れると数知れない。地球上のプレートは別々の方向に移動している。太平洋プレートは年八㎝、フィリピンプレートは年六㎝西のほうに動いている。3・11以降は東北は東へということで一m程度揺れ戻しているわけですね。まさに地球というのは

◉6　時事ドットコムニュース（二〇二三年三月九日配信）「不明二五二三人、昨年と変わらず　東日本大震災一二年―警察庁」（二〇二四年二月一四日閲覧）https://www.jiji.com/jc/article?k=2023030900868&g=soc

◉7　復興庁「東日本大震災における震災関連死の死者数」（令和五年三月三一日現在調査結果）を参照した。（二〇二四年二月十四日閲覧）https://www.reconstruction.go.jp/topics/main-cat2/sub-cat2-6/20230630_kanrenshi.pdf

生きているということを改めて忘れないようにしようということです。

東京電力は津波の危険性を知っていた［図23・24］

東北から関東まで巨大地震が襲った。津波の遡上の高さは女川一七・六m、第一原発の津波の高さは一五・七m。一二〇mの排気塔の半分の高さ、六〇mまで波頭が来るような状況だったんです。第一原発の建設場所は戦時中の飛行場跡地だったんですね。四〇mの断崖を削って建てた。だからもう東京電力は全て分かっていた。東京電力が子会社の東電設計に委託をして調べさせたところ、防波堤を造って、その防波堤でなければ一五・七mの津波を防止することはできないということが裁判のときに明らかになった。これをやるべきなのに全部やらないで、全く対策を取らないまま地震に襲われて、もろに津波をかぶっちゃった、ということですね。外部電源から非常用の電力を原発に供給する送電線も、沢を埋めたところに鉄塔を立てたために、地震で鉄塔が倒壊［図22］し、炉心を冷却するために必要な電力の供給も断たれたのです。

福島第一原発は米国のGE社のターンキイ方式でつくられた。つまり、米国の東・中部のハリケーンによる事故を警戒する設計をそのまま持ち込んでつくられた。津波などというのは全くアメリカでは関係なかったわけですね。佐伯正治元東京電力建設課長が指示して、海抜四〇mの台地を掘削し、さらに海抜〇mから一・二三m掘り進み、基礎版を造った。これは全て彼らは分かっていたはずですね。津波に呑まれた非常用ディーゼル発電機は高さ四mの巨大なもの。それが津波に呑み込まれ、最も恐ろしい、全電源喪失が生じました。しかし非常用ディーゼル発電機も、海水ポンプもみんな基準面より低い位置に設置されていた。東京電力は何も対策しなかったということです。

一号機と三号機の爆発のちがい［図25・26］

三月一二日一五時三六分に一号機が水素爆発したとき、私は家にいたんです。ボーンと音がしたんです。私が避難して川内村に行ったとき、三月一四日一一時一分に今度は三号機が爆発した。これもすごい音がしましたね。私が問題にしているのは、一号機は水素爆発だけど、[8]原発三号機の上空に一二〇mの六倍ぐらいの上昇気流があるわけですね。三号機の噴煙の高さは、プルサーマル計画でMOX燃料、つまりプルトニウムとウラン混合酸化物燃料を使ったのでそうなったと。MOX燃料には毒性、冷却、再処理の困難さがある。それが環境にばらまかれたらどうなるか。私は「核爆発」じゃないかと主張しています。しかし、マスコミはいっさいこの問題に触れません。私が思うにはマスコミは肝心なことを隠していますね。したがってこれをもっと研究していかなきゃならないというふうに思っているところです。

放射性物質の流れ〔図27〜34〕

三月一五日午前一〇時にベントによって放射性物質が放出されました。このとき最も住民に被害を与えたということでね。原発から放射性物質を放出する。三月一二日、一号機の水素爆発。そして一四日は三号機の水素爆発。一五日は二号機の格納容器と三号機の圧力容器から漏れ出たものだ。毎時一〇〇〇兆Bq（ベクレル）放出されました。文部科学省のホームページによると、県土の三分の二が放射線管理区域ということです。何が問題かっていうと、放射線管理区域っていうのは四万Bq／㎡以上、そして〇・六μSv／時ですね。事故当時福島県の三分の二で汚染環境を上回る放射線が検出されている。私は初期被ばくが最大の問題だと考えています。今後の私は常に初期被ば

◉8　事故当時、福島中央テレビの定点カメラが原発からの映像を中継していた。一号機と三号機の爆発の映像をそれぞれキャプチャーして並べてみると、爆発の質が違う様子がよく分かる。

くが今後どういう影響を与えるのかっていうことを問題にしていきたい。気象庁の研究によるとセシウム一三七、月間降下量（一九五七年四月〜二〇一七年三月　満六〇年＝七二〇カ月）が一から一五〇位までのものは二〇一一年の東京電力福島第一原子力発電所事故が最大なんです。二番も同じで。三番目も…四番目ですね。岩波書店『科学』二〇一九年七月号に、青山道夫教授が論文として書きました。[9] 東日本全体に及んだということです。

また、南相馬市立総合病院の成人甲状腺がん患者の人数を事故前の平成二二年と、平成二九年で比べてみますと二九倍、白血病患者は一〇・八倍に増えています。これは南相馬市立病院の事務課が発表したものです。で、私は福島県内全部の病院のデータを公表するべきだと。そうすると当然、初期被ばくがどういう影響を与えたのかっていうことが分かるというふうに思っているわけです。白血病、甲状腺がんは同じ南相馬市の状況ですけども、成人の骨髄性白血病が平成二二年度は三人なのに、平成二九年は二八人にまで増えている。それから成人のリンパ性白血病は平成二二年度一人に対し二九年度は七人、成人のその他の白血病は平成二二年度一人、二九年度は一八人、小児も二八年度と二九年度に一人ずつ出ています。こういう状況であるわけです。[10]

3・11発災後の関連死［図35］

福島県の3・11発災後の関連死は、口絵の二〇一九年八月一八日時点では二二七八人。二〇一一年三月の震災以降三県とも急激に増加しましたが、近年は岩手、宮城県は年一人で推移し、二〇一九年度は岩手県で二人が認められたのみでした。一方で、福島県だけは一九年度三四人が震災関連死として認められました。ＮＨＫニュースウェブという番組の二〇一九年三月六日の放送によると、死因はストレスなど体力が衰える肺炎が二八％、心疾患が二〇％と続くんですね。それから脳血管、自殺、感染症。最もストレスがたまるのが避難です。最高で一四回避難して居場所を変えたっていう人がいるわけですね。福島県では「死に慣れ」という言葉があるんですけど、「死に慣れ」して大した問題だと思わない傾向がある。

これが関連死に関する簡単なデータです。私のいとこが亡くなっているんです。自殺です。避難区域の一二市町村の人口がだいたい一四万人なんですよ。一四万人を二二七七人（二〇一九年八月五日現在 福島県災害対策本部発表）で割ると六〇人弱なんだよね。六〇人弱に一人なんです。そうすると私が他人事ではないっていうことがはっきり分かるわけです。私、富岡から逃げてきたので他人事ではないのです。

放射性セシウムの影響［図36］

今、心筋梗塞が福島県の死因のワーストワン。福島県はもともと多い地域で、二〇一〇年には全都道府県でワーストワンだった。二〇一一年以降、さらに増え人口一〇万人当たり四二・七人と二〇二〇年四三・七人になった。[11] でも、県全体では急性心疾患ではない人も含まれる可能性があると主張しているわけです。で、二つの地元紙もそれにならうわけです。この間、風評を口実に真実にふたをする傾向が顕著である。ＩＣＲＰ（国際放射線防護委員会）によると、人体が放射線を、セシウムを取り込むと、血液中よりも心臓の筋肉のほうが

◉9 青山道夫「月間降下物測定七二〇カ月が教えること（二）――降下物に関する他の長期測定記録と外部被ばく線量の推定」『科学』（二〇一九年七月号）岩波書店、六六五頁。
◉10 この件について、南相馬市立総合病院は公式ホームページで「当院の患者数の増減が、市内（地域）の罹患率の増減を表すことにはなりません」と反論している。患者数が増えた理由については、「市内医療機関における医療従事者の不足を原因とした当院への転院」や「専門医の当院着任による市外の医療機関から当院への転院」を挙げている。南相馬市総合病院ホームページ「当院が情報提供した医事会計情報について」（二〇二四年二月一四日閲覧）http://m-soma-hsp.com/info/20181212/
◉11 『週刊金曜日』二〇一九年五月一〇日、明石昇二郎氏による。

放射性セシウムの濃度が高くなることが知られている。私も脳梗塞罹患で四年前に大変だったんです。どうにか回復しましたが、私もこのなかに含まれた可能性はあるわけです。

放射性ヨウ素の影響［図37〜39］

福島県の甲状腺問題に移ります。ヨウ素は広範囲に降り注いだ。事故により多くの人が避難し、今も四万人以上の人が故郷に帰れないでいる。原子力開発機構によるヨウ素の拡散のシミュレーション[12]を見ても、この私たちの避難区域の所が一番濃いんですね。小児甲状腺がんは一〇〇万人に一人から二人といわれておりますけれども、福島県の場合は悪性ないし悪性疑いは二一八人。がん確定者は一七四人。したがってそれを計算すると二〇から五〇倍のものであると。今後、私は一番心配しているのはこのB判定のなかの経過観察なんですね。二九七六人、それから六一五人、これ足すと三〇〇〇人を超えてきますね[13]。これが今後どうなるかというのは、非常に心配だということです。福島県では放射線の影響はないという。問題は調べようとしないんです。これ、つい最近の報道では一四人が再手術を受けているわけです[14]。今後これがどう推移するのかが注目です。今後もぜひ見ていただきたい。

第一原発のリスクは？　リスク源の対策は？［図40・41］

東京電力、それから原子力規制委員会が出している、今後の三つのリスク源があります。

1. 原発事故は終わっていない。大気と海に放射性物質は流れている。
2. 廃炉作業。一万三〇〇〇体の使用済み燃料取出し、保管はどうするか。燃料デブリ取出し、どう保管するのか。先が見えない地下水対策。一一五万tを超えた汚染水対策など、トリチウム、ストロンチウム九〇など含まれている建屋滞留水をどうするか。今は四〇万ｔですが、一〇年後にはがれきが八〇万ｔになるわけですね。汚染水からトリチウム以外の六二種類の核種を取除くと東京電力が言う七つの系統からなるＡＬＰＳ（多核種除去設備）のスラリー（除去された核種を大量に含む粘性液体）、スラッジ（除去済の核種を多く含む汚泥）、吸着材などに莫大な放射能が含まれていると。これも残り続けるわけですね。

汚染水が止まらない理由［図42〜52］

汚染水対策の効果はわずかということですね。山側から流れてくる地下水が一日に一〇〇〇ｔあり、そのうちの四〇〇ｔが原子炉建屋に流入します。原子炉の冷却のために一日に四〇〇ｔの水を使います。それで一日に八〇〇ｔをくみ出してタンクに入れます。先の一〇〇〇ｔの内の残り六〇〇ｔの地下水の一部が汚染源に触れて、一日当たり三〇〇ｔの汚染水が流れて海に出る。これが、二〇一三年八月七日の原子炉災害対策本部の地下水の流れに対する試算だったんです。[15] これがそもそも出発点です。現在では建屋への流入というのは、天気のいいときにはだいたい一五〇ｔがまだ入ってきている。一日一〇〇〇ｔ入ってくるというのは、ここの凍

◉12 Japan Atomic Energy Agency「Dispersion and surface deposition of I-131 over Eastern Japan (2-D animation)」（二〇二〇年四月一日閲覧）https://nsec.jaea.go.jp/ers/environment/en/envs/fukushima/index.htm
◉13 第三五回県民健康調査検討委員会（七月八日）公表
◉14 Our Planet-TV 二〇一九年六月一七日付「甲状腺がん子ども基金一四九人に給付〜福島での再発転移一二人」（二〇二〇年一一月二三日閲覧）http://www.ourplanet-tv.org/?q=node/2405
◉15 第三一回原子力災害対策本部配布資料二「福島第一原子力発電所における汚染水問題への対策」を参照。（最終閲覧二〇二〇年一一月二三日）https://www.kantei.go.jp/jp/singi/genshiryoku/dai31/siryou2.pdf

土壁で遮られているんです。しかし、この原子炉の冷却水四〇〇t、これも八年間やりましたら、だいたい半分ぐらい(約二〇〇㎥/日)に減りました。[16]そういう状況ですね。ここは覚えておいていただきたいと思います。

汚染水がなぜ止まらないのかということですけど、阿武隈山系は南北約一七〇㎞、東西五〇㎞に広がっていますが、その最高峰は大滝根山標高一一九三mです。高原状台地の最高の水源地である。補給量は年間約四〇・八億t。双葉郡にはダムが五つある。原子炉の周辺には一〇〇〇tですけども、原発周辺には一億tの地下水が流れ込んでいるということなんですね。[17]これが本当に大変なことです。

事故前、原子炉タービン建屋の浮き上がり防止のため地下水をサブドレインからくみ上げておったのです。地下水の一日あたり最大流入量が一八〇〇tで一日あたり平均流入量が一四〇〇t。[18]これをくみ上げないと原子炉は倒れる可能性があったわけです。傾く可能性がある。私たち今、東電と九〇日に一回交渉をやっているんですけども、東電はこれほどの水が入っているのに福島第一原発は少ないほうだというんです。どこが最高なのかといったら柏崎刈羽原発の一日当たり三〇〇〇tだそうです。これ全部くみ上げている。だから柏崎でもし同じようなことがあったら大変だということです。

汚染水対策については、大変なお金かけてやった。でも、さっぱり効果ない。汚染水の陸側遮水壁を原子炉建屋とタービン建屋を取り囲むように設置します。凍土壁ですね。サブドレインで地下水のくみ上げもします。それから敷地全体に汚水の土壌浸透を抑える舗装をしています。原発の海側ではウェルポイント工法で地下水をポンプで吸い上げて地下水位を下げ、水ガラスで地盤改良もして、海に面するところに海側の遮水壁を設置する。ここまでやって汚染水を漏らさないようにする。汲み上げた汚染水を貯蔵するタンクも増設しています。これがもう大変な金かけてやり遂げたわけです。ところが、これ止まらないんです。最初は止める、絶対に自信あると言ったんですけども、実は駄目だったんです。それで、一日一五〇t汚染水が流れ出ている。したがって汚染水は止まらないというのは、私にとって最大の不安材料ですね。
三五〇億円かけた切り札の陸側遮水壁ですが、要するに昔の私たちの子ども時代のキャンディーと同じです。これ深さ三〇ｍですね。そして周囲は一五〇〇ｍ。こういうものを凍らせて張り巡らせたわけですね。ところが、この部分の土壌というのは砂地なんですよね。そして、汚染水が凍土壁の下から出ている。これは東京電力に聞きました。ですからこういう状況にあるっていうことなんですよね。ただ、凍土壁もバラバラで均一に凍っていない、と今の原子力規制委員長（更田豊志氏）が言っていたわけです。
それから汚染水に含まれる六二種類の放射性物質を完全にカットできるのかといったら、できない。私もそう思ったんですけどね。ＡＬＰＳ多核種除去設備はそれ自体、容器・配管など巨大な二次放射性廃棄物になる。ＡＬＰＳ除去設備の二次放射性廃棄物のなかにどれほどの放射能量があるか、ということですけども、セシウム一三七が五〇京Bq。ストロンチウム九〇が約五〇京Bq、既にたまっているわけです。[◉19] これは本当に大変です。

◉16　二〇二三年三月においても、原子炉冷却水が廃炉作業開始当初より減少していることを確認できる。福島県庁のウェブサイトにあげられている以下を参照。一～四号機の状況（東京電力ホールディングス株式会社　福島第一廃炉推進カンパニー）（二〇二三年一一月二三日閲覧）https://www.pref.fukushima.lg.jp/uploaded/attachment/564415.pdf

◉17　吉村和就「水と共生に　東電福島第一原発の汚染水対策」『月刊 Business i ENECO 二〇一三年一一月号』日本工業新聞社、四四頁参照。

◉18　注15参照。

◉19　東京電力ＨＤ㈱「水処理二次廃棄物処理にむけた検討状況」第五回特定原子力施設放射性廃棄物規制委員会・二〇一七年二月一〇日（二〇二〇年四月一日閲覧）https://www.nsr.go.jp/data/000178233.pdf

使用済み燃料の取出しと概況［図53～55］

使用済燃料は一万二三三七体の行き先が決まっていないという状況です。これも福島県にとっては大変な問題だということです。これに今度は第二原発が重なるわけですよね。規制委員長が第七二回の規制委員会のなかで言っているのは、これから調査するということ。[20] 加えて破壊された燃料デブリ八〇〇tの現状は、ほとんど分かってないんですよね。二〇二一年に五cm程度のものを取出す。非常に固まったものは取れるはずがないだろう、と田中前規制委員長が言っている。[21] これは私は正しいと思っています。廃炉作業に伴って発生するがれきの総量が四〇万tがおおよそ七七万tになるという状況ですね。今は社屋、要するになかに入れているわけですけども、これが全部、中に入れるようなこと[22]……オリンピックまではやるでしょうけども、オリンピック終わったらどうなるか分からないんじゃないかなと思っています。

作業員不足の問題：廃炉を誰が担うのか［図57～58］

三年前から作業員不足の兆候が現れていた。それで、廃炉を誰が担うのかということです。廃炉作業の不足が五割だったと二年前から言っている。これも、二年前から東京電力と、本当に闘いですね。本当に俺はこのままでは安全な廃炉作業を一番早くぶん投げてしまうのは東京電力だと言っています。残念だけど、その可能性が徐々に近づきつつあります。けれども、廃炉作業に携わる協力企業のうち作業員不足を懸念する企業は約半数に上った。二〇四一年から二〇五一年という時期に廃炉を完了するというのは、また時間が延びましたけども、四割が達成不可能と予測している。これは私じゃなくて働いている人たち、特に下請企業の人たちがそう言っているわけですね。で、それは作業員は足りているか？　という問いに対し「足りない」っていうのが五〇%。内訳は、廃炉作業に関わる作業員が「足りない」が一九%。「どちらかというと足りない」が三一%ですね。「足りている」というのが二一%。「どちらかというと足りている」というのが二六%でこれ大体半々ですね。これ二〇一六年の調査ですから。[23]

作業員が足りなくなる理由は、定年と線量が高く離れる人が多いこと。定年は、東京電力の資料では平均年齢が五〇歳が一番多いんです。さらに二〇mSvを被ばくすると第一原発から離れるわけですよ。また来る人もいるでしょうけれども、むしろ累積被ばく線量が高い人は入らないことが多い傾向にありますね。そして若い人が集まらない。少子高齢化のせいです。これも深刻ですね。例えば、原発労働者の六〇%を占める双葉郡の人たちは、俺は原発で働いているけれども、子どもたちを原発には絶対やらないって言うんです。それから、だいたい二次、三次下請の会社の社長も、俺の子どもたちは入れないというのがほとんどですね。ましてや少子高齢化ですから一人、二人の子どもに原発危ないけども行けっていう親御さんは珍しい。最近、東京電力が、毎日東京から社員を第一原発に送り込むわけ。原発ばかりじゃなくて、私たちのようにお墓が富岡にあると、

◉20 第七二回原子力規制委員会議事録及び会議映像を参照。（二〇二〇年四月二日閲覧）https://www.nsr.go.jp/data/000223719.pdf, https://www.youtube.com/watch?v=ELack3jdUYY

◉21 テレ朝NEWS「廃炉や除染に思いを……福島移住の前原子力規制委員長（二〇一八年三月一〇日）」（二〇二〇年四月二日閲覧）https://news.tv-asahi.co.jp/news_society/articles/000122580.html

◉22 廃炉作業で出たがれきをすべて屋内保管できているかと言えば、できていない。以下を参照。東京電力福島第一原子力発電所事故対策室「東京電力福島第一原子力発電所の中期的リスクの低減目標マップの改定について」別紙一（原子力規制庁「東京電力福島第一原子力発電所の中期的リスクの低減目標マップの改定の方針について（第二回）」の別添資料として最終確認　二〇二〇年一一月二三日）https://www.nsr.go.jp/data/000301258.pdf

◉23 毎日新聞二〇一六年三月七日。

そこのお墓を東京電力がサービスで掃除してくれるわけです。それから私たちの道路も草刈りしてくれる。そういう依頼をする人は結構多いんですよ。ところが、親御さんにしてみるとせっかく東京電力に入れたのに福島さ行って、要らぬ被ばくをしなきゃなんないということで泣いている人がいるって。これは東京の人に聞いたのだけれども、そういう状況なんですよね。

技術の継承が困難になってきているというのが問題ですね。最後は大学の原子力工学科の減少。今、世界に輸出しようとした原発が全てチャラですよね。そうすると皆さん方、よくお分かりだと思いますけども、大学で、原子力工学を勉強しようという人は極めて少なくなるんじゃないかと思うんですよね。

福島県の人間としては、このまま東京電力は逃げちゃうんじゃないかと。これが私の一番の心配事です。二〇一九年九月一九日の刑事裁判の判決はぜひ注目しておいていただきたい。彼らに無罪などといったら、本当にどうにもならない悔しさですよね。私は必ず有罪になるというふうに思っています。ぜひ注目して頂きたい。

原発反対運動のおかげで日本壊滅を免れた

最後ですが、私たちかれこれ五〇年反対運動をしていますが、「なんだ石丸、大した原発反対でない」と思われているんですけども、私たちが駄目だったからこういう事態になったというのは、もちろん悔恨の情からしてそう思いますけども、しかし逆に言うと、こういう状況があったんです。相双地方の原発を、増設を含め一四基、全部稼働していたら日本は人の住めない地域になっていた可能性があるのではないかと思います。

つまり、第一原発の六基、第二原発の四基。問題は第一原発二基（七・八号機）の増設計画。これは原発事故後に計画なしになりましたね。佐藤栄佐久さん、二代前の知事ですね。この人が頑張った。一生懸命やられましたね。さらに浪江・小高原発二基の計画。ですから全部で一四基なんですね。反対運動しないでこれができたら、とてもじゃないけど、人の住めない日本になったんじゃないかと思っておるわけです。以上、ご清聴ありがとうございました。［図60］

●――〈質疑応答〉

浪江・小高原発をめぐって

山本：浪江・小高原発はいつぐらいから計画があって、いつぐらいに最終的になくなったんですか？

石丸：計画ができたのは一九六八年一月ですね。昔は乱暴だったですね。棚塩原発と、それから第二原発。これはほぼ同時ですね。前の日に棚塩。それから、一日後に福島第二原発。これを公表して、福島県全体が、双葉郡全体が原発によって栄華を勝ち取ることができる。そして、宣伝があの当時はすごかったですね。第二原発は反対運動をやりました。しかし、もう多勢に無勢という状況でやられましたね。で、棚塩原発反対運動というのは農家の人たちが土地を売らないということをずっと続けてきまして、その結果として、東北電力が、電源自体がもう足りているような状況で、したがってあまり造る必要はないというのが重なって、そして今日を迎えたということじゃないでしょうか。

山本：なるほど。何年ぐらいに東北電力はやめたって言ったんですか。

石丸：正式にやめたのは事故があってから。

秋葉：それまでは計画は生きていたんです。

石丸：ところが東北電力は、最初の頃は事務所を作って一生懸命やったんですけども、だんだんなくなっちゃって。棚塩にあったんですけども、そこにほとんど人もいなくなったんです。最後の頃は、一生懸命なのは町役場。原発交付金が入ってくるから。ある意味、最も避難問題で苦労したのが原発のない所で、浪江町。それから原町（今は南相馬市）。ここが一番苦労したんじゃないでしょうかね。
山本：原発がないのに被ばくした。被害が出たということですね。
石丸：東京電力は浪江町に原発事故が起きたっていうことは全然教えなかった。もちろん南相馬にも言わない。そして、葛尾村が一斉避難させて、俺たちも逃げようと。ところが最も降り注いだのは浪江町の津島地区。その津島に逃げたんです。そして大変な初期被ばくをした。だから、本当に原発がなくて、原発を何とか持ってこようと思ったところが大変な苦労をしたっていうことです。

凍土壁より掘割をつくれ

山本：凍土壁のお話もありましたけども、結局あれは原発の敷地に流れ込む前に地下水の分岐を造って、二手に分かれて、例えば原発の敷地の北のほうとか、あるいは南のほうからこう流れていく感じにしないと駄目ってことですよね。
石丸：それなんですよ。遮水壁といったって七年から八年なんですよね。これは駄目なんですね。掘割を造って、そして敷地の外に流す、それをやるべきだった。[◉24]
山本：地下水が一日四基に四〇〇t流れてくるわけですよね。その地下水が流れてくるところに分岐を造って、敷地を通らないようにして流していくということですよね。そうしない限り駄目ですよね。土木の人たちは、やろうと思えばできなくないかなと思いますけども。
鈴木：そっちのほうが費用も安く済む。
石丸：掘割というのは日本の得意な技術ですよね。この間、分かったんだけど、東京電力でも遮水壁か、それとも掘割か内部で論争があったようです。交渉していて、若い人がそれポロッと出した。そしたらやめろと言われて、けちょんとなっちゃってやめたっていう話ね。遮水壁っていうのは短期間でバタバタッと決まったんですね。ちょうど日本に五輪を持ってくるときに、汚染水をアンダーコントロールしていると安倍首相が言ったでしょう。それに対する話です。しかし、凍土壁は学者先生方も含めて、これは駄目だよって何回も言われているわけですよね。そして、もうタンクに貯蔵されている汚染水が一一〇万tですよね。これも「脱原発情報」に書いているんですけども、長期保管が現実味を帯びてきたわけですね。なんでかというと、七種類の核種の他、カーボン一四、テクネチウム九九、それからさまざまな核種が混ざっていると。トリチウムだけなんていうのは真っ赤なうそだった、とばれちゃった。「特定原子力施設監視・評価検討会」第七二回会合で議論されている。東電の予測というのは十分ではなかったと。今後何か対策を考えていくのかというふうに出ているんです。東電の測定が正しいんだろうか、そういう疑念が湧いてくるということを、まさにその場で言われているわけですね。東電ではできることとできないことをきっちり整理して、できるところからやっていきたい、いうふうにしているわけだね。そして、その専門的な知識が必要で、それができる人間は非常に限られた人物だということにしている。規制庁は五カ月前に分析しろと言っているのに、五カ月を過ぎてもたかだかタンク五個しか分析できてない、何やってんだ、というふうになっている。なぜかっていうと、そういう分析ができる人材はそもそも非常に限られているけれども、そういう人たちが作業現場に少ないってことですよね。ですから私は

◉24　吉村和就は前掲論文で、福島第一原発敷地外に遮水壁をつくるべきと主張している。また、凍土壁を施工した鹿島の提案書には、そもそも凍土壁が地下水を完全に遮断することは不可能である旨明記されていたという。吉村前掲論文、四六－四七頁参照。

東京電力が一番今困っているんじゃないか[25]と思っています。

山本：要は専門家もいなくなってしまう。現場の労働者だけじゃなくて。

石丸：東京電力が非常に面白いのは、この原子力規制庁の「特定原子力施設監視・評価検討会」があるわけでしょう。そこでバンバンやられるわけです。次に出てきたのは「カイゼン」、一律コスト一〇分の一にカットするという案を出してきたわけです。「なんだ、この文言」って。「原発の廃炉作業を一〇分の一にコストカットして現実にできるのか」ということまで言われているわけです。これ、第七一回の議事録ですけども[26]。この議事録を読めば、いかに東電が駄目なのかということが克明に分かる。ですから皆さん是非見ていただければいいんじゃないかと思っているんですけどね。

山本：結局、原子力規制委員会も、廃炉にどれだけ真剣に向き合っているか、議論が分かれる所だとおもいますが、そこからしても東電のやっていることはあまりにもひどいということで、駄目出しされるようなことをやっている、と。

石丸：そのとおりです。例えば富岡に「廃炉作業の今日」という東京電力の説明する所がありますよね。あれも、肝心要のところは全然ないですね。だから、本当にこれから大変だなというのは正直なところですね。

東京電力は余裕がなく、勉強していない

小松原：さきほど東電は逃げるかもしれないという懸念が示されましたが、それは具体的にはどのような状況を想像したらよいでしょうか。

石丸：今一番思うのは、第一原発東電社員が毎年、退職が多数に上っているのではないですか。東電交渉で、それを質しても「答えられない」として答えないです。あんな線量の高いところで一〇年－三〇年勤めあげる

のは至難の業だと思います。さらにトヨタ方式のカイゼンが進み全く余裕がない状態にある。人的なリソースが不足する状態に拍車がかかっています。さらに、少子高齢化の進展で原発という斜陽・凋落産業に人が集まるか、というのも問題です。普通の原発でもそうだけれども、高い放射線が飛び交う廃炉現場です。とにかく余裕がない。それが東電交渉にも表れています。その場のトップが頭にきて、言わなくてもいいことを言い……後で「取消します」を言うなど事故前はなかったことです。余裕がない状態に拍車がかかる気配です。最初にダメになるのは廃炉現場の東京電力社員ではないかと大変心配しています。

トリチウム汚染水の問題

石丸：汚染水がタンク一一〇万t、二〇〇〇兆ベクレル、これは福島県の住民にとっては大変な問題です。トリチウムはたいしたことないって言っているけども、放射性物質には変わりないわけだし、内部被曝したら大変です。

鈴木：そしてマスコミは、復興はもうずいぶん進んでいて、千葉県の梨も桃も海外に輸出するぐらいになったんだよという。会津の米もね、もう。漁業はあんまり言わないんですが。

石丸：韓国から言われたＷＴＯの問題ね（韓国政府が福島県をはじめとする八県の水産物の輸入を禁止していることについて、ＷＴＯ［世界貿易機関］の上級委員会が日本の主張を退け、輸入禁止措置が続けられた問題。

◉25　以下を参照。「再開後　第五二回目　東電交渉　カイゼン・過去の自殺問題　東電社員苦悩！」『脱原発情報』No. 二一八（二〇二〇年一一月二三日最終閲覧）http://www.sdp.or.jp/fukushima/genpatu/2020/218all8.pdf　および、第七二回特定原子力施設監視・評価検討会議事録ＰＤＦ。https://www.da.nra.go.jp/file/NR000065815/000277393.pdf

◉26　第七一回特定原子力施設監視・評価検討会議事録ＰＤＦの二〇頁以降を参照のこと。（二〇二四年一月二日閲覧）https://www.nsr.go.jp/data/000270700.pdf

二〇二三年一一月現在継続中である）。あのニュース聞いて、あ、これだったんだと思いましたね。これをやられたら、トリチウムの放出は大変な問題になるぞというのが、もちろん相手側にも分かっているでしょう。だから長期の保管に切り替えるしかないというふうになってきた。しかし、東京電力はもう、今もってタンクの場所もないし、駄目だと。だから最終的には海洋投棄以外ないというのが東京電力の方針。しかし、これは逆に言うと、海洋投棄ももちろんさせないし、とことん問い続けます。

除染ごみの問題

山本：今、除染ごみのほうは中間貯蔵施設に結構入ってきているんですか？
鈴木：相当入っていますね。だから磐越道、いわきから港までの高速道路ね。朝九時頃に行くと、中通りから入ってくる汚染されたやつのダンプが走っている。
山本：フレコンバックを積んだダンプ。
鈴木：積んだやつが延々と中間貯蔵庫に行っているんだ。相当な量です。
石丸：一日二〇〇〇台。
山本：二、三年ぐらい前は、自分の家の庭や畑に置いたままだと言っている方が大勢いたと思うんですけど。
鈴木：いわきは、だいたいいなくなりました。◉27
山本：じゃあ、もう本当に中通りのほうで猛烈な勢いで減らしている。
鈴木：かえって向こうのほうが多いんですよね。中通りの汚染地帯が、いわきよりも広いんで、今、持ってきている最中。
山本：それはそうすると、あと四－五年ぐらいすると、自分たちの目の前から除染ごみがなくなって、中間貯蔵施設に全部あるという形になるだろうと、そういう段階ですか。
鈴木：はい。あとその土ごと、フレコンバックの土ごと燃やして、減容化。そして、高速道路にまた埋めちゃうと。
秋葉：だから汚染物質の再利用だね。
鈴木：再利用。すると何も残んないですよね。
山本：あれも大きな問題じゃないですか。再利用は福島県内だけの話でしたか？
鈴木：他でも使うって言っている。
秋葉：今は実証実験しているところ。
山本：南相馬の辺りだったと思いますが、減容化すると減容化したプラントから煙が出てくると。それはそれですごく大きな問題じゃないかなと。
鈴木：私が住んでいる四倉町という所にも、それ燃やすと金とか銅とかニッケルとかいろんなもの取れるんだよね。いわき市なんかに売れるんです。それ石ころにしてね。
秋葉：市の焼却灰、持っていきようないでしょう。それを再処理して、希少金属を取って、あと石にして、材料は市としては厄介ものだから、市から金をもらってやって、そしてそれを高く売るという。古河金属の系列の会社。
鈴木：栃木辺りの本社なんだね。
秋葉：また新たな被ばく産業が増えている。
鈴木：立派な橋ができるもんね。だからおそらく堤防に使ったと思うんです。下に敷けば分かんないですからね。

◉27　二〇二〇年三月五日付の朝日新聞によると、福島県内の汚染土や廃棄物の総量上位二〇市町村のうち、いわき市の残量は八・五万㎥であり、双葉町に次いで二番目に少ない。

秋葉：ベクレル数を少なくして。

鈴木：会社はもうかりますよね。金属出て、石が売れて。燃やすだけでね。

山本：それで、引き取るときもお金もらってもうかる。そこまでの話は県外では報道されてないと思います。結構大変な話ですよね。

鈴木：地元の人は全く分かんないです。地元の区町会が分かんないんですよ。一応は知らせたみたいだというんだけども、全く関心ないですね。

山本：除染ごみの問題は、横浜市でも二〇一一年は結構あったんですよ。例えばどぶのなかで、ベクレル数の多い泥があったんです。で、そういうものを取ってまとめてしまっているんだけど、しまう場所っていうのがなぜか幼稚園とか小学校のボイラー室。そうすると子どもが被ばくする。あと、ひどいのになると保育園と小学校と中学校だったかの校庭に穴を掘って埋める。市議会議員のなかに問題にしている人がいますが、一人か二人くらい。だから除染ごみの始末というのは都市部の人たちにとっても人ごとでもないですね。

秋葉：除染ごみの扱いは自治体によって違うんだよね。だからそこの自治体の首長の考え方によってかなり差がありますよね。

山本：そうですね、やはり差があります。健康被害は目に見えて出るわけじゃないでしょうという感覚の首長も過去にいました。

『いちえふ』の描写について

吉永：堀江邦夫さんの『原発ジプシー』という本の改訂版が、原発事故後に『原発労働記』という名前で出たんですけど、後書きのところに『原発ジプシー』は一九七九年の話で、今の労働環境は同じなのか違っているのかという質問に対して、この堀江さんはストレートには答えていなくて、今でも被ばくはあるというグラフを見せているんです。グラフを見ると少しは減っているみたいですけど、労働環境は一九七〇年代の年間八〇人Svに比べると、今はそれよりは改善されているんでしょうか。『いちえふ』という漫画が「モーニング」という雑誌で連載されて、あれを見ると、なんかすごく楽観的に描かれているんですよね。

鈴木：そうです。楽観的過ぎますね。

熊坂：僕もそのことを聞こうと思っていまして、何冊か本を読んだときに、現代とは信じがたいようなことを、例えば作業員がいろいろ着込んで作業していて、トイレに行きたくなったらなかでやってしまうとか、あるいは暑い作業なので危険な地域でもマスクを外して作業してしまうということを言っているものもあるんですね。でも、そういったことは『いちえふ』では全く描かれてないんですね。実際にそういったマスクを外してしまうようなことが本当によくあったんでしょうか。

石丸：あった、あった。それは今も昔も同じだけども、労働者教育がまんぱち（福島方言で、嘘・いつわりを指す）なんですよね。しっかりと、こういう恐ろしさがある、これはやっては駄目なんだよということを教えるのが全くタブーになってきたんだ。

秋葉：安全教育はするけども、そういう危険性の教育は極めておろそかだね。

石丸：一番ひどいなと思ったのは、一九七五年当時、一〇mぐらいの鉄のタンクに人が入っていって、そこにススがいっぱいあると。そこのサンダーかけ（タンク内部のススをとるための研磨作業）。それで大阪の阪南中央病院の先生方とその人を調査した。「ぺッ」としたら、ススが口から出てくるという状況の労働だったんだよね。それは大変な放射線なんだよということを教えないでやったという。その人たちはほとんどが胸部疾患、肺がん。一人だけ肺がんになった。聴診器当ててやったらほとんどが胸部疾患。そのぐらいひどい状況ですよね。だから何人死んでいるか分かんないです[28]。
吉永：ということは『原発ジプシー』の頃と今もあまり変わってない？
石丸：そうです。変わってない。
熊坂：『いちえふ』に関しては、本人が公明正大に描いているんじゃなくて、現場に入った自分が見たものを描いただけというスタンスで、言い訳かもしれないけど、そういうことを言っているので、落ちているところが多々あるのは当然だろうと思うんです。ただ、彼の描く場面っていうのは、皆さんしっかりマスクをしていて、むしろなんかマスクを締め付け過ぎて頭が痛くなるような人が出てくるとかいうことは描いてあるのに、例えば日本の弁護士会が聞き取り調査とかしたものを読んだりすると、明らかにマスクを外しているというような証言がポロポロ出てくるので、このギャップは一体何なんだと。

外国人労働者について

小松原：今、外国人労働者はどういう状況にあるのでしょうか。今もたくさんの方が働いておられますか。
石丸：東電交渉のなかで最初は何とかしなければと思ったんだけど、やめたと。今はありませんと。一時期、五～六人いたことあったんだけども。それ以降ないですね。
小松原：もう今はない。
秋葉：一時、問題になって、東電の敷地の外側だったね。東電の敷地は敷地だけど、構内ではなかったんだ。それで除染作業に一部携わっていたけど。その後も労働者枯渇の問題で外国人労働者を入れようとしたけど、いろんな反発が多くて、今はやらないっていう方向みたいです。
山本：さすがにそこは東電も押し切れなかった。

鈴木：本音は入れたいんでしょうけどね。
秋葉：だって、その技能を日本で身に付けたって自分の国へ帰ったって活かせないからね。
鈴木：そう。役に立たないからね。
秋葉：全く使い捨てだ。あまりにもひどい話です。

県外から来る除染作業員について

熊坂：あと県外から来る除染作業員の問題として、資料のなかで余暇の時間を地域の人と一緒にもてないと書いてあって、確かにそういう面もあると思うんですけど。今、教育がちゃんとされてないという話があったように、全員がそうではもちろんないと思うんですけど、なかにはすごくいいかげんな態度で仕事をしていたりとか。あと、これは労働者だけじゃなくて上から言われてというところもあると思いますが、水をぶっ掛けて、その汚染された水が流れるに任せていたりとか、いいかげんな仕事をしていて、それが知られていて、除染労働者たちが福島のこのへんの人たちから嫌われているという要素はあるんですか。
秋葉：特定の地域に今、住まわせているでしょ。社会が違うんだよね。なかには怖い人もいるから。だから地元の人はできるだけ近づきたくないという。みんながそうではないけれども、実際に事件が発生しそうな、怖い目に遭ったというのもあるからね。
小松原：今、来られている方はもともと知らない者同士で集まっているため、友だちや同僚と密な関係は作り

◉28　石丸小四郎、建部暹、寺西清、村田三郎『福島原発と被曝労働　隠された労働現場、過去から未来への警告』明石書店、二〇一三年、七三頁以下参照。

にくい状況にあるのでしょうか。
秋葉：そのことはよく分かんないけども。
小松原：私が想像したのは、同じ地域から集団で来られていると、そのなかでもともと密な関係があるのではないかということです。
鈴木：それならいますね。
小松原：そういう繋がりがあれば、孤独も少し紛れるかもしれないけれど、もし一人で来られている方が多いのであれば、孤立しがちではないかと思うのですが。
鈴木：最初はみんなあれだね、秋田から来るとまとまって、鹿児島から来るとまとまってという方が多かったですね。
秋葉：そのなかにリーダーがいて、その人がまとめて、例えば私たちの所に相談に来るんだけど、そういうのもだんだん少なくて、個人が今多くて、寮に入れられている。それで結局、遊ぶところもないんだよね。
山本：その地域の人はあまり関わらないように、ということだからますます水と油みたいに分かれて交流もなくて、ということになって。そうすると相談しようにも相談もできないし、息抜きもできない。そういうことですよね。
鈴木：だからパチンコ屋さんと飲み屋さんはずいぶんはやったみたいですけど。
秋葉：原発労働者も線量が高いときは短時間しか入っていられないから、時間余っちゃうんだよね。
鈴木：二時間とか三時間ぐらいしか仕事してないもの。
秋葉：そうすると、その残った時間は全部パチンコ屋さんに使っちゃう。
鈴木：あと飲み屋さんに行って女の子に使っちゃったり。一時すごかったですもんね。予約取れないんですよ、飲み屋さんって。

秋葉：今はいわきは除染労働者がだいぶいなくなったから、そういうことが少なくなったけど、前はそういうこともありました。あとは一時はけんかが多かった。

鈴木：相談も多かったんですよ。全国からいっぱい集まってきたという絡みもあって。

労働者のリクルートについて

山本：これからは人も集まらないで、一番人が必要だったときほどは必要じゃないということですか。人が集まらないのでこちらに相談に来る人も少なくなってきたという状況で、今後は原発で働いている労働者の問題はなくなっていくんじゃないかという予測はあるんですか。

秋葉：いや、分かんないですね。

鈴木：普通の除染で草刈りやるとかは、もうほとんどないんです。だから逆に石丸さんが言うように、専門の仕事ができる方がどうしても欲しいわけだよね。一次下請でも二次下請でも、電気系統が得意な人とか、土木が得意な人とか。でも、石丸さんが言うように、集まらないんですよね。そのマンパワーを含めて例えば電気系統ならこの人必要だっていうのが。

秋葉：マンパワーが少なくなるから、今、五年間の蓄積線量が一〇〇mSvになったでしょう。結局、五年ごとの区分期間が代わったらまたやって、死ぬまで被ばくをさせるっていう法律ができたから[29]（註は、七三頁）。

鈴木：今働いている方のうち、大熊町にある原発一から四号機を中心に働いている方が半分か、六割くらいはまだ地元の方です。あと四割は地元以外から来ています。

秋葉：そういう人（今まで原発で働いてきた人）は高線量の放射線を浴びる区域には入れないからね。

鈴木：もういっぱい浴びているから。五〇代ぐらいの人たちはもうほとんどいっぱい浴びているんで、そんなにね、もう働けない。
山本：じゃあ、まだ放射線を浴びられる人を、もっと若い人をこれからどうやってリクルートしてくるかっていうところが問題。
鈴木：大きな問題だね。ポイントになっていますね。
山本：もともと東電で原発で仕事していたような人、つまり管理手帳をもともと持っていたような人はもう結構累積線量が高くなっているから、必要になったときに行けないという問題もあるんですね。
秋葉：そういうことも含めて、蓄積線量を一〇〇mSvにすれば、そういう人をまた使えると。
石丸：ひどい話だな。全く。
鈴木：専門分野の人が少なくなると廃炉作業も相当滞るから。
秋葉：今はここ福島の問題だけど、これは原発を抱えていたらどこでもなり得るってことなんだよね。だから、他の地域の人に福島の問題じゃなくて、明日は自分のところがこうなるんだよっていうことを考えていただきたい。
鈴木：廃炉作業はどうしても、そうなるでしょうからね、どこの原発もね。そのときの人手不足。どこでも欲しいわけですよね。
山本：そうですね。繰り返しになりますけど、それまで原発を運転する仕事、あるいはメンテナンスする仕事をしていた人が、そのときに十分働けない可能性があると。新しい人に来てもらわなきゃいけないと。
石丸：だから日本の現状ははっきりと脱原発だよね。次々と廃炉になってくわけでしょう。福島だって一〇基ですよ、全部で。何としようかね。

鈴木：ＭＯＸ燃料もたまっていますからね。
石丸：だから今後、政府がどう考えていくかというのは、全部子どもたちに、関係ない人たちに委ねてしまうことになるわけだからね。本当に駄目な国だね。

誠意のない東電

小松原：大変勉強になりました。ありがとうございました。渉外担当者の対応が緩くなっているというのが一番の衝撃でした。
熊坂：衝撃ですね。
小松原：石丸さんが交渉に来られるとわかっていれば、本来であれば渉外担当者は対策を講じてくるはずです。石丸さんのように問題に詳しく、的確に指摘してくる相手が交渉に来るとわかっていても、準備をしておらず、感情的になるのは相当……。

◉29　平成一三年三月に発せられた「労働安全衛生規則及び電離放射線障害防止規則の一部を改正する省令の施行等について」なる文書の、「五　第四条関係」には、電離則第四条第一項「事業者は、管理区域内において放射線業務に従事する労働者（以下「放射線業務従事者」）の受ける実効線量が五年間につき百ミリシーベルトを超えず、かつ、一年間につき五〇ミリシーベルトを超えないようにしなければならない。」の「五年」について、始期を事業者が任意に定めてよいとしている他、事業者はその「五年間」の中途で新たに当該事業所の管理区域で働くようになった労働者が、前職等で当該事業所の「五年間」の始期からどれだけの被ばく線量を累積しているかの記録を確認すべし、と規定している。しかし、五年以上継続して働く人の累積線量をどのように扱うか、は特段規定されていないので、ここで話されている対応がとられる可能性があると思われる。以下を参照。（通達「労働安全衛生規則及び電離放射線障害防止規則の一部を改正する省令の施行等について」（二〇二二年七月二五日閲覧）https://www.mhlw.go.jp/content/11300000/000689299.pdf）

石丸：原子力規制委員会の第七二回監視委員会を見てないっていうことなんだね。それで追及すると、こう言うんだ。「石丸さんは趣味でこの問題を調べてるようだけど」。何言ってんだ、これは趣味なんかでない、あなたたちがしっかりしないからだって……。そういうふうなことをのうのうと言うんです。

熊坂：そのお相手の方って年代はどれぐらいなんですか。

秋葉：四〇半ば過ぎから五〇半ばくらいまでね。

山本：企業のなかでは中心と言われるような年齢の方ですよね。その方たちがだらしないというか。なんか悪いこともあんまりきちんとできなさそうな、そんな感じですよね。

石丸：やっぱり一番感じるとこだね。勉強しない。

秋葉：誠意がないね。何の話をしても、言葉遣いはすごくいいんだけど、誠意のない回答というか。

石丸：労働者問題だったら特にそうだね。

鈴木：うん。そうだ。全く誠意ないですね、労働者の話をすると。

秋葉：それは基準局に相談行ったらいいんじゃないですかとか。問題あったらその会社出させますからと。だって仕事切るだけの話だからね、あっちはね。それが簡単だけど、それが言えないからみんな苦労をしているわけ。

鈴木：知っていて言ってくるんですよ。こっちはまともにどこどこの会社ですなんて言えないですから。そこの会社がズバッとやられちゃうからね。間違っても言えないですから。

山本：東電のなかのことしか見てないですね。会社のなかのことしか。働いている人のことなんか見てないですね。

事故の責任者は

吉永：この件は責任者が多過ぎて誰がっていうのは言いづらいかと思うのですが、あえて責任を取るべき人といった場合に、さっきの県知事もそうですけど、あとは東電の当時の経営陣ですか。
石丸：そうですね。一五・七mの津波が来るのに、嘘をこきこき、何も対策してなかったわけだね。そこでやられちゃうわけでしょう。裁判のなかでも事細かにその背景は無視されてくのね。にもかかわらず職員のせいだとか、俺は関係ないだということをのうのうとして言うなんてことは、これが無罪になったら日本の国は何なんだと思わざるを得ないね。
吉永：じゃあ、九月一九日の判決【図59】に注目ですね。
石丸：本当にそのときですね。もし無罪になったら本当になんつったらいいかな、もう。◉30
鈴木：森友学園どころじゃないね。
山本：そうですね。
石丸：誰も責任取ってない。
鈴木：何十万人の人が逃げ惑ったというのに。いまだに帰れないというのに。
秋葉：それがまかり通っているわけだからね。
山本：分かりました。どうもありがとうございました。

◉30　この裁判では、東電の旧経営陣の勝俣恒久元会長、武黒一郎元副社長、武藤栄元副社長の三人が業務上過失致死傷罪に問われたが、東京地裁（永渕健一裁判長）は三人に無罪の判決を言い渡した。裁判所は旧経営陣の刑事責任を認めなかったことになる。東京新聞二〇一九年九月一九日夕刊「東電旧経営陣三人無罪　福島事故　東京地裁判決」https://www.tokyo-np.co.jp/article/national/list/201909/CK2019091902000296.html（二〇二〇年四月三日閲覧）続く控訴審でも、全員無罪判決が出されたのを受け、検察官の職務を行なう指定弁護士は二〇二三年一月二四日に上告した。二〇二三年一一月現在、最高裁で審理中である。

●追補――二〇一九年以降の福島第一原発の問題～汚染水とその処理を巡って

談・石丸小四郎

フクシマ原発労働者相談センターにおけるインタビューから四年以上が過ぎ、その間にも福島第一原発事故にまつわる問題は動き続けている。石丸小四郎さんに二〇二四年初頭時点における喫緊の課題についてあらためてお話を伺った。

私たちはいま、ＡＬＰＳ多核種除去設備で処理されたとされる汚染水の放出に関して福島地方裁判所に提訴しています。なぜならば、ＡＬＰＳ多核種除去設備が全然機能していないと考えられるからです。そこで、「被告、国（原子力規制委員会）が東京電力ＨＤ（株）に対して令和五年五月一〇日付で行ったＡＬＰＳ処理水の海洋放出時の運用等に係る実施計画の変更の許可を取り消せ。被告、国は令和五年七月五日付で行ったＡＬＰＳ処理水の海洋放出時の使用前合格処分を取り消せ。被告、東京電力はＡＬＰＳ処理水された汚染水の海洋への放出をしてはならない。訴訟費用は、被告らの負担とする。」と請求しています。

今回提訴した理由を具体的に言うと、「海洋放出の安全性は確認できていないし、海洋環境の保全の枠組みと環境汚染に関する予防原則・環境基本法四条に違反する。汚染処理水の放出は東電自らが原告を含む関係者に行った約束に違反する。より環境に負荷をかけない代替策を採用すべき義務が、汚染源である東京電力と事故責任を負う国には課せられている。国際社会の強い反対を押切って、海洋放出を強行するのは日本の国益を大きく損なうものである。ＩＡＥＡ包括報告書は海洋放出を正当化する理由にはならないし、海洋モニタリングによって安全性を確認することにはならない」ということになります。[◉1]

＊

今日は、壊れてしまった福島第一原発から生み出される、多種の放射性核種を含む汚染水から、トリチウム以外の核種を除去するという触れ込みのＡＬＰＳに焦点を当ててお話しします。原子力規制委員会で福島第一原発事故対策等に関わる「特定原子力施設監視・評価検討会」第一〇二回（二〇二二年九月十二日）に提出された「資料二ー一」には、以下の四つの問題が記されています。[2]

「一、スラリー安定化処理の実現性について　二、ＨＩＣ保管容量のひっ迫　三、耐震クラス分類　四、放射線業務従事者の被ばく管理」

スラリーというのは、粘土を含む濁り水のような懸濁液のことを指します。汚染水から放射性物質を除去するＡＬＰＳから生じるスラリーであれば、水から除去された放射性物質が含まれているわけです。これをまずＨＩＣという容器に移しいれ、一時保管施設に運びます。その次に、ＨＩＣからさらにスラリーを抜き取って、「安定化処理」つまり乾燥と濾過を行います。その後に保管容器に詰めて保管する、ここまでがスラリーの安定化処理と呼ばれる工程なのです。この第一〇二回の検討会の中では、この安定化処理の実現性と言っているのですけれど、はっきり言うと、実現性が見えてこないのです。

原子力規制委員会の事務局である原子力規制庁が検討会に出したその「資料二ー一」には次のように書かれています。

「東京電力は、スラリー安定化処理設備の検討の段階で、スラリー抜出試験、脱水確認試験、ＨＩＣ洗浄確認試験を行い、その検討の結果を反映して設計を行ったとしているが、現在実施中の抜き出しポンプによる

◉1　『脱原発情報』第二六一号参照。（二〇二四年二月一八日閲覧）http://www.sdp.or.jp/fukushima/genpatu/2023/261alld.pdf

◉2　原子力規制委員会ホームページ「特定原子力施設監視・評価検討会」第一〇二回　資料二ー一（二〇二四年二月一八日閲覧）https://www.nra.go.jp/data/000403736.pdf

ＨＩＣ内スラリーの移し替え作業において、下部スラリーは物理的に移し替えができておらず、移し替え先との表面線量当量率の比較からもSr‐九〇の大部分が下部スラリーに残存している可能性が高い。」つまり、「安定化処理」を施す前の段階でＨＩＣから、特にストロンチウム九〇を多く含む底の方のスラリーを充分に取り出せていないのではないか、と言われているのです。これに対して、東京電力は必ずしもＨＩＣの底部にスラリーが固着しているわけではなく、上澄み水と攪拌して水と一緒に回収できるとしています。[3]

これが東京電力の言うとおりだとしましょう。しかしそれでも大きな問題があるのです。水と一緒に回収されたスラリーは、保管容器に格納するために「安定化処理」を施されます。すなわち、フィルタープレス機という機械を使って、スラリーを乾燥して圧搾し保管に適した状態にするのです。ところが、この機械のメンテナンスのために作業員が清掃週一回、ろ布交換のために三ヶ月に一回、ダスト取扱エリアに入らなければならないことを原子力規制委員会は問題視しています。先の資料二‐一にはこうあります。

「東京電力が現在想定しているダスト飛散及び換気による濃度低下のシナリオとは別に、スラリーの系統・機器・床壁面への付着及びそれに伴う立ち入りによるダストの舞い上がりを考慮する必要がある。現在実施しているＨＩＣ移し替えにおいて一四基中六基（二〇二一年九月五日時点）でダスト濃度高警報が発報、その後床面等の汚染上昇が確認されており、原因としてダストの付着が考えられる。このことからも、ＨＩＣの蓋解放時以外は開放系の作業でないＨＩＣ移し替えと比較すると開放系の作業であるフィルタープレス機による脱水について、周辺ダスト取扱エリア（特に飛散防止カバー内）のスラリーの飛散及び付着を考慮することは必須である。」

さらに、こう続きます。

「フィルタープレス機で一日に取り扱うSr‐九〇の量はテラベクレルオーダー（6.2×10^{13}Bq）であるこ

とから、その一部が付着・蓄積し、作業員が立ち入った際の舞い上がりによる空気中濃度が東京電力が設定する全面マスク着用上限濃度（7.0×10^{-3}Bq/cm^3）を超える可能性は高く、その場合は作業員による作業は不可能となる。また、スラリーの付着及び舞い上がりを精緻に評価することは難しく、放射線業務従事者が入室して作業できることを評価により示すことはできない。以上のことから、フィルタープレス機周辺のダスト取扱エリアは、遠隔操作により除染作業及び頻度の高いメンテナンス作業を行うことができるセルもしくはグローブボックスとすることを求める。」

つまり、東京電力はＡＬＰＳに付随する汚染物質の保管へ向けた工程において、作業に従事する労働者の生命と健康への配慮が足りないのです。

実は、この類の問題は今に始まったことではありません。二〇一四年三月一四日に開催された「特定原子力施設監視・評価検討会」第一九回の議事録を見ますと、その六〇頁にＡＬＰＳのクロスフローフィルタという部品の交換の際に、原子力規制庁からこう指摘されています。

「先日、現場でクロスフローフィルタのところを確認に行ったんですけれども、緩衝物があってなかなかこれ取りかえが大変で、これは取りかえを一個やったんですけども、一〇〇〇mSv以上ですか、ベータですけども、作業員の方、非常に苦労されていて相当多くの方が被ばくされているので、こういった定期的な交換というのが必要になるかと思いますが、今後そういったところも視野に入れて、高線量になるようなところに対しては、やっぱりメンテナンス性を、特に被曝という観点で考慮していただきたいと思います

◉3　東京電力ホールディングス株式会社「スラリー安定化処理設備に関する審査上の論点（規制庁提示）を踏まえた当社回答」（特定原子力施設監視・評価検討会（第一〇三回）資料二－一）（二〇二四年二月一八日閲覧）https://www.nra.go.jp/data/000408191.pdf

ので、よろしくお願いします。[4]」

私は五〇年以上、反原発運動をしてきましたけれども、以前二〇一九年にお会いした時にも申しあげたとおり、一九七〇年代の原発稼働開始当初から常に労働者は危険な被ばくを強いられてきました。東日本大震災の後も、問題は継続しています。それどころか、原子力規制当局からも強く改善が求められている、それくらいひどいのです。先の「安定化処理」に話を戻しますと、東京電力のフィルタープレス機における被ばく低減の取組みに対し、検討会の委員は次のように発言しました。

「さあ、どうしましょう。だから、例えば、この四番目の話〔被ばく低減対策〕に関しては、イエスかノーを求めているわけではないんですね。ノーという答えはないんです。イエスか、さもなければカウンタープロポーザルなんです。[5]」

こういう放射能が強いところで作業しているのは問題だと規制庁が言っているわけです。東電は、その一ヶ月後の二〇二二年一〇月二六日に一応、フィルタープレス機の新機種をこれから設計すると回答しました。[6]また、「特定原子力施設監視・評価検討会」(第一〇五回)に東京電力が提出した資料一－二によると、新設計のフィルタープレス機を使って「安定化処理」を開始するのは、二〇二六年からです。[7]

東京電力は二〇二六年以降、いつか作業員の安全を確保しながら「安定化処理」を完了することができるのでしょうか。私は現状では懐疑的です。東京電力との定期的な交渉において社員の方が私の質問に十分に答えられないことが多いからです。

また、例えば少し古い資料ですが二〇一三年三月二九日に東京電力が出した「福島第一原子力発電所多核種除去設備（ＡＬＰＳ）の概要等」というＰＤＦを読むと、「〔ＡＬＰＳの〕制御室は多核種除去設備エリアを九〇〇ｍ離れた位置に設置しており、設備の運用点にともなう制御室の線量増加は三μSv／年程度」とあります。[8] ＡＬＰＳ本体から九〇〇ｍも離れたところで操作しているのです。私たちが東京電力との交渉の際に尋ねると、「鍵をかけています」と言う。だから要するにＡＬＰＳというのは、東電や東芝の社員さえも入ることはできない。入るのはほとんどが第三次下請けとかそういうところの社員なんですね。確かに東京電力は自分達で資料をつくり、原子力規制委員会の「特定原子力施設監視・評価検討会」をはじめとする各種委員会で報告をしています。しかしそれでも、ＡＬＰＳの現物の稼働状況を目で見て確かめることを充分にしていないのではないか、と私は見ているのです。ちなみに、交渉の席で私や他の仲間たちからの質問に答えられないのも、そのせいであると思っています。そして、今後新しく作り直されるフィルタープレス機に関しても、完成して実際にスラリーを濾過し乾燥させるようになったら、同様のやり方で扱われるのではないかと強く懸念しているのです。

私が福島の原発の問題を理解するために最も重視しているのは、この原子力規制委員会の「特定原子力施設監視・検討委員会」の資料と議事録を読むことです。これがね、私の教科書なんです。これを見ているとかな

◉4 原子力規制委員会ホームページ「特定原子力施設監視・評価検討会」第一九回 議事録（二〇二四年二月一八日閲覧）
https://warp.da.ndl.go.jp/info:ndljp/pid/11373737/www.nsr.go.jp/data/000051180.pdf

◉5 註2と同じ。

◉6 註3と同じ。

◉7 東京電力ホールディングス株式会社「『東京電力福島第一原子力発電所の中期的リスクの低減目標マップ（改定案）』を踏まえた当社意見等について」（特定原子力施設監視・評価検討会（第一〇五回）資料一－二）（二〇二四年二月一八日閲覧） https://www.nra.go.jp/data/000421266.pdf

◉8 東京電力株式会社「福島第一原子力発電所多核種除去設備（ＡＬＰＳ）の概要等」（二〇二四年二月一八日閲覧）
https://www.tepco.co.jp/nu/fukushima-np/handouts/2013/images/handouts_130329_01-j.pdf

りのことが分かります。東京電力の社員の中には、真面目な方もいますが、全員がそうというわけではありません。また、マスコミの報道は充分ではありません。私が主に読んでいるこの資料と議事録からだけでも、かなりのことが分かるのですが、報道されていないことがとても多いです。

他にもたくさんの問題があります。読者の中で関心が湧いてきた方は、ぜひ「特定原子力施設監視・検討委員会」に注目してください。私も議事録やその他資料を読んで東京電力との交渉に臨み、今後も東京電力と国の監視を続けていきます。

2章

「いわき放射能市民測定室たらちね」（二〇一九年八月二二日、インタビュー）

広がり続ける被ばくへの対処
――内部被ばく・食物汚染の測定からはじまった市民活動

報告者・飯田亜由美（元認定NPO法人 いわき放射能市民測定室たらちね理事、広報担当）
報告者・藤田　操（認定NPO法人 いわき放射能市民測定室たらちね理事、たらちねクリニック院長）
聞き手・山本剛史・熊坂元大・小松原織香・吉永明弘

はじめに

「認定NPO法人 いわき放射能市民測定室たらちね」で、話をうかがったのは、同NPO法人で当時理事のお一人であり広報を担当されていた飯田亜由美さんと、放射能測定室と同じ建物にある「たらちねクリニック」の院長であり理事でもある藤田操さんである。

お二人の話からは、放射能汚染による被害がいわきで暮らす人々の生活のいたるところに（周囲の山や海だけでなく、家庭内を含む人間関係にまで）及んでおり、その影響は日々の暮らしに見え隠れしていることがわかる。原発事故当時、まだ子供だった女性が今では母親となって我が子の健診のために訪れるというケースや、家族には黙って一人で健診に来る未成年がいるという状況は、福島で暮らす人々にとって、単に自分を被災者として位置づけることで整理がつくようなものではない。ポスト原発事故の汚染された自然環境とそのなかで構築される社会環境のなかで生きていくことを強いられており、否応なしにその事実と寄り添って歩んでいかざるをえないのだ。私たちはこの状況を作り出してしまった社会や政治の一員であることを、直視しなければならない。

それでもなお、お二人の話から私がポジティブなものを感じたのは、たらちねの活動が個人や社会の持つ潜在的な力を示しているからかもしれない。⑴飯田さんを含むスタッフのほとんどは原発事故以前、医療や放射能測定と無縁のお仕事をされていたにもかかわらず、自主的な勉強と訓練でこれだけの測定業務をこなしているということ（もちろん、藤田さんのような医師の協力もあってこそだが）、⑵中心となっているスタッフは、たらちね創設以前から同じ団体や組織に所属などしていたわけではなく、被ばくに対する問題意識から自生的に始まった活動であること、⑶活動がかなりの面で寄付によって支えられていること、以上の三点は一般の市民が、大規模な放射能汚染という困難に直面するなかで湧き上がった草の根の力を示しているように思われる。

ただし、たらちねが行なっているような厳密で市民に寄り添った調査は、本来であれば行政が行なうべきものであり、たらちねの活動を美談として消費し、政治や社会に対する批判的な視点を放棄するようなことは決して許されない。

ところで、右記の⑴と⑵は、このインタビューに引き続いて、測定室を見せていただいている時に飯田さんからうかがった話である。測定室を案内していただいているあいだにも、いろいろなお話を聞かせて頂いたのだが、そちらは私たちが録音していなかったため、今回の記事には含まれていない。非常に充実した内容だったので、録音していなかったことが悔やまれるが、その時に飯田さんが「もし、こういう事態になっていなければどういう生活をしていたのか、ふと考えることがある」とおっしゃった。また、私どものメンバーの一人が、「原発事故がもたらした被害は被害として、これほど専門的で充実した活動をされていることについて、何か満足感ややりがいのようなものを感じることはあるか」と問いかけたのに対して、飯田さんもそばで測定していた女性も、即座に「それはない」と打ち消し、「ただ忙しく、目の前のことをこなしていくので精一杯」と口を揃えて答えていたのが印象的だった。

私たち人間は、追い込まれれば全く新しい環境や課題に対して、思いもよらぬ力を、個人としても集団としても、発揮して頑張ることがある。「たらちね」は、まさにその一例だろう。

しかし、誰もが新しい環境や課題を求めるわけではない。むしろ、私たちの多くは普通の日常を送ることを望んでいる。福島県で暮らす親子が、望まずに、しかし引き受けざるを得ない英雄的な頑張りから少しでも解放される必要がある。

（記：熊坂元大）

「必要」に応えて広がる「たらちね」の多様な活動

混乱のなかで「たらちね」を設立

山本：よろしくお願いいたします。低線量被ばくにさらされている主にお子さんたちのために、はたらいていらっしゃる先生方、スタッフの皆さんが、具体的にどのようなことをなさっているのか、まず改めてお話しいただけたらなと思います。

藤田：立ち上げの頃から話したほうが。

山本：そうですね。どういうふうな形で、経緯で発足したのかという情報もお話ししていただければ分かりやすいです。

藤田：飯田さんから、その辺の話。

飯田：じゃあ、はい、私のほうから。私、広報を担当しております飯田と申します。よろしくお願いします。

たらちねの設立が、二〇一一年の一一月一三日なんです。震災から八ヵ月後なんですけれども、いわきって、原発事故による放射能被害もそうなんですけど、津波被害も結構大きくあった所なんです。もちろん地震も大きかったですし、火事が発生した地域もあったので、震災後は混乱状態だったわけなんです。

山本：小名浜もそう。

飯田：小名浜もそうです。この辺の近くまで、海の水が逆流して水浸しになっていたり、ここから、ほんと数百mそちら辺までは、津波が来てるエリアもあったので。それに加えて原発事故による放射能汚染ということで、混乱状態だったんです。

そんななかで、まず自分たちの体が内部被ばくしてるのか。そもそも内部被ばくという言葉さえ聞き慣れなかったので、自分の体はどうなのか、家族の体はどうなのか。今日夜ご飯に食べるものはどうなんだ、飲み水はどうなんだというところで、みんな不安を持っていたわけなんですけれども、それを気軽に確かめる場所というのがどこにもなかったんです。

もちろん行政のほうも混乱状態がずっと続いていたんです。そんななかで、うちの理事に市議会議員の方もいるんですけれども、あと、うちの事務局長とか、ほんとに地元の有志のメンバーが集まって、どうにかしなきゃいけないという、そんな話をしていたなかで、一台、測定器をある団体さんから寄贈していただいたんです。それでまず、何がなんだか分からないけれども、自分たちで測って確かめようというところから始まったのが、きっかけなんです。

なので、放射能の専門家の方がいたとか、そういうことに長けてる方がいたとか、そういうことは全くなく、ほんとに一般市民が取りあえず、何だか分からないまま測ってみようというところから始まったのが、二〇一一年の一一月だったんです。

内部被ばく検査と食べ物を測る検査、海の汚染を測るためのベータ線調査

飯田：最初は、ホールボディーカウンターといって、内部被ばくを測る検査と、あと食べ物を測るということをやってたんですけども、電話が鳴りっぱなし、ホールボディーは朝から晩まで受けたいという人でごった返したので、予約で対応しました。そんななかで、もちろん食べ物と体を測れば、土壌も測ってくれという依頼もあって、土壌の測定も始めたんです。

そんな混乱状態がずっと続くなかで、二〇一三年ぐらいから原発の建屋から大量の汚染水が海に漏れ出しているということで、結構、いろいろ明るみになってきたなかで、うち、今まで測っていた物質というのが、セシウムという物質だけなんです。主にガンマ線と言われるものなんですけども。その海の汚染水のなかに含まれる放射性物質は、ガンマ線だけなのかというと、そういうわけじゃないですよね。これ大変だということで、そういう海の汚染というものもしっかり見なきゃいけないということで、二〇一五年からベータ線の測定を始めたんです。これは専用のラボをつくって、そこでベータ線の測定を始めました。

たらちね独自の甲状腺健診

飯田：前後して、二〇一一年一一月頃から、福島県立医大のほうで実施している県民健康管理調査という甲状腺の健診が始まったわけなんですけれども、すごく大々的な検査なんですけれども、まずその場で結果を教えてもらえないんですね。

私も子どもがいるんですけども、私が行った所は、結婚式場の大広間が健診会場だったんです。パーテーションがいっぱい、衝立てがあって、ベッドが六床か七床ぐらいあり、そこに技師さんだったり、ドクター

だったりが一人ずつ入っていて、名前呼ばれたら行って、じゃあ仰向けに寝てくださいと言って、検査をして、何か写真に撮るんです。結局、県民健康管理調査の健診態勢というのは、県立医大の医師が診断をするので、その場でエコーを当ててる本人がドクターであっても、その場で結果をお伝えしちゃいけないというのが決まりなんです。

何がなんだか分からなくて受けた検査で、その場で結果も教えてもらえない。エコー写真ももらえない。健診結果は後日、紙で来るだけだということで、その健診に対しての不安の声が、すごく多かったんです。[1]

もちろん健診は大事なんですけれども、誰のための健診なのかというのを考えたときに、やっぱり受ける側と保護者さんの気持ちというのが最優先でなきゃいけないですよね。じゃあ、たらちね独自で始めようということで、二〇一三年の三月から、たらちね独自の甲状腺健診をやり始めたんです。

ただ、私たちがやりたいと思っても、ドクターがいないともちろんできないので、協力してくれるドクターを全国から呼びかけて、集めるところから始まってます。

山本：すごいですね。

飯田：そうなんです。元々協力してくださっていたドクターだったり。あとは全国にお手紙を出して、それにお返事をくださって、ほんとに協力しますよって手を挙げてくれたドクター、はじめはお一人だけだったんですけれども。

実は、この藤田先生が、その二〇一三年に、たらちねが甲状腺健診だけを始めたときに、協力しますよと連絡をくれた先生のお一人なんです。その時先生は福島県内の別の病院で勤務医としてお仕事をされていて、土日とか、水曜日の午後の休診の時とかを使って、ボランティアで健診に来てくれていたわけなんです。〔壁の表を指して〕そのドクター、登録医師のこの五人のドクターが甲状腺健診の専門の先生で、皆さんボランティアなんですけど。みなさん遠いんです。この三人が北海道で、野宗義博先生が広島（広島国際大学医療経営学部教授）で、須田道雄先生が島根（医療法人弘生堂須田医院院長、内分泌・甲状腺専門医）なんです。

山本：ボランティアで。

飯田：そうです。毎回。現役のドクターもいらっしゃるので、お休みの日を使ったり、なかには、翌日オペが入ってるから、短時間だけ、でも少しの時間だけでも行きますと言って来てくれる先生とかもいるんです。

そんなことをいろいろやりながら、今日皆さんにお配りした資料のなかに「沖縄・球美の里」という保養キャンプのチラシを入れさせていただいているんですけれども。「沖縄・球美の里」は、そこにあります。これはこれで独立した団体なんです。この球美の里に、保養キャンプなので一週間ないし一〇日間沖縄県の久米島という所に行って、のびのび遊んでもらおうという企画なんです。これの実際的な広報だったり、募集とか受付とか、保険の手続きというのは、たらちねの事業の一環として二〇一二年からずっと行なっていて、今一〇八回目なんです。明日〔インタビューの翌日〕帰ってくる子もいるんですけども。こういうものをずっとやってきて、測定、保養、健診事業を、その年々重ねてきたなかで、保護者さんからの声だったり、子どもたちの様子を見てきて、やっぱり甲状腺の健診というものだけではなくて、医療という立場からの全面的なサポートが

◉1　「福島県の一次検査では判定結果を検診会場では本人や保護者に手渡さず、約三週間後に自宅に郵送で通知している。通知のなかに入っているのは基本的に「A1」、「A2」とだけ書かれた判定結果と、甲状腺検査に関する一般的な説明書類だけだ。しかし医師や技師は超音波で映る甲状腺を一人ひとり必ず撮影している。さらに結節が見つかった場合は動画を撮影する。そして嚢胞やしこりが見つかれば、検査中に大きさを測定して検査レポートに記録する。……〔それらの画像等はいずれも〕判定結果を知らせる通知には入っていないのだ。」日野行介『福島原発事故　県民健康管理調査の闇』岩波新書、二〇一三年、一三〇頁。

必要なんじゃないかということで、クリニックをつくろうということになったんです。

クリニックをつくる

飯田：ただ、クリニックつくろうと思っても、実体がないとクリニックはできないわけで。じゃあ最初どうしたかというと、まず院長先生を探さなきゃいけない。それで、その時、藤田先生は福島の病院から沖縄の久米島の病院に転勤されていました。久米島に保養に行ってる子どもたちは、そこで甲状腺健診を受けていたんです。その健診をやってくれてたのが、藤田先生だったんですけども。

山本：また戻ってきた。

飯田：そうなんです。クリニックつくろうということで、先生、また呼び戻されて。

そのクリニックも、工事設備費用とかも必要だということで、クラウドファンディングでお金を集めてやったんです。一五〇〇万円の目標金額で。お金も集まったので、初期工事費用ということで割り振らせていただいて、二〇一七年の五月にオープンしたのが、このクリニックです。割と、たらちねの事業のなかでは新しいほうです。

山本：藤田先生は、その一七年からこちらにいらっしゃるということですか。

藤田：二年と数ヵ月ですね、今で。

山本：整理すると、内部被ばくの問題というのがあって、それでちょっと自分たちで測らなきゃということで、ホールボディーカウンターを一つ寄贈してもらったところから始まって。

飯田：ええ、寄贈で。ホールボディーと、あと、食材を測る機械ですね。

山本：その次に県民健康管理調査が始まったけれども、何というのかな、そのやり方というか、全てにおいて、全然自分たちに寄り添ってないと。それで自分たちで測らなきゃいけないんじゃないかという声が出て、食料の測定と内部被ばくの測定を始めて、それから甲状腺についての健診、独自になさってるところから来て、それでもうちょっとトータルに、こういう環境のなかで生きるということで、全体的に健康というものについてアプローチしていかなきゃいけないんじゃないかということで、病院をつくろう、クリニックをつくろうというところで、現在に至っていると。
飯田：そうですね。
山本：八年間でそこまでなさったのですか。

海洋調査、子どもの心のケア事業

飯田：怒涛の八年ですね。実はこれ以外にも事業があって、海洋調査といって、原発の第一原発の沖一・五㎞より内側は東電の一応敷地ということなので、一・五㎞より外側の地点で海洋調査をやっていて。船長さんに協力してもらって、船を出してもらい、うちのスタッフが乗って、海水をくむのと、魚を釣って、それを測るということをやってるんです。
あと、全く別事業で、今年（二〇一九年）の一月から、心の部分のケア事業ということで、ちょっとここから五分ぐらい離れた所に、施設を設けて、そこは直接的な被ばくの影響うんぬんかんぬんというよりも、子どもたちやお母さんたちの心を元気にしようというケア事業ということでやっています。
山本：今、最後に、子どもの心を元気にしようという話がありましたけど、ぱっと見は普通の日常だと思います。そういうなかで、毎日お仕事に行って帰ってきてとか、学校行って帰ってきてとか、それぞれなさっていると思いますが、それでもやっぱり子どもが原発事故以来、ちょっと元気がないというようなことはあるのでしょうか。

飯田：そうですね。

藤田：僕なんか見てると、やっぱりよく原発事故に限らず、原発建設する段階で社会の分断や、村の分断などたくさんあるんですけど。それで事故が起こって、家族のなかでも分断が起こったり。大体福島って大家族が多いんですけど、三世代ぐらいの。それでおじいちゃん、おばあちゃんと、お父さん、お母さんの考え方が違ったり、夫婦同士の考え方が違ったり、結構それで離婚、事故が原因で、そういう亀裂が深くなって離婚しちゃったり、子どもに当たったりという、そういう面があるのは、すごく感じます。

山本：そうですか。

熊坂：それは別に、避難とかをしているとか、そういうわけではなくて……。

藤田：そういうのも含めて。

熊坂：全員が福島に住んでいても、やっぱりそういったことがあるということですね。

藤田：そうですね。最たるものは母子避難なんでしょうけど、一緒に住んでいながらも、やっぱりそういうのがあって、ということは感じます。

山本：私は三年前に避難先の埼玉で、双葉町の町長をなさっていた井戸川克隆さんから、やはり何というか、埼玉まで逃げてきたという負い目じゃないけど、置いてもらってるんだということで、子どもたちがすごく萎縮してるというようなことを伺いました。町長をやってたから、そういうことはすごくよく分かるんだというようなお話でした。逃げてなくても、やっぱり家族同士で、放射能に対する考え方の違いで、子どもにストレスがかかる。そういうことはすごくたくさんあるということですか。

飯田：結局、子どもが元気なバックグラウンドというのは、まずお母さんが元気とか、お父さんが元気、家族が仲いいとか、そういうものがある程度前提にあると思うんですけれども。結局、放射能による汚染というのは目に見えないじゃないですか、じゃあどこにあるのかというと、私たちの環境のそこらじゅうにあるんです。外を歩けば、山も木も、土も水も汚染されていて。

そんななかで、難しいですよね。子どものためを思って気にしたいけれども、じゃあ子どもの本当に全体的な、情緒も含めた情操教育も含めた、心身の成長というものには、やっぱり自然と触れ合ったりとか、そういうものが必要不可欠だと思うんです。

そういうものが、ある日を境に全部奪われてしまって、それも家族のなかで考え方が違うと、子どもはもちろん大人の顔色を見るじゃないですか。そういうことなんですよね。

それはやっぱり震災当時に思春期だった子どもとか、震災当時には赤ちゃんだったけど、今ちょうど、そういう多感な年頃の子とか。もっというと、震災当時、高校生とか大学生だった子は、今その世代の子たちが、お父さん、お母さんになってるわけなんです。それはもう、とどまるところを知らない、負の連鎖ではないんですけれども、そこは子どもの年代別によって、それぞれに付随するいろんな問題ってあると思うんです。

山本：そうか。震災の時に高校生とか大学生だった子、人たちが、今はもうお父さん、お母さんになってる。

飯田：そうです、そうです。

藤田：たまに健診に来る親子が、震災当時、お母さんは高校生だったんで、一緒に無料健診をやっていったりすることもあったり。

飯田：うちの健診って、震災の時、高校生だった方までは、今でも無料なんです。

藤田：親子二人で無料で。

飯田：そうなんです。割と子どもの健診が無料ということに意識をとられがちで、でも八年たってるということは、そういうことなんです。

山本：もう大人になってしまっている。

飯田：そうなんです。私も、うちの三番目の娘が、今、今年四歳なんですけど、同じクラスのお母さん友達が、二二歳で一八の時に生んだ子なんです。だからお母さんもそれこそ〔被ばくにあっている〕。私も子どもにばっかり勧めてたんです。「健診、おいでよ、おいでよ」と言って、でも誕生日見たら、「お母さんも高校生だったね、先生」と言って。「お母さんも無料の枠だよ」。

山本：「受けてく？」と。

飯田：そうそう。そうです、そうです。

藤田：この前の甲状腺健診で高校生が一人で来て、たいがい健診には、親と来るんですけど、その子、一人で来て、何か、親に黙って来たらしいんです。高校生ともなると、いろいろ調べたり、いろいろな知識も身に付いてるんですけど。心配になって、家で相談しても「もう大丈夫だよ、行かなくていいよ」って言われたけど、「不安だから一人で来ました」という子とかいますよね。

甲状腺健診でがんの実態ははっきりしない

山本：県民健康調査だと、例えば、それこそ自主避難という言葉があって、福島県内から例えば大阪とか西宮とかに避難して、それで心配だから、そこの大学病院に行って甲状腺の健診をしてもらおうと思っても、いやそれは福島県立医大でしかできないからと言われて受けさせてもらえない、というような話も聞いたことがあります。全部、県立医大のほうで甲状腺健診というのは管理というか、情報を握ってて出してこないというようなことがあるかと思うと、すごく皆さん不安じゃないのかなと感じます。ちょっとおかしな状況になってるんじゃないかなと思うんです。

飯田：一応、二年に一回なんです、甲状腺の検診って。なので、二巡目、三巡目とかの報告とかは、もちろんインターネットとかでいろいろ載ってますし、健診のお知らせには、今までの調査結果みたいなのが送られてはくるんですけども。

藤田：がんとがんの疑いが二〇〇人超えてるんですけど、県立医大の関係の病院じゃない所で検査したり治療した子というのは含まれてないんです。だから実際のところ何人いるのかというのは分からない。

山本：例えば、ここ「たらちね」で見つかった人は含まれないということですね。

藤田：ここで見つかって、結構、県民の人では、県立医大は嫌だという人が実は多くて。あそこじゃなければいいと言って、よそいって手術したというのはカウントされてない。

山本：そういう方は、お二人〔飯田と藤田〕をはじめ、こちらに勤めてる皆さんから見て、どのぐらいというか、感触としては、結構いらっしゃるという感じなんですか。

藤田：あんまりいないですけど、大ざっぱなところでは。でも、支援金出してるところがあるんですよね。

山本：崎山先生〔崎山比早子、3・11甲状腺がん子ども基金〕がやってるところですね。

藤田：そうです、そうです。そこの人たちも結構把握してるんですけど、そこでも漏れてる人というのは、やっぱりいるんではないかと思います。がん子ども基金でも、多少は漏れてる人数とか把握してると思うんですけど、ただ、それが全てかというと、他にもいるかもしれないですし。

山本：そういう子たちは、ほんとに自分で、一切行政の支援もなく、自己責任で経過も病院で見てもらってというようなことをしなきゃいけなくなりますよね。

藤田：なってしまいますよね。

山本：それは全く不当なことですね。

藤田：そうですね。

飯田：そもそも、他の病院とかで自覚症状がない状態で受けるものは、基本、健診になるので、保険診療にはならないんです。

山本：そうか。健診だから。

飯田：一〇〇％自費になってしまうので、大体エコー画像診断とか、初診料七、〇〇〇円とか八、〇〇〇円とか、そのぐらい一回の健診でかかってしまうので、費用的な面でもね、ほかで健診を受けるというのは難しいですし、それを受け入れてくださる病院がどのぐらいあるかと考えたときに、あまり積極的にはされていないと思います。

藤田：いろんなところで結構、変なことになっていますよね。この問題、一つ取っても。

小松原：遠方の方もここに来られますか。

藤田：東京のほうから来る人もたまにいます。でも圧倒的には、近所の子たちが多いです。九割ぐらいはそうです。

飯田：二〇一三年に健診を始めた当初は、ここでしかやってなかったんですけど、話が広まるにつれて、例えば「会津に住んでるんだけど、そっちまで行けないからどうしたらいいの」というような声もあって、「じゃあこれは行かないといけないね」ということになりました。ポータブル式の甲状腺のエコー機器もあるんです。それと、五人の先生の誰か一人と、うちのスタッフ二人とで、出張健診、出前健診。

藤田：月二回やってます。今度は日曜日、米沢、山形県ですけど、福島県の外にも行ってます。

山本：そうなんですね。

藤田：宮城行ったり、郡山行ったり、月二回ぐらいは出張して、出掛けていって。

飯田：来月、宮城の亘理《わたり》にも行きます。
山本：それこそ、亘理や宮城県に行くというのは、福島県の人たちだけじゃなくて、宮城県の人でもすごく心配してる方が多いと理解していいということですね。
藤田：そうです。福島県の甲状腺、県の健診はいろいろ問題あるけど、でも一応やってた。でも県の外に行くと、それさえやってない。自治体にもよるんですけど、やってないということもあって、やっぱりそこら辺の人たちというのは、心配がたくさんあると思うんです。特に、福島に近い人たちというのは。
山本：米沢に避難してる方は、結構いらっしゃるから。
藤田：そうです。米沢は福島市から避難している人たちが、（私たちが）行くと受けに来ます。

検出下限値の精度を上げる

小松原：海洋調査をされてるということですが、魚などの線量を測るのでしょうか。
飯田：そうです。海水と魚。魚は釣りボランティアさんの腕にかかってるので、何が釣れるか分からないんですけど。海水と魚は、うちはベータ線のなかでもストロンチウム九〇とトリチウムという物質の測定をしてるので、その両方を測って、結果を出してるということですね。
山本：事前に送って頂いた「放射能測定結果（二〇一九年六月分）」の一覧を読んでいて、私、非常に気になったんですが、ちょっとうろ覚えですけど、この検出下限値というのが、おそらく厚生労働省だけじゃなく行政がやっている調査と、全然違うんじゃないかなと思ったんです。
飯田：そうですね。
山本：こちらのほうが、下限値がすごい低いというか、微量まで検出するような形でなさっているんじゃないかなと思うんですけど。桁が一つ、低いぐらいですよね。

飯田：実は、もっと下げようと思って、明日、ゲルマニウム半導体という、これまで使っていたガンマ線の測定機器よりも、もっと精度のいい機械があるんですね。それを実は今回、五、〇〇〇~六、〇〇〇通近く、今までのご支援者さんたちにダイレクトメールを送ったんです。そういう測定器を買いたいので、ご支援お願いします、と送らせていただいて、ありがたいことに目標金額のご支援をいただいたので、購入という形になって、明日それが搬入されるんですけども。これよりも、もっと検出下限値が下がります。

山本：もっと下がる。

飯田：なので、ほんとにおっしゃるとおりで、測ってる時間とか、機械によっても全然違うので。行政で出しているもの、あと、この辺はスーパーさんでも独自で機械を持っているところがあるんですね。なので、スーパーさんで出してる下限値とでは、全然ばらばらですね。ただ、一応、厚生労働省のほうでは、一般食品基準値は一〇〇ベクレルというのが基準になってるんです。なので、一〇〇以下であれば、もちろん食べてもいいというところにはある。

山本：ということになってるから、行政は下限値もそれほど下げないでやっているということですね。

飯田：あとは、その取組み方ですよね。ほんとにちゃんと測ってるところは、例えば最近宅配業界がすごくブームで、割とこういう放射能測定に関しても力を入れていて、うちとそんなに変わらない下限値でやってるところもあったりするので。ほんとに、そのところの意向によりけりなんだと思います。

山本：ちょっとうろ覚えですけど、役所でやる場合、確か検出下限値が二〇とか二五とかですね。

飯田：そうですね。大体そんな感じですね。

山本：それ以下は、不検出とか測定不可能とかいうような形になっていて、全部測定不可能が並んでいる。これを送っていただいて拝見したときに、ぱっと見ると、何てことない数字なんだけれども、見たときに、「あれ、ちょっとこれ、違うな」と。やっぱり今まで使ってたのも、結構、高級な機械なんでしょうか。

飯田：そうですね。うちのこのガンマ線の測定器って四台あるんですけども、大体一台一五〇万から三〇〇万円ぐらいの機械なんです。

山本：でもそれは行政でも普通に使えますよね、そのぐらいの金額であれば。

飯田：同じような機械、使ってるところもあります。

山本：なのに、下限値が違うと。

飯田：そうですね。やっぱり下限値の振り幅って、測定時間とあと測定重量なんです。測定重量は、ものによって、いくら詰めて詰めても、ふかふかしてるものだと重量が重くならないので、その分、下限値が上がっちゃうんです。その部分を測定時間でカバーしたりということはできるんですけども、割と測定時間は一律でやってるところも多いので、その辺は、どういうふうに結果を出そうと思うかの違いだと思うんです。

山本：その思い入れのような。取組みがどこまで真剣かどうかみたいな、そういうところにもなってきている。

飯田：そうですね。あとはものによったりする。うちも、例えば土だったら、今この辺、どこも汚染されているので、そんなに長い時間かけなくても、しっかりとセシウムの値って出るものなんですけども、食べ物に関しては、今ちょっと徐々に減少傾向にはあるので、その分しっかり精密測定ということで、ものによっては一五〜一六時間かけるものとか、あります。

小松原：検査に時間をかけることには、どのような効果があるんでしょうか。

飯田：測る時間が長ければ長いほど、より正確に測れるんです。ただ測る時間は、こっちが好きなように設定できるので、変な話、一〇分で測定を終わろうと思えば、終えられるんです。あとは、基本はこういう放射性物質の測定って、刻んで容器に詰めます。それが鉄則なんですけど、非破壊検査といって、切らないまま測れますという測定器もあるんです。ただ、その分、やっぱり物事はなんでもメリット、デメリットがあります。切らないですぐ測れるんですけど、検出下限値が高いんです。なので、やっぱりそこは私たち一般市民も、どういう測定器を使って、果たして検出下限値はどのぐらいなのかというのをちゃんと見ていく必要はあると思うんです。不検出だといっても、何で不検出なのかを。

おしっこのセシウム量、原発事故前の平均七~八倍ぐらい

藤田：今、クリニックでおしっこのセシウム量というのを測定したりするんですけど、結構二リットルぐらいためてやって、検査自体は大変なんですけど、それだと割と数値として出てくるんですね。これだけ出ましたという具体的な。その数値というのは、原発事故前の平均七~八倍ぐらいでしたかね。この八年たった今で。

山本：八年たってもですか。

藤田：事故直後なんて、もっとでしょう、当然。何十倍もあったんでしょうけど。でも、出てる人たちというのは、子どもたちもそうですけど、そういう検出下限値以下のものをほとんど食べてるんですね。ということは下限値以下とはいっても、やはり微量含まれているのをずっと食べてるということになると思うんですよね。

飯田：私も毎日こういうことをやっているので、それなりに気を付けているつもりではあるんですけども、私もおしっこ測定したときには、それなりのセシウムの値が出てて、うちの息子も今、小学校四年生なんですけども、私の倍ぐらいあるので、やっぱり気を付けていても避けられない被ばくというのは、ここで生活している以上、ちゃんと向き合わなきゃいけないんですよね。

藤田：うちの田舎は栃木なんですけど、今まで米を、時々測って出てなかったんですけど、ゲルマニウムのほ

うで、より精度の高いやつで測ったら、やっぱり数値として出てくるんですね。えー、と思って。出るもんなんだ、と思って。微量でも出るものを食べるとか食べないとかいうのは、それはその人にもよるし。僕はこれぐらいなら諦めるしかないと思って食べてるんですけど。でもそれが、生まれたばっかりの小さい赤ちゃんがいる家庭ではどうするかとか、そういう狭間がありますよね。

飯田：そうですね。それを気を付けたくても、例えば、嫁ぎ先で、嫁という立場で、おじいちゃん、おばあちゃんが好意で食べなって出してくれるものだったら、そこはもう、食べざるを得ない状況じゃないですか。そういうのが、そこらじゅうにあるわけなんです、今でも。私も友達は同居してる世帯が多いので、自分が気を付けたくても、そうできない。まして、子どもがそれなりの年頃になってくると、子ども自身の意志というものがあるので、「何で?」って言うようになるし、じゃあ、何で自分は食べちゃ駄目で、何であの子はいいのとか。その場所に遊びには行かないよって言っても、あの子は行ってるのに、何で自分は駄目なのって。そういう子ども自身の意志っていうものを尊重したときに、何が正しいのかっていうのは、もう分からなくなってきちゃいますよね。

山本：世間では、モニタリングポストと言ってるガンマ線の空間線量だけを測って、「ここは線量が高いから」「こっちは大丈夫そうだね」というような形で見られがちだと思うんです。だけども、内部被ばくということになるとアルファ線やベータ線は、射程は短いんだけど、例えば、DNAを切ったり細胞を壊したりするエネルギーが強い。それが代謝してすぐ出ていけばいいけど、ずっと体のなかにありっぱなしで、ということであれば問題ですよね。それにやはり代謝しているとしても、継続して毎日食べてるから、ずっと体のなかに入っていて……。

飯田：そうです、そうです。

山本：ずっと通過してるということだから、やっぱり取組みとしては、もっと正確な情報というのが、例えば、この検出下限値が行政とたらちねクリニックとスーパーとで、全部ばらばらというんじゃなくて、同じ形で、もちろん低いほうの小さいほうの値で情報がいっぱい出て選べるように。おじいちゃん、おばあちゃんも含めて選べるような体制じゃないといけないのかなと、お話伺っていて思うんですけれども。

「たらちね」のお母さんスタッフ、日々の取組み

山本：私たちのような人間も今までにたくさんこちらに来ているんだろうと思うんですが。ここに（たらちねの配布資料を指して）、こんなようなことが書いてあるんですね。「見学者の皆さんには、そのことをお伝えするとともに、事故が起きたからではなく、起きる前からこの問題について考えておかなければならなかったことをお伝えしていきたいと思います」と。この部分を読んで私はある種の、社会運動のような形のスタンスで、活動をなさっていくというようなこともあると思いました。基本的には、毎日のこういう地道な取組みを続けながら、この「たらちね」のようなやり方がもっとあるべきなんじゃないかと、何か外に向けてのアピールというか訴えもしたいのかなというふうに、これを読み、また今お話伺って思ったんです。

飯田：そうですね。今スタッフが一四人いるんですけど、一三人が女性なんです。先生、唯一のメンズ（笑）。あと一三人は、みんな、ほとんどお母さんだったり、おばあちゃんのスタッフもいたり。

熊坂：「たらちね」ですからね。

飯田：そうですね。私たち自身が、たらちねスタッフではあるんですけども、一被災者でもあり、一被ばく者でもあるので、私たちが必要だなと思うことをやってきたというこれまでの経緯もありますし、素人だから活動しちゃ駄目っていうことはないと思うんです。ただ、やっぱり、こういうたらちねみたいな測定活動とかを

していると、反社会的だとか、そういうものに見られたりしたことも今まであったんですけども、決してそうではなくて、やっぱり子どもたちの健康と未来を守るっていうのが最大のコンセプトなんです。当時、子どもたちと言われてた人たちも、今、大人になってるわけで、さらに次世代の人たちも、こういうふうに見学。最近、高校生とか、先生、多いですよね。
藤田：そうですね。
飯田：中学生、高校生、大学生の見学も多いなかで、きちんと伝えていくという役割もあると思うんです。
熊坂：その見学に来る子どもたちは、学校の教員か何かに引率されて来るということですか。
飯田：そういう子もいます。あとは、何か自分たちでこういう震災のことをテーマに、プログラムっていうか、何というんですかね。
山本：何か発表みたいな。
飯田：そういうものの一環で、自分たちで調べて、ここに行き着いて、来たいっていう。
山本：それは福島県内だけじゃなくて。県外の子も多い？
藤田：むしろ、何か、よその。
飯田：県内の子は、いないです。
藤田：県内は、むしろ。
山本：県内はいない。逆に。
飯田：県内からの見学の学生さんって、今まで、ないですよね。
藤田：そう言われてみれば、そうですね。
山本：クリニックに測定に頼みに来るのは、地元の人とかが多いけど、何かその勉強のため、学校の課題のために来るのは……。

藤田：県外。

山本：県外から多い。

飯田：あるいは海外だったり。

藤田：取材の対比でいうと、ほぼ一対九……、一もないぐらいで、九割以上が海外メディアなんです。

山本：メディアはね。

藤田：遠いほうが来る。

飯田：ドイツ、イギリス、フィンランドとか、ヨーロッパも多いですし、オーストラリア、アメリカ、カナダ、ロイター通信、ＢＢＣとか。

「アトリエ」の活動

小松原：「アトリエ」の活動が始まったというお話がありました。それはどういう活動なんでしょうか。専門の方がいらっしゃるのでしょうか。

飯田：ここの登録医師に渡辺久子先生がいらっしゃいます。渡辺先生は世界でもすごく忙しく、活躍されてる乳幼児の精神科の先生なんですけれども、その先生からのご指導を受けています。あと顧問で来ていただいている先生のなかには、臨床心理士の先生もいらっしゃいます。ほかには、主にうちのスタッフ一人と、お子さんとでじっくり向き合います。私たちは「セラピー」とか「療法」って言葉は使わないで、「プレイ」「遊び」っていう言葉で活動を表現しています。

小松原：アトリエに参加するのは、クリニックに来た子どもたちなのでしょうか。

飯田：いろいろです。ここのアトリエは二つお部屋があって、メインがこの箱庭遊びをしているお部屋で、隣の部屋にもヨガをやったりするフリースペースがあります。この間はここで臨床心理士の先生のお話し会をやりました。子どもたちの遊びというものに対してのお話なんですけれども。そういうチラシって、基本、いわき市内の小学校や幼稚園に直接送って、子どもたちのお便りとして配布するんですけど、そこに告知で出したりとか。あとうちはいろんな事業やってるので、甲状腺検査に来られた方にも、こういうチラシ配ったり、沖縄の球美の里に保養に行く子にも、こういうご案内したり。なので、いろんなルートで来る方がいます。

熊坂：見学に来る、教員の引率とかではなくて、自分たちで何か調べるという子どもは、やっぱり女の子が多いですか。

藤田：いや、半々です。

熊坂：性別は関係ないですか。

藤田：子どもたちを連れてくる教員の先生も、割と、理解のあるというか、あまり自分が言うんじゃなくて、子どもたちの自主性に任せるように努めようというふうに、そういう態度が分かるなという印象がありますね。全部子どもたちにやらせようっていう。意識的に。

吉永：教員だけで来ることはあるんですか。

藤田：それはありますよね。

飯田：あります、あります。

吉永：それは、小、中、高、大と。

飯田：高校の先生は割と多いですかね。あと、大学の先生も。何かいろんな大学の先生が集まってツアー的な感じで。

山本：われわれみたいな。
飯田：そうですね。ルートが二つあって、ここを起点に第一原発のある北に行くか、最初、北に行ってから南下してくるルート。

久米島・球美の里保養、イタリア保養

山本：保養のことで伺おうと思っていたことがあって、保養というのは実際に例えば久米島に行って、同じお子さんが何回も行ったりすることもあると思うんですけど、実際に医学的に見て、あるいは体調面で、人それぞれだと思うんですが、やっぱり保養に行くのと行かないのとで、目に見えて顕著な違いはあるんですか。
藤田：目に見えて顕著というのはないですけど、やっぱり帰ってきたら、みんな元気になって。あと、行く前と行った後の尿中のセシウムなんか調べたりして、やっぱり、もちろんなんですけど、少し下がってる。でも、こっちにいたら、また上がっちゃうんですけどね。
山本：やっぱりそういうのは、行く前と行った後で、必ずチェックして。
藤田：いや。今回というか、この数回そういうことをやってみようということで、やってるんです。
山本：そうすると、やっぱり数字で少し違いが出てくる。
藤田：数値的に平均して下がっている。
山本：やっぱりそういう違いはあるんですね。
小松原：保養は何度も行かれる方が多いですか。それとも、一回だけの方も多いんでしょうか。
飯田：いろいろですね。夏休み、冬休み、春休みの他にも、毎月やってるんです。月に二回やるときもあって。ただ、長期休みは必ずといっていいほど、定員をオーバーするんです、大人気なので。そうなったときに、大

体は初めて申し込まれてるお子さんを、優先的に機会を提供するということで選んで。その分、再度、何回も申し込んでくれるお子さんも、すごく多いです。

山本：じゃあ、久米島以外にも行ってるということですね。

飯田：ここでは久米島と、あとイタリア保養なんですけど。

山本：イタリア保養ですか。

飯田：イタリアなんです。それぞれ参加してるお子さんのなかには、全く初めてっていう子もいますし、いろんな所に行ってるっていう子もいます。

山本：保養には、少しこちらからの補助が出ますか。それとも全部自費ですか。

飯田：久米島の保養は基本、参加費は一人一万円ぐらいいただくんですけども、それは実費経費で保険代とか、ネームプレート代とかですね。それ以外の現地での生活費とか、一番かかるのが渡航費、飛行機代と、ここからは羽田空港までバスで移動するので、そのバス代とかは、全部寄付です。

山本：そうか。じゃあ寄付がなくなっちゃうと、事業が終わっちゃいますね。

飯田：そうです。一回の保養で経費が大体三〇〇～四〇〇万ぐらい。夏だと五〇人ぐらい、一回の保養で行くので、一人五万だとしても、飛行機代だけで二五〇万。

山本：そうですよね。それは全部、今まで寄付で賄われてきた。

飯田：そうです。球美の里の場合は、現地の保養のほうで寄付集めをしていて、うちも事業収益っていうのは全体の収益の一割にも満たないんです。事業収益って何があるかっていうと、こういうクリニックですね。うち内科と小児科なので、通常のクリニックと一緒で保険診療なんです。診療報酬があることと、測定料金が、ガンマ線で食べ物だと一個五〇〇円もらっているんですけども、そういった事業収益もあるんですけど、ほぼ九割以上が寄付と助成金なんです。なので、うちもご寄付とかがなければ続けていけないものです（注：二〇二〇年度より、測定にかかる費用を寄付で賄う形になったために、自己負担なしで測定を受け付けているとのこと）。

山本：ほんとに民間の善意で成り立ってるんですね。

たらちねクリニック独自の「子どもドック」

飯田：そうです。アトリエのほうも、健診事業のほうも、あと今日お渡しした資料に、子どもドックという案内を入れさせていただいたんですけれども。これ、たらちねクリニック独自でやってる、大人でいう人間ドックの子どもバージョンなんですけど。これも全部トータルで受けると、大体一万四、〇〇〇円ぐらいかかるんですけど、これを無料でということで。これは今、主にフェイスブックで大々的に寄付のご依頼の告知をさせていただいているんですけれども、そういう諸々。

あと測定事業も、特に、後でご案内させていただいて、ご覧いただくと分かると思うんですけど、いろんな機材と薬品とか、試薬とかがあるんです。大体一測定、コスト的には数万円かかるんですけども、うち、ベータ線のほうは一個三、〇〇〇円ぐらいの測定料金でやってるんです。なので、測定事業のほうは、測れば測るほど、うち赤字なんです。健診もそうですよね。

藤田：そうですね。

飯田：健診も健診するほど赤字なんですけれども。だからといって、コスト的な部分をじゃあ全て料金に反映させるとどうかっていうと、それはやっぱり受ける機会を奪ってしまうことになりますし、誰でもどなたでも受けやすいような体制でないと、やっぱり意味がないと思うんですね。

山本：すごいですね。去年出た本なんですけど……（『放射能測定マップ＋読み解き集』をカバンから出す）。
飯田：うちもあります。あります、あります。
山本：この本に各地の測定データ載ってますよね。
飯田：これ、実は土壌、土の汚染に関してはベクレルでの基準値がないんですね、今。空間線量計でしかないので。
山本：「みんなのデータサイト」の団体とも交流などはありますか。
飯田：同じ福島県内の市民測定室として、「認定ＮＰＯ法人　ふくしま三〇年プロジェクト」さんとやり取りはたまにありますが、「みんなのデータサイト」さんとは主だったやり取りはありません。
何か、忙し過ぎて（笑）。少ない人数でやってるものですから。これはこれで、すごくいろんな都道府県とかのデータが出ているので、やっぱり空間線量の数値が今、文科省のホームページ開いても、全部、空間線量の何マイクロシーベルトっていうものでしか表記していないので、こういう、ちゃんと土自体を測って何ベクレルなのかっていうのが、やっぱり一番大事ですよね。

久米島での診療から「たらちね」に戻ったわけ

飯田：うちも、いろいろ参考にはさせていただいています。ご質問があれば、先生に最後の質問をお願いします。
山本：藤田先生が久米島に行かれて、やっぱり戻ってこようと思った、その決め手みたいなのは、何かあったんですか。
藤田：クリニックをつくろうっていう話は、前から何となくあったんですけど、僕は、「いいね、やれやれ」とか、「あったほうがいい」って言って、言った手前、来ないわけにはいかない（笑）。

山本：そうだったんですね。

藤田：でも、あれだけの大事故が起こって、こんな被害が出て、一つぐらいそういうのがあってもいいんじゃないのかなって感じですかね。

吉永：先生のご出身はどちら。

藤田：栃木県の大田原なんですけど。結構、汚染されたとこで。

山本：ほんとは一つじゃ足りないと思うんですよね。

藤田：ほんとは、変な話だけど、全県っていうか。

山本：全国に。

藤田：全部を挙げてやっていく。例えばイメージとしては、そこの開業医さんに、国が全部、一つの診療所に一個こういう甲状腺の機器を配給して、来た患者さんにはみんなやってくださいっていうふうに。数回甲状腺エコー操作のトレーニング講習会みたいなのやってという、そういう形でやっていくのは理想というか、いいような感じがするんだけど、なかなか逆方向に向いちゃってるから。

山本：ですよね。私も、漠然とそんなふうに思ってるんですけど。

藤田：あと、日常的に診療するに当たっては、やっぱり平均的には放射線量は、よく言われるんだけど、チェルノブイリと比べて低いとか高いとかあったりして。やっぱり、人それぞれ全然違うんです。住んでる場所によっても、その時何をしていたかとか、それによって違うし、そういうのは平均で見てもしょうがないんであって、一人一人、そういうのをフォローしていかないといけない。あと、何しろ、八年前にそれだけ被ばくしたっていうことには違いないし、その時小さい子っていうのは、そういうリスクがあるんで、今がんがスクリーニング効果（潜伏期間の早期ガンを発見するための検査することで、統計上ガンの患者数が増えること）

だとか、いろいろ言われてますけど、その検査を、検査体制を充実させるっていうことは、結果はどうあれ必要だっていうことですね。被害はそれほどでもなかったということもあるし、多かったっていうのもあるし、それは結果は分からないんですけど、そういう検査体制というのは充実させていかないといけないと思ってやってますけど。

山本：最後、もう一点だけいいですか。

藤田：はい。

山本：例えば小名浜だったら小名浜の方たちでもいいんですが、おじいちゃん、おばあちゃんと孫たち、あるいは、その間の親たちで考えがそれぞれ分かれているというお話を最初に伺いました。お二人が、もしくはご自身がご覧になって思うところをお聞きしたいのですが、今も福島県にずっと住み続けてる方たちは、日頃言葉に出す出さないは別として、自分たちは被災者なんだっていうアイデンティティのようなものは、やはり持ってらっしゃるものなんですか。

藤田：どうですかね。何か、あまり、なくなってきているような気がしますけど。もう日常の毎日で。

山本：ほんとに、別に被災者でもなく、普通に生きてるっていう感じになってきている。

藤田：うん。そういうのはあるんだけど、でも不信感っていうのだけは、やけに残ってるんです。

山本：不信感があるんですね。

藤田：自分が被災者だっていう意識が、そういうアイデンティティがあると、それは違うとか、どっかで主張したり、例えば集会に行ったり何かする人たちも、もちろんたくさんいますけど、多くの人は、それやってもなあ、とか思って。じゃあそれ受け入れるのかっていうと、そうじゃなくて、やっぱり心の奥底に不信感みたいなのが鬱積《うっせき》してるっていうのがあると思います。

山本：不信感ですね。

熊坂：その不信感というのは、東電とか行政とかそういうものだけではなくて、社会全体とか、それこそ、だから同じ家族でも、仲良く暮らして、家族であることは変わらないけれども、放射能に対する考え方とかで、分かり合えないところができてしまったという。

藤田：そうですね。できちゃうと、これを言うとけんかになるから、ちょっと黙っておこうとか。

山本：身近な人に対する不信感でもある。

藤田：不信感っていうか、この垣根をつくってしまうというか。

山本：ないまぜになってるんですね、じゃあ、その東電に対する不信っていうのと、家族同士の垣根みたいな。

藤田：そうですね。あと、マスコミなんかにもそうなんでしょうけど。

山本：現状がよく分かりました。藤田先生、飯田さん、どうもありがとうございました。

一同：ありがとうございました。

3章　「希望の牧場・ふくしま」吉澤正巳（二〇一九年八月二三日、インタビュー）

希望とは何か　実力とは何か——原発を乗り越えて生きるために

吉澤正巳（「希望の牧場・ふくしま」（現・「希望の牧場・よしざわ」）代表[◉1]）
聞き手・山本剛史・熊坂元大・小松原織香・吉永明弘

はじめに

「希望の牧場・ふくしま」代表の吉澤正巳さんは、福島県浪江町で、ご自身の牧場だけでなくほかの牧場からも引き受けた被ばく牛たちを世話し生かし続けながら、街頭や国内外の教育施設などで原発事故被災の経験と、原子力発電からの卒業を訴える語り部活動をなさっている。以下に掲載するインタビューから、ご本人言うところの「べこ屋」として、また一人の被災者としての怒りと悔しさから発せられる叫びがひしひしと伝わってくる。これほどストレートに自身の怒りを表す人は少ない。おそらく原発事故被災者が一致して吉澤さんと同じ考え方をしているわけではないだろう。それでもやはり、文字として残していく意義はある。吉澤さんはご自身の語り部活動だけでなく、数はそれほど多くはないがメディアにも出てきたし、Youtubeなどを通して発信もしている方なので、それらで語られた言葉と本書を読み合わせることで、原発事故のもたらした事態を

◉1　「希望の牧場・ふくしま」は設立以来一〇年を経て、二〇二二年四月二二日をもって事務局を閉鎖し、一般社団法人としては解散した。現在は、新たに任意団体「希望の牧場・よしざわ」として、なお生き続ける被ばく牛の最後の一頭の寿命が尽きるまで、世話を続け、命の砦となることを旨として活動している。

理解する一つの糸口になるはずである。

吉澤さんの語りは怒りがほとばしる激しいものだが、それでいて理性的であるためか、論理的で分かり易い。お話には繰り返しや重複する部分がほとんどなく、読む文章としての観点から最低限の整理しか行なわなかった。

お話は、一つには日本国内外の被災者でない人々に対してまず向けられ、今一つは、同じ浪江町民をはじめとする、被災者に対して向けられている。被災者同士でも原発爆発後に己が身の置かれた状況はさまざまであり、お互いの本音を語りにくいという。その状況の溝を乗り越えて、語り合う必要性について述べられる。また、被災者とそうでない人の意識の溝は、事故後の政策の影響もありますます深くなっている。吉澤さんはそれでも全く諦めることなく、自らに相対した人の心をとらえて一気に溝を飛び越えようと語り続ける。人々が溝を乗り越えた先に、吉澤さんは「希望」があるのではないかと考えている。というより、語りを聴くもの皆がそこに「希望」がありませんか、と問われているのだ。「希望」を互いに実感するには、私たちが無自覚的にもつ倫理原則の問い直しが求められよう。それは何も難解な話ではなく、「いのちを粗末にしない」という原則に、どれほど立ち返ることができるかというシンプルな話であろう。

吉澤さんは二〇一一年三月一一日の東日本大震災と、これが原因となって生じた福島第一原発事故の後、避難指示解除前から後に至る今日まで、一貫して当地で被ばくした牛たちの世話を続けている。動物倫理という枠組みの中では、牛・豚・鶏をはじめとする食用の産業動物を皮切りに、昨今では伴侶動物との関わりまでも問われてきたと考えられる。一方で「希望の牧場」の牛たちは、これに対して人間生活の役には立たなくなってしまった動物である。そこに徹底的にこだわり続ける吉澤さんのお話をお聞きしたい、というのが私たちの訪問のきっかけだった。今回お話をじっくり伺い、以下の内容と切羽に立ち続ける吉澤さんの姿から、私たち自身も含め多くの人が手をこまねいて来た年月の重みを感じざるを得なかった。それでも「実力」をもって「希

望」へ向かう一筋がまだ開かれている。（記：山本剛史）

基本的に浪江の人たちは、もうここには戻れない

吉澤：浪江町は元々人口二万一五〇〇人いました。みんな避難しながら、九年間ずっと考えているんですけど、基本的に浪江の人たちは、もうここには戻れない、おそらく生きて帰れないだろうという考えです。ですから、新しくよそに土地を見つける。家をよそに新しく、移住です、基本的に皆さん。

避難解除になって、戻った人は、ようやく一〇〇〇人ぐらいかな。五％ぐらいという状態です。三分の一の七〇〇〇人、福島県外です。全国に行ってしまいました。残りの人たちが県内のほうぼう、例えば、いわき市とか郡山市、福島市、二本松市、南相馬市というふうにして、広範囲にみんな散り散りばらばらになってます。もう町の絆という話は、僕は終わったというふうに思いますね。[◉2]もうみんな新しい所に生活の根を下ろしたということです。

◉2 「絆が終わった」という言葉には背景があると思われる。浪江町は馬場町長（当時）が、浪江町民の東京電力に対するADR（裁判外紛争解決手続）を町で一括して取りまとめて申請した。文部科学省は原子力損害賠償紛争解決センター（ADRセンター）を、原発事故被災者から東京電力への損害賠償の請求を裁判手続きを経ずに迅速で公正に解決することを目指して設置した。町は、個々の町民が自力で東京電力と交渉して賠償金を得ることが困難であることを踏まえ、町で一括してADRセンターに東電との和解の仲介を申請したのである。これは、福島県内外にバラバラに避難し続けている町の人々を、町が見捨てないで救済すると行動で示すことで、人々に町との絆を確かめてもらおうという意図があったと考えられる（その絆があれば、将来「浪江町」を元の住民たちの手で再興することもかなうだろうという考え方であろう）。しかし、東京電力がADRセンターの示した和解案を繰り返し拒否したため、ADRセンターは二〇一八年四月に調停の打ち切りを通告したのである。本件の顛末については以下がまとまっている。後藤秀典『東京電力の変節　最高裁・司法エリートとの癒着と原発被災者攻撃』旬報社、二〇二三年、三六-六〇頁参照。また、本件を踏まえた飯館村におけるADRに関しては、菅野哲『〈全村避難〉を生きる　生存・生活圏を破壊した福島第一原発『過酷』事故』言叢社、二〇二二年、四三-七二頁、一七七-二三九頁を参照。

ところが浪江町には、まだ一万六〇〇〇だか七〇〇〇〇人の住民票が残ってます。住んでいる人がいないのに、住民票を浪江町に持っているわけですね。僕は「二重住民状態」じゃないかというふうに言います。いわきに行った人、福島に行った人、それぞれ新しく復興住宅や、自分の家を新しくつくった。だけど住民票は浪江町に残っている。この状態は、オリンピックが終わった後、いよいよこれはどうするのかという問題になります。

おそらく浪江に戻る人が二〇〇〇人とみます。今ようやく一〇〇〇人。つまり一〇分の一の、そういう浪江になるだろうということです。町でもない、村のような姿に実質上なるだろうということです。

子どもたちを、孫たちを連れて、ここに帰る意味が果たしてあるのかということですね。帰還困難区域って浪江町の面積の八〇%なんです。主に森林、山林が多いです。ここは除染しません。除染っていうのは、平らな所、家の脇、道路の脇、家の周辺二〇mとか、部分的な除染でしかないです。広大な山間部の帰還困難区域は、手付かずで残ります。除染できずに、今もこの山は毎時五から七、八μSv、場所によって毎時一〇μSvもあります、時間当たりで。これは手付かずで、そっくり残るわけです。

原発から一六km離れたところに大柿ダムという浪江の農業用のダムがあります。三〇〇億円かけて造った農業用ダムの底に、放射能がいっぱいたまっているわけです。山間部のこの流域の全部の放射性物質がダムの底にたまるわけです。国は、県は、ダムの上水《うわみず》は使えると言いだしたんです。ダムの底は問題だけど、除染もできなく問題なんだけど、上水は検出限界以下だから使っていいんだと。果たしてそれを真に受ける浪江の人たちや、農家さん、そう多くはないと思う。やっぱり心配だってみんな言ってます。台風なんかの大雨のとき、その濁り水の中に多少放射性物質が入るじゃないかと、みんな言ってます。

水道水源としても、やっぱり問題だと思います。請戸川が国道一一四号線沿いに走ってます。それから、もう一本、高瀬川という川が同じように大堀のほうに走ってますけど、どうしても、非常に線量の高い場所を通る川筋の脇の町のポンプ場があるわけですね。川のすぐ脇からポンプで水をくみ上げて、配るわけです。検出限界以下だと言うんですけど、いかがなものか。問題だと思うんですね。そんな水、使えますか、ということでね。

ほんとに、このダムの水を使った南相馬市小高区、浪江町、双葉町の米作り、確かにここで米は作れますけど、試験栽培やってますけど、じゃあこの水を引っ張って来てつくったら、果たして買いますか、ということなんだね。売れるような米づくり、果物、野菜づくり、もうこれ基本的に無理だというふうに農家さんは判断します。やっぱりこの汚染地図は浪江町のわれわれに対する、浪江がもう駄目なんだというレッテルに等しいわけです。

全部の学校が休校という名の廃校

浪江町には小学校が六つありました。六校、それから中学校は三つ、三校。高校が二つあった。全部、休校という名前の実質的廃校です。そこに子どもたちや学校の先生が戻るって話は、あり得ません。かつて浪江町には、小学生、中学生、合わせて一八〇〇人いました。今、新しいなみえ創成小学校・中学校っていうの、リニューアルで東中の所につくったんですけど、中学生が一人だそうです。寄ってみてください、創成小学校・中学校。新しくリニューアルされた。小学生が、十何人かな。そんな程度です。つまり、一〇〇分の一になってしまったのです。

もう実際には浪江の教育は終わったのに、まだ終わっていないというかすかな「町残し」のアリバイであるわけです。子どもたち、孫たちが戻らないところに町の未来なんてあるか、ということです。

「被ばく別荘地帯」——五〇〇〇棟の住宅が解体工事中

かつて浪江という、そういう場所がありましたというお年寄りたちの思い出の場所なんです。今、浪江町は五〇〇〇棟の住宅解体工事中です。更地になります。町の中心街でも農村部でも、まだ壊してない家が非常に残ってるんですけど、全部取り壊して、更地になる。浪江に新しく再び家を建る人は、あんまりいないんですね。みんな片付けて、今だと国が環境省の予算で全部解体工事やってくれます。

僕は、「被ばく別荘地帯」と言うんだ。別荘なんです。自分の新しいうちは、よそに造りました。その別荘に、たまに行ってみるんです。そういう場所なの。

「不在地主」の町と言います。もう家はないんです。片付けたんです。津波で家は壊れたし、片付けたし、地震で屋根瓦が壊れた家は、全部、雨漏りなんです。野生動物が入り込んでいる。イノシシだ、タヌキだ、ハクビシンだ、アライグマだ、ネズミだ。めちゃくちゃになっているわけです。住んでないから手入れもできない、カビだらけになってる。行ってみて、がっかりするわけです。外観は残ってるけど、中はやっぱり手入れもなかなか行き届かなければ、荒れ放題になるわけです。

さようなら、浪江町、思い出の場所。かつてそういう歴史がありましたという、思い出なんです。われわれは思い出で生きるわけじゃなくて、現実の暮らしがあるわけだから、避難先の新しい暮らしのために精いっぱいです。思い出は大事かもしれないけど、それは、かつてそういう学校がありました、浪江という文化がありました、そういう歴史がありましたという、単なる思い出でしかない。

われわれが死んでなお、その先です。子どもたち、孫たちが、やがてどうするかです。われわれは先がない。あと一〇年、あと二〇年で終わってしまう。そういう人たちばっかりが戻ったって、そこに、何の浪江の、再びなりわいとか、にぎわいが成り立つか。浪江町の商店街なんて基本的には終わってますよ、商工会商店街は。それから、働いてる大きな工場、日立化成、日本ブレーキ、エスエス製薬、これら大きな工場は、どれも戻ってきません。やりません。みんな、そこで働いてたんです。働く場所もない。

病院もないです。浪江町には歯医者さんが一軒と、それから役場の隣に、交替で来る日中だけのお医者さんのいる仮設診療所という場所があります。そこの先生が言ってたんですけど、お年寄りは、まだ避難先にいるべきだと。だって介護施設もやってないわけだし、病院も成り立たない。そういうところに万が一のことあったら責任問題になると。でも、どうしてもやっぱり帰りたいという気持ちがあるわけです。その気持ちで帰ってきても、ご近所、周りもいないわけですね。

ほんとにポツンといても、夜なんかは心配ですよ。それから野生動物のイノシシなんか、あちこち歩いてます。今、駆除を進めてますけど、周り、家の脇、みんな金網で覆っておかないと、入られたら大変なことになっちゃいます。金網に囲まれて暮らすというふうな、そんな状態です。町が、もう一回、再び自治体としての存続意味を問うたら、際どいことになるだろうと思うんです。一〇〇〇人、二〇〇〇人でどうするのと。

去年（二〇一八年）、浪江の馬場町長が、沖縄の翁長さんと同じような末期がんで同じ八月に亡くなりました。馬場さんも避難の中で非常にストレスかかったと思うんです。最後、痩せこけちゃって、がんで、それで亡くなって、急きょ町長選挙ってことになったんで、僕、町長選挙に出たんです。

「さようなら、浪江町」なんだ

「さようなら、浪江町」なんだということを、はっきり言いました。非常に、みんな分かってる現実なんだけど、はっきり選挙なんかで「さようなら」なんてことを言われることが、非常に刺さる話なんだ。非常に文句言われました。「そんなこと言うな」と。でも、そのさよならという今の現実は、みんなの胸の中で分かってる話なんです。でも、はっきり言われたくないと。

こう言われました。「お前は傷を負った浪江町に、そういう表現で塩をすり込んでいるんだ」と言われたんです。でも、やっぱり大事なのは、現実をどうちゃんと理解するか、見るか。みんなあちこちに散り散りに根付いてしまった。今さら、無理やり首に縄をつけて戻れとか、強制的に帰ってこいなんて、できやしないと思うんです。

やっぱりみんなのそれぞれの判断で避難したんですよ。家族を含めて、みんなの自由判断に任せるしかないだろうと思うんだ。帰りたい人は帰ればいいし、嫌な人は、よそで新しい暮らしを始める。新しい住民票をちゃんと、いわき市や郡山市や福島市にちゃんと移さなきゃ駄目だと思う。二重住民状態なんて、やっぱりおかしいですよ。住んでるのに住民票がないとか、選挙の投票もしなければ、納税もしない、なんてさ。

特にいわきなんかで、すごくもめてるそうです。いわきには、二万五〇〇〇人の避難民が双葉郡全域から来てます。住民票持ってないんです、皆さん。いわきでも津波で家を失った人がいっぱいいます。いわきの津波の人たちは見舞金しかもらってません。そこに原発事故のいろんな賠償をもらった避難民が二万五〇〇〇人来てるんです。

いわきで、トヨタのレクサス、日本で一番売れるそうです。避難の皆さんがレクサスなんか乗るんです。でも、やっぱり一軒当たり数千万の賠償の金額になるんで、気持ち変わるわけです。仕事なんかせんでもええとか、飲んだくれてるとか、朝からパチンコばっかり行ってるとか。病院が混むのは、あいつらのせいだとか、道路がめちゃくちゃ混むのはあいつらのせいだなんて、なんだかんだ、やっぱりそういういわきの人と避難民との間で、いろんなあつれきが続いているそうなんです。

これは、やっぱり金っていうのは人を変えます。みんな避難民の頭の中、賠償金は一体幾ら取るか。金、金、金の話しかないんです。いったい幾ら賠償金をむしり取るか。そればっかです。金をめぐって、やっぱり家族の中でも争い起きます。多い少ないとか。

例えば、この線引きをめぐって、二〇㎞圏外と圏内では全然違う。線一本、隔てて、二〇㎞圏外の人には全然賠償金が出ません。怒ってる。なんぼ東京電力にねじ込んでも、出やしない。何で出ねえんだと。それから、津波で家を失った人、これは自然災害です。出ません。同じ浪江町の中で、津波でなくした家の人たちは、出ない。なのに、家が残ってるのに、いっぱいもらってる人がいる。うまくもらえる人は出るんですよね。精神慰謝料、財物補償、就労損益、なんだかんだか、もらう人はもらいます。

売れない牛を今も飼う「希望の牧場」

吉澤：ほんとに、「希望の牧場」っていうのは、そういう話と全く正反対のところにあります。

だって、この売れない牛を、今も飼ってます。これ、誰の牛か、もう分からないんです。エム牧場という和牛の会社から預かった三三〇頭の牛で、僕は現場の従業員というか責任者だったんで、会社の仕事としてやってました。会社のほうには東京電力の賠償が全部終わってます。でも、一体、誰の牛か分からない牛を、うちの村田社長は見捨てないようにしようと言ってたんで、社長と一緒に二人で、事故の後、バリケードを乗り越えて、壊して、牛に餌届けて、牛は生きたんですね。経済的な畜産動物じゃありません。黒毛和牛で肉牛なんですけど、全くこれは被ばくしたということで、売り物にならないわけです。出荷も移動も繁殖も全部アウトなんです。

しかし当時の、これは牛飼い農家さんの大体の牛舎がこんな感じだった。二〇一一年の三月にかけて、みんな酪農家は、つないだまま逃げたわけです。全滅、餓死です。その酪農家の人たちは二度と自分の牛舎で牛飼いはしないです。できないです。ごめんなさい。牛連れて逃げるなんて、できなかったんです。ですから、牛は死んで腐って、食いつくされて、うじが湧いて、最終的にミイラになります。二〇一一年の夏から秋にかけて。近所の酪農家の牛舎は、ほとんど似たり寄ったり。大体一五〇〇頭ぐらいが全滅、餓死でした。[3] 非常に精

◉3　この時の様子をとらえた写真が以下に掲載されているので、ぜひ見て頂きたい。針谷勉『原発一揆　警戒区域で闘い続ける〝ベコ屋〟の記録』サイゾー、二〇一二年、五六頁。

雨の翌日の牛舎

牛舎内での作業風景

吉澤正巳さん

牧場内の肉牛
（黒毛和種）

東京電力福島第一原発から北西14キロ、浪江町立野。

牧場は、ゆるやかなすり鉢状になっており、底に小川が流れている。

希望の牧場・よしざわ

国は生き残った家畜は全部処分していった。

「〝希望の牧場〟はそういう話と全く正反対のところにある。」

「出荷も移動も繁殖もできない、全部アウトなんです。」

現在この肉用牛を250頭飼っている。


（撮影・森山晴香 2022年7月23日）

野菜残渣はカット工場から供給されている。
肉用牛としての出荷年齢を過ぎている牛たちは、角も肥大して、野生化している。

神的なダメージというか、トラウマは今も残ってます。

二〇一一年の五月一二日に、国は生き残った家畜は全部処分と。農水省と福島県の家畜保健所が、生き残った家畜、全部処分していきました。薬を使った薬殺です。かたっぱしから、牛、豚をつかまえては殺すという作業をしてました。餓死した牛が一五〇〇頭、殺処分になった牛が一八〇〇頭あります。警戒区域の内側は、いたる所、餓死か殺処分しかなかった。

国は犬、猫、ペットのレスキューはいいと認めたんです。しかし家畜は駄目だ、家畜は殺せということで命の選別をして殺したんです。もちろん牛については持ち主の耳標番号が付いてるんで、農家さんの同意を得てという条件付きなんですけど、強制的な処分です。いたる所に牛を埋める穴が掘られて、殺処分された牛がどんどん埋められて腐っていくわけですけど、変な病気が出ないように白い石灰を振りまきました。

浪江町の避難に際して、連絡は何もなかった

警戒区域は、地獄のような場所です。原発の爆発事故、放射能汚染、牛たちの処分。

津波の請戸漁港に、われわれは助けに行けませんでした。津波のせいで、浪江の請戸漁港で二〇〇人死んでます。三月一一日の地震、津波の翌一二日は、消防団と役場が助けに行こうとしたんです。でも明けて一二日早朝は、逃げろの話ですよ。みんな逃げた。原発から一〇㎞避難ということで、浪江町役場はちょうど一〇㎞範囲内に入るんで、全町避難、慌ただしく避難ということで、浪江町の山間部の津島、ここにみんなで逃げました。町の半分の一万人が、四日間、ここにとどまりました。一二、一三、一四、一五日。一号機の爆発が一二日の午後、三時ごろにあり、その後、三号機が一四日に爆発します。一一時に。翌一五日に、二号機、四号機が吹っ飛んでます。

浪江町の避難に際して、連絡は何もなかったです。国、東京電力、それからオフサイトセンター、福島県、どこからの連絡も浪江町に来なかった。[4] 浪江町はテレビを見ながら逃げろということで、町独自の判断で津島地区に逃げて大勢の人が被ばくしてしまった。当時の風向きで、津島地区の方向へ放射能が流れた。そして、夜になって雨が降った。それがさらに冷えて雪になったんです。その雨、雪にこの放射能がひっついて、今の汚染が残ってるわけです。三月一五日、慌ただしく、とんでもない放射能が津島地区に来てるっていうのが、ようやく連絡が入って、みんな峠を越えて二本松の東和という所に逃げたんです。それから今度しばらくして、二本松の男女共生センターという所に移りました。その後、ようやく二本松の工業団地に町独自の仮役場をつくって、また今ここの浪江町に戻れることになったんです。都合、浪江町役場は四回場所変えてます。

浪江町の人は七回から八回ぐらい、中には一〇回ぐらい場所変えてる人がいるそうです。親戚に行ったり、旅館に行ったり、避難所に行ったり、体育館に行ったり、転々として、そのさなか、あれから震災関連死が

◉4 福島第一原発事故発生直後、政府並びに福島県から浪江町を含む自治体への避難指示の伝達について、国会事故調報告書は、官邸が福島県内の「市町村に対する確実な情報伝達の手段を確保しないまま、漫然とメディアに頼った情報伝達を行った」ために、「住民避難における混乱」を引き起こしたと指摘している。『国会事故調　報告書』徳間書店、二〇一二年、三〇三頁参照。また、政府事故調中間報告は次のように記している。「避難対象自治体のほとんどすべてにおいて、原災本部事務局、福島県または現地対策本部から避難指示の伝達を受けたとの確認は取れていない。この理由の一つとして、オフサイトセンターから市町村への連絡は、避難指示発出から相当の時間をおいてようやくつながり、既にテレビ等の報道で避難指示が発出されたことを知って避難が開始されていた場合には、改めて避難指示の連絡はせずに避難状況の確認をするにとどまったため、市町村側においては、避難指示の伝達を受けたとの認識がないことによるものと考えられる。」東京電力福島原子力発電所における事故調査・検証委員会『政府事故調中間報告書』メディアランド株式会社、二〇一二年、二六七頁注25。

四百数十人いってると思うんですけど、弱い人からどんどん死んじゃいました。それから、やっぱり自殺者がいろいろ続いてます。

人間としての幸せ、「希望」を奪われた

やっぱり、もう自分のうちにも、避難しながら帰れないんじゃないかというようなことを考えれば、町のアンケートに書く答えは、生きてる意味がないというような、そういう返事になっちゃうんです。生きている意味がない。中には、死んでしまいたいなんてアンケートに書く人がいて、何人も自殺が起きてます。

浪江の津島のほうでは、一時帰宅で帰った避難の男の人の中に切腹した人がいる。これはＮＨＫのＥＴＶ特集の夜遅い番組で見て、俺はすごい衝撃を受けたんですけど。よくそういうことをする人がいるなと。出刃包丁だか刺身包丁で自分の腹切って、死んだんだそうです。あの三島由紀夫だって、自衛隊の市ヶ谷に突っ込んで、ほら、腹切った時、三島由紀夫は、すぐ首を日本刀で仲間に落としてもらったでしょ。自分の腹を包丁で切って死ぬことができるかと。そんなことができるなんて、そういう覚悟の人が浪江町にいたということで、これはすごいと僕は衝撃受けました。

とてもそんなことできないけど、浪江町の人たちの、何かその、もう絶望の向こう側の話なんだ。絶望の向こう側に行ってしまって、結局そういうことをしてしまう。首つる人とか、あとガソリンかぶる人とか、ダムに身を投げる人とか、練炭自殺とか、いろんな自殺者が。これは福島県内で、特異なんです。宮城、岩手と比べても、原発避難の関連の自殺者というのはダントツに福島県多いです。津波、地震ばかりじゃなくて、プラス、この放射能の避難ということで、精神的にまいっちゃった。心折れかかった状態の人は、相当います。

何べんも、それは避難のみんなが経験したことだと思うんです。自分の存在意味がないとか、家に帰れない

というのが、まず最大の苦しみだと思うんです。たぶん家に帰れないんだとなれば、仮設でくたばっちゃうとか。復興住宅に入れても、やることなんかないんですよ。畑もない、庭もない、子、孫もいない。日中ひなたぼっこして、散歩して、飯食って、一日終わるわけです。

俺、町長選挙の時に、いろいろ復興住宅の所に、浪江の有権者を訪ねて、話いろいろしたんです。五階建て、四階建てのエレベーターついてるかもしれないけども、復興住宅が、公営住宅が牢屋、監獄だって言うんです。そこでやることがないんだそうです。隣が誰だかも分からないんだそうです。いろんなとこから、みんな来てるんで、仮設住宅よりつながり、絆はさらに薄れちゃってるわけです。いろんな所の避難の人が入り込んで、隣が誰だか分からない。やることは、まずないんですよ。庭仕事もなければ、畑仕事もない。子、孫との団らんもない。こんな所、いたくないんだけども、津波で家はないんだ。家は解体して、ないんだ。だから、ここで死ぬしかないんだ。金もないから、あとここで死ぬのを待つしかねえんだ、なんて、そういう人もいたっけかな。

幸せな最後かというと、どうもそうでもない。人間としての幸せ、「希望」を奪われた、つまり「希望」を奪われた人間の存在っていうのは、非常にこれはやっぱりむなしくなっちゃうと思う。そんな四階か五階建てのアパートみたいな住宅に、農家の一軒家で暮らした人がみんな入るわけです。だいたい新しく、よそで土地を見つけて家を造れば、賠償金は、ほぼなくなると思うんです。やっぱりよそ者は、避難民が来て、うまく受け入れられるかっていうと、そうでないケースもあると思うんです。やっぱり金をもらっているなんていうやっかみがあったり、住民票も移してないわけだからよそ者だという中での避難先でのあつれきというのは、いろいろあると思います。

原発立地を阻止しながら、汚染されてしまった浪江町

吉澤：僕はここで牛を延々と飼うわけですけど、やっぱり原発の時代を終わりにさせるために、この牛ととも

に最後まで国の殺処分に抵抗しながら戦うという、そういう気持ちでやってます。

元々、俺は原発反対派であったし、浪江町はここに計画された東北電力小高・浪江原発計画を止めた町です。福島第一原発、大熊、双葉の中間、それから第二原発は富岡、楢葉の中間にあります。小高・浪江原発は第三原発と言われてました。われわれの浪江町にも原発ができるはずだった。四〇年以上の反対運動の末、とうとう反対運動は崩れたんですけど、反対地権者二人が最後残っちゃった。東北電力は用地買収を九八％済ませたんですけど、どうしても最後の二％が買えなかった。3・11の後、正式にこの計画はとんでもないということになって、浪江町議会はいったん決議誘致計画を白紙撤回にしたんだね。南相馬も白紙だというふうになってパーになりました。ここは今、水素燃料工場の基地になりました。[5]

われわれの町は、原発を、小高・浪江原発を止めながら、最も放射能に汚染された地帯となってしまった。結果は、これはずっと、この運の悪さは背負わなくちゃならないということです。何で俺たちだけこんなひどい目に遭うんだ。俺たちの実に運の悪さだよ、これは。われわれのこの運の悪さは、ずっと浪江町が引きずるしかない。どうしようもない。でも俺たちは、少なくとも小高・浪江原発を止める闘いはしたし、安全なんて信じなかった。反対運動はしていたけど、だけどわれわれも、やっぱり反対派として責任はあるんだよ。やっぱり力がなかったという、力不足の責任は感じる。

そうは言っても浪江町は二五〇〇人から三〇〇〇人の原発作業員のいた町です。原発は止めながら、でもやっぱり原発の町なの。でも立地の町じゃない。双葉、大熊、富岡、楢葉と違う。火力発電所のある広野とも違うんです。発電所のない唯一の浪江町なの。福島県の浜通りはほとんど原発か火力発電所です。この電気のほとんどが、東京首都圏、関東にいきます。

福島県は首都圏の「電力供給植民地」である！

関東全域には四五〇〇万人の人がいます。関東全域の三分の一の電力は、福島県が今も支えています。これを六〇年近くやっています。会津の水力、浜通りの原発の電気、火力発電所の電気、これが東京、関東首都圏を支えます。埼玉県には発電所がないです、栃木県もないです。よそから頼ります。それから東京、ほとんどない。これを福島が支える。

事故の後、僕が思ったのは、この放射能汚染の地図を見ながら、「電力供給植民地」という言葉です。福島県は電力供給の植民地で、あまりにも力がないです。事故の後、人口はとうに二〇〇万人は切ってます。どんどん減る一方です。この四五〇〇万の首都圏について、東京に対して、あまりにも力が弱き場所です。福島県民は、みんなおとなしいです。文句言いません。愚痴は言っても、公然と面と向かって、はっきり言えないです。

僕は渋谷のハチ公前で一五〇回、街宣車で延々としゃべってきた。渋谷の夕方の電気は一体どこから来てるんだ。今日も福島から来てるんだぞと。福島の避難民をいじめるな、差別するなと。オリンピック、ふざけるなって言ってるんです。東京で行なわれるオリンピック、俺たち関係ない。勝手にやればいい。

しかし大事なことは、あの3・11は終わってないんだよ。ああいうことは今度みんなの番だ。この首都圏直下の大地震がじきに迫っているじゃないか、東海大津波なんて、もうじきじゃないかと、情報として盛んに言われてるじゃないかという類いの話を、延々と渋谷でやってたの。俺、一生懸命しゃべったんだ。一五〇回もね。通りかかる大勢の人は嫌な顔して、ぷーって通ります。

◉5 小高・浪江原発（東北電力）反対運動と、水素燃料工場ができる顛末について、三浦英之『白い土地』集英社、二〇二〇年、二一七－二二三頁参照。

だけど、みんなは考えようとしない。3・11なんて嫌なことだから、忘れたいことだから、考えない。見ない、聞かない、言わない、考えない。自分たちは絶対安全圏だと思ってる。福島の電気に頼りながら、東京首都圏は絶対安全圏だと思って日々暮らしてる。そして電気料金は払ってるんだから、これからも電気は無限に使えると思ってる。それが福島の犠牲や、福島への差別になっているとは、全然気付いてない。おかしいじゃねえかと。その疑問さえ起きない。だけどやっぱり福島が電気を止めれば、たちまち首都圏なんてパニックで行き詰る。

今、東京一極集中は、ますます止まりません。国ももう諦めた。一極集中止めようなんて言ったけど、もう諦めてます。オリンピックを契機に、この沿岸部では、マンション建設ラッシュ。さらにここに人が群がるんです。もっと電気使うんです。エレベーター、エアコン、電車、照明、なんだかんだ、全部、電気仕掛けで動いている。それをまた延々と福島が支える。福島県はこれからも火力発電所の増設計画がいっぱいあります。原発は動かないけど、こうやって電気をはるばる送って支えるわけです。

僕は事故の後、思ったのは、やっぱり首都圏は電力自給してほしい。電力自給すべきだと。電気はそんなに福島から頼ってどうするのと。だって、一六万人の福島原発事故避難民は散々なことを言われたわけです。放射能ばい菌だ、福島から嫁をもらうな、福島の農産物は要らない、福島来ないでくれ。散々言われてる。弱い者いじめです。でも電気は今日だって福島にみんな頼ってるわけ。その意識が全然ないわけです。僕は東京湾で発電所をやれと思うんです。東京湾でいっぱい火力発電所をつくるんです。原発もつくったっていいんじゃないか。できるわけないでしょうよ。東京湾の海水温が上がるんですよ。熱帯魚が東京湾で泳ぐようになるんです。温排水で、ゆだっちゃうんです。冬でも湯気が立つようになる。熱帯魚が泳いで、みんな自分の部屋がクソ暑いからって、ガンガン、エアコン回して、外気温が四〇度になる。ばかじゃねえか、ということです。

あまりにも人が多過ぎるんですよ、今オリンピックのお台場の海がトイレくせえだとか、大腸菌がうようよいるだとか、問題は処理能力を超えてるんだよ、限界を。だから大雨降ったときに流すしかないんだ。下水を流して、東京湾の中にぶん投げてるわけでしょ。浄化施設もできないのに、どんどん人は集まってマンションに住むから流すしかなくなってる。いよいよ大都会東京の首都圏の矛盾というのは、いろんな形で現れると思う。そこに首都圏直下の大地震が来るんだよと。関東大震災から約一〇〇年で、今度は東京直下の震度7の大地震で、この東京が、阪神淡路大震災の神戸のような姿になるんだぞ、という話を延々としました。

嫌な話だ。通りかかる人は、嫌な顔して通る。スクランブル信号で、俺は街宣車の上で、こうやって、わんわん渋谷でしゃべってるんだけど、ほんとに最も嫌な聞きたくない話は、俺の話だろう。この東京直下の大地震でどういうことが起きるか、考えてみろと。阪神淡路大震災のあの姿、関東大震災から約一〇〇年だ。そろそろ皆さんの番だ。絶対安全圏なんてあり得ない話なんだ。九州の阿蘇山が噴煙を上げている。阿蘇山が動くということは、富士山だって、やがての話なんだ、ということを言うんです。富士山が動きだせば、山梨だ、静岡だ、神奈川はおしまいです。間違いなく東京だって巻き添えを食らうんだ。やっぱりあの時、女川原発、あと一m津波高かったら、危なかった。福島第一は吹っ飛んでしまった。第二原発は危なかった。東海村も危なかった。いっそのこと、東海村の原発も、あの時、吹っ飛んでしまえばよかった。東京が半分ぐらい放射能汚染地帯になれば、もう二度と原発なんていう話にはならなかった。

3・11の教訓は生きてないんだよ、全然。忘れ去る過去の嫌な話として、もう一〇年すれば、ちゃらになる。そしてみんなは、見ない、聞かない、言わない、考えない。安倍のアンダーコントロール国民よろしく、「中国、この野郎」、「北朝鮮、この野郎」なんて言いながら、いよいよ首都圏直下の大地震と東海大津波を迎えるわけだ。

東海大津波は、僕は一〇mは想定すべきだと考えます。一〇mの津波って、何の備えもないんだよ。例えば、鎌倉で言えば、昔、大仏さんの所まで津波来てるそうです。つまり鎌倉のまちは全滅するんだよ。一〇mの津波に対して何の備えもないんだから、逃げられない。四国の室戸市なんて、津波が三分で来るとNHKで言ってた。三重県とか、あそこら辺も同様だ。つまり津波タワーに逃げる暇もなく、みんなでお陀仏になる。果してそれでいいのか。そのときはそのときで、みんなお陀仏覚悟で暮らしている。だって備えようがないんだし、備える気もないし、もちろん考えもしないし。だけど、果たして、3・11のこの一五m、二〇mの津波はここだけの話ではないと思う。震度七の地震はここでしかないのか。そうじゃなくて、日本全国火山活動の活動期にあって、そこらじゅうで起きている。

そのことを、やっぱり九州の地震から、まだ終わってないわけだし、大阪で大きな地震があって、めちゃくちゃ家は壊れたわけだし、北海道で震度七の発電所がみんな止まる地震が起きた。震度七クラスの地震は珍しくない。俺たちの経験では、はちゃめちゃな地震なんだ。めちゃくちゃな地震活動だ。今も地震は終わってない。今も続いてる。

国と東京電力にはやっぱり事故の責任がある

吉澤：三月一四日一一時に三号機の爆発音を牧場で聞きました。これはプルサーマル運転やってる最中に吹っ飛んでしまった。プルサーマル反対なんて闘ったけど、結局吹っ飛んでしまった。

森住卓さんというフリーの写真家が、事故の翌年二〇一二年五月、原発の上をヘリで飛んで撮ったすごい写真があります。海側から撮った写真というのは珍しいんだ。[◉6] 四号機は運転が止まって、使用済み燃料が、この角の燃料プールで冷却中でした。ところが建屋の海側の壁は崩れ落ちている。この燃料プールの水が抜けたら、もう日本はおしまい。だから菅直人総理大臣（当時）は命令したんだよ。ハイパーレスキュー、自衛隊に、死んでもこの冷却をしろと。三号機と四号機の冷却をヘリコプターと地上の放水車で延々とやってたんだ。三月一七日、僕はうちの二階から見えたんだ。あそこから原発がまる見えなんです。建屋は見えないですけど、排気筒が全部見えるんだ、うちから。双眼鏡で見てたら、排気筒の間から、白い噴煙が上がる瞬間を、ちょうど見た。

俺は思ったんだ。自衛隊はたぶん、ここで死んじゃうだろうと。東電は、そのさなか、第一原発からほとんど撤退っていうことで、逃げたんです。俺は思ったんだよ、この野郎ですよ。

この牛たちは全部、取引先からキャンセル食らって、持ってくるなということになったし、パーになったわけです。一週間、牧場でぐずぐず残ったんですけど、ここに、僕は三月一七日に出掛けることを決意したんです。東電の内幸町本社に福島県で最初に抗議に行ったのが、俺だった。そこで二つ言ったんだ。三三〇頭の牛が全滅する。たぶん俺は帰れない。弁償しろ、裁判やるぞと。それからもう一点が、何で自分たちのつくった原発をお前たちは止められず逃げるんだ、撤退するんだ、ふざけるんじゃねえと。自衛隊と共に死んでも、この原発をお前たちが止めるんだよと。東電の対応した総務の主任、最後、泣いてました。

ほんとにもう、あのとき、たぶん重要免震棟だと僕は思うんですけど、決死隊が吉田所長以下、五〇人は決死隊残って立てこもって、なんだかんだやってましたけれど、もうほんとに死ぬかと何べんも思ったそうです。

◉6　「森住卓のフォトブログ　二〇一二年四月五日」で海側からとらえた当時の原発の全体を観ることができる。（二〇二〇年四月四日閲覧）http://morizumiphoto.sblo.jp/pages/user/search/?keyword=%95%9F%93%87%91%E6%88%EA%8C%B4%94%AD&tid=seesaa_hotspot&hid=167&c=12&search=1&ic=shift-jis また、全日本民医連ホームページ「元気スペシャル　原発空撮　これでも再稼働？　写真家　森住　卓」で海側から見た四号機の写真を確認できる。（二〇二〇年四月四日閲覧）https://www.min-iren.gr.jp/?p=7255

結局、三号機、二号機、四号機と、一号機が吹っ飛んで、四つの建屋がめちゃくちゃになって、こんな結果になったということで、チェルノブイリ事故より、ひどい話です。

だけど福島第一原発事故の放射能のほとんどは、実は海にいってるわけです。われわれの所にも来てるけど、ほとんどの放射能は、風に乗って海側にいってるわけです。ですから、トモダチ作戦で来たアメリカの海兵隊の連中が、非常に被ばくをしたということで今文句を言ってます。

東京電力は計画では福島原発をもう一〇m高い位置に造るはずだったということを、僕たちは初めて事故の後知ったんだ。「ふざけんな、この野郎」です。もう一〇m計画通り高くつくっていれば、こんなひどい目に遭わなかった。なぜ計画を変えたのか。

原子炉建屋の取水口から大量の冷却水を原子炉に送り込むタービン建屋があります。その中にあるポンプ、巨大なポンプのモーターの電気代が食い過ぎる。利益、儲けを生み出す原子力発電所が、電気代ばか食いしてるのは、ばかげてる。そういう理由で、さらに深くすれば、この海水を吸い上げ、くみ上げ、押し上げるモーターの馬力に電気代が食わなくなるということで、深く掘っちゃった。絶対安全、多重防護ではないんです。経済コストを追求して、やはり津波を甘く見て、あえて深くつくったから、こういう結果になったということです。

この一号機から四号機までは、日本の一番初期の原発です。当時つくったとき、明確な耐震基準というのが、なかったそうです。ですから、後付けでいろんな補強は入れましたけれど、震度七の地震でめちゃくちゃ、中が壊れてました。それはいろんな作業員とかが証言してます。配管が外れたとか、緊急炉心冷却装置が動かなかったとか、壊れていたんだ。そのことを正直に東電は認めないです。認めると、地震で壊れた原発ということで、全国の原発の再稼働が難しくなるから、認めない。都合の悪いことは認めません。隠してます。でも壊れていたんだ。

外部電源の送電線一基が敷地の中で倒れました。なぜ倒れたか。土盛り造成工事をした所に外部電源の送電線を組んじゃったところなんだ。震度七の地震で揺さぶられて、ぶっ倒れちまった。外部電源アウト。で、津波が来ました。タービン建屋のシャッター、破れてます。大体、建物の半分ぐらいのところまで津波が来ました。こういうところから海水がみんなぶち破って、地下のディーゼル発電機、全部お陀仏です。ですから、わずか一日で、地震、津波の翌日に一号機の爆発ということになるわけですね。

東京電力はいつも金の話ばかり

ほんとに、事故の後、初めてわれわれが知る真実は、驚きの連続です。東京電力の旧経営陣は二〇一九年九月一九日に強制起訴された裁判の判決を受けます。[◉7]

その裁判のさなかで、津波が来るということは分かってたということが分かりました。日本共産党の吉井英勝さんという国会議員が、第一次安倍内閣の時、安倍さんに「福島第一原発の津波対策は本当に大丈夫なのか」と質問してます。安倍さんの返事は、「全く問題ない、心配ない、全電源喪失はあり得ない。[◉8]」この事故の責任は、安倍さんです。あの時、総理大臣として思考能力があるならば、何らかの対策、対応をしたほうがいいんじゃないかという返事でもすれば、話は変わったんだ。

東電の旧経営陣はやっぱり心配になって、本当にどうなんだと調べてみたら、一五mを超える津波があるということは、もう分かっていた。旧経営陣は、じゃあここに堤防を造りましょう、なんていうことを決めた時

◉7　本書七五頁註30を参照。

◉8　二〇〇六年一二月二二日に出された安倍総理大臣の答弁書（共産党吉井英勝議員の質問主意書に対するもの）を指す。

期があるんだそうです。一〇m下げたんだから、一〇mの堤防をぐるりはわせて津波対策ということを決めた時期があったけれど、結局それは五〇〇億円かかるということで、結局それはやらないでボツにした。

いつも金の話なんだ。地震対策、津波対策、全部金の話。コストのかかることはしない、やらない。で、最悪の人災として、この3・11事故が起きるわけです。地震で壊れる原発、津波で爆発する原発。東電は津波の後、コンクリートの土嚢を築きました。こんなコンクリートの土嚢を築いて、間に合わなかった。日本の全国の原発は似たり寄ったりということで、いろんな手直しが行われてますけど、基本的に地震で壊れ、津波来ればどうなるかというのは、お手上げだねってことだと思うんです。

廃炉なんか、できやしないんだ。ロボットなんか突っ込んだって、一体いつまでの話なんだい。とてもじゃない、人間が行けば死ぬ作業なんて、できやしないわけだ。ロボットが取り出したデブリをしまう場所も決まってない。何も決まってないんです。排気筒の解体工事だって、なかなかうまくいかない。一五〇mもクレーン立てて、その先にカッターをぶら下げて、アクロバット的作業ですよ。しくじったら、その排気筒の中に放射能いっぱいたまってます。これがまた再び、ばーっとなったら、それこそ手に負えなくなると思うんです。うまくいくかどうかも分からない。やってるんだけど、やってるというポーズです。一生懸命やってるんだというポーズ。果てしない時間、金、かかります。むなしくなる。

今、汚染水処理も行き詰っています。オリンピックの後、何がなんでも、この汚染水を海に流そうとします。オリンピックまでは、おとなしくしてます。オリンピックの後は、もうやっちまえ、ですよ。しかし汚染水というのは、トリチウムばかりじゃなくて、他の放射性物質もいろいろあるそうです。取り切れないんですね。膨大な量をフィルターで濾すわけにもいかなくて、いろんな放射性物質もタンクの中、残ってます。こうしたタンクも時間とともに劣化していきます。水圧かかってますから、パッキンが抜けちゃって、行ってみたらタンクから半分ぐらい汚染水がなくなってたとか、そういうことがこれから続きます。

敷地がもうありません。新しく中間貯蔵施設をまた造成工事してタンクつくるかという話もありますけど、やっぱりやってること自体が、めちゃくちゃコストがかかって、ばからしい話なんです。

一番いいのは、海に流すことです。じゃあ海に流せばどうなるか。基準一〇〇Bq超える魚がしょっちゅう見つかるということです。それは福島県漁業の安全安心と汚染水が真っ向矛盾するという、行き詰まり状態なんです。汚染水流せない。流したい。延々と押し問答するでしょう。

原発事故の墓場は永久に残る

最終的に流すんだろうけど、流せば、じゃあ一番ひどい影響食らうのは、どこか。請戸です。浪江町の請戸漁港。今、港だけで二〇〇億円使ったそうです。堤防の工事、港の再建工事、競り市場の建設工事、そして魚の加工団地の工事やってます。しかし第一原発から請戸漁港は距離が六㎞しか離れてません。一番この請戸の魚、誰買ってくれますかということです。今、相馬の沖のほうで漁してますけど、一〇キロ圏内では、まだできない。漁師だって、ものすごく数が減ったわけです。かつて浪江町の請戸漁港には一五〇隻の船がありました。今は請戸漁港に三〇隻の船です。漁師もほんと数減っちゃって、やっぱり、でも漁はしたいってことで、大型の船、用意したんです。

全く矛盾する話です。福島県漁業の安全安心と汚染水放出は成り立たない。この原発事故の墓場は、福島の歴史の中に永久に残るんです。風評払拭《ふっしょく》なんかできない。これは最終的にどうするか。石棺です、これは。それしかないです。コンクリートで固めてしまえって話です。やるだけやって駄目だったら、あとコンクリートで固める。地面の下なんか、どうでもいい。汚染水、だだ漏れ状態。海にいっちゃえばいいって話なの。

原子力発電所を一〇m掘り下げてつくったでしょ。だから地下水脈に合っちゃってる。このタービン建屋の下が、地下水脈にドンピシャぶち当たって、タービン建屋、この原子炉建屋が地下水脈ともろに合っちゃってる。もう一〇m高い所につくってれば、その水の地下水脈の影響っていうのは、そんなになかったと思うんです。あえて掘り下げたから、こんな結果になってしまった。地下の凍土遮水壁なんて、うまく利いてるんだかどうだか分からないんです。地震と爆発で、あちこちひびが入ってるから、ひび割れのところから水圧かかって真下から吹き上げてくるんだと思うんです。汚染水はたまり続ける。それをくみ出してタンクにためる、ばからしいことを延々とやりながら、最終的には海に流しちまえ、ということなんだろうと。

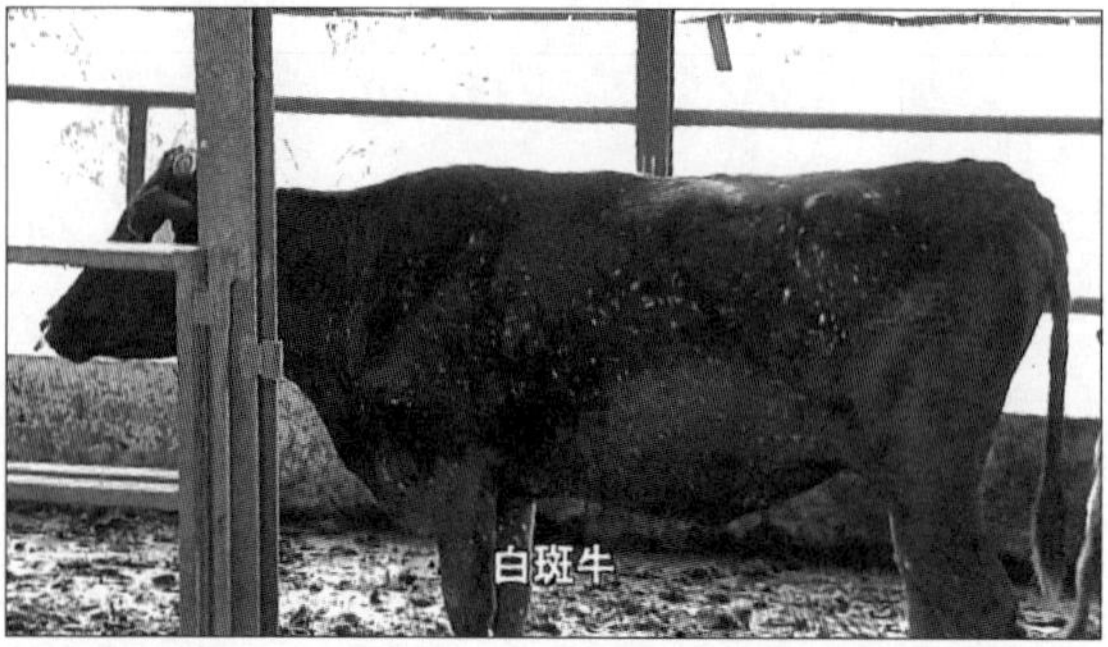

牧場の黒毛和牛に、被曝により突然変異が起き、点々と白毛になっている。2014年6月。（ドキュメンタリー映画「福島　生きものの記録　シリーズ2～異変～」2014年作品、岩崎雅典監督／脚本、群像舎より）

放射線の牛たちへの影響と農水省の姿勢

吉澤：牧場の牛に、被ばくによる突然変異が起きたんです。黒毛和牛ですから、毛の色は黒です。それから地肌は黒です。メラニン色素の突然変異です。本来この地肌は黒、毛の色、黒なのに白くなってる。二〇頭ほど、こういう白斑模様になった牛がいます。まだ他の頑張ってる仲間農家、七軒ぐらいのところでも、こういうことが一斉に起きました。それから小高のほうでも、こういう模様の牛が現れました。

　これは林農水大臣に申し入れに行きました。国がやっている牛たちの処分は、証拠の隠滅じゃないのか。なぜこういうことが牛たちに起きたのか。草食動物なので、汚染された草を一生懸命生きるために食うんですね。食べてる草に放射性物質がいっぱい、事故直後、いっぱい付いたのを食ってるわけです。で、こういうことが起きた。

農水省は来ました、調べに。しかし調査の結果の返事は、理由、原因が分からないということで終わったんです。分かりませんと。被ばくの影響が起きてる、因果関係あるやなしの土俵に、議論の土俵に乗ることを非常に農水省は嫌がります。

農水省は、こう言いました。こういうことを調べるのは文部科学省の仕事じゃないのかと。千葉大学の隣にある放射線医学研究所、ここに専門家がいっぱいいると。農水省にそんなこと言われても困る。放医研だというふうに言いました。しかし放医研というのは、主に人の問題の場所なんです。臨界事故の焼け焦げになった人を治療した。それから、もちろん専門家はいっぱいいますけど、放医研というのは文部科学省の管轄です。文科省はこう言ったんです。牛は農水省だ。殺処分してるのも農水省だし、牛は農水省でしょうと。つまり霞が関の役人連中は、やりたくないことに対するたらい回しが非常にうまいんです。要するに逃げるわけです。ふたをするわけです。こういうことが新聞、テレビで大きく広がることを国は嫌がります。

ですから、この牛を農水省の玄関口に、持っていっちゃいけないんだけど、四トン車に無理やり乗せて持っていきました。実力行使です。二〇一四年六月二〇日だったかな。実物はこの牛なんだと。いつまでも、農水省が原因が分からんとか、グダグダ言ってるから、実物はこの牛なんだと、農水省の玄関口に持っていって降ろそうとした。機動隊ともみ合いになっちゃって、降ろすのはできなかったんだけど、いろいろすごい問題に

◉9　Our Planet-TV「『被ばく牛の異変調査を』浪江町の牛飼いが霞ヶ関で抗議（二〇一四年六月二一日配信）」（二〇二〇年四月四日閲覧）https://www.youtube.com/watch?v=K1L3-Byeazg

なったんですよ。報道関係の人に写真撮られて、こういう牛が来たと。国は逃げてるんだと。実物はこれなんだと。[9]分かりません、なんて言うんじゃなくて、ちゃんと向き合えということです。

群像舎という映像の会社『福島　生きものの記録』という映像記録、第五作までつくってます。その中で、農水省が斑点牛問題で調査に来て、その結果こういう報告だったというのが、詳しく載ってます。だから、群像舎の『福島　生きものの記録』という映像作品を、ぜひたどってほしいと思います。あれにはサルの問題とか、イノシシの問題とか、いろんな被ばくの影響が、自然界や生態系にどういう影響を及ぼしたかを丹念に記録してあります。ため池の魚がこんなおかしくなってるとか、そんなこともいろいろ、警戒区域の被ばくの影響として、ぜひ見てほしい。

子どもたちの甲状腺がんの問題についても、国は因果関係を絶対認めません。国が認めないような発表、意見、報道はアウトです。これは本当に、特に福島県内は縛られてます。福島県立医科大学、ものすごいがんじがらめになってます。国が認めない発表はするな、余計なことは言うなということで、がんじがらめに県立医大はなってます。県立医大の研修医が見学に来ました、聞いたんです。やたらなこと言えませんと。がんじがらめだそうです。やたらなこと言ったら袋だたきです。

それから、福島県内の開業医の先生なんかも牧場に来てやっぱり言うには、「いやあ、子どもたちの甲状腺がんの問題は、おかしいと思うけど、医者は言えないんだ」と。公的な立場の、例えば学校の先生、役場関係職員、医者、言えないんですよ、これは。おかしいと分かってるんだけど、言えば、袋だたきです。

「希望」とは何か？　語り部活動で問い続ける

吉澤：ここで最後まで飼いながら、福島原発事故のシンボリックメモリアル牧場として、もちろん金にはならないんだけど、みんなの支援募金で、寿命が来るまで、ここで意地でも飼います。ここで牛を飼うことは、非常に反政府的な意味があります。反政府活動です。

国は原発を推進してる。俺たちは、やめるべきだ。国は牛を殺して片付けろと言ってる。俺は生かして最後まで頑張る。ですから、ここは毎日、見学とか取材の人が来る。そういう場所になったんです。福島事故3・11の風化がどんどん進んでますけど、ここに来て、やっぱりみんなで元気のいい牛を生かすということを、人間が命がどう扱うかという、その問い掛けの場所なんです。

人間は基本的にひどい命の扱いはしません。でも、あの時、いっぱいひどいことが起きた。そして今も毎日ニュースのように、麻痺状態のひどい命の扱いっていうのはニュースになってます。それに対して、ちゃんと**命を人間が、たとえペットであっても、家畜であっても、もちろん人の命でも、ちゃんとあつかい、ひどいことはしないんだという、そういう強いメッセージをやっぱり出す必要がある**だろうと思うんです。

ですから、僕は今、いろいろ学校関係に行きます。小学校、中学校、高校、大学、授業の一環で話をしてくれということで、どんどん行きます。今、そのカウ・ゴジラ、「希望の牧場」の街宣車、今日もこれから出掛けるんですけど、経産省前、金曜日行動、官邸前行動に合流して、ちょっと今日は映像の取材があるっていうんで、カメラが来るっていうんで、ちょっと頑張ってやろうかなというふうに、これから出掛けるところ。僕は今、高速、タダで行けるんで、しょっちゅう毎月のように出掛けるようにしてるんです。語り部活動をやっぱり続けると。

「希望」は自分の行動でつくらなきゃ駄目なんだ

ここに、「希望の牧場」という、旗があります。僕らは非常に「希望」ということにこだわってます。しかし絶望的なんですよ、この浪江っていうのは、どう考えたって。ひどい汚染がある。だけど「希望」なんです。

避難民は「絆」と「希望」を頼りに生きてきました。「絆」はもう終わりました。みんな散り散りになった。大事なのは、「希望」をどう持つか。

「希望」というのは、小池百合子が言ってたような、あんな上の人が与える、用意する話じゃなくて、自分で考えて、見いだす。つまり自分で自ら行動しないと、「希望」にはいかないんだよと。だから、**より重く、強い、避難民にとって一番大事なことは、この「希望」を持つこと。「希望」は自分でつくるんだと。行動によって自分からつくりださなきゃ駄目なんだと。**人間として一番大事な、これを頼りに、やっぱりこれをつくりだす、そういう行動によって、つまり国民がもっともっと力を持つということ。**「実力」**がなければ話にならない。

力ある国民や個人がもっと増えてこそ、やはり戦争にも行かないようになるだろうし、原発もさよならできるという国は、そうやってつくられるだろうと。決してアンダーコントロール国民であっちゃならないんだと。安倍の、安倍政治の言いなり、流される、烏合《うごう》の衆であってならないから、だから僕は、去年、馬場町長が亡くなった後、町長選挙に出た。さよなら浪江町だと、はっきり言ったんだ。二〇〇〇票を目標にしたけど、一三〇〇票で終わっちゃったんですけどね。力不足でした。

でも、意見があるんだったら、はっきり選挙に出て戦うべきだと。当選するとかしないとか、そういうことでなくていいんですよ。やっぱり言い分があるんだったら、ちゃんと選挙に出て、正々堂々思ってることを言ったらどうだと。

僕はほんとに山本太郎さんと同じような行動派だと思うから。彼もやっぱり原発事故の中で非常に変わっただろうし、目覚めただろうし、自覚したし、ほんとに気持ちは通じると思う。本気でやっぱりぶつかっていかないと、駄目だと思う。

「希望」の浪江、「希望」じゃないんだよ。実はさよならなんだ。だけど、だけどもやっぱり戻ってくる人たちで何ができるかを、本音で議論してほしいなと思っているんです。上からの受け売りや模様眺めのことじゃなくて、ほんとにちゃんと本音で話し合うべきだと思う。

いいんだよ、討論で、言い合いしたって結構なんだ。思ってることを、陰口、愚痴じゃなくて、面と向かってちゃんと討論し合うこと。これ言っちゃいけない、あれ言ってはいけないとか、そんなことない。だから、さまざまな意見は当然あるし、もちろん意見は分裂してるわけだから、戻る人と戻らない人では合うわけないんだから。でも、やっぱりそういう中で、本音の議論というのを持ってほしいなと思う。駄目なら駄目でいいし、じゃあ戻ってくる人たちで何ができるかね。

俺はこの牛をずっと、ただただ飼っていくんだと。いつまでばかやってるんだなんて見る人もいるけど、あれですよ。ばかなのか、狂ってるのか紙一重だよと。でもやっぱりちゃんと筋金持ってやってるわけだし、こういう浪江の話は、全国のあちこちに行ってしたいなと思う。

この間も、名古屋のお寺さんで、こういう話してくれなんて、今まで一二〇回ぐらいやったかな。一五〇回は超えてると思うんですけど。外国なんかも、この間、一年前はフランスに行ってきました。その前はインド。フランスは世界でも一番の原発大国で、七五%、原発から電気つくる。でもフランスは農業大国なんだ。ほんとにものすごく立派に農業をみんなやってる。でも、事故が起きたら、まず農業がやられるよと。家にも帰れないぞと。みんな避難民になるよと。だけど、いくらマクロン政権が縮原発なんて言ったって、あそこまでいっちゃ、もう無理なんです。

でもフランスの原発事故は、ヨーロッパ全域を巻き添えにする。それをみんな心配してる。古くなってる原発がどうなるか。一番心配してるのは、やっぱりドイツなんだ。国境沿いの古い原発の事故をドイツが心配する。スイスも原発事故を心配する。イタリアも原発事故を心配する。だから国民投票で原発はやめる。スペインなんかも原発はやめるという、ヨーロッパの原発事故は、大陸地続きだから、みんな巻き添えにするんだよ。

ところが日本の原発事故っていうのは、ほとんど海に行ってるんだよ、ほら。ほとんど今回の事故のあれは、俺たちにも行ったたし、陸の方にも行ってるんだけど、ほとんどは海なんだ。汚染水、それと風向きによって、海の方に行っちゃってる。だから島国だから、太平洋どんなに汚染しようとも、島国根性でへっちゃらなんだよ。

「希望の牧場」の「筋金」と国民の「実力」――カウ・ゴジラ誕生

吉澤：アジアとか中国大陸にどんなに戦争でみんなを迷惑させても、島国だからへっちゃらで、反省もしないんだ。安倍政治のルーツなんて、岸信介でしょうよ。あれが日本を戦争に引っ張り込んだ張本人だよ。だから、安倍は絶対戦争の反省なんかありはしないだろうし、国策の根幹として、あの当時の戦争は行なわれ、うちのおやじなんか満州開拓に行ったんだ。結局戦争で負けて、シベリア抑留三年。おやじは運よく生きて日本に帰れた。仲間が大勢シベリアで死んでるんです。最終的に国策が敗北すれば、大量の棄民は生まれる。

今回もこの事故で似たようなことが起きてる。浪江の山の津島という開拓のところには、大勢の開拓民が戦後引き上げで山に入ってる。[10] また今回の事故で九〇歳にもなったお年寄りが、また避難始めて、あっちだこっちだしながら、弱り果ててしまったんだ。

国策の根幹として、この原発は何がなんでも国は変えないし、でもそれを変えるのが国民の「実力」とは何

◉10　「開拓」とは、第二次世界大戦敗戦後に、旧満州からの引揚者や、復員軍人、戦災離職者を対象に、国内の食糧不足を解消し国を再建する目的で実施された、政府の全国の山林開拓入植事業を指している。中でも福島県は開拓入植が多い県であった。福島県全体のこのいわゆる戦後開拓に関しては、福島県編纂『福島県戦後開拓史』一九七三年を参照。また、浪江町津島地区と並んで戦後開拓入植者が多かった飯館村については、菅野哲、八一－一七六頁参照。

「原発一揆！　決死救命　希望の牧場」

「希望の牧場の筋金」　吉澤正巳さん

かの闘いだと思う。最終的に国民の「実力」で原発を終わりにするっていうのは、非常に紛れもない可能性の問題として広がってると思う。なのに、疲れた、負けたなんて、みんな簡単に言っちゃって静かになっちゃう。そうじゃなくて、俺たちが語り続けて、やっぱりあちこちで火をつけ、スイッチを入れてね。

だから、そのためにカウ・ゴジラという宣伝カーが必要になるわけです。

小松原：カウ・ゴジラというのは、どなたのアイデアでしょうか？

吉澤：僕です。

小松原：製作されたのは……。

吉澤：この牛は元々『望郷の牛』といって、九州大学の芸術の知足美加子先生が国展に出したオブジェなの。3・11の後の牛たちをイメージして作ってくれた。展覧会の後、先生がわざわざ牧場に使ってくださいと持ってきてくれた。いっぱい牛が餓死をした、殺処分にあった。当時は真っ白だったんですけど、僕は死を意味する真っ赤に塗り替えて、これをトレーラーで引っ張って全国歩くようになったんです。

これは［前頁下段写真で、吉澤が抱いている球体を指して］、安倍マリオのこき下ろしです。

熊坂：あー、あのボールですね。

吉澤：うん。東京オリンピックを引っ張ってきた安倍がブラジルに行って、マリオのまねなんかして、あれのこき下ろしです。請戸で拾った漁のフロート、浮き球なんですけど、二〇二〇原発・オリンピック返上。大地震、大津波、火山大噴火。これは花火大会で使う、ほぼ尺玉の大きさなの。このロープは導火線です。時限爆弾なんだ。今度は東京の番だぞと。猛烈な、これはこき下ろしのアピールなの。

われわれは今、時限爆弾を抱えてオリンピック中のコロナパンデミックに向かおうとしてるんだと。

「希望の牧場」は哲学である

熊坂：すごく腹の底からの話って感じで、消化するのに、まだ目いっぱいなんですけれども、一応、自分の理解のためにまとめると、ここで飼っている牛たちは出荷できないんですかって話に対して、べこ屋さんは商売じゃないんだと。生き方で哲学的な話なんだとおっしゃってましたよね。それに対して、東電とか現状の批判として、結局、金勘定になってる。さらにそれに対して、だから自分は商売で金でやってるんじゃなくて、金とは違う生き方の問題としてこれをやってるんだと。

吉澤：そうそう。生き方、思想、哲学の話なの。

熊坂：ということですね。もちろん誰も食っていかなきゃいけないですけれども、金、金、金に流されにくい、流されないように抵抗するというのが、国民の実力っていうことで、そのためには、いろいろ話をしていかなきゃいけないと。

吉澤：だから、今、経済という物差しがオンリーであるかのような世の中になってる。そこにやはり人間が命をどう扱いますかという物差し、見方も大事なんだよということを、特に子どもたちや社会に、ガツンとこうやって言わなきゃ駄目だと思うんだよ。ひどい命の扱いが、「やまゆり園」事件なんかあった。狂ってるわけだ。

そんな世の中になってしまったということに対して、この牛たちを生かすことが、あえて、金にもならないんだけど、経済にもならないんだけど、命を人間がどう扱うかは、思想、哲学の問題なんだと。大事なんだ、これは。人間が命をひどい扱いはしないんだという、その大原則や議論は起こすべきだと。学校に行って言うべきだと、子どもたちにね。だから安倍政治に対するわれわれの何というか、反撃としては、やっぱり相当きつく言うべきだと思うんだよ。経済オンリーじゃないと。命を人間がどう扱うか、ちゃんと国を挙げて道徳的にも、これは言わなきゃ駄目だと。道徳の授業でも、こういう問題は言うべきだし、ちゃんと正していかないと駄目だと思うんだよね。

小松原：このカウ・ゴジラも、思想や哲学の表現でしょうか？
吉澤：『シン・ゴジラ』の映画を見て、非常に、あれはまさに3・11をイメージさせる作品であるし、俺はやっぱり、ベコトラとかいろいろ言ってたんだけど、カウ・ゴジラが必要だというふうに思ったんです。
つまり僕は牛を飼ってる。牛を飼ってるんだけど、ゴジラが必要なんだと。東京に乗り込んで、みんなの、この何というかな、忘れようとしてる、そういう見方に対して、やっぱりガツンと気合いを入れなきゃ駄目。

われわれを見捨てるな、われわれを差別するな、いじめるな。3・11は終わってない

ことごとく刺さる話を、どんどん次から次にたたみかけて、やっぱりみんなの関心をこっちに向けさせなきゃ駄目だと思う。そして、みんなで考えてほしい。日本の大問題として、3・11は終わっていなくて続いているんだと。あれを教訓として何を学び取るかが、やっぱりオリンピックにごまかされてはならないし。オリンピックみんなで協力しようって話は、安倍政治をみんなで協力しましょ、っていうイコールになってるんだと。だまされては、われわれはならないし、考え抜く、考える、行動する、そういう仲間や人々を、つまり国民の「実力」をつけるというのは、そういうことなんだ。「実力」で物事をやっぱり決するんだよ、われわれは。実力闘争で物事を決しないと話にならない。何も選挙ばっかりが全てじゃなくて、常日頃からの国民の本気の闘い、体を張る、そういう行動が道をつくるんだよと。

だからそのためにゴジラは東京に乗り込んで、東京をめちゃくちゃにするんだよ。怒りの地震、怒りの津波で、この宣伝カーは右翼団体の街宣車より音デカいんだよ。機動隊も、この車は特別扱いなの。わあ、また、来た、あいつが来た、うるせえやつが来た、首相官邸前でガンガン流してる、音出してる、クソミソに安倍のこと言ってるっていうことで、これは特別扱い……。

山本：一目置かれてるわけですね。
吉澤：そうそう。また来た、うるせえ、ギャーギャー言ってる。でも浪江のことを機動隊は知ってるんだよ。警戒区域に来て、遺体捜索を延々とやった、派遣で来てた、そういう連中なんだよ。だから彼らも分かってる。僕はフェリーで海の上二日かけて街宣車で沖縄にも行ってきたし、国策の今回の問題として、沖縄と福島は、やっぱり連帯すべきなんだと。国策の根幹の問題を変えるためには、やはりいかなる努力、いかなることが必要なのかを、福島県民は沖縄からやっぱり学び、だから連帯すべきなんだ。

「はい、そうでない」

吉澤：われわれは福島第一原発の隣に、普天間基地を誘致しようと。どうせ人、帰ってこないんだから、オスプレイでも何でも、困ったものは全部、福島原発の周辺で引き受けるんだ。産業廃棄物でも、ごみ焼却でも、オスプレイでも、米軍基地問題でも、全部困ったものは、この人の入らない双葉郡で引き受ける。誰かがどっかで引き受けるんだったら、俺たちが手挙げる。どうせ人は帰ってこないんだから、嫌なもの全部持ってこいと。
山本：その時に保管料を国から預かればいいのではないですか。
吉澤：そうそうそう。金さえもらえれば、何だって危険なものは、みんな我慢するから、どうせ帰ってこないんだから。だから、そこに町だとか、双葉町だ、浪江町の存続意味なんか、もう終わってるでしょうと。これを言うと、役場の連中が、そんなこと言わねえでくれよと。食いぶちの役場職員村になってるんだよ。そんな町だったら解散したほうがいいと、散々言われてるんだよ、役場の連中は。役場職員村じゃねえかとか、おめえらのための町じゃねえかと。だって、みんないないんだから、住んでないんだから、いつまでそんな特別扱いの四〇〇億の金が浪江に来るかなんて、いずれ終わるんだよ。いずれ終わったときに、三〇〇人の役場職員は要らなくなるんだよ。役場、町会議員だって要らなくなるし、まず半分にする必要があるんだ。役場職員も半分、一五〇人。町会議員も半分でいいんだよ。

よそに根づく人は、よその人。浪江に帰る人は帰る人。いずれその時期が来るから、双葉郡の広域合併に発展するんだよ。双葉郡の広域合併の名前は、双葉未来市になるんだよ。原発に頼った地域の未来はこういうことだという、逆説なんだ。

小松原：ここが事故の墓場だとしたら、悼む必要があると私も思います。そのとき「悼む」とは、どういうことなのかを、改めて問うことになりますね。

吉澤：いや、だから、よくない場所なんだよ。われわれは、痛みや被害や犠牲や差別を一身に背負って、でも、やっぱり人間であるから、どんな絶望の中でも「希望」は捨ててはいないんだよ。それは人間が生きてる証しであり、やっぱり、「はい、そうでない」、という意思を持てば、原発事故だって活力源になり得るんだよ。

ゴジラは核の中から誕生したんだ。原発事故の中でカウ・ゴジラは誕生したんだよ。そして、このカウ・ゴジラは東京に今日行って、大音響でガンガン騒ぐんだ。3・11は終わってない。オリンピックなんて吹っ飛んでしまうだろう。どうせわれわれは捨てられるんだと。もうはっきりしてるじゃないかということを、今日はこれから出掛けて言ってくる。

「実力」とは何か?——議論と対話から——

熊坂：お話を伺って、だからこの「希望の牧場」っていうのが、別にここで何か双葉復興とかそういう話じゃないってことは、最初から分かってたんですけれども。お話を伺ってると、何か、最初に僕の中に入ってきたのは、もうちょっと大局的というか、国民の「実力」みたいな、大きな範囲で物事を見ていらっしゃるというところが、最初に入ってきたんですけども。ただ、そうすると、この双葉の人たちとか、福島の人たちが、当事者として何か持てる「希望」は果たして何もないんだろうかって、ちょっと伺っていて。

吉澤：僕ははっきり双葉の人たちにも言いたいんだよ。双葉町の人たちは、いわき市に吸収合併されてるんだと。吸収されてるんだと。介護施設も病院も、双葉専用のものをいわき市につくったんだから。じゃあ何で無理やりさ、今、ＪＲの双葉駅つくってるわけだから、その駅前を拠点として、そこに住まわせなくちゃならないのか。

それは復興の絵面なんだよ。

五人、一〇人の年寄りを、帰還奨励金五〇〇万の金をぶち込んで、住まわせるんだ。復興の絵面として、福島民友新聞、民報新聞、ローカルのＮＨＫニュースの映像として書けるじゃないか。麗しい、生まれた所にようやく帰れたという、復興のアリバイの麗しい記事が書けるじゃないか。涙ながらに読める記事だよ。これが大事なの。五人、一〇人でいいんだよ。アリバイづくり。

熊坂：それが狙いでこういうことしてるってことですね。もちろん吉澤さんとしては、だから帰りたいという本人を、お前利用されるんだから帰るなとは、もちろん言わないわけですね。

吉澤：いやいや、だから好きにすればいいんだよ。

熊坂：それは好きにすればいいってことですね。

吉澤：帰りたい人は帰りゃいいし、嫌な人はよそで、関係ないよと。やがて住民票だってちゃんと整理されるんだから、町の姿かたちは、村以下の、そういうふうに崩れるんだよと。はっきりしてるじゃないかと。何で思ってる本音を、ちゃんと議論、討論で言わないだと。盛んに言うべきで、役場の連中に向かっても、やっぱり分かってるんだよ。みんな分かってるんだけど、傷口に塩をすり込むような表現っていうのはよくないなんて、ブレーキかけるんだ。縛りにあってるんだ。

復興という上からの縛りに、みんなはまっちゃってるんだ。本音を言わずに、ああ、オリンピック終わった、何かできた、よかった、やってます。そういうメディアコントロールに、みんなはまっちゃってるわけ。上からそれはやられるんだよ。上からどんどんどんどん、それをコントロールの、異論を許さない、そういう思想信条の自由なんて、もうないんだよ。統制なんだよ。統制社会に入ろうとしてる。統制だよ。上が望むようなお膳立てをするメディアに、みんな異論なんか挟まないような。それはオリンピックに向けて総動員、思想総動員なんだ。

山本：だから、吉澤さんがやっているのは思想闘争なんですね。

吉澤：思想闘争。だから、われわれは学生運動やった世代だから、思想闘争したわけだよ。四十何年前は、まだ全学連の時代だから、やってきたんだよ。そういう流れの中で、今も俺は続けて、自分の学生時代と何ら変わることはない。相当自分のやることについてはスイッチが入って、自分の道として、自分の役割として、自分は舞台に立ったと。舞台に立った役者として演じるんだよ。マイク持ってしゃべり続ける、東京農大の自治会委員長の姿はまだここにあるというふうにさ。

熊坂：それって、統制されて暮らしていると、結局新しい家を与えられても、それは棺桶でしかないってことですね。生きがいとかは何も得られない。

吉澤：うん。だから決して避難先に行ったのが、ハッピーでみんな万全うまくいくっていうことじゃなくて、やっぱり新しい所に根を張るって、いかに難しいかってことなんだよ。新しい環境に我慢して、それが幸せな姿かっていうと、監獄、牢屋だったら、それは、かわいそうな話なんだ。

だけど、それは模様眺めで言いなりでいけば、そうなんだ。これしかないってなれば。だけど俺は全然最初から違うんだから。避難指示に従わずに住んじゃいけない所に住んでた。生かしちゃいけない牛を飼ってる。すぐこれで出掛ける。今日も行く。

「決死救命・団結」の意味

吉澤：自分は反政府的だと思ってるし。だから外国の取材の連中がしょっちゅう来るんだから、こう言うんだ。「アイ・アム・カウボーイ」、「レジスタンス」、「カミカゼ」、「カウ・テロリズム」と言っている。だからゴジラなんだ。だけど「ノット・バイオレンス」。外国人は拍手するよ。

暴力はもちろんふるわないけど、「実力」はふるうんだよ。われわれの本気度は、「実力」によって、この事態を押し広げる扉は、「実力」によって、やっぱり、間違いないんだよ。ただ、これ一九七〇年代の実力闘争とは違う形になる。もうほんとに、あんなゲバなんて困るし、内ゲバなんて、散々俺たちは見てきたし、そんなのは困るし。そうじゃない。つまり広く、深く国民の中に「連帯」をする、その先駆けとしての呼びかけの「語り部」が必要なんだよ。それが山本太郎であるし、俺であるかもしれない。それを覚悟を持って、残り人生、生涯続けるっていう覚悟を、いかにみんな多く持ってほしいか。

疲れた、負けたなんて言わないことで、残り人生、われわれが胸に刻んで、そのテーマを、戦争の時代と原発の時代を生きるわれわれが、生涯のテーマをみんながそれぞれが胸に刻むんだ。

絶対に、疲れた、負けたじゃなくて、やっぱり、しぶとく、本気で、生きてる限り、それが道なんだと。そうやって、それが、すぐ分かるんだよ。みんな見てたって、本気なのか冗談でやってるのか、そんなのすぐ分かる話だし、やっぱり本気度っていうのは人を動かすし。俺の演説だって、なかなかのもんだ。アジテーターとして。やっぱり筋金入りは必要だと思う。

山本：僕ら、浪江町長選挙の時の東電本社前での演説の映像を四人で見たんですよ。その映像を見て、僕はこれは大変だなと思ったんです。何回もおっしゃってましたけど、誰一人として立ち止まって耳を傾ける人がいない。
吉澤：プレミアムフライデーだ、金曜日の。嫌な顔して、東電連中が行くけど、でもさ。
山本：あれをずっと繰り返してたら、相当なストレスだと思って。あれがずっと繰り返されていて、どうして心が折れないのかなというところに、僕は興味がありましたが、今、おっしゃっていただいたことで、大体、その中身について答えてもらっているかなと思いました。多分、ご自身がものを言えない町民の思いを背負って代弁しているという感覚だと思います。しかし、すごく大変なことだなと。
吉澤：だけど、それはやっぱり全国行くわけだから、矢面に立つんだから、覚悟だよ。かかってこいという覚悟ね。右翼団体がいたって、もめるときもあるし、「うるせえ」なんて言うやつもいる。そしたら、さらに声を張り上げるんだよ。圧倒させるしかない。真剣勝負でやっぱりやるしかない。かかってこいと。われわれは「希望の牧場」だと。浪江町のこの姿を分かってるのかと。だから本気でかかってこいと。
山本：お金の力や多数決の力とは違う「実力」の話をしたいんだということですよね。
小松原：その原動力となっているのは、「怒り」でしょうか、それとも……。
吉澤：やっぱり自分のたどった人生よ。おやじの後、この牧場を引き継いで、ここが最後の場所だと思ったから、ここからどっかに行くなんて俺は考えないし、ここで被ばくをしながら、ここで放射能を浴びながら、この三〇〇頭の牛を背負いながらさ。
　でも全国に出掛けるし、世界にも俺は出るんだよ。やっぱりこういう原発爆発事故を繰り返していいのかという、悔しさ、無念は、やっぱり怨念として晴らす必要があるんだ。感情的なマグマなんだよ。

このスローガンを書いて、俺は東電本社に乗り込んだんだけど、あの時から、これは、やっぱり「決死救命・団結」というのは、本当に死を覚悟しながら、命を救うということなの。死んでもいいと。だけど、命を救うんだ。だから、俺が作った言葉なんだけど、「決死救命・団結」というのは、ものすごいインパクトがある。ほんとにこれは、意味もインパクトも、ものすごいものを持ってる。ものすごいむき出しなんだよ。露骨なんだ。やっぱり回りくどくない。ストレートに、インパクト、ダイレクトでみんなに迫る必要がある。

浪江町がこういうふうになってしまった。われわれの犠牲の上に、みんなの豊かな日々の今日の電気の暮らしがあるじゃないかと。でもわれわれは崩れていくんだという、逆説なんだよ。みんなの幸せは、われわれの崩れる絶望的な解体崩壊状態の中に今あるんだと。わが浪江町の解体なんだ。昔読んだ高橋和巳の『わが解体』なんだよ。われわれが解体されてつぶされていく。その犠牲の上に、電気をふんだんに使うみんなの幸せな日常がある。でも、違うんだと。そこにカウ・ゴジラが登場して、次のあなたたちの未来は、東京直下の大地震の震度七であり、東海大津波は目前の話であり、われわれが生きている限り、富士山大噴火もゼロではない。それを俺は脅かし、冗談、デマで言ってないと。実体験で言ってるんだと。それをわれわれは、3・11で、あの地震のなかで、津波のなかで、原発避難のなかで、この世の終わりみたいなことを体験したんだと。

でも、みんなそれは時期過ぎれば、忘れたいことなんだよ。それをいつまでも呼び覚ますんだよ。絶望を言ってるのかもしれない、「希望の牧場」は。「希望の牧場」なんて言いながら、実は絶望を語っているのかも。でも絶望の中に、やはり人間の生きる道や、言いなりではない自らの道は自らがつくり出すというさ。だからアンダーコントロール国民であってはならないんだよ。だけどみんな同調圧力の中で、みんな縛り合って、余計なことを言うなとか、やるなとか。

町長選挙を終えて――それでも切開して本音を語らねば

吉澤：でも俺は言ってきた。まちの中で、さよなら浪江町。すごい音量で言ってきた。かかってこいだよ。選挙もやってみた。やっぱり俺の思って、言ってたとおりの事態の展開に今なろうとしてる。まさに町が、議会なんかの議員との座談会なんか出てる意見でも、ほんとにみんなはこの町がどうなるかについての心配を、楽観なんかしてないわけだ。楽観なんかできない。つまり、いずれ浪江町が崩れる。その日は、もう時間の問題。だけど、それを言ってはならない。言ってはならない縛りはもちろんあるんだけど、そこで俺はやっぱり街頭討論でも、みんなやるべきだと思うんだよ。

この野郎、ちょっと来い、おい、ちょっと来い、マイク持って、ちゃんと自分の意見、ちゃんと言えと。そういうことを、俺はやるべきだと思う。俺はこう思うし、そこにみんな大勢集めて、そういう格好の選挙をぜひしたかった。

だけど、浪江町、いなかったんだよ、人が。わんわん言ったって、人いねえんだからさ。ほんとに、「なにこれ選挙?」みたいなもの。

思ってることをちゃんと本音で言うことは、表現することは、やっぱり大事であって、それを書いたり言ったり、あと議論したり、そういうことはどうしても必要な時期だと俺は思うんだよね。むなしい願望なんて持ったってしゃあないんだよ。

語り部とは「一本釣りの漁師」である――いかに無関心な人間を回心させるか

吉永：一〇〇回以上の講演、スピーチをされて、手応えのあった反応とか、刺さった反応っていうのは。

吉澤：いや、もう、あれだよ。講演会なんかやれば、泣きだす人いる。目、真っ赤にして、こっち見つめてね。

俺、たたみかけて言うから、ぐさっと来るような話は、どんどんたたみかけて言っちゃうんだよ。最後泣きだしちゃう。

最後、こういう姿で、渋谷で俺、街頭演説で、募金箱に一万円なんか入る。だからそれは、やっぱりすごくしびれて感動した人たちは、思わず一万円入れちゃうんだよ。一万円札を募金箱に入れるなんて簡単じゃないよ。

だから渋谷のハチ公前だって、俺は街頭を劇場化し得ると思っている。俺のこの宣伝カーの音は電撃なんだ。ボルテージであり、アンペアなんだ。どんどん上げるんだよ。俺は渋谷のあの日本で一番人が通るスクランブル交差点で、ずっとしゃべって、あそこはバス停に今変わっちゃってできなくなったんだけど、やっぱりこういう宣伝活動っていうのは、大間の漁師のマグロ漁だと思う。ものすごい仕掛けするわけだ。ぶっとい糸に、ぶっとい針を仕掛けて、その針の先には必ず、この鋭い返しがある。いったん刺さったら絶対抜けない仕掛けが必要なんだよ。だから演説なんかも、そういう返しの仕掛けが必要なんだ。そして最終的に大間の漁師はマグロをしとめるのに、電気ショッカーという、電気のコイルの先に高電圧の電撃ショックの装置を流すんだよ。で、マグロを気絶させる。そしてマグロを船にあげるんだけど、俺はやっぱり、そういう場所だと思ってやってるのね。

自分のコミュニケーションの極限として、街頭のあの渋谷は劇場化し得ると。あの渋谷のハチ公を制圧するんだよ、これで。すごい音量で、刺さる表現で、みんなから白い目で見られながらさ。でもその先に、やっぱりアイコンタクトで目がちゃんと合えば、こっちの言い分はそれなりに入るんだ。やっぱり顔がこっちに向かなきゃ駄目なんだ。顔向けない群衆に向かって、顔こっちに向けって、やっぱりやるしかない。

だから、本当にそこでコミュニケーションは、アイコンタクトで目が合ったとき、こっちの言い分はそれなりにみんなには伝わる。俺、大好きなんだよ、渋谷のハチ公前はね。

山本：大好きなんですか。

吉澤：日本一の街頭演説の場所なんだよ。ものすごい宗教団体と政党と右翼団体が、あそこに入れ代わり立ち代わり、ガンガンやったら、最高の場所なんだよ。なんたって、距離がものすごい近いから、こっちの言ってる反応の顔つき、目つきはすぐ分かる。距離感がすごく近くて。中には文句言うやつがいるから、文句言うやつは、さらに音を張り上げて、ぺったんこにしてやる。かかってこいと。だから、こちらの覚悟を持ってやれば、それはちゃんと、それなりに意欲として伝わるし。

二〇一五年の戦争法（安保関連法案）廃棄のデモの時、この街宣車、一番デモ隊が集まった時、国会に行ったんだ。俺はちょうどバリケードが崩れそうになって、言ってやったんだよ。機動隊は無駄な抵抗はやめろと。お前たちがバリケードをはってれば、けが人が出るじゃないかと。機動隊に代わって、交通整理を始めたんだ。直ちに道路を開放しろと。けが人が出るぞと。それがバリケードがみんな崩れて、みんな、わーってなって、万歳始めて、すぐ機動隊の指揮官が俺のところ、すっ飛んできて、「おい、お前、警告一回だぞ。ここは静音地域だから」なんてほざいてたんだけど、そのシーンがUstreamの動画中継で流れてるんだ。

ほんとに、この車は、すごいシーンに何度も出合って、いろいろやっぱり。機動隊のスピーカーより、音でかいんだから、俺のほうがね。無駄な抵抗はやめろと。直ちに道路を開放しろと。けが人が出るじゃねえかと。俺の言ったとおりになっちゃった。

こんな姿の車は日本では一台しかないんだけど、小っちゃい車なんだけど、これ前後で三二〇ワットの音が鳴る。ものすごい音量の出るスピーカーなの。三分の一に絞って使ってるんだけどね。右翼団体の中には負ける車もあるけど、ちょっと、たいがいの街宣車には負けないんだ。ああいうところで言い合いになるときもあるんだけどね。

山本：そうですか。
吉澤：すぐ警察官来て、やめてください、やめてくださいなんて間に入って、大体あいつらが止めてくれるんだけど。右翼団体だって怒るからね、ほんとに。
小松原：毎月、金曜日行動に参加されているのですか？
吉澤：金曜日行動には、行けるときは行くように。毎月ほぼ行ってるんだけど、それが今日、これからだから、これから出掛けなきゃならない。
これ、夜光るＬＥＤランプが埋め込んであって、夜空に暗闇に怪しく光る。昔の仕掛けなんだけど、本物の牛の骨の目玉が赤く光って、「何、これー」っていう姿なの。

これは、生きるか死ぬかの「一揆」なんだ

ここに書いてあるんだけど、**当時の国が行なった牛の処分。棄畜政策。そういう命の扱いは、避難民を邪魔者扱いする今の棄民政策と根の問題としては通じてるということなの。これを忘れちゃならない。**

俺はやっぱり一揆なんだというふうに呼びかけるわけ。昔の農民一揆。農民一揆はほとんど弾圧されるんだよ。でも百姓は生きるか死ぬかの瀬戸際に来たら、やっぱり立ち上がってきたんだよ、歴史的に。全国各地で農民一揆が起きた。ほとんど弾圧される。でも、立ち上がるんだ。それと同じように、福島県では生きるか死ぬかのそういう瀬戸際まで来たわけだから、第一原発、第二原発、全機廃炉ということになったんだね。

これは全国にやっぱり、死ぬか生きるかの瀬戸際に立って、原発の時代はみんなの一揆で原発を終わりにさせるという。つまり「実力」で物事を最終的に決するしかない。「実力」の闘いっていうのは絶対大事だと思う。忘れちゃならない。中途半端とか、いい加減とか、それは駄目なんだ。ずっと経産省のところにテント村があったけど、ずっと俺も通ってたんだけど、最後、撤去されちまったけど。でも、ああいうことが必要なの。暴力は使わないんだけど、「実力」は大事なんだ。

じゃあ日本において、みんなの本気度を、やっぱりどうなのか問わなきゃいけない。本気でやらないと戦争にもいくだろし、原発もまた事故を繰り返すよということです。本気っていうのは、やっぱり見て、すぐ伝わるんだよ。本気でやってる、半端じゃねえな。つまりそれは覚悟を持ってやるしかない。

だから、先立つ人っていうのは、やっぱりそれが必要なんだ。先立つ人は、山本太郎でもそうなんだけど、覚悟を持って、かかってこいですよ。自分が当選できなくても、あの障がいの人を議員にしたわけじゃない。本気度はやっぱり伝わらないと困る。

一同：どうもありがとうございました。

4章　「井戸川克隆・セルフインタビューat湯布院」（二〇一六年六月二〇日）

立地自治体は福島第一原発事故の教訓を生かせ！

井戸川克隆、2016年6月20日、湯布院にて

はじめに

ここに掲載するのは、福島県双葉町前町長井戸川克隆さんが、大分県由布市で原発事故被災の実態と本質を市民に語り、宿泊した次の日の朝に、旅館で自ら収録したヴィデオ・メッセージを文字起こしして加筆修正したものである。収録当日には、当時の愛媛県伊方町長山下和彦氏を訪問することになっていた。というのも、山下町長が四国電力伊方原子力発電所三号機の再稼働の許可を二〇一五年一〇月二二日に与えていたからである（なお山下伊方町長は二〇一六年四月から脳梗塞を発症して入院中で、そのまま同年八月に辞任した）。

井戸川さんは国と東京電力とを相手取り、原発事故により被った損害の賠償を求める民事裁判をこの時点で既に提訴しており（二〇二四年現在、係争中）、裁判の準備の合間を縫っての訪問だったと思われる。その民事裁判のなかで井戸川氏は、なぜ福島第一原子力発電所が大地震と大津波により放射性物質を極大放出するほど破壊されたのか、それに対し国と東京電力は具体的にどのような責任を負うはずだったのかという全体像を、当時の被災自治体の首長であったという独自の立ち位置を存分に生かして具体的かつ正確に解明し、その全体像のなかにご自身の経験や双葉町民の被害を位置付けることを基本方針にしている。

以下のメッセージは、井戸川さんが原発事故をご自身の問題、被災自治体だけの問題ではなく、日本全体の問題として捉え、経験者として警鐘を鳴らし教訓を伝えようとするものである。また、先にもふれたとおり井戸川さんの特徴は一被災者であると同時に地方自治体の行政の長でもあったことである。このことは、非常時に行政組織が本来どのように行動するべきなのか、その理路をつね日頃から知悉しておく立場にあったことを意味する。だからこそ、国及び東京電力、あるいは福島県政がどれだけその理路から外れているかを把握し、提示することが出来るのである。メッセージの内容にも、その特質が反映されている。

井戸川さんだけでなく、吉澤正巳さんもそうだったが、被災者は自らの被災の深刻さもさることながら、福島県外での原発事故の風化にもさらされている。私が大学で講義をしても、これを書いている段階で震災から丸一二年がたっており、その間小・中・高で震災や原発事故について学校や家庭でほとんど大人たちが子どもたちに教えて来ていないことを肌で感じる。そんな学生たちのなかにも、とりわけ双葉町が二年余りにわたり避難の中心地とした埼玉県加須市にある旧騎西高校の近辺出身である者が、このヴィデオ・メッセージを観たことによって避難民に対する見方を修正・改善することができたと言ってくることがある。

以下の井戸川さんのメッセージは、映像を文字起こししたものなので、収録時に滞在していた由布市の方々へ語りかける内容になっている。しかしもちろん、由布市に限らず、広く日本人に語り掛けるメッセージである。また原発事故に限らず、公害問題や環境問題に関する優れた考察は被害者に接近する視点と問題の構造を俯瞰的に把握する視点を皆兼ね備えている。井戸川さんもその例にもれず、二つの視点を兼ね備えた発言を続けている。

（記：山本剛史）

●――〈井戸川克隆セルフメッセージ〉

公務中の「絶対安全」発言の重み

みなさん、おはようございます。今日は平成二八（二〇一六）年六月二〇日です。大分県湯布院において、私のメッセージを述べたいと思います。

なぜ湯布院に来たかというと、来てみたかったからです。世界的に有名な、この湯布院の佇まいを、この目で見ておきたかった。目に焼き付けておきたかった。そういう強い思いを持って訪れました。昨日と今日という短い時間ですけれども、梅雨の雨が降っていて、雲が多くて由布岳を見ることができませんでした。しかし町の佇まいはしっかり見させて頂きました。それから、日本の自衛隊の広大な訓練場もちょっと見させて頂きました。

戦争は暗い話ですね。この世の中にあってはいけません。このあってはいけない話、これは私からいえば「明」と「暗」の「暗」の部分に入ります。湯布院の町に入って、町の雰囲気を見ますと、これは明らかに「明」である、と。そんな風に感じて来ました。

そこで皆さんにお伝えしたいことは、私たちは今ふるさとを放射能で、原発事故で壊されました。東京電力は「この事故は想定外だった」「だから、私たちには責任がないんだ」のごとく言ってますけれども、とんでもない。**想定外と言うのは、私たちの方です。**あれほど私は町長応接室で東京電力、あるいは原子力安全保安院に対して、「事故は起こしてくれるな放射能は大っ嫌いだから放射能は出さないでくれ」とあれほど言ってきたんです。だから、私に対して東京電力あるいは国は、「想定外」で福島の原発事故を済ませることは決してできませんし、あってはならない。私の公務中に彼らは「原子力発電所は絶対に安全である」という話を私にして来ているわけですから。それが、嘘だとすれば、地震・津波の対策をしていなかったことによって、事故につながってしまった、壊れてしまった。**このことは、私たち町民の信頼に対する背任行為であって、虚偽**

の中告を町長応接室で公務中に、彼らは述べていたことになるんです。

今、故郷に戻る希望を失った多くの町民たちは、避難先でそれぞれの人生の再建を目指しているように見えますけれども、心はやはり、双葉町にあるようです。このたび、アンケートを取りましたけれども、ほとんどの人が事故には納得してません。そしてその後の避難生活においては、真に何もなかった。わずかな避難計画だけはありましたけれども、どれをとっても満足いくようなものはないんです。

原発事故の際に住民避難の責任を負うのは国でも、都道府県でもなく、地方自治体である!?

この湯布院のきれいな雰囲気とこの宿の落ち着いた佇まい、心癒す雰囲気。癒してくれました。これがいったん事故が起きてしまえば、薩摩川内の原発であろうが、玄海であろうが、もちろん伊方、これはものすごく湯布院に近いですから、住民に対して恐怖を与えることになります。私はそれは犯罪だと思っています。もうそういうことを私は福島で経験しました。あの未完成の、完成しえない原子力発電所が今、伊方町で再稼働を目前にしております。しかしどうでしょう。私はこのたびいろいろ、伊方町および湯布院を訪問するにあたって調べてみました。勉強不足というのが私の強い反省ですけれども、それにしても用意周到に地元住民に対する責任転嫁が、これほどされていたということは発見できませんでした。

「中央防災会議」で昭和三八年六月に拵えた「防災基本計画」(平成二〇年二月一八日訂正)を見てみます。そのなかに第一〇篇「原子力災害対策」篇(資料1)というのがあります。これはあまり人の目に触れることのないような奥のほうに、きちんとありました。私は絶対安全だと、事故は起こさないと、そういう原子力ムラの原子力利権者たちの言葉に完全に誘導されていました。これを目にすることがなかったんですね。この第一〇篇「原子力災害対策」篇、機会があればご覧になってください。ここには地方公共団体の役割が明記され

資料１「中央防災会議」により作成された「防災基本計画」抜粋
（平成20年２月18日訂正のもの。現行の計画は令和５年５月30日にさらに修正されている）
※防災基本計画は、災害対策基本法（昭和36年法律第223号）第34条第１項の規定に基づき、中央防災会議が作成する、政府の防災対策に関する基本的な計画です。

５　救助・救急活動関係
（１）救助・救急活動関係
○地方公共団体は、救助工作車、救急自動車、照明車等の車両、ヘリコプター及び応急措置の実施に必要な救急救助用機材の整備に努めるものとする。その際、国は整備すべき資機材に関する情報提供を行うものとする。
○地方公共団体は、緊急被ばく医療の関係者とも密接な連携を図りつつ、実効的な緊急被ばく医療が行われるよう関係諸機関との整合性のある計画を作成する。
○救助・救急関係省庁〔警察庁、防衛省、海上保安庁、消防庁〕は、当該機関に係る資機材の保有状況を把握し、必要に応じ情報交換を行い、適切な救急救助用資機材の整備に努めるものとする。
○救助・救急関係省庁〔警察庁、防衛省、海上保安庁、消防庁〕は、職員の安全確保を図りつつ、効率的な救助・救急活動を行うため、相互の連携体制の強化を図るとともに、職員の教育訓練を行い、救助・救急機能の強化を図るものとする。
○原子力事業者は、被ばく患者の応急処置及び除染を行う設備等を整備し、維持・管理して、被ばく医療を行える体制を整備しておくとともに、原子力施設内での指揮命令、通報連絡及び情報伝達に係る体系的な整備を図り、医療機関、救助・救急関係省庁〔警察庁、防衛省、海上保安庁、消防庁〕、地方公共団体等の関係機関と通報連絡、被ばく患者の搬送、受入れについて緊密な関係を維持するものとする。

ています。つまり住民に対する役割です。じゃあ、国の責任は？　あるいは、監督管理できる立場にいる者に対する処罰規定とか、罰則規定は？　そういうものは、これにはほとんど明記されていません。

一つ、極端な箇所を紹介します。

第五「救助・救急・医療及び消火活動関係」の部分、（一）「救助・救急活動関係」（以下本文、傍線は井戸川）「地方公共団体は、救助工作車、救急自動車、照明車等の車両、**（ここからが問題ですね、）**ヘリコプター及び応急措置の実施に必要な救急救助用の機材の整備に努めるものとする。その先、国は整備すべき資機材に関する情報提供等を行うものとする。」

原発は国策ということで、地方公共団体には許認可権はありません。厳格に言うと監督権もないんです。ただあるのは安全協定のみです。その立場にある地方公共団体がヘリコプターまで用意して避難の対策をしなさいという。ヘリコプターを持つということは、例えばこの由布市では持てません。ものすごい経費が掛かりますから。そういうものについての補助、あるいはヘリコプターの貸与、これは国がやるべきであって、地方公共団体にこれをやらせるという国の姿勢は全く考えられません。まあ事故前のものを参考にしてますから、事故後においてどのように改正されたかはわかりませんけども、あまり変わっていないと思いますね。これほど責任を背負わされていたんですね。

この話を、前日にお会いした由布市の皆さんに話してもなかなか通じませんでした。それほど行政と住民は離れている、と感じました。しかし、離れてても何でも、こういう文章に書かれていることは知る必要があります。だから、もしできたら自分でこの平成二〇年改訂版の「防災基本計画」を手に入れて、地方公共団体が責任主体とされている箇所にマークしてみてください。それによって、自分の置かれている立場が実感できると思います。私たちは一方的に信じてしまいました。これが大きな失敗の要因です。

被ばく環境下での労働者の人権について

さて、全国知事会が、「原子力災害対策充実に向けた考え方」という提言（資料2）を国に行なっております。原子力関係閣僚会議でその提言を決定いたしました。これはインターネット上にアップロードされてはいますが、その存在を知らなければ検索することもできないと思いますので、まず皆さんの目に触れることはないと思います。私はこれを国会図書館から入手しました。用意周到だな、さすがだなと思うのは、ここでもやはり、国民、住民に負担を強いているようなことが書かれておりまして、福島の反省はないなと思って、私は見ております。ここで、全く皆さんが目にすることがないであろう、とんでもない事実をお話いたします。

公務員というのは、本当に守秘義務があったりなんかしてですね、都合の悪いことがあったら情報を出し

資料2　全国知事会による「原子力災害対策充実に向けた考え方」(8-9頁)

●原子力災害時には、国や自治体の職員が、原子力発電所敷地内や原子力災害対策重点区域において被災者支援活動に当たることとなる。国や自治体の職員がこうした活動を準備し、円滑に実施するためには、特殊勤務手当などの条件が予見できることが重要である。
●このため、国家公務員の原子力災害時の特殊勤務手当について、人事院において、あらかじめ定めることができる事項については早急に定め、原子力災害の状況等に応じて定めるべき事項については災害発生後速やかに定めることとしている。
また、地方自治体の求めに応じ、現行の手当の考え方等について、必要な情報提供を行う。これにより、地方自治体に対しても、それぞれの条例において同様の手当を定めることを促進する。

ちゃいけない。あるいは、自分たちに不都合な部分は書き換えてしまうという習性があります。原発事故において、国家公務員や自治体の職員は「被災者支援活動」にあたる部分について、「特殊勤務手当」というのがついています。住民にはないんですよ。この国の主たる権限者である国民には勤務じゃないから「特殊勤務手当」はないんですね。うろ覚えですけれども、福島の事故においては国は一回当たり四〇、〇〇〇円の金額をつけていたと記憶しています。県職員もそれに準じた金額がついていたと記憶しています。私は町長として、やはり職員の管理をするために、職員にも「特殊勤務手当」をつけて、被災地に入らせました。これはなぜかというと、町民の皆さんにはつけませんでしたけども、雇用管理責任、雇用者責任というのが発生するからです。

こういうのが付いている一方ですね、福島県内のとても考えられないような高線量地域に職場を置いている民間企業の経営者たちはこの「特殊勤務手当」をつけているでしょうか。あるいは、労働協定、労働安全協定なり、何かの協定を結んで、従業員の了解を取り付けているでしょうか。そうでなくて、「放射能のことを言うと、クビにするぞ」「会社に来るな」「会社の妨げになるから、放射能のことを言うな」そういうことを言っている企業主、あるいは雇用管理責任者がいたとしたら、これは脅迫であります。脅迫以外の何物でもない。犯罪です。だって、このように皆さんは知りえない部分知らされない部分で既に決定されています。この文書は公表されません。公衆の面前には出ません。国立国会図書館には収蔵されていますけれども、検索しない限り決して出て来ません。福島県内、あるいは近県の放射線のあるところで、職場を提供している人たちはぜひこれを見てください。公務員の世界はちゃんと、周到に準備されています。一般企業はやらなくていい、ということはありませんので、将来の発生する、予測のできる放射能の障害というものを考えた職場提供をしないと、大変なことになると私は心配しております。

国は被ばくの実態を必ず隠そうとする

これは国会事故調査委員会報告書三九四頁に掲載された、内部被ばく臓器等価線量をあらわすＳＰＥＥＤＩのマップ（資料３）です。二〇一一年三月二三日に原子力安全委員会によって公表されました。真ん中は一〇〇〇〇mSv、その外側は五〇〇〇mSv、五〇〇〇mSvの外側は、一〇〇〇mSv、一番外は、一〇〇mSvのエリアです。

国会事故調の報告書には、住民の放射線防護策の検討にはこのマップであらわされた計算結果を活用できないと当時の政府関係機関が認識していたと記されています（「同報告書」三九二頁）。しかし、福島県、あるいは国、あるいはとんでもない学者たちは、ＵＮＳＣＥＡＲ（原子放射線の影響に関する国連科学委員会）も言ってますね、一〇〇mSv浴びたところはないんだ、福島の事故で一〇〇mSv浴びた人は誰もいないんだと言ってますけども、この計算結果と実測値がどのくらい乖離しているかを後からでも明確に示さない限り、そんなことは言えないはずです。**断っておきますけども、私は、あるいは私たち双葉町民は、一〇〇〇から五〇〇〇mSvの環境の中に三月一二日は居たんです。**爆発する前のベントによって、高線量地域になってしまいました。双葉町上羽鳥地区のモニタリングポストには四六一三μSv、四・六三mSvですね、そういう数値が観測されています。爆発のときの線量は私にはわかりません。原発立地町であれば役場で持っているんですが、その線量計で測れ

資料3　SPEEDI による臓器等価線量の積算線量試算値（2011.03.12 ～ 03.24）

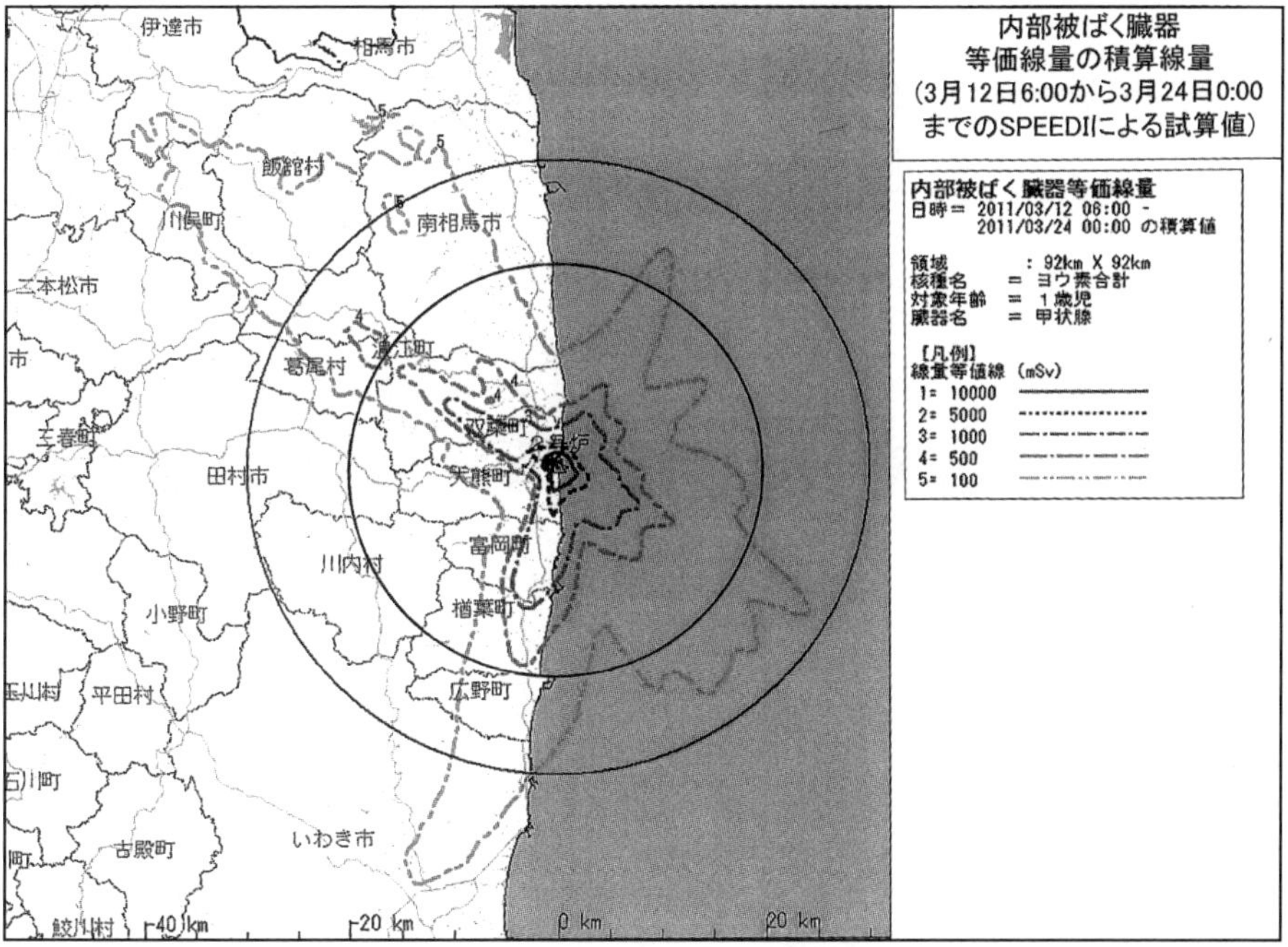

ませんでした。針が振り切れました。そういうところに私たちは居たんですが、福島の事故の記録には、双葉町民の被ばく記録は入ってません。だから、一〇〇mSv の放射線を浴びた者が居ないという風に言われているんですね。とんでもない人権侵害であって、不当な干渉ですね。私たちの権利を不当に干渉して、高線量の放射能を浴びた者は「居ない」という。三月一二日に放射線が降り注いでくる環境にいた人間でもなく、同じく放射線を浴びた人間でもない。全く遠いところにいたのに、架空の事例を持ち出してきて私たちに押し付けようとしていますけれども、これは全く不可能です。事実ではありませんので。したがって、原発事故はいま福島だけの事故にされていますけれども、私は二五〇㎞圏内は福島の事故では、優に危険な状態にあったと思っております。

さて、なぜこのようなマップが重要かというと、こういうデータは我々にはわからない、もたらされないからです。こちらから積極的に探して行かないとこういうデータは出ません。出されません。湯布院の皆さんにお伝えしたいと思います。**皆さんもきっと、私たちのように騙されるでしょう。**騙した成功事例が福島の原発事故になってるからです。上手く騙したから、福島の事例を引用する。なんでも「福島の事例」ということで、福島県民が今悲しんでいる。そういうことを隠したままでいるということが、原発を推進した側、原発によって利益を得る側にとっては、誠に上手くいっています。しかし、それは天に唾するような行為だと私は思ってますので、事実はやがて、いろいろな角度から出てくるでしょう。馬脚を露わすことになるでしょう。そういう予測をしております。

「原子力災害対策特別措置法」二三条違反がもたらす苦しみの構造

二〇一六年六月一六日に東京電力の第三者検証委員会が、事故当時メルトダウンの公表が遅れた問題について報告書を公表しました。そこには東電の清水社長が「メルトダウンを言うな」と社員に指示していたのは、官邸からの圧力のためだったと書かれています。しかし、私は本当にそうだったのかということについては確信はありません。私は裁判中です。原告として国と東京電力を相手に民事訴訟で争っています。被告側の東京電力から、私に来た証拠書類のなかに、東京電力が調査・検証して取りまとめた『福島原子力事故調査報告書』があります。

これは東電が嘘をついているのか、嘘の証拠書類を出したのかどうかわかりませんが、ここに書いてあります。

「三月一二日、福島第一原発一号機の原子炉建屋が爆発したが、この状況を爆発後の原子炉建屋の写真を用いて当社福島事務所が福島県に説明している様子が、全国ニュースで放送された。」「この写真を広報用に使用することについては、本店、官邸ともに把握していなかったが、特にこのニュースに関しては官邸は事実関係の説明を当社に求めるとともに、官邸の知らないところで、上記対応が行われたとして当社は強い注意を受けた。」「その結果、清水社長は社内関係者に対し『今後広報するときはまず官邸にお伺いを立てて、官邸の許しが出るまでは絶対に出してはいけない』と指示をした。」

このように私には証拠として出してきています。正しいかどうかは、これからの裁判の審理にかかってくると思いますけれども、まんざら嘘ではないな、と私の勘では思っております。

なぜならですね、官邸の不当介入が今度の大きな事故の被害を拡大させてしまったからです。

その証拠書類の中に原子力災害特別措置法第二三条に基づく組織図（資料4－1・2・3「緊急時態勢の変遷図」）があります。まあ組織のマンガですね。真ん中がですね、司令塔なんです。原発事故が起きた時の司令塔が真ん中で、官邸は真ん中に入ってません。真ん中は現地災害対策本部ならびに、現地対策協議会、資料4－1の図版にあるオフサイトセンターですね、集中的に避難のエリアやヨウ素剤の服用とか、そういったものを決める場になっておりましたけれども、これは、実行されませんでした。特に現地災害対策本部の右下に注目してください。「住民」とその被害地域の住民を抱える「行政」が位置付けられています。住民を抱える行政が現地災害対策本部に入ることになっているんです、法律では（以上、資料4－1）。しかし実際に事故が起きた時に、官邸の不当介入によって、現地災害対策本部が機能しなくなったんです。させなかったんです。官邸が一方的に、自分の都合のいいように始めちゃったんですよ。法を無視して。

その結果（以上、資料4－3）私たちは、協議の場を失ってしまいました。権利を失ってしまったんです。図の右下に位置付けられている住民は、一番情報がほしい、そして一番何をやってほしいのか、これが駄目なんだとか、という住民の意見をこの会議の場で直接取上げて協議すべきなんです。それなのに我々を排除したまま、現在に至っている。今、現在もそうです。このようにして、官邸が仕切るということは、本来はあってはならないことを官邸が仕切ってしまった、情報管理までしてしまった、すべての管理をしてしまったという

資料4－1　緊急時組織態勢の変遷

緊急時態勢の変遷
<本来の対処方法>

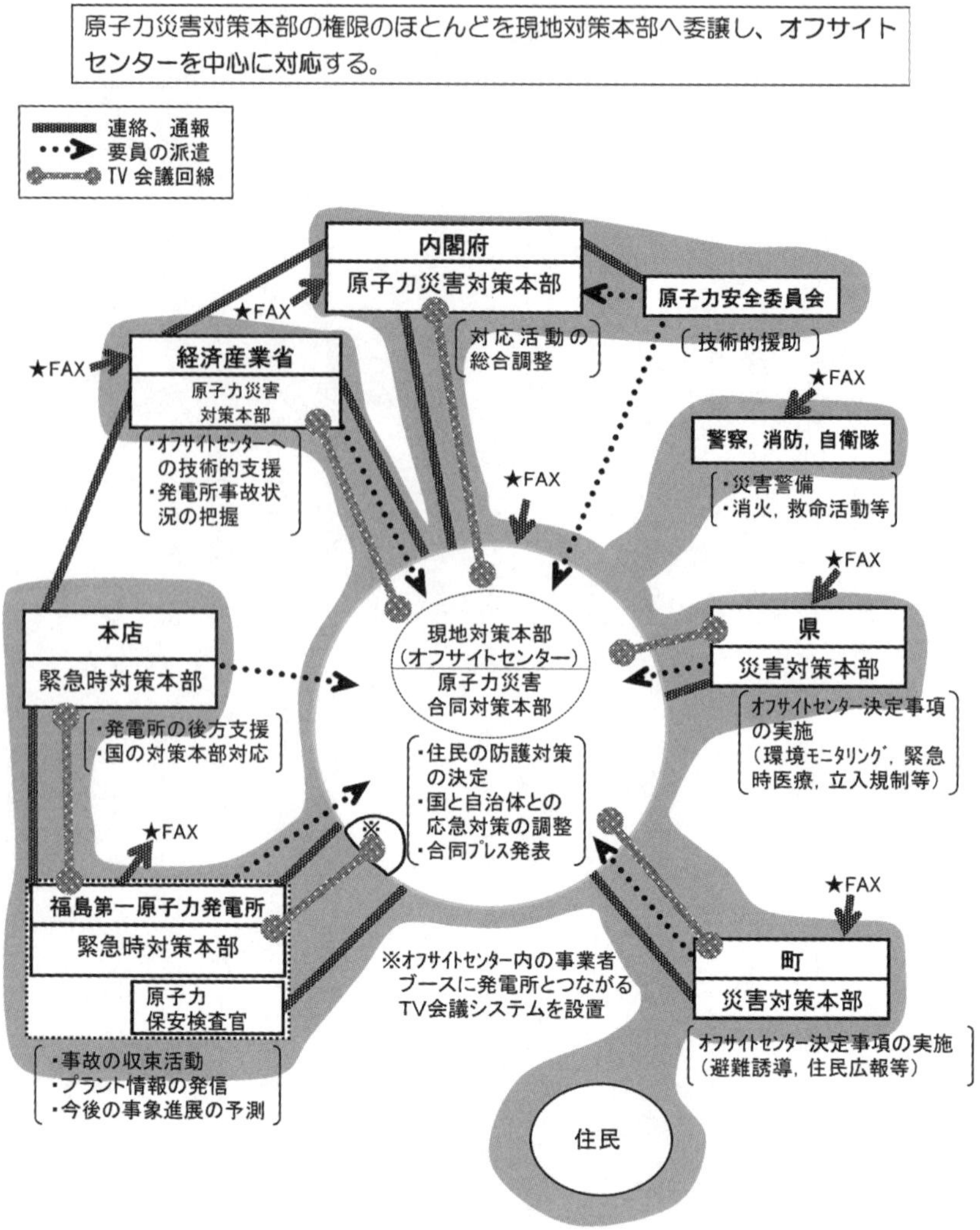

原子力災害対策特別措置法23条で定められた、本来の原発事故対処の組織図。井戸川が言うとおり、内閣府は事故対処の中心ではなく、オフサイトセンターに設置される原子力対策合同対策本部がその任を負う。市町村も直接、対策本部に参加できる。

資料４－２　緊急時組織態勢の変遷

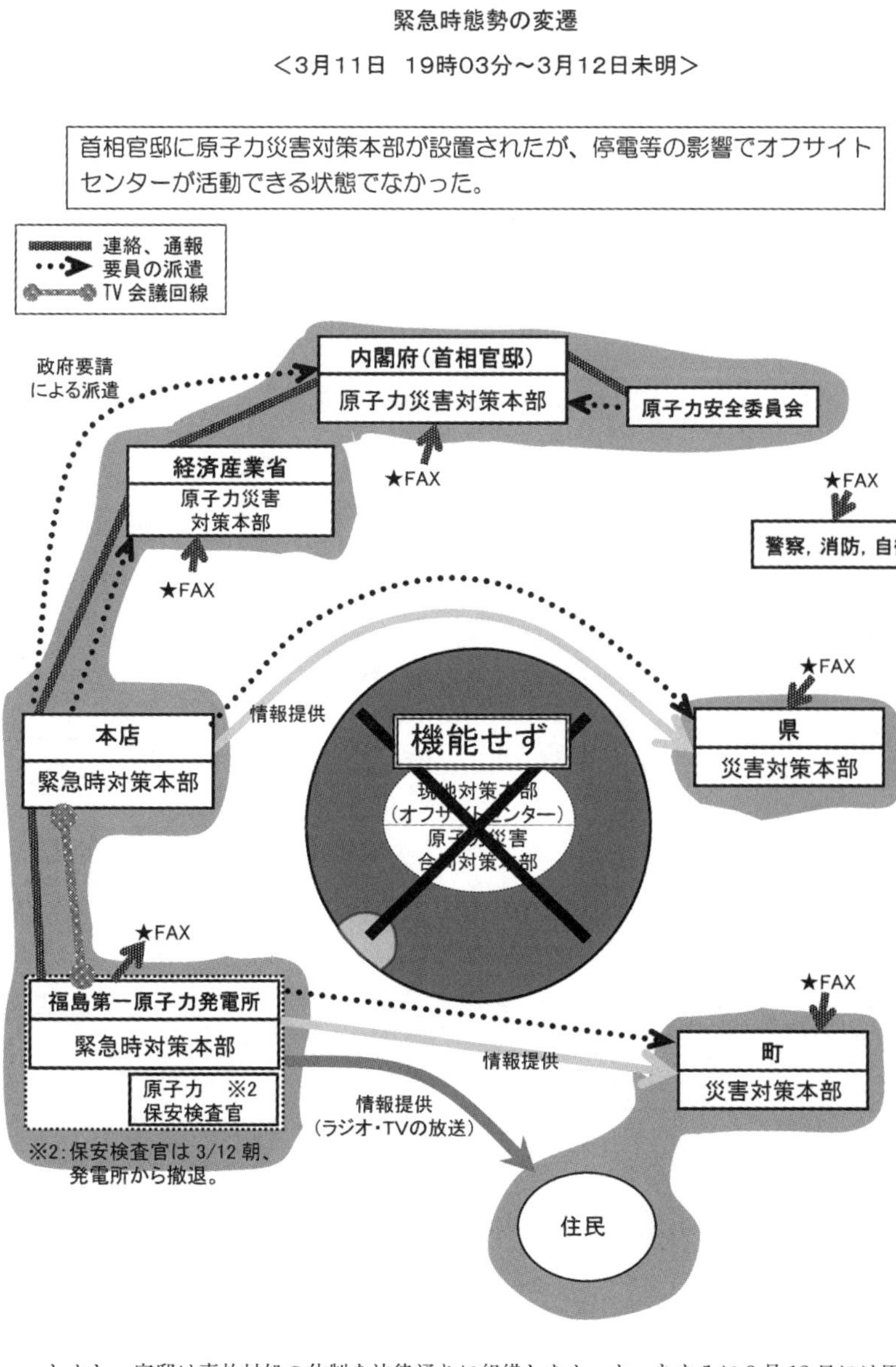

しかし、官邸は事故対処の体制を法律通りに組織しなかった。ちなみに３月 12 日には原子力安全保安官が福島第一原発から撤退している。

資料4－3　緊急時組織態勢の変遷

緊急時態勢の変遷

<3月15日　5時35分以降>

福島原子力発電所事故対策統合本部（現：政府・東京電力統合対策室）の設置を政府が発表。１２月１６日に統合本部解散。

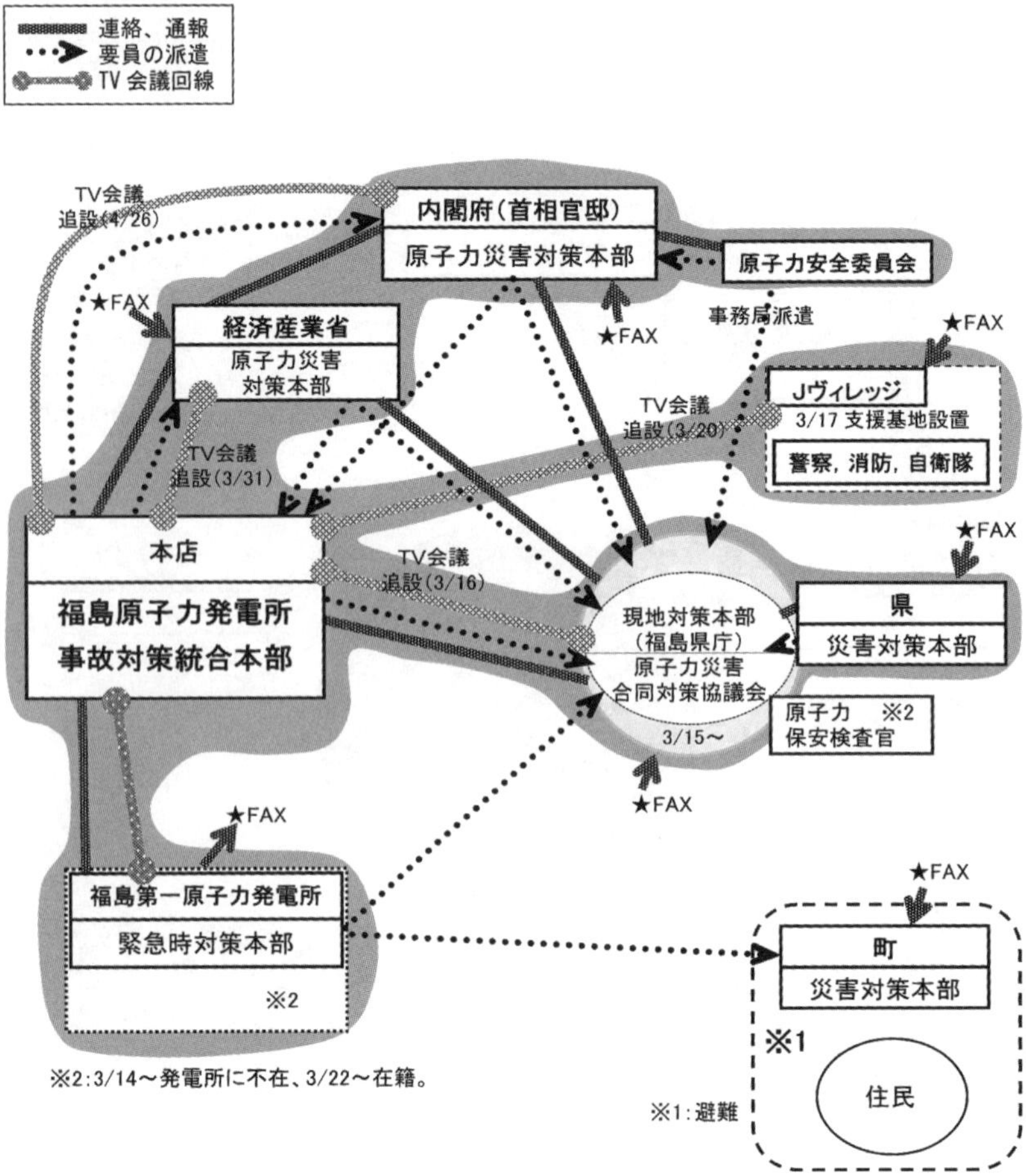

※2:3/14～発電所に不在、3/22～在籍。

内閣府、経産省、東電本店、福島県庁をテレビ電話会議システムで直結し、政府の原子力災害対策本部が原発事故対策の陣頭指揮を執るようにした。その結果、市町村は情報提供も不十分であり、かつ事故対応に関する意思決定にも参加できない状態にこの10余年置かれ続けている。

ことです。違法なことをしてしまったのが官邸なんですよ。ぜひこれは皆さんに知っていただきたい。

なぜこのようなことを言いたいかというと、これが福島の成功事例となって、もし仮に緊急事態基本法が制定されると皆さんの要求よりも官邸の都合によって原発事故は処理されると考えられるからです。処理しましたから、福島県の場合は。ヨウ素剤の問題も、避難の区域もみんなそうです。すべて官邸主導でやってきましたから。この次もし、運悪く例えば伊方発電所で何かあった時には、これが成功事例として緊急事態基本法に織り込んで、政府は絶対責任の無いように、もっともっと完璧に住民に不都合な部分を押し付けることが心配されます。

立地自治体は福島第一原発事故の教訓を生かせ!

そこで、今日、伊方町を訪問させていただきます。アポなしです。私は訪問に先立って、伊方町の条例規則、あるいは防災計画等に事前に目を通しました。安全協定にももちろん目を通して重要箇所にマーキングしました。私の経験から言うと、ちょっと実現は難しいなというような避難計画もあります。船で大分県の方に避難するようになってますけども、岬から、地震津波でもし避難するようになってしまったときに、本当に、伊方町の中心部から車で移動できるのだろうか。船を使うのは岬の先の方の人だけかもしれませんけれども、その船が接岸できるだろうか、そういう心配もあります。

また、ヘリコプターで避難させるって言ってますけれども、双葉町はヘリコプターを使いました。大失敗でした。ヘリコプターほど使い勝手の悪い輸送手段はありません。なぜならヘリコプターで、常識的に考えると、一番先に移動させなければならない重傷者を運ぶという、搬送するという風に誰でもなりますけれども、この人たちは一二日は最後まで避難できなかったんですよ。一三日までかかってしまった。普通に車を運転できて、自分で動ける人は一二日中にはほとんど双葉町から避難したけれども、自分で動けない人は、介添え者も含めて一三日まで取り残されました。輸送能力がないんですよ。夜は駄目なんですね。天候にも左右されます。あの時は天候は大丈夫でしたけれども、人員輸送の能力が低かったから、取り残されてしまった。これが反省もなく書かれていますので、大変心配をしております。本当に私たちの実害、本当の害をどのくらい反映されたのか、ということになるわけですけれども、いささか心配なところがあります。

伊方町の条例規則から入っていきたいと思いますけれども、「人権尊重の町づくり条例」というのがあるんですね。素晴らしい条例です。

「すべての人間は、生まれながらにして自由でありかつ尊厳と権利については平等であり、人間として尊重され、基本的人権の享有が保証されなければならない。これは人類普遍の原理です。私たちは日本国憲法、世界人権宣言の理念のもとに、（**『世界人権宣言の理念のもとに』皆さんこれを復唱してください。そして、調べてください。『世界人権宣言の理念のもと』というのがどういうものなのか調べてください。**）すべての人権が尊重され、差別や偏見のない明るく心豊かな伊方町を実現するため、ここに条例を制定する。」

原発から避難することとは、ものすごい負担です。そしてふるさとを無くされてしまった、この心の問題、癒されません。ふるさとだから、その風土だから、培える町民性。それが全く無くなる。子供たちは自分の学校の校歌が歌えません。歌う場所が無くなっちゃうんですよ。転校先の校歌を歌うしかないんですね。原発からの避難計画の存在は『差別や偏見のない明るく心豊かな伊方町』ということに対しては、非常に、全く矛盾します。暗くなって、未来のない、自分の人生・生活が壊される計画が存在するということは、この町づくり条例の基本的な理念から言うと、全く違う方向を向いています。これはおかしいと思いますね。ぜひここの由布市の条例はわかりませんが、皆さん、自分の置かれている立場を確認してみてください。自分の目で確認してください。

行政手続条例もありますね。第1条「目的」のところに、『公正の確保と透明性』と書いてあります。当然ですね、これは。「その内容及び過程が町民にとって明らかであること」という風になってます。「もって町民の利益保護に資することを目的とする」ということですから、何事も隠し事ができないと、町民から求められれば、求められなくても、隠し事はしちゃ駄目ですよということがここに書いてありますので、ぜひ確認して頂きたいと思います。

情報公開条例もありますね。「町民の知る権利を保障し、町民に説明することは町の責務」「町の責務が全うされるように」ということが書いてありますので、隠しちゃ駄目ですよ、町民に説明する責任が町執行部にあるんだよということが、条例の「目的」にちゃんと明記されております。したがって、この避難計画に本当に実現性があるのかどうかということについて、町民の了解を得る必要があると思いますね。合意形成を図ったのかということが私は非常に心配です。

今、順不同ですけれども、「伊方町災害補償規定」というのがありまして、これは「全国総合補償保険」というのがあって、全国の町村はこの保険に加入していると思います。双葉町も加入していました。そこに「補償金を支払わない場合」というのが、明記されております。伊方町の補償規定の中にですよ。伊方町はいま、原発を再稼働するかしないかで、いろいろな世論も議論もありますけれども「補償金を支払わない場合」というものについて、町民の方たちはわかっているでしょうか。九番目に「核燃料物質、もしくは核燃料によって汚染されたものの放射性、爆発性、その他有毒な特性もしくはこれらの特性による事故、またはこれらに随伴して生じた事故」これが九番目です。一〇番目には「前号以外のすべての放射線照射、あるいは放射能汚染」になった場合は、この保険金は支払われないですよということが明記されております。何かチグハグです

資料５　「伊方町総合災害補償規程」抜粋　　平成17年4月1日　訓令第7号

(目的)
第１条　この訓令は、全国町村会総合賠償補償保険に加入するのに伴い、伊方町（以下「甲」という。）が設置する学校の管理下にある者又は主催する社会体育活動、社会文化活動、社会福祉活動、社会奉仕活動その他甲が主催する活動及び行事等に参加中の者が身体に障害を被り、その直接の結果として死亡し場合若しくは後遺症害を生じた場合又は生涯により入通院した場合の補償について定めることを目的とする。

(補償する対象)
第２条　甲は、自己が設置する学校の管理下にある者又は自己が主催する社会体育活動、社会文化活動、社会福祉活動、社会奉仕活動その他の活動に参加中の者が急激かつ偶然な外来の事故（以下「事故」とする。）を生じた場合又は入通院した場合、当該参加者又はその者の相続人（以下「被災者」とする。）に対し、この訓令に従い補償を行う。
２　前項の障害には、身体外部から有毒ガス又は有毒物質を偶然かつ一時に吸入、吸収又は摂取したときに急激に生ずる中毒症状（継続的に吸入、吸収又は摂取した結果生ずる中毒症状を除く。）を含む。ただし、細菌性中毒は含まない。

(補償金額と補償基準)
第３条　甲は、別表の給付表に定める給付額を、補償金として被災者に支払うものとする。ただし、学校管理下にある児童・生徒については入通院補償給付金は対象とならない。

(補償金を支払わない場合)
第４条　甲は、直接であると間接であるとを問わず、次に掲げる事由により、被災者が身体に障害を被り、その直接の結果として死亡した場合若しくは後遺症害を生じた場合又は入通院した場合においては補償金を支払わないものとする。
（１）被災者の故意
（２）この訓令に基づき、死亡給付金を受け取るべき者の故意。ただし、その者が死亡給付金の一部の受取人である場合には、他の者が受け取るべき金額についてはこの限りでない
（３）被災者の自殺行為又は犯罪行為
（４）被災者の脳疾患、疾病又は心神喪失
（５）被災者の妊娠、出産又は流産
（６）大気汚染、水質汚濁等の環境汚染。ただし環境汚染の発生が不測かつ突発的事故による場合にはこの限りでない。
（７）戦争、外国の武力行使、革命、政権奪取、内乱、武装反乱その他これらの類似の事変若しくは暴動又はこれらに随伴して生じた事故
（８）地震、噴火若しくは津波又はこれらに随伴して生じた事故
（９）核燃料物質〔使用済燃料を含む。以下同様とする。〕若しくは核燃料によって汚染された物（原子核分裂生成物を含む。）の放射性、爆発性その他有毒な特性若しくはこれらの特性による事故又はこれら随伴して生じた事故
(10) 前号以外の放射線照射又は放射能汚染
(11) スポーツを職業又は職務とする者が職業上又は職務上行うスポーツ活動中に被った事故

(この訓令の適用除外)
第５条　この訓令は、次の各号の者には適用しない。
（１）甲の業務に従事中の甲の使用人（甲が甲の公務遂行のため委嘱した者で公務災害補償又はこれに準ずる補償を受ける者を含む）
（２）運動競技を行うこを目的として組織されたアマチュア・スポーツ団体で高等学校、高等専門学校、大学〔短期大学を含む。〕の学生・生徒・官公署・会社等の社会人により構成された体育部・競技部・運動クラブ等の団体管理下のスポーツ活動に参加中の当該団体の構成員

よね。原発によって経済的な利益を得るというのと、町民の損害が増すというのと真逆の方向を向いていますね。町民の幸せ（を優先するの）であれば、この規定のなかにこれら九・一〇番目に該当するものは〝免責〟じゃなくて、〝支払います〟という風に私は直すべきだと思っております。伊方町民の皆さんどのくらい分かってるでしょうか。とても心配です。

また消防団、消防署職員じゃなくて消防団の宣誓書というのがあってですね、これもですね、宣誓書によって、命令によっていかなるところにも行かなければならないようにされています。

「防災基本計画」の資料編のなかで、九－一二「災害対策基本法」「原子力災害対策特別措置法」の抜粋ということで書かれております。「災害対策基本法」第五条第一項「地域防災計画」ということで、「市町村は基礎的な地方公共団体として、当該市町村の地域ならびに当該市町村の住民の生命、身体、および財産を災害から保護するため、関係機関及びその他の地方公共団体の協力を得て当該市町村の地域にかかる防災に関する計画を作成し、および法令に基づきこれを実施する責務を有する。」

いつのまにか、原発事故から住民を守る責任は地方公共団体、いわゆる立地、周辺も含め、地方公共団体が責務を有すると書かれちゃってるんですね。分かってたでしょうか。私はこれは不徳の致すところで、強く反省いたしますけれども、分かりませんでした。一方的に責務は国にあるものだと思っていましたけれども、こういう風に書き替えられているというか、振り替えられてしまっている。じゃあ伊方町長さん、あなたは大丈夫ですか、と私は言いたい。あなたの責任ですよ、とここに書いてあるわけですから。避難によって失われた生命、身体、および財産、これを保護しなければならない。いったん町から離れてどうやって保護するんでしょうか。どのように保護するんでしょうか。町が無くなった場合。その話、お会いしてぜひ訊きたいな、とそんな風に考えております。避難計画そのものの存在が、もう保護に値しませんね。こんなことがいっぱい書いてあるんですよ。本当にあきれるばかりです。

避難がいかに苦しいか、その覚悟がありますか

最後になりましたが、今伊方町はいろいろな経済団体の要望か圧力かわかりませんが、再稼働を急いでいるようです。由布市の皆さんも、その再稼働によって利益を得ることができるのでしょうか。そのために利益を得るとなれば、これは共同正犯と言っては言葉の使い方を間違えていますけれども、それに近いから、文句を言える立場でないと切って捨てられるかも知れません。しかし、全く利益のないのに、伊方町が自分たちの利益のために原発を稼働して、もし事故があった時に「助けてくれ」ということが言われたときに、納得いくでしょうか。「ああいいよ。どんどんおいで」そう言えるでしょうか。

私ははなはだ疑問ですね。私たちは、幸か不幸か初めての事故だったから、全国から支援を受け、そしてまた全国に避難して生活させてもらっております、現在も。しかし、今は世論が当時とは全く逆です。再稼働するなという世論が圧倒的に多い中で、伊方町長さんが今度、再稼働を決断する番になっているようですけれども、それは経済的な理由で町の振興を図るとか、何か雇用を図るとか何か言ってますけれども、全く自分の都合ですね。自分の都合でもの言って考えてやろうとしていますけれども、自分の利、自利ですね。じゃあ、他利、他は損でいいのか。そういう状態の中で、やっぱり事故が起きてしまった、助けてくれ、と果たして言えるでしょうか。全国に向かって。

「全国の国民の皆さん助けてください」「困りました」

私は、**言えない**と思いますね。言っちゃいけない立場に彼は今あると思いますね。世論は反対ですから。それを押し切った町民の皆さんも、同じく「来るな」「あれほど反対したのに、自分勝手にやっておいて、困っ

たから助けてくれ？　来るな」と言われることが大変心配です。私の実感からして、大変心配です。

私たちは、いろいろな非難、誹謗中傷のなかで今日まで来ているんですよ。

「お前たちが原発を誘致したから」

「お前たちのせいで私たちはこんなになってしまったんだ」

多くの福島県民から言われていい、い、い、い、い、い、い、ます。

「お前たちのせいで」

言われているんですよ私たちは。

避難先では、車に傷をつけられ、子供はいじめにあい、大人だって「双葉町から来た」って言えないような環境にあります。

極端な例を申し上げます。これは事実ですから。町ごと避難した埼玉県の旧騎西高校で毎日毎日弁当、冷たい弁当を食べさせました。これは私の決断です。大量に食事を作るということになったら、いつかは食中毒を起こす。とんでもないことになる。だから、衛生管理がしっかりした、あるいは保障がしっかりしている業者に頼もう、ということで弁当にしました。弁当に飽きるわけですよ。弁当、嫌なんですよ。しかし嫌って言えない。そういう環境に私は町民を置いたんですね。彼らは、たまには鰻屋さんに、近くの鰻屋さんに食べに行ったんですよ鰻を。そうしたらなんと周辺の声が盛り上がったんです。

「**避難民のくせに鰻食ってる**」

「**避難民のくせにパチンコやってる**」

「**避難民のくせに酒屋に来て、酒飲んでる**」

「**避難民のくせに**」**と、私たちが言われてきたんですよ。**

今度は伊方の町民の皆さん、「お前たちはここには来るな」「どっかよそへ行け」「お前たちの都合でこうなったんじゃないか、自業自得だ」と言われる可能性は非常に大きいと思いますね。

――怖いですよ。原発は。

国は責任を取るべきでかつその権限も持ちながら、その責任を全部権利のない地方公共団体に押し付けている。この事実を、こんなきれいな湯布院の皆さん、ぜひ、多くの皆さんに知っていただきたい。そして、「湯布院には放射能をよこすな」という声を〝今〟あげないと。黙ってると「黙ってたじゃないか」と「了解してたんじゃないか」と。黙っていることは了解につながりますから、やがて言われる可能性がありますので、「放射能の避難民もいらない」と、「私たちは自分の生活で精いっぱいなんだ」「自分のこのきれいな町を守ることで精いっぱいなんだ、努力しているんだ、頑張ってるんだ」「原発に頼らずに暮らすために自分たちは頑張ってるんだ、努力しているんだ」と、正々堂々と発言して、大きな声を出していただきたいと思っております。

ありがとうございました。

第二部　考察：福島第一原発事故と環境倫理学

1章　あらためて問う、環境倫理学は誰のためのものか

はじめに

第一部の四つの証言を受けて、原発事故後のリスク社会（ウルリヒ・ベック）における、環境倫理学を新しく語りなおそうとするにあたり、はじめに今後も環境倫理学がいやしくも成立するとしたなら、その環境倫理学の主語は何か、言い換えれば環境倫理学における主体性はどこで、どのような形で確保されるのかという課題設定のもとで考察をする。

福島第一原発事故が引き起こした多岐にわたる問題のなかには、事故の当事者たる東京電力や国の倫理の問題が含まれる。さらに（関東地方在住であれば）東京電力から原子力によって起こされた電気を購入してきた者たちの倫理、事故であらわになったとてつもない核のリスクをこれからも等閑視し続けるのか、という形で全国民の倫理もまた問われている。福島第一原発事故発生後の倫理学は、この全国民の倫理的な責任のあり方を考察の主題に据えてもあながち不当とはいえないであろう。

倫理学には純粋に倫理そのものを研究する他に、特定分野の個別の倫理問題を扱う応用倫理学がある。そのなかでも環境に関する倫理問題は、環境倫理学において問われることが多かった。そもそも倫理学は端的にいえば、人々が善く生きるとはどのように生きることか、を問う学問であり、環境倫理学は人間と環境との関係にお

いてそのことを問うことを主題としている。この場合の「環境」は自然環境ばかりではなく、人工物で構成された環境をも含む。

倫理学の講義のなかでは一般的に、環境倫理学の直接の源流は一九世紀後半から二〇世紀初頭にかけての自然環境をめぐる、アメリカでの議論にあったと言われることが多い。そこでは自然環境は人間のために維持保存されるべきものなのか、それとも自然そのものの価値ゆえに保護されるべきものなのかを主題にして議論され考察された。つまり、人間は自然環境そのものの価値を認めて保護することが善く生きることなのか、自然環境が人間に役立つからこそ保全することが善く生きることなのか、が問われたのである。

しかし時代が下って、前提となる自然環境が変化してしまった。この後折に触れて言及するが、現在の地球は社会学者のウルリヒ・ベックが言うところの「リスク社会」にあることは疑いない。「リスク社会」とは、人間が自然環境中に放出した放射性物質並びに人工化学物質によって、もはや自然環境そのものが人工物を含みこむ形に改変されてしまっている状況をさしている。その帰結として人工物と自然物がないまぜになり、もはや区別ができないリスクを、人間に対して（あるいは他の生物に対しても）もたらすようになってしまった、ということを意味している。

古くは大気中の核実験によって全地球規模で低線量被ばくが生じ、核関係以外ではダイオキシン（ある研究によると、日本人の新生児のへその緒から血液を採取すると一〇〇%検出されるという[1]）や、海洋汚染の主要因の一つとして近年よく知られるようになったマイクロプラスチックを例にとると分かりやすいだろう。もちろん、チェルノブイリや福島第一原発から放出された放射性物質も、どの範囲まで、どれだけの量が拡散されたか不確実な状況であるし、その被害の範囲も福島県民、あるいは日本人だけに限定されると確言できないのであるから、まさに現代社会は「リスク社会」そのものなのである。

ベックは社会学者として、「リスク社会」のありさまや構造を記述することに専念する。しかし、原発から自然環境にばらまかれた放射性物質が追加被ばくをもたらす状況は、どう少なく見積もっても人間にとって良好な環境であるとはいえない。したがって、人間と環境との関係において善く生きることを考察する環境倫理学は、究極的には全く望まない形の、自らにとって全く利益のない追加被ばくを蒙ることのない環境を善しとする。

そこで本章ではまず、日本の環境倫理学のパイオニアの一人である加藤尚武の議論を手掛かりにして、環境倫理学が福島第一原発事故が引き起こした重大かつ複合的な倫理の問題に必ずしも応えきれていない理由を考える。さらに、環境倫理学なるものが原発事故の影響下で生きざるを得ない状況にあって論じ得る価値があるとすれば、そのための条件は何であり、またそれは、誰のための倫理でなければならないのか、検討してみたい。

1 加藤尚武による山下俊一「ニコニコ発言」擁護

二〇一一年三月一一日に起きた東日本大震災と、それと複合して発生した東京電力福島第一原子力発電所の大事故によって、東北地方を中心に甚大なかつ複合的被害が生じた。なかでも放出された放射性物質による汚染は巻き込まれた多くの人々の生活を不可逆的に変えてしまった。この苛酷事故は、人類の生存それ自体を脅かすほどの威力をもった公害であったと言える。国会事故調査委員会の報告書に人災であると断定されたのをはじめ、今日では多くの報道やルポルタージュ、あるいは被災者により提訴された十指にあまる裁判によって、国と東京電力をはじめとする原子力発電に直接の責任を負いかつ権限を有する側に、大きな過失があることが明らかにされてきた。また、原発事故後の国や地方自治体による一連の施策にも、大小さまざまな問題点があることが指摘されている。

こうした状況に対して、多くの学問分野から応答が試みられてきているが、では人文科学の一角を占める環境倫理学は適切に応答してきたであろうか。あるいはまた、応答し得るだけの知を持ち合わせているだろうか。

　環境倫理学が人口に膾炙し、高校公民科の教科書にも取上げられるまでになった最も大きな要因は、序文でも触れたように加藤尚武が『環境倫理学のすすめ』（丸善ライブラリー）をはじめとする諸著作で〝環境倫理学〟という応用倫理学の分野があることを知らしめ、さらに諸省庁の懇談会や審議会などにおいて環境諸科学の研究者や諸省庁の官僚たちと同じテーブルで議論してきた、という一連の行動にある。過去の哲学者の中には保守的な思想に基づいて、一九五〇年代から七〇年代にかけて教育政策に影響を与えた天野貞祐や高坂正顕など[2]もいるが、環境倫理学に加え生命倫理学に与えた影響の大きさも鑑みれば、加藤の実社会に及ぼしてきた影響と功績の大きさは、戦後日本の哲学者の中でも一、二を争う。

　ところが、二〇一三年一二月一日に催された日本生命倫理学会第二五回大会のシンポジウム「低線量被曝と生命倫理」に登壇した加藤は、山下俊一（福島県放射線健康リスク管理アドバイザー、長崎大学医学部教授＝ベラルーシでチェルノブイリ原発事故が原因で甲状腺ガンになった患者の診療にあたった実績を持つ）が、二〇一一年三月二一日の福島市内講演会（於：福島テルサ）において、原発事故により放出された放射性物質が発する線量が年間一〇〇mSvの被ばくに相当する線量よりも小さいために、被ばくによる健康影響はない（だから安心しろ）と発言していた（いわゆる「ニコニコ発言」、その他複数の会場でも同趣旨の発言をした）ことについて、次のように述べたという。

「山下俊一について、私は彼の人柄が御用学者を買って出るような卑しいものではないと知っているので、彼の『閾値あり』論を支持する。[3]」

さらに次のようにも述べている。

「過去の膨大な病態誌の記述を背景にした……経験値に基づく山下の直観が信頼できるということと、

彼の人格が徳性を示しているということとは、密接に結びついている。それ〔＝山下の徳性〕は、彼を直接知ることなしには分からない。[4]」

このような加藤の発言に対して同じ登壇者であった宗教学者の島薗進は次のように述べている。

「3・11後の状況で山下は被災地住民から、その発言がとても信頼できないと受け止められた。加藤氏は、そのような衝撃を受けた住民たちは、山下を『直接に知ること』がなかったとでもいうのだろうか。自分の個人的な付き合いに基づく判断が公共的な討議の場で実効性を持つとなれば、情実に基づく判断がいくらでも通ってしまうだろう。[5]」

このシンポジウムで加藤は他にも様々な発言をしていて、島薗はそれらを実に正確に分析して反論している。当の山下自身はどうだったのだろうか。

当の山下俊一の矛盾する発言の数々

東京新聞記者の榊原崇仁は、原発事故当時の甲状腺被ばくをめぐる政府の対応の核心に迫る著書『福島が沈黙した日　原発事故と甲状腺被ばく』（集英社新書）のなかで、情報公開請求を通して取得した放射線医学研究所（放医研）の電子掲示板の記録から山下の見解を取上げている。それによると、よりにもよって「ニコニコ発言」当日の二〇一一年三月二一日に、山下はすでに大熊町から福島県庁に移転していたオフサイトセンター（政府の現地対策本部）において、「小児の甲状腺被ばくは深刻なレベルに達する可能性があり、それを防ぐための早急な対策が必要[6]」と述べていたという。これはどういうことなのだろうか。もしこの発言が本当ならば講演会での「ニコニコ発言」は会場に集まった人たちをだましたことになりはしないか。榊原が山下に真意を問うたところ、「……三月二一日、福島テルサでの講演は、二一日時点での福島市民の皆さんへの説明です。オフサイトセンターでの保田、立崎両氏との会話は、原発事故直後のデータがなく、状況が分からないなかで避難指示区域の状況把握に関してコメントしたものです（傍線筆者）。[7]」つまり、第一原発から直線距離で六〇㎞ほど離れた福島市と、原発から二〇㎞圏内の避難指示区域とでは状況が違う、と主張している。

また山下は、二〇一一年五月一日に福島県立医科大学が主催した県民健康調査スキームに関する打ち合わせに出席し、「ＪＣＯ事故と同じ考え方なら一mSvでも補償の問題が出てくる」「ＪＣＯ事故での補償費・医療費を合わせた総額は一〇〇億‐二〇〇億円。財務省に対して要求するならば生活保障、医療費等まですべて含めると毎年一五〇〇億円か、かなり大規模になる」と専門家ならではの試算をしている。[8] その一方で五月三日には二本松市での講演の質疑応答の際に、「一〇〇mSv以下では明らかな発がんリスクは起こりません」とも述べ、福島県民が晒されている最大の危険として「風評被害」と「精神的なダメージ」を挙げ、あたかも放射線被ばくのリスクが相対的に小さいようにしか聞こえない発言をしている。

そもそもＪＣＯ事故とは、一九九九年九月三〇日に茨城県東海村のＪＣＯ東海事業所で、核燃料サイクル機構が建設し運転していた高速増殖炉の研究炉である「常陽」で、燃料として使用されるウラン濃縮度一八・八％の硝酸ウラニル溶液を製造していたところ、当の硝酸ウラニル溶液が臨界に達して大量の放射線を発生させた事故である。この事故では作業員二名が高線量被ばくが原因で亡くなったほか、半径三五〇ｍ以内の住民に国内で初めて避難要請が行なわれ、同一〇㎞圏内の住民に屋内退避勧告が出された。こうした避難者や屋内退避勧告を受けた住民たちに対して、茨城県は「ＪＣＯ事故対応健康管理委員会」を設置し、国の責任の下で県が実施主体となり、健康診断を実施した。健康診断の対象者は、年間被ばく線量一mSvを超えた者および避難要請区域内の住民の内の希望者とされた。これら対象者は、原子力委員会内に設けられた「健康管理検討委員会」の報告に基づいて定められたものである。同委員会はＪＣＯ事故に伴う確定的影響もなく、確率的影響も検出不可という観点から、

ＪＣＯ事故に起因する周辺住民への健康影響はないとしている。しかし、対象者を一mSvを超える者としているところからは、ＩＣＲＰ一九九〇年勧告が公衆の線量限度を年間一mSvと定めたことに倣っているものと考えられる。[9]上述の打ち合わせにおける山下のＪＣＯ事故と同じ考え方という発言は、こうした点を踏まえたものである。

ところで、二〇二〇年三月四日に福島地方裁判所で開かれた「子ども脱被ばく裁判」第二六回口頭弁論に山下は出廷している。

原告人弁護士から「放射線の影響は、実はニコニコ笑っている人には来ません。クヨクヨしている人に来ます。これは明確な動物実験で分かっています」[10]という、このいわゆるニコニコ発言の真意を問われた山下は、聴衆の「緊張を解く」つもりで発言したと主張した。[11]これについて、聴衆を愚弄するものではないかと原告弁護士が質問したところ、山下は「不快な思いをさせた方には誠に申し訳ない」と返答した。[12]さらに、一〇〇mSv以下の追加被ばくによる健康被害や発がんリスクの因果関係が立証されていないものの、それらのリスクを否定もできないのであるから、被ばくはできる限り避けたほうが良いのではないかという原告弁護士からの質問に対しても、山下は否定せずに「そう思う」と答えている。[13]ではこの法廷での発言と二〇一一年当時の講演会における発言、さらに同日のオフサイトセンターにおける発言並びに県民健康調査スキームに関する打ち合わせ時の発言との内容の乖離は一体どこから生じているのか。

また、山下は先の証人喚問の際、「ニコニコ発言」について「放射能に対する不安を払しょくすることが目的だった」と述べた。しかし、オフサイトセンターでの発言を除いて、事故当時の避難指示区域内外におけるリスクの大小の区別を山下は特にしていない。その区別がまっとうなものであるなら、榊原記者の取材に対応して初めて述べるのではなく、もっと早くから述べるべきだったのではないか。しかし、オフサイトセンターで山下と先の打ち合わせをした一人である立崎英夫は、当時避難区域の拡大が頭にあったなかで、「山下先生が『場合によってはさらなる避難を考えないといけない』と話をしていたのは覚えています」[14]と述べている。この証言から、山下は事故当時福島市内や原発から離れた避難指示区域外が安全で、危険なのは避難指示区域であると明確に分割できるという考えではなかったとも推察できるが、どうであろうか。

いうまでもなく、放射性物質から出る放射線は危険なものであり、通常は管理区域を設けて厳重に有資格者によって管理されている。そのようなものが生活空間に蔓延して不安に思わないほうがおかしい。事実、先のJCO事故において健康診断の対象者に避難要請区域外の住民の希望者が含まれているということは、事故による被ばく量が一mSvに満たなくても不安を覚える人々がいるということを前提に制度設計がなされたことを意味する。そのことを考えると、低線量被ばくによる疾患発生の可能性を文書で記しておきつつも、できる限り被ばく線量を下げる実効的な行為を提言することもなく、いたずらに住民の不安を払しょくしようとする発言は明らかに矛盾しているし、その意図自体の倫理性が問われてしかるべきなのである。[15]

2 加藤尚武『災害論』(二〇一一年)の問題点

加藤尚武はこの山下の釈明を時系列的に知りえなかったとはいえ、日本における環境倫理学の事実上の創設者であり、第一人者である加藤が山下の一連の発言を擁護したことは、重大な問題である。本書では手はじめに、山下擁護を可能にした加藤環境倫理学を分析する。そのことによって、環境倫理学が今後留意すべき点や、問題意識として持たねばならない論点が明らかになってこよう。

加藤の著著『環境倫理学のすすめ』(丸善ライブラリー、一九九一年)と『新・環境倫理学のすすめ』(同、二〇〇五年)は共によく読まれたが、そのなかで「公害」を表立って主題として扱っている章は一つもない。

しかしそのことだけでは、単に環境倫理学のなかに「公害」を積極的に位置付けようとはしなかったと推測できるだけで、山下擁護論が直接このことから導出されるわけではない。

原子力発電事故の法的責任論

加藤は二〇一一年に『災害論』を書いている。これは、福島第一原発事故を踏まえて、原発に関する国民的合意形成が可能かどうかを探る一書として刊行されたものである。加藤はこのなかで、H・W・ルイスが示した原子炉の安全性に関する確率論的安全評価に関する考え方を批判する。加藤によると、ルイスは「最悪の事態を想定すれば安全のコストが無限大になるから、最悪の事態への対処を設計に盛り込んではならない」が、「安全コストの上限を定める客観的な方法はない」と述べているという。そうすれば必然的に原子力事業者側は事業の収支計算と折り合う形でのみ安全コストを計上することになる。[16] しかし原発事故のような「異常な危険」は、一度起きれば損害の受忍限度を超えるものになる。そこで加藤は「損害想定額×発生確率」という損害の期待値に基づくリスク評価とは別の形の評価が必要になる、と主張する。[17]

加藤は過失責任の範囲について、被害からの原状回復が可能な、何度も反復可能な（しかし反復可能とは酷な言い方である）リスクに限定すべきだとする。過失責任は一般に、「人間の過失を完全に予防することは人間の自由を奪うことになりかねないから、その発生を一定の社会的許容度以内に抑えるために罰則を課する制度」とされる。この前提のもとにおいてのみ、「損害想定額×発生確率」という期待値の計算式に基づいてリスクを算出することが許される。これに対して、加藤は完全な原状回復は不可能であり、一度生じたら取返しがつかないので、その発生を防がなければならないリスクに対応する法的責任は、無過失責任として別枠で考えるべきだとのべる。その論理に従えば、東京電力福島第一原発事故には無過失責任が当てはまるので、東電、あるいは国側に地震津波による原発破壊の因果関係が想定外であったという言い訳は通らないことになる。[18] 実際に、「原子力損害の賠償に関する法律（原賠法）」（一九六一年）ではこの無過失責任原則が採用されている。しかし、要補償額が一二〇〇億円を超える場合は国家が肩代わりするという規定が、東電に対する責任を骨抜きにしている、そう加藤はまとめている。[19]

ところで、数理統計学者の竹内啓は、その著書『偶然とは何か』において、科学技術の発展がスーパーコンピュータやジャンボジェット機をはじめとする超複雑なシステムの製作を可能にしたと述べる。この竹内言うところの超複雑なシステムの構造は、一カ所の欠陥が全体の機能を失わせる可能性を秘めており、この範疇に当然原子力発電所も含まれるものと考えられる。

一般的な大量生産の場合、どの生産物が欠陥品になるかはわからなくても、常に欠陥品の発生する割合が一定になるので、その割合を下げる方策が必要になる。しかし、ジャンボジェット機にしろ、原子力発電所にしろ、それらを構成するすべての部品のなかに一つでも欠陥があったら取返しのつかない事故が生じる可能性があることを、私たちは既に知っている。[20]

であればどうしたらよいか？ 竹内は、人間がつくりあげるこれら超複雑なシステムの場合、取返しのつかない事故の発生確率をできる限り小さくするように努力しなければならない、という[21]（後述するＩＣＲＰの勧告のように、経済的合理性の許す限りにとどめようとするものではない）。竹内の言う「できる限り小さい確率」とは、事実上ゼロであり、超複雑なシステムの技術が目指す目標がそれなのだ。加藤が原発事故については「損害想定額×発生確率」という期待値で算出される従来の過失責任論とは別の形の対応が必要、と述べたことと竹内の主張する趣旨は一致している。

竹内は原発についても許容リスクはゼロであり、事故発生確率を事実上ゼロにしなければならないと明言する。[22]さらに竹内は、この事実上ゼロにするための方策について、事故の発生確率を一億分の一、あるいは百億分の一になるくらいまで下げることを求める。具体的には以下のようにすべしという。

「そこである事象が起こる確率が極めて小さくなるようにするには、いくつかの〔個別〕事象が同時に起こらなければその事象が起こりえないようにしたうえで、それぞれの個別事象の起こる確率を検証可能な小さい水準に抑えるようにすればよい。……一つの安全システムが失敗する確率が千分の一の互いに独立なシステムを四重に設けておけば、全部が失敗して大災害が現実化する確率は一兆分の一となって、これは十分小さくて事実上ゼロと言えるだろう。現実に極めて高度の安全性を保障されていたシステムが大事故を起こしてしまった場合には、実は何重にも設けられていた安全システムが実際には互いに独立ではなく、共通の一つの要因によって同時に機能しなくなってしまっていた場合が多い。[23]」

つまり、複数用意される安全システムの弱点が同一にならないように、かつ、あるシステムがフォローできない点を別のシステムがフォローできるように設計する必要がある。言い換えれば、多重防護システムにおいて、そのなかの一つ一つの防護機構がカバーしきれない弱点が共有されるようにして、ある一つのアクシデントによって全ての防護機構が突破されて大事故に至るという、いわゆる「スイスチーズモデル」が当てはまらないように設計する必要があると説いているのである。

しかし二〇一一年の福島第一原発事故は、複数の安全システムが互いにフォローしあう関係にはなっていなかったことに起因する。したがって、国と東電が超複雑なシステムを扱うことができなかった責任を問われることになる。

加藤の主張は、竹内の以上の主張と相通じていて、決して的外れなものではなかった。加藤もまた、竹内の立論から導かれる結論と同等に原発事故に関する東電の責任は大なりと認める観点に立っている。にもかかわらず山下擁護へと帰着したのはなぜだろうか。

テクノ・ポピュリズムへの過剰な嫌悪

加藤尚武はいわゆる「原子力ムラ」の存在を認め、原子力科学者、原子力工学者たちは内部では極めて〝民主的〟な姿勢で研究を遂行しているが、外部の原発労働者に対しては極めて支配的な姿勢をとると指摘している。それゆえに、原子炉を日々扱う労働者からのトラブル情報などを正しく受け止めることができず、例えばJCO事故に代表されるような事故を防げなかったのだとする。[24] 原子力科学者や原子力工学者たちが、専門家にしか技術を理解することはできないので、素人市民は専門家の判断を一〇〇％信頼し任せるべきだという態度をとって、実際に素人市民の意見や要請を全く受け入れずに行動するなら、それは科学者や技術者たちによる「テクノ・ファシズム」ということになるだろう。[25]

では、専門家が市井の人々に情報公開をし、意思決定を市井の人々にゆだねればよいのか。加藤は、情報公開することによって市井の人々が必ず正しい結論を出すという考え方を「テクノ・ポピュリズム」と称してこれを退けるのである。[26] この「テクノ・ポピュリズム」への警戒や嫌悪を加藤は『災害論』のなかで再三吐露している。

「『科学的な真理や技術開発の予測に関して、投票によって多数決で決定するなら、最も適切な判断が導かれる』という前提は正しくない。投票は、科学的真理や因果関係の認識が正しいかどうかを決定するために行われるのではない。[27]」

「しかし、〔テクノ・ポピュリズムには〕例えば国民投票で科学的に間違った決定を下す可能性がある。国会の審議でも科学的な間違いを含んだ法案が可決されることがある。[28]」

冒頭で述べた二〇一三年日本生命倫理学会シンポジウムにおいても、加藤は次のような発言をしている。

「民主主義は、素人の合意が合理的な決定を下しうるという怪しい仮説の上に乗っかっている。公共的な選択が、専門家の判断を必要としないなら、例えば低線量被ばくの危険度が、だれの目にも明らかな日常的経験で判定可能であるなら、民主主義万歳。しかし、ほとんどあらゆる公共的な選択が、専門家の判断を必要とするとき、民主主義国家は『愚者の船』となって大海原を漂う。[29]」

ここに、『災害論』で表明した「テクノ・ポピュリズム」への忌避感がなお反映されているとみることは容易である。そして、原発事故直下の為政者はテクノ・ポピュリズムを回避するためには、「専門家」の判断に依存せざるを得ず、結果的に市井の人々はその「専門家」の判断に従属せざるを得ないとして、加藤の口からはその人格高潔たるを知る山下を擁護する言が発せられたのである。

加藤「環境倫理学」はなぜ有効性を失ったのか

加藤は市井の人々が専門的事項に関する意思決定を独力で主体的に行なうことができないという観念に固くしばられている。確かに、市井の人々が科学者や技術者に対する不信感から、科学的な見方や証拠の一切を自らの意思決定から排除したり、自分たちの思いを無条件にそれらに優先させたりするならば、加藤の言うことは間違っていない。しかし、科学技術に関して意思表示をする、あるいは意思決定をする際に、専門家と素人は水と油のように全く分離対立した関係にあって、専門家集団が決定権を独占するか素人市民の投票行動（直接民主主義？）によって決定するか、どちらかしかありえないとでもいうのであろうか。後述するが公害反対運動や環境保護運動の歴史や、現在進行形でこれに携わっている人々を見るなら、当事者意識のある人々が専門家を一律に敵視して排除する態度をとることはほとんどない。逆に、そのような人々は専門家とつながり、専門家の支援を受け、自分たちもまた非常によく勉強する。そんな彼らへの信頼が運動の裾野の広さと足腰の強さを形成し成功へとつながっていくのである。かといって対立する専門家集団との代理戦争のような形になるわけでもない。つまり加藤が想定する「テクノ・ファシズム」と「テクノ・ポピュリズム」の極端な二項対立は現実には存在していないし、倫理学的な概念装置としても適切ではない。

加藤は通常の公害反対運動のケースとは異なり、山下俊一の「ニコニコ発言」擁護は原発事故直下において速やかな判断が求められるが故に生じた問題だと主張するかもしれない。しかし、3・11の原発事故の際に起こっていたのは、大量の放射性物質の放出とこれに伴う環境の汚染である。山下の「ニコニコ発言」前後の郡山市の空間線量率は、三月一五日二一時五〇分に毎時三・五五μSv（マイクロシーベルト）に達した。さらに同日の福島市の空間線量率は、二一時三〇分に毎時二三・一μSvにまで達した。「ニコニコ発言」当日の三月二一日一四時は福島市で毎時七・四一μSv、郡山市で毎時一・九八μSvを観測している。[30]

そのような、追加被ばく量が毎年一mSvを超えるほど汚染された周辺環境は、「核原料物質、核燃料物質及び原子炉の規制に関する法律」、いわゆる炉規法によって「周辺監視区域」に分類され、核燃料物質使用者は一般公衆が許可なく立ち入れないように制限することが求められている。この「周辺監視区域」、場合によっては事故当時「管理区域」（三か月間で一・三mSv以上の追加被ばくを蒙る区域）に該当するような地域に人々が留め置かれるということは、違法状態に数万人の人間が留め置かれていることを意味する。これをそのまま留め置くということであれば、専門家には炉規法や電離放射線防止規則、いわゆる〝電離則〟を覆すに足るほどの科学的根拠がなければならないはずである。

だが「国会事故調査委員会報告書」を読む限りにおいて、国や福島県は原発立地及び近隣の自治体を中心に避難指示を出すものの、原発事故に伴う長期間の避難を全く想定していなかったことが分かる。[31] 事前の準備が著しく不十分だったために、福島県内の浜通り地区だけでなく中通り地区の自治体までも対象にした避難、あるいは効果的な放射線防護は実施できなかったと言える。一般国民だけでなく科学者でさえも追い詰められた状況であったからと言って「ニコニコ発言」を擁護することは、避難や防護を著しく不十分にした構造上の欠陥を無自覚的に「やむを得ないもの」とし、その欠陥を温存することにつながる可能性がある。また、福島県を中心に多くの国民が違法状態のなかに留め置かれていたという事実を過小評価したうえでの判断だと言える。

ところで、イタイイタイ病を引き起こしたカドミウムに汚染された富山県神通川流域の約一万五〇〇〇haの農地の土壌改良事業は、昭和五四年（一九七九年）に始まり平成二四年（二〇一二年）に終了しており、実に三三年かかっている。[32] 他方、規模だけで言えばイタイイタイ病よりもはるかに大きい福島第一原発に起因する被災の完全な解消は、当然三三年以上かかるだろう。福島第一原発事故が史上最大の公害の事案である以上、加藤の環境倫理学とは異なる枠組みを目指す必要がある。

確かに加藤は鬼頭秀一らとともに環境倫理学を一九九〇年代以来、日本の学術界内外でけん引してきた。しかしそのテクノ・ポピュリズムの忌避が原因で、加藤「環境倫理学」は規範学としてはもはや有効性を失っている。つまり、倫理学がよって立つべき事実認識の枠組みにゆがみがあると考えられる。原発事故後の人々の「生」をいたずらに傷つけずに尊重する規範学として環境倫理学を立て直すためには、第一部の四つの「証言」と真摯に向き合い、理解し、事実を適切に認識するための記述枠組みが必要となる。[33]

3　いわき放射能市民測定室「たらちね」と、新しい環境倫理学の前提となるリスク社会の顕在化

原発事故の解釈枠組みとしてのウルリヒ・ベック『リスク社会』

第一部「証言」のなかで、特に「いわき放射能市民測定室たらちね」の活動を理解するうえで、非常に助けになるのがウルリヒ・ベックのリスク社会学である。ベックは原著 *Risikogesellschaft*（邦訳『危険社会』）を

一九八六年に世に問うている。チェルノブイリ原発事故の起きた年である。もっとも、独語原文だけで三七四頁もある大著を事故後のわずかな時間で書き上げることは不可能であろうから、事故前から執筆していたと考えられる。であればなおのこと、放射性物質飛散後の社会を不気味なほどに言い当てていることに驚く。

ベックのリスク社会論の今日的意義は米国由来の環境正義論と対比することで明瞭となる。米国のそれは、受益者と受苦者の分離による不公平・不公正を環境不正義として告発する。米国で環境正義運動が隆盛する過程の事例で言えば、有害廃棄物施設が有色人種コミュニティに集中し、その地域の人々の健康が危機にさらされていただけでなく、そのような施設の設置が公的に認可されたり決定されたりしていた。このような事態が全米で確認されたことを受け、合同キリスト教人種的正義委員会のB・チェイヴィス牧師は「環境問題の政策決定及び法律規制の施行における人種差別」を「環境人種差別」と命名した。[34] 環境不正義の状況における環境人種差別においては、有害廃棄物のリスクに晒されない人種コミュニティと、当該リスクに晒される人種コミュニティとが明確に分離していることが問題となる。したがって、環境正義の実現とはリスクの公平な負担、もしくは押し付けられたリスク自体の解消ということになるだろう。これに対してベックのリスク社会論では、〝有害廃棄物のリスクに晒されない人種コミュニティ〟のような安全地帯は存在せず、「逃げ場がない」。つまり、私たち人間は自然自身を人工化学物質や放射性物質によって改変してしまったのである。

ベックはこのことを次のように書いている。「……人間の外側の現象であった自然が内側の現象へと変化し、元々の自然現象が造られた現象へと変化したのである。[35]」と。言い換えると、核エネルギーの利用以前、また人工化学物質の大量生産・大量消費以前は、自然の外部に人間が築く産業構造が付随していたのに対し、逆に人間が築く産業構造のなかに自然が持ち込まれてしまったのである。もはや大気や水をはじめ人為を逃れ純粋にありのままの自然は存在しない。

ベックいわく、そのような地球に住まう私たちにとって、リスクとは逃れることのできない宿命であり、その宿命からは不安が生じる。[36] 不安を解消するためには、否定するしかなく、この否定から安心が生じるが、それだけでなく不安もまた否定から生じるという。[37] 私たちがこの一〇年来、「風評被害」という言葉で表してきた事態がベックにより既に指摘されていたわけである。

リスクにより不安に陥れられるのはなぜか？ それは放射線にしろ、人工化学物質にしろ、人間の五感によって知覚できないものだからである。しかし知覚できないだけで、実害ははっきりと生じる。重要なのは、このリスクが知識においてはじめて、そして知識においてのみあらわれる、ということだ。山下俊一の講演になぜ当時の福島県民が集まったかと言えば、放射能のリスクが知識を通してしか明らかにならないからであり、ゆえに専門家の言葉を聴こうと思ったのだと解釈できる。しかしその知識についてベックは次のように語るのである。

「リスクは知識のなかで加工され、極小化あるいは極大化されたり、誇張あるいは過小評価されたりすることがある。そして、その限りにおいては、社会が自由に定義づけることができる。このためリスクを定義する手段と定義づける権限を持つ地位は、社会的にも政治的にも重要になる。[38]」

山下俊一が専門家としての地位において語る内容は、リスクの真なる知識としてまずあらわれる。とはいえ、放射性物質は福島第一原発からつねに一様の濃度で飛散し、一様の濃度で国土を汚染したわけではないから、汚染度の大小に応じて環境正義的なリスクの不公正な負担が生じる。しかし、放射性物質による汚染は徹底的なので、財力があるからといって回避できるわけでもない。このことで二〇二四年現在最も取りざたされている問題が、汚染水の海洋への放出である。双葉地方原発反対同盟で長年反原発運動に従事し、現在も毎月『脱原発情報』を発行し続けている石丸小四郎はこの汚染水の海洋投棄を問題視して闘争を続けている。

汚染水の海洋放出は二〇二三年八月二四日から始まったが、当の汚染水のリスク、ベックに言わせれば「逃げ場のないリスク」は国や東京電力がメディアを通して公表する情報において初めて明らかになる。先述の通り、これに含まれていると考えられているトリチウムや炭素14をはじめとする放射性核種は五感で関知して見分けることが一切できないからである。放出に先立ち、東京電力が二〇二三年八月二三日に公表した資料によると、トリチウムを除く六二種類の有害な放射性物質を化学的ないし物理的な方法で除去する設備であるALPSを通した「処理水（＝処理前の「汚染水」と区別して東京電力はこう呼ぶ）」を、「循環・攪拌して水質を均一にしたうえで、当社と外部機関が、それぞれ放射性物質の濃度を測定・評価し、トリチウム以外の放射性物質の告示濃度限度比総和が1未満であることを確認できたものだけを放出する」としている。[39]

ところで、国は放射性物質を環境中へ放出する際の濃度の上限値を定めていて、これを「告示濃度」と呼んでいる。核種ごとに告示濃度は異なっているが、それぞれの物質の告示濃度限界まで放出を認めてしまうと、全核種を加算した濃度になり高濃度になるので、複数の放射性物質を放出する場合は、個別の告示濃度限度に対する比率を計算して、その比率の合計値が「1」になるまでしか放出を認めないことにして、高濃度の放射性物質汚染水の放出を規制しているのである。[40]

しかし、汚染水と呼称しようと、処理水と呼称しようと、放射性物質に汚染された水の増加を食い止められなければ、どれほど放出時の濃度を低く抑えて管理しようとも太平洋中にトリチウムほかの放射性物質は増加し続ける。[41] 国際原子力機関IAEAは福島第一原発からの汚染水の海洋放出の安全性について、「人及び環境に対する放射線影響は無視できるほどである」と評価する。これに基づいて、日本政府と東京電力は例えば汚染水が放出された海で獲れる海産物は安全ではない、という主張を根拠のない風評と規定し、その風評被害の事前事後対策としてのリスクコミュニケーションに力を入れている。[42] 言いかえれば、そのリスクコミュニケーションとは、市井の人々に対して一方的にリスクを否定して納得させることに尽きている。

科学的合理性と社会的合理性のせめぎ合い

もうしばらくベックのリスク社会学の議論にお付き合いいただきたい。ベックはそもそもにしてからが、放射線にしろ人工化学物質にしろ、単に科学的に検出されたというだけではリスクとして構成されないのだという。必要なのは「近代的な工業生産方法の結果生じた」という社会的な因果関係なのだという。しかし同時に、その因果関係は、科学的知識においてはじめてあらわれるものであり、空間的にも時間的にも、内容的にも一見しただけではわからないようになっていると指摘される。例えば原発から直線距離で三〇km以上離れたところに住んでいて被曝し、その後さらに原発から遠くへと避難しても健康被害が出るかもしれないし、その健康被害はいつ出るかわからない。また、一口に健康被害と言っても、その内容は個々によって異なる[43]（このことは「たらちね」の藤田も強調している）。このように、時空間及び内容的に原因と結果との関連が見えづらくなっていて、結果の予測が困難であるとしても、厳として因果関係が存在するところに、リスクが成立する[44]。また、科学者（ここに技術者を含めてもよいだろう）たちが単に事実を客観的に述べるだけでは、リスクは明らかにならない。というよりも、科学者たちが安全か安全でないか、もしくはどの程度であれば許容できるのかを判断するときに、自らの価値観を参照せざるを得ない。したがって、科学者たちの判断には必然的に社会的要素が含まれてくるのだとベックは言う。

科学者たちは計算により期待値として算出されたリスクを評価する際に自らの価値観を参照する。その価値観は例えば、ＩＣＲＰ勧告（一九七七年以降）に従って「最適化」である可能性がある。日本政府の原発事故対応の根本原則をあらわしている「低線量ワーキンググループ報告書」は、その「最適化」原則に基づいて書かれている。「最適化」とは、原発からの利益の最大化と、放射線防護にかかる費用と集団被ばく線量というコストの最も良いバランスをとるという原則である。つまり、科学的に可能な限り被ばく量を低くするということははじめから考えられていないのである。他方でリスクに晒される一般市民は、科学者たちと違ってリス

表１　2020年８月ガンマ線測定値（抄）（ゲルマニウム半導体検出器使用）

測定器：ゲルマニウム半導体検出器　　(Bq/kg生：試料が生(なま)の重量　Bq/kg乾：試料を乾燥させた重量)

試料品名	採取地	採取月	測定結果			不確かさ		セシウム合計	検出下限値		
玄米	福島県	2019年10月	Cs137	0.63	Bq/kg生	± 0.03	Bq/kg生	0.63	Cs137	0.07	Bq/kg生
			Cs134	—	Bq/kg生	± —	Bq/kg生		Cs134	0.08	Bq/kg生
じゃがいも	いわき市	2020年8月	Cs137	—	Bq/kg生	± —	Bq/kg生	検出下限値以下	Cs137	0.09	Bq/kg生
			Cs134	—	Bq/kg生	± —	Bq/kg生		Cs134	0.10	Bq/kg生
ねぎ	福島県	2020年8月	Cs137	—	Bq/kg生	± —	Bq/kg生	検出下限値以下	Cs137	0.1	Bq/kg生
			Cs134	—	Bq/kg生	± —	Bq/kg生		Cs134	0.1	Bq/kg生
小松菜	茨城県	2020年8月	Cs137	0.18	Bq/kg生	± 0.04	Bq/kg生	0.18	Cs137	0.09	Bq/kg生
			Cs134	—	Bq/kg生	± —	Bq/kg生		Cs134	0.10	Bq/kg生
にら	福島県西白川郡中島村	2020年8月	Cs137	0.7	Bq/kg生	± 0.1	Bq/kg生	0.7	Cs137	0.2	Bq/kg生
			Cs134	—	Bq/kg生	± —	Bq/kg生		Cs134	0.2	Bq/kg生
いんげん豆	いわき市泉町	2020年7月	Cs137	—	Bq/kg生	± —	Bq/kg生	検出下限値以下	Cs137	0.05	Bq/kg生
			Cs134	—	Bq/kg生	± —	Bq/kg生		Cs134	0.05	Bq/kg生
ケール	広島県三原市本郷町	2020年5月	Cs137	—	Bq/kg生	± —	Bq/kg生	検出下限値以下	Cs137	0.1	Bq/kg生
			Cs134	—	Bq/kg生	± —	Bq/kg生		Cs134	0.1	Bq/kg生
どくだみの葉	いわき市金山町	2020年7月	Cs137	4.9	Bq/kg生	± 0.30	Bq/kg生	4.9	Cs137	0.5	Bq/kg生
			Cs134	—	Bq/kg生	± —	Bq/kg生		Cs134	0.5	Bq/kg生
いちじく	いわき市泉ヶ丘	2020年7月	Cs137	—	Bq/kg生	± —	Bq/kg生	検出下限値以下	Cs137	0.09	Bq/kg生
			Cs134	—	Bq/kg生	± —	Bq/kg生		Cs134	0.08	Bq/kg生
松の葉(赤松)	茨城県那珂郡東海村	2020年7月	Cs137	55.2	Bq/kg生	± 0.9	Bq/kg生	58.0	Cs137	0.4	Bq/kg生
			Cs134	2.8	Bq/kg生	± 0.2	Bq/kg生		Cs134	0.4	Bq/kg生
松の葉(黒松)	茨城県東茨城郡大洗町	2020年7月	Cs137	20.7	Bq/kg生	± 0.3	Bq/kg生	21.6	Cs137	0.2	Bq/kg生
			Cs134	0.9	Bq/kg生	± 0.1	Bq/kg生		Cs134	0.2	Bq/kg生
桑の葉	茨城県常陸太田市	2020年7月	Cs137	0.6	Bq/kg生	± 0.2	Bq/kg生	0.6	Cs137	0.4	Bq/kg生
			Cs134	—	Bq/kg生	± —	Bq/kg生		Cs134	0.4	Bq/kg生
白メバル	福島第一原発周辺	2020年6月	Cs137	2.4	Bq/kg生	± 0.1	Bq/kg生	2.4	Cs137	0.2	Bq/kg生
			Cs134	—	Bq/kg生	± —	Bq/kg生		Cs134	0.2	Bq/kg生
白メバル	福島第一原発周辺	2020年6月	Cs137	1.9	Bq/kg生	± 0.1	Bq/kg生	1.9	Cs137	0.2	Bq/kg生
			Cs134	—	Bq/kg生	± —	Bq/kg生		Cs134	0.2	Bq/kg生
白メバル	福島第一原発周辺	2020年6月	Cs137	1.3	Bq/kg生	± 0.1	Bq/kg生	1.3	Cs137	0.3	Bq/kg生
			Cs134	—	Bq/kg生	± —	Bq/kg生		Cs134	0.3	Bq/kg生

※検出下限値以下とは、必ずしも０(ゼロ)Bq/kgということではありません。

表２　2020年８月ガンマ線測定値（抄）

測定器：NaIシンチレーションスペクトロメータ　(Bq/kg生：試料が生(なま)の重量　Bq/kg乾：試料を乾燥させた重量)

試料品名	採取地	採取月	測定結果			不確かさ			セシウム合計	検出下限値		
もち米	国産	2019年10月	Cs137	―	Bq/kg生	±	―	Bq/kg生	検出下限値以下	Cs137	1.3	Bq/kg生
			Cs134	―	Bq/kg生	±	―	Bq/kg生		Cs134	1.2	Bq/kg生
じゃがいも	いわき市	2020年7月	Cs137	―	Bq/kg生	±	―	Bq/kg生	検出下限値以下	Cs137	1.5	Bq/kg生
			Cs134	―	Bq/kg生	±	―	Bq/kg生		Cs134	1.4	Bq/kg生
じゃがいも	いわき市	2020年7月	Cs137	―	Bq/kg生	±	―	Bq/kg生	検出下限値以下	Cs137	1.6	Bq/kg生
			Cs134	―	Bq/kg生	±	―	Bq/kg生		Cs134	1.5	Bq/kg生
じゃがいも	いわき市泉もえぎ台	2020年8月	Cs137	―	Bq/kg生	±	―	Bq/kg生	検出下限値以下	Cs137	1.8	Bq/kg生
			Cs134	―	Bq/kg生	±	―	Bq/kg生		Cs134	1.7	Bq/kg生
さつまいも	福島県郡山市逢瀬町	2019年10月	Cs137	―	Bq/kg生	±	―	Bq/kg生	検出下限値以下	Cs137	1.4	Bq/kg生
			Cs134	―	Bq/kg生	±	―	Bq/kg生		Cs134	1.3	Bq/kg生
きゅうり	福島県双葉郡大熊町	2020年8月	Cs137	―	Bq/kg生	±	―	Bq/kg生	検出下限値以下	Cs137	1.4	Bq/kg生
			Cs134	―	Bq/kg生	±	―	Bq/kg生		Cs134	1.4	Bq/kg生
きゅうり	いわき市三和町	2020年7月	Cs137	―	Bq/kg生	±	―	Bq/kg生	検出下限値以下	Cs137	1.8	Bq/kg生
			Cs134	―	Bq/kg生	±	―	Bq/kg生		Cs134	1.7	Bq/kg生
なす	福島県双葉郡広野町	2020年8月	Cs137	―	Bq/kg生	±	―	Bq/kg生	検出下限値以下	Cs137	1.4	Bq/kg生
			Cs134	―	Bq/kg生	±	―	Bq/kg生		Cs134	1.3	Bq/kg生
ピーマン	福島県	2020年7月	Cs137	―	Bq/kg生	±	―	Bq/kg生	検出下限値以下	Cs137	1.9	Bq/kg生
			Cs134	―	Bq/kg生	±	―	Bq/kg生		Cs134	1.8	Bq/kg生
ピーマン	茨城県	2020年8月	Cs137	―	Bq/kg生	±	―	Bq/kg生	検出下限値以下	Cs137	1.1	Bq/kg生
			Cs134	―	Bq/kg生	±	―	Bq/kg生		Cs134	1.0	Bq/kg生
ピーマン	茨城県つくば市谷田部	2020年8月	Cs137	―	Bq/kg生	±	―	Bq/kg生	検出下限値以下	Cs137	2.4	Bq/kg生
			Cs134	―	Bq/kg生	±	―	Bq/kg生		Cs134	1.8	Bq/kg生
小松菜	茨城県	2020年7月	Cs137	―	Bq/kg生	±	―	Bq/kg生	検出下限値以下	Cs137	2.7	Bq/kg生
			Cs134	―	Bq/kg生	±	―	Bq/kg生		Cs134	2.6	Bq/kg生
あさがお菜	茨城県	2020年8月	Cs137	―	Bq/kg生	±	―	Bq/kg生	検出下限値以下	Cs137	1.9	Bq/kg生
			Cs134	―	Bq/kg生	±	―	Bq/kg生		Cs134	1.7	Bq/kg生
長ねぎ	福島県	2020年7月	Cs137	―	Bq/kg生	±	―	Bq/kg生	検出下限値以下	Cs137	1.7	Bq/kg生
			Cs134	―	Bq/kg生	±	―	Bq/kg生		Cs134	1.7	Bq/kg生

※測定結果と不確かさの"ー"は検出下限値以下ということです。
　必ずしも０(ゼロ)Bq/kgということではありません。

(測定試料が天然放射性核種を含有する場合、測定値にそれらの放射能が計測算入されている可能性を否定できません。下記はあくまでお持込頂いた検体の測定結果です。同じ住所でも採取場所が異なれば、汚染度合も変わりますのでご注意ください。)

表１・２共に、認定NPO法人 いわき放射能市民測定室 たらちねホームページ「測定結果」より引用した。(最終閲覧2020年９月21日)
https://tarachineiwaki.org/wpcms/wp-content/uploads/sokutei_kekka_202008.pdf

クを「危害の大きさ×発生確率」では見ない。このことに関してベックは次のように言う。

「住民の大半や原発反対者が問題にするのは、大災害をもたらすかもしれない核エネルギーの潜在能力そのものである。目下事故の確率が極めて低いと考えられていても、一つの事故がすなわち破滅を意味すると考えられる場合には、その危険性は高すぎる。さらに、科学者が研究の対象としなかったリスクの性質が大衆にとっては問題なのである。例えば、核兵器の拡散、人的なミスと安全性との矛盾、事故の影響の特殊性、技術的決定の不可逆性などであり、これらは我々の子孫の生命をもてあそぶものである。……リスクをめぐる議論の中で浮き彫りにされるのは、文明に伴うリスクに潜在する、科学的な合理性と社会的な合理性の対立なのである。[45]」

さらに、この二つの合理性は対立しているだけでなく、依存しあってもいるという。リスクについて科学が取組む際には社会的な価値観が欠かせないことについては指摘した。逆に、社会がリスクを認知したり議論したりする場合にも、科学的な根拠が必要になるというのだ。これを言い換えると、以下のようなテーゼとなる。

「社会的な合理性によって裏付けられていない科学的な合理性は無意味であり、科学的な合理性のない社会的な合理性は盲目なのである。[46]」

「たらちね」の活動が拠って立つ合理性

「たらちね」で話を伺うことになり、事前に送っていただいた資料のなかで気になったこと、つまり、放射線測定の際の検出下限値が例えば地方自治体が測定する際の検出下限値よりもかなり低いことについて質問した。実際に、福島県では自家消費用の農作物などの放射線の簡易測定結果を毎年公表している自治体がほとんどである。インタビューでもそのことが出てくるが現在、日本国内においては一〇〇Bq／kgを下回っていれば、食品として市場に流通させてもよいことになっている。自治体の検出下限値が一〇〇Bq／kgということはなく、もっと低い値になっているので、行政は時間と手間の許す限りの取組みをしているとも考えられる。しかし「たらちね」の測定はそれよりも検出下限値が桁一つ低い。二〇二〇年度の毎月の測定結果を見ると、従来のガンマ線測定器に加えゲルマニウム半導体検出器も活用されており、そちらの検出下限値はさらに低くなっている。◉47

インタビューで飯田亜由美は「たらちね」の諸活動が目指しているものは「子どもたちの健康と未来を守る」ことだと語った。ここに「たらちね」が依って立つ社会的合理性がみえてくる。「たらちね」の活動とはまさに、その社会的合理性を科学的合理性で裏付けようとする活動である。自らの社会的合理性を科学的合理性で裏付けてはじめて、国や東電の科学的合理性が基づく「最適化」原則に対抗し、自分たちの生活を別の方向へと向けていくことができるようになるだろう。検出下限値を可能な限り低くしていくと、そうしない限り検出されないガンマ線やベータ線が計測される場合がある。検出下限値を低くさえしなければ知らずに済んだ汚染物質の存在に向き合うには、勇気をより多く必要とする。しかし親として何より耐え難いのは、子どもたちを育てる環境のありさまが見えない、わからないことからくる不安を、風評被害という言葉で十把一絡げに否定されることではないだろうか。「たらちね」では海上での放射線計測も行なっているが、これを自分たちでやってはじめて、いわゆる「トリチウム」水を放出することがどの程度危険なのか、さらに、その危険性を風評として否定しうるのかどうかの、自分たちの判断材料が得られるのである。

「たらちね」の活動の前では、加藤尚武の言う「テクノ・ポピュリズム」はやはり空論に過ぎない。素人市民であっても、志ある専門家の助けは借りるが、自ら主体的に科学的合理性を追求することができるのである。それに、たらちねの「こどもドック」や保養の前後に行なわれている尿中のセシウム検査を考えた時に、低線量被ばくが疑われる土地で実地に生活している人間の尿中セシウムのデータを、何人の放射線科学の専門家が持っているのだろうか？　データ収集の規模や手法にもよるだろうが、ここで専門家が素人市民の活動を参考にするということも考えられる。その時、市民と科学者の協働の可能性と必要性が見えてくるのではないだろうか。その先に合理性をめぐる専門家あるいは行政と、素人市民との対立を乗り越える道が拓けるのではないか。

4　STS（科学技術社会論）に見る〝素人〟市民の「科学リテラシー」

科学技術社会論とは、一言でいうと「科学技術と社会の相互関係に深く関心を寄せる」学問分野である[48]。二〇世紀中頃までは「科学技術の進展が、自動的に公共的価値を実現すると信じられていた[49]」。しかし、公害問題、地球環境問題、さらには様々な分野における先端科学技術の普及がそのような確信を打ち消していった。そこで、科学技術とはいったい私たち一般市民とどのような関係にあるのか、またあるべきなのかという問題関心が生まれてくる。言い方を換えるなら、「人々が問題にしているのは、科学技術の社会的役割であり、科学技術をめぐる社会的意思決定のやり方[50]」に対する関心である。さらに科学技術社会論の研究者は、もはや自明ではなくなったこの科学技術の社会的役割や社会的意思決定のやり方について分析し考察するだけでなく、「さまざまな分野の専門知識、専門家、市民、政府の相互関係をいかに構築するか、という問題について[51]」積極的に関与していくものと自己規定している。

科学技術社会論研究者として著名な平川秀幸は、科学技術社会論研究者による科学技術と社会、そして市民との関連の考察と関与だけでなく、「場合によっては科学技術の〝素人〟であっても、自分たちや他の人々の生活、他の生命を守り、望ましい未来を創造するために、専門家や行政、企業など関連する集団・組織に対して、科学技術の問題点を指摘し、中止も含めて、よりよい方向に研究開発や利用が進められるように働きかける必要がある[52]」（小林傅司編『公共のための科学技術』第8章）と記している。つまり、研究者の関与以前に〝素人〟市民が科学技術の導入や運用にかかわっていく必要がある時代になっているというのである。そして〝素人〟市民が「そのように科学技術の問題を公共的に論じあうための公共空間を創出し、そこに参与していくことは、今日の市民社会における基本的権利、『市民的自由』の一つだと言えるだろう。[53]」と述べる。

平川の説明に従うなら、加藤尚武のテクノ・ポピュリズムに対する懸念とは全く異なり、科学技術社会論においては、〝素人〟市民が科学技術と自分たちの生活との関係に自覚的であり、さらに問題があればそれに関わっていくことが肯定されている。

とはいえ、素人は当然専門家ではない。しかしそれだけで一般市民の関与を専門家が退けることはあってはならない。なぜなら、科学技術に関する意思決定は「専門性を超えた社会的価値の選択や創出に関わるもの[54]」だからである。だが、それでもなお素人市民にとっても、専門家と場合によっては対峙しながら意思決定していくうえで専門性は重要である。そこで、素人市民の「科学リテラシー」の習得が重要になる。しかしそのことは、素人市民がいってみれば在野の専門家として、職業科学者や職業技術者に匹敵する専門知を習得せねばならないということを意味しているわけではない。今日、ある特定の分野の専門家間の学識が、優劣とはまた別の形で一致していないことさえある以上、どれだけ素人市民に対して厳しく求めるにしてもそのようなことは不可能である、というのが科学技術社会論者の考えである。それに、仮に科学技術社会論者がこの科学リテラシーの要求水準を上げてしまうような議論を主張し展開していくと、結局リテラシーのない者や不十分な者が「自己責任」に帰されて泣き寝入りすることが是認される恐れもある。[55]

このような観点から、平川は素人市民の科学リテラシーをサポートする活動の必要性を主張し、その実例として素人市民を対象にした科学者によるシンクタンクやコンサルタント活動を挙げ、特に個々の運動や活動と独立したいわば常設型のサポート組織である「サイエンスショップ」の活動について論及する。本書ではその諸外国の「サイエンスショップ」について詳述することはせず、以上の科学技術社会論の基本的な主張に照らして、第一部の証言者たちの活動を改めて整理し検討してみる。

5 第一部の証言者たちの活動と科学技術との関わり

「たらちね」の活動も科学者のサポートを受けている。例えば二〇二一年二月二〇日の「たらちね」主催のウェビナー講演会に登壇した京都大学複合原子力科学研究所研究員の今中哲二は、「たらちね」からの受託研究報告を行なっている。資料によると、筆者たちの訪問翌日に搬入され、その後使用し始めたゲルマニウム測定器のスタッフ練習の手伝いが研究内容に含まれていた。この受託研究は、二〇一九年度と二〇二〇年度に「たらちね」が測定した食品サンプルの測定結果を分析し、主食であるコメについては「たらちね」以外で測定されたデータも参照、また福島県外のコメの測定データとの比較検討を行なった。さらに、これらのデータをもとに、いわき市民の大人と子どもが、セシウム一三七の取込みによって一年間にどの程度内部被ばくをするかを算出した。測定結果は大人九μSv／年、子ども五・一μSv／年であり、今中はその程度の内部被ばくに神経質になることはないが、機会を見て内部被ばくの程度をホールボディカウンターで測定するか、尿中のセシウム一三七を測定することが望ましいと述べている。[56]

次に、先に紹介した石丸小四郎の場合である。石丸が毎月発行している『脱原発情報』には、時折参考資料欄に「若狭ネット」という名が記されている。この「若狭ネット」資料室室長を務めているのが大阪府立大学名誉教授で、各電力会社が各地の原発の地震動を実際どのように評価しているのかを詳しく調べ、再稼働差し止め訴訟等で意見書を書いてきた長沢啓之氏である。[57] 東電交渉等の活動を自力で続けるにあたり、科学者とのネットワークを有して研鑽に努めてきた人と考えられる。また『脱原発情報』は石丸だけではなく、医師の川上義孝氏をはじめとして多くの寄稿者たちが毎回原稿を書いている。川上氏は確かに原子力の専門家ではないが、サイエンティストであることに違いはない。

双葉町の町長だった井戸川克隆は、町長就任以前は水道工事会社を経営していたため、自ら設計図を書き、工事や修理を数十年にわたって行なってきた。行政の長になっても図面が読め、機械設備の構造や不具合が分かるので、事故前から福島第一原発にトラブルが起こるたびに、苦言とともに具体的な改善策を提示してきたという。[58]「希望の牧場」の吉澤正巳は、被ばく牛を逆に専門科学者に研究対象として提供する意思を示していた。岩崎雅典が監督したドキュメンタリーDVD『福島　生きものの記録』第二巻及び四巻には、「希望の牧場」の斑点牛（多いものだと全身に白い毛が斑点状に生え、さらに白い毛が生えている地肌の部分も脱色している黒毛和牛）を農水省や東北大学の研究班が血液や脱色した体毛などの試料を採取しているシーンが収められている。[59]

つまり、一言で〝素人〟市民といっても、その内実は様々であって、一言では到底括れないし、[60]〝素人〟市民の科学技術への関わり方や専門家との連携の仕方も、当然のごとく、またさまざまなのである。実際のところ、このような関わりは、原発事故後に見られるようになった全く新しい現象なのではない。以下、福島原発事故から一度離れて、過去の環境保護運動のいくつかにおける市民と科学技術との関わりについて振り返ってみたい。

6 過去の環境保護運動における〝素人〟市民と科学技術との関わり

三島・沼津石油コンビナート反対運動

日本の環境保護ないし公害反対運動史のなかで、初めて資本の論理に住民の論理が勝ったといわれるのが一九六三年から六四年にかけて起こった三島・沼津石油コンビナート反対運動である。環境経済学の宮本憲一は、石油コンビナートを中心とした工業団地の造成になぜ当地が適していたかについて、次のように記す。

「……静浦湾という大型タンカーの出入りの可能な港湾、首都圏に隣接する至便な陸上交通、そして、富士の白雪を源泉とする豊かな柿田川用水など、企業から見て石油コンビナート等の工場の立地条件の最良のところでした。」[61]

これを住民側から見ると、次のようになる。

「この地域は気候温暖な保養地であり、富士山ろくにあって日本のなかで最高の景観を持つ名勝の地であり、農漁業などの地元産業の生産性の高い地域でした。」[62]

こうした住民の郷土愛から、当地を当時コンビナートから出る排煙が原因の喘息に悩んでいた「四日市の二の舞にするな」というスローガンのもとで反対運動が始まったとされる。この反対運動は成功をおさめ、石油コンビナートの進出は断念された。その成功につながった特徴を、宮本は次のようにまとめている。まず、左翼勢力を裏方に回し、町内会、自治会、婦人会、農協、漁協、水産加工組合、医師会、薬剤師会などが中心となったこと、つまり運動から党派性を抜くことに成功したことがある。次に、それまでの対立の構図は鉱工業対農林漁業という産業間の対立だったのが、大企業・政府対住民の対立構図を取ったことである。このことは、運動の核心が経済的利益ではなく住民の生命と健康という基本的人権の防衛であったことを意味する。また、地元での集会やデモ、自治体との交渉を主としたことを宮本は成功要因として強調する。つまり、開発の権限を有する自治体を動かすことに集中した結果、示された民意が、誘致に賛成していた議員や首長を誘致反対に変えさせたという。[63]

科学技術社会論の観点から見て最も重要な特徴は、住民による自主学習と専門家との連携であった。元々、この地域に国立遺伝学研究所があり、当時の所長以下研究者が皆コンビナート誘致に反対しており、地元の沼津工業高校の教師と調査団をつくり、独自の現地調査を行なったのである。資金は当時の三島市長の二〇万円のポケットマネーである。手法として代表的なものは、気流を調査するために全市に鯉のぼりを揚げてもらうよう呼び掛け、その尾の方向を工業高校の生徒が記録するというのと、大気の逆転層を調査するために寒暖計を乗せた自動車を市民が手分けして走らせるという二つであったという。これに対して、国の側は専門家による調査団を派遣して現地調査を行なった。地元の調査団はこれに討論を申し入れ、当時の通産省にて行なわれた討論会において、地元調査団の方が明らかに正しいことが白日の下にさらされたのだという。この、国の権威ある科学者の調査の間違いを正すことのできる地元調査団の結果は、延べ回数約三〇〇回の学習会によって広がっていった。

この学習会のやり方も興味深い。講師と聴衆は同一平面上でしゃべる。住民にとって身近な例で、講師は同じ理論を二度三度、そのつど表現を変えて話す。住民が学習会に出たら、何か一つ以上衝撃を受けて帰ってもらうようにすれば、クチコミュニケーションで横に内容が伝播するなどの方針を立てて取組んだというのである。その結果として、住民は「コンビナート何か嫌」という感覚的な根拠を脱して、理性的な根拠を得るに至り、それによってはじめて自治体の政治を動かすことに成功したのである。[64]

吉野川可動堰反対運動

次に取上げるのは、吉野川可動堰反対運動である。この運動は一九九三年から始まり、幾多の困難を乗り越え、二〇〇〇年に徳島市民による可動堰賛成・反対を問う住民投票の実施にこぎつける。その結果、可動堰建設反対の民意が示され、徳島市長が建設反対を表明、後に国の事業としても現在に至るまで事実上凍結されるに至ったものである。

そもそも徳島県を東西に貫流する吉野川の河口から一四㎞ほど遡ったところに「第十堰」がある。この堰は約二七〇年前に農民たちが川の水を分流させるために、一個一tもある青石を斜めに積み上げて造った石組みの固定堰である。現在は表面をコンクリートで補修されているものの、あくまで分流が目的なので、その下を水が流れていく。また、石組みが天然のフィルターの役目を果たすことにより、堰周辺の生態系が豊かに保たれているという。これを取り壊して、一・二㎞下流に可動堰を新設しようという計画を当時の建設省が進めようとした。反対運動のきっかけは、この計画の前、一九九五年に長良川河口堰が完成し、運用が開始されたが、それに伴って川底にヘドロがたまったり、アユの遡上が減ったり大きな悪影響をもたらしたことにあった。吉野川もそのようになってしまうのではないか、という流域住民の疑問や危機感が運動の原動力になった。[65]

ここでは、住民投票実現に至るプロセスの初期に注目したい。リーダーとして運動をけん引した姫野雅義（本業は司法書士であった）が生前に「吉野川シンポジウム実行委員会」の会報に寄稿した文章をまとめた『第十堰日誌』によると、一九九三年に可動堰反対運動が始まり、同年に「吉野川シンポジウム実行委員会」が発足している。そこから遅れること二年、一九九五年には「ダム・堰にみんなの意見を反映させる県民の会」が発足する。[66]当時、姫野の右腕としてこの二つの会で活動し、徳島市で住民投票を実現するために、市議会議員にまでなった村上稔は双方の会の性質について、「『ダム・堰の会』は審議委員会をめぐって市民参加の手続きを考える会ですが、『吉野川シンポ』は可動堰計画そのものの疑問点を訴え、時には遊びの、時には勉強のイベントを開催して、広く市民に問題の本質を広げていくという役割を担いました」と述べている。[67]

先の引用文中の「審議委員会」とは、激しい反対を押し切って完成させた長良川河口堰建設事業の後、全国のダム事業の停滞を解決するために、建設省（当時）主導で全国のダム事業ごとに設置されたものである。第一回の審議委員会が非公開であったことを受け、「ダム・堰の会」は審議委員会を公開にするように働きかけ、

第二回以降は公開で行なわれるようになる。[68]

審議委員会で問題となったのは、可動堰が必要だという建設省の主張が妥当かどうかにあった。論点は大きく分けて三つあった。一つは第十堰の老朽化の問題である。これについて「ダム・堰の会」では、壊して造り替えるのではなく、国が数十年も予算をつけていないことを見直して補修すればいいのではないかと考えた。次に、第十堰に水流がぶつかって右に曲がり、下流右岸の川底が深く掘れてしまうという問題である。そうした建設省の主張に対して、地元住民は、高度経済成長期にコンクリート原料として川底の砂利を大量に採取したことが原因であると反論したのだった。[69]

さて、三つ目の論点は「堰上げ」という現象が危険であるという建設省の主張をめぐってである。すなわち、一五〇年に一度の洪水の際に、堰の直上流部がせき上げられて越流もしくは破堤の恐れがあるという主張である。建設省の提示したデータは、第十堰の堰上げのせいで堤防の高さが四二cm足りなくなるというものだった。姫野は過去四回の吉野川の洪水の流速や流量の数値を建設省のシミュレーションの式に代入して計算上の水位を算出し、それと実際の洪水の水位を比較した。その結果、全て違っていたという。なかでも、四二cmの堰上げが起こったというシミュレーションによる算出値は、実際の洪水時の水位よりも一–一・五mも高い水位だったことがわかった。そのデータを、建設省が発表した技術報告書への反論として、一九九五年一二月の徳島新聞において公表したのである。[70]「吉野川シンポジウム実行委員会」はこうした建設省への反論を、読みやすいパンフレットにして配布し、一般市民へ知識の普及を図った。[71]また、「ダム・堰の会」は、「実に六〇回を超えるオープンな懇談会を行ない、審議委員会に対して数十通の意見書を提出し、様々なイベントを通して県民に広く第十堰問題を啓発し続けてきた。[72]」

こうして可動堰建設を妥当とする根拠が失われ、徳島市民県民に可動堰建設の正当性に対する疑念が広がっていった。にもかかわらず、審議委員会が可動堰建設妥当の結論を出したことによって、反対運動は地域の自然環境を大きく左右する可動堰建設に市民の意見を反映させないとは何事か、と住民投票実現へと動いていく。このように住民投票へ向かう運動のいわば前史において、やはり国の権威ある技術官僚との対決があり、その虚妄を自力で暴いたという事実があったのである。

ちなみに姫野の右腕として運動に関わっていた村上は、姫野の人物像について次のように語っている。「姫野は、国からデータを引き出し、まず自分で徹底的に勉強します。そして、分からないところは臆せずに専門家を探して問います。時には分析チームをつくり、徹底的な理論武装をするのです。[73]」

村上はこうした姫野の姿勢に賛成していたわけだが、しかし、なぜ姫野はそこまで学ぶことを重視したのだろうか。姫野と共に闘った日々を顧みて村上は、むしろ建設省との戦いを理論のレベルでやったらそれは「負け戦」であり、自然保護を旗印にして一般市民の「メンタル（＝情緒）」に訴えていくのが常道ではないのか、と運動の初期によく言われたと振り返る。しかし、村上は、そうした意見を打ち消すように、「自然保護」を理由に可動堰建設を端から全否定してみても、推進側と議論にならず、そのうちに「国側の莫大な予算によるプロパガンダで、いずれ運動自体が分断されてしまう」のだと述べる。[74]

運動における戦略的観点において村上が重要と考えていたのは、理論武装だけでなく、その正確な知識をわかりやすく伝える見せ方である。上手に伝えるためには、コピーライターやデザイナーの力が必要になるのだというのである。また、建設省と論争する際には、論点を一つに絞り、一つずつ論破する手法で成功したという。[75]

そして、そのような運動の過程において、素人市民だけで行政が依拠する「科学的合理性」の虚を突くことは難しいこともわかっていて、村上は「私たちはやはり要所毎に、専門家や研究者の力を借りることを躊躇しませんでした」と述べる。[76] ウルリヒ・ベックの二つの合理性に引き付けていえば、姫野や村上たちが中心となって推進した吉野川可動堰反対運動は、行政権力側の「科学的合理性」に対抗しかつそれに優越するほどの「科学的合理性」を、地元住民の生活の揺るがしがたい礎となっている吉野川をかつての長良川のように汚される可能性は受け入れられないという「社会的合理性」、いいかえれば地元住民の肚の底からの思いと合わせて獲得したからこそ成功したのだ、と考えられる。

また多少結論を先取りしていえば、もし加藤尚武が忌避した「テクノ・ポピュリズム」が顕在化する方向性があるとしたなら、それは市民が集団的に共有する情緒のみがその判断や行動の原理原則となって、その市民運動が科学技術や環境保護に関連する意思決定に参与しようとするときなのではないか。しかし、そのような運動は成功しないと村上は洞察している。この村上の洞察と第一部の四つの「証言」には共通するものがある。つまり四つの「証言」のそれぞれの根底にあるのは、やはり、情緒というより肚の底からの思いである。その人たちがよく学んで獲得した科学知識、技術知識をその肚の底からの思いと結び付けているのである。

ここまで少し長く二つの環境保護運動の素人市民による科学知識、技術知識の獲得と広がりを中心に振り返って整理してきた。石丸たちのような反原発運動だけが特別に科学技術知識を独学ないしネットワークを形成して習得してきたわけではないのである。原発事故以前、そして加藤「環境倫理学」が人口に膾炙する以前より、すでに素人市民は様々な仕方で科学や技術を学んで来たし、その学びを広めようとしてきたのである。

7 素人市民による科学技術の学びと党派的運動論の違い

沼津・三島コンビナート反対運動から、吉野川可動堰反対運動を経て、事故前から引き継がれる反原発運動、さらに新たに起こった「たらちね」の活動に至るまで、時として専門家のサポートを受けながら素人市民は科学技術について学び、知る運動を見てきた。とはいえ、石丸たちの反原発運動と、ここで取上げた運動や活動の間には一つ際立った違いがあるように見える。それは政治活動や政党との距離である。「たらちね」の活動は特定の政治・宗教団体と資金面のつながりを持たず、資金を会費、寄付、クラウドファンディングで調達するところに特徴がある。「希望の牧場」の吉澤は学生運動の元闘士で、一時期は左翼政党に所属していたこともあったようだが、現在では特定の政党の枠にとらわれずに人と出会うことをモットーとしている。沼津・三島コンビナート反対運動は前述の通り、政党は運動の後背に下がっている。吉野川可動堰反対運動についていえば、既成政党との付き合い方にとりわけ注意したと、村上は強調している。既成政党と関わることによって、運動に色が付き、一般市民への広がりを欠くことを警戒するためだと書いている。◉77

フクシマ原発労働者相談センターと石丸小四郎の論理

石丸は反原発活動を振り返って語る二本のインタビューで、自身の運動スタイルについて次のように語っている。郵便局員であった石丸は反原発運動以前、局員が白蝋病や頚肩腕症候群に苦しむ原因が、駆動系が一般車両と異なる仕様で作られている郵便配達用のオートバイで、当時の状態の悪い路面を走ることで大きな振動が生じることにあると突き止める。そこで、労災申請を行ない、公務外と判定されたものに対しては人事院に再審査請求をするなどして、労災認定を勝ち取っていったという。その延長線上で、被ばく労働者の労災認定に取組んできたのであって、何も特別なことはなかったと語る。◉78 石丸の心持としては全逓の労働運動から反原発運動への連続性があったということだが、実際の運動の立ち上がりについて次のように証言している。

「当時の総評労働運動は、職場と地域の問題に同じ目線で取組むことを目指していました。私たちは『双葉地方労働組合協議会』（双葉地方労）でそれを実践しました。これが反原発運動にも関わるきっかけです。双葉地方労の主力は、三公社五現業、つまり国労、全逓、全電通、全林野、全専売などと民間の人たちです。地域で解雇があると、皆で取組みました。それと同じように原発は危険だということで、反原発運動にも取組みました。……そこで一九七二年八月に、『双葉地方原発反対同盟』……を結成しました。その主力は、社会党と双葉地方労、全日本農民組合などの社会党総評ブロックでした。[79]」

すなわち、当時の労働組合運動は自らの職場の問題だけでなく、広く社会の問題に分け隔てなく取組むものであった。一方、党派から独立している市民運動については、「原発が作られたのがかなり早い時期ですから、市民運動としての下地はゼロに等しかった。[80]」と振り返っている。石丸自身は当時の自身の運動をどのようにとらえているのか。

「住民の中に、石丸のような人間もいなければいけないという考え方や、俺はできないけれどお前は頑張ってくれという声もあります。他方、地域の推進派にとって、原発に反対する人たちもいないと困る。原発反対派がいないと東京電力や国は出すものも出さなくなるので、反対派が力をつければ、自分たちに良いところがあると分析する人もいる。だからしたたかですよ。[81]」

さすがに長年、反原発運動をやりぬいてきただけあって、地域における反原発運動の受け止められ方を冷静に理解している。多少意味合いが違うかもしれないが、吉野川可動堰反対運動の村上は、革新政党やその党派の運動について、多数派に対する不満をガス抜きする存在として意義が認められていると述べていた。[82]しかしそれでも、第一部の証言にもあったように、被ばく労働の実態を明らかにし、労災認定を勝ち取るという活動は労働組合だからこそできたのである。この運動が福島原発事故後も、「フクシマ原発労働者相談センター」の活動に至るまで脈々と受け継がれてきたことも、事実である。

石丸は旧社会党時代から一貫して社民党（一九九六年に改称）とのつながりにおいて活動してきている。しかし、原発反対の運動は旧社会党の厳密な指示統率において行なわれたとはいえず、当初、党はむしろ「地区でそういう運動があるならやってもいいよ」という姿勢だったそうである。[83]また、社民党は常に反原発運動に正面から全力で取組み支援してきたというわけでもない。一九九九年に、福島第一原発七・八号機の増設是非を福島全県規模で問う住民投票条例の直接請求を求める運動を、県内各地の市民団体が参加して起こした。しかし、社民党福島県本部は原発増設にも、後に三号機で実施されるMOX燃料を使ったプルサーマルにも反対していたはずにもかかわらず、住民投票条例の直接請求運動に参加しなかった。「署名が一〇万人以上集まらなければ、かえって県議会に増設容認の口実を与えることになる」のがその理由だという。[84]党の肝心なところでこの腰の据わらない姿勢と、石丸たちの一貫した活動の間には埋めがたい溝がある。

それに、党派の思惑に先導される形でしか運動を評価しようとしない見方は、そこに関わっている人間の人格を見ようとしない考え方であろう。「私が運動を継続できたのは原発労働者に接してきたからです。原発の問題点を勉強する必要がありますが、勉強だけでなく、原発労働者と接触を続けるなかで、原発の内部がいかにでたらめで、東京電力は原発を運転する資格はないということが分かってきました。……怒りが根底にあります。……根底にある怒りと、原発はどういうものかという勉強を車の両輪にしてきたことが今まで続けられた理由だと思います。[85]」

この言葉に、党派のイデオロギーをはるかに超える、運動を継続してきた理由が端的に表れている。石丸は、インタビュー中に地元の歌人佐藤祐禎の歌を取り上げている。そのなかから一つ引いてみる。

「下血を下痢と信じて死にけり原発病患者輸血受け付けず[86]」

この歌に詠まれている原発労働者の無念さをかみしめているところに、運動の原動力がある。

長年運動してくるなかで、労働組合の主力であった三公社五現業が、国鉄民営化に象徴されるように中曽根政権時代に解体されていくと、「運動する人がいなくなりました」「市民運動を包含した組織でないと継続は難しいです」と石丸は言う。[87] 労働組合運動を母体にした運動が持つ、ある面での限界もまた、石丸は自覚してきた。反原発の運動も、地域の環境を守る運動も、イデオロギーのみが独り歩きしては全くなしえない。イデオロギーを超えたところ、すなわち生命と人権そのものに対する直接の脅威、あるいは脅かされている自然や文化に対する愛着が、環境や生命を守ろうとする人々を自ら学び、自律的に判断し行動する主体になることを促すのである。

8 加藤『環境倫理学のすすめ』の問題点

ところで一九九〇年代は、リオデジャネイロで地球サミットが開催（一九九二年）されたのをはじめとして、全人類が地球環境問題に関わっているという認識が徐々に広まっていった時期である。加藤尚武が環境倫理学を論じた二著（『環境倫理学のすすめ』『新・環境倫理学のすすめ』）も、総じて「私たち人類」を主語に環境倫理を論じ、そのようなものとして環境倫理学を創始した。ここでは二著のうち、九一年に刊行された『環境倫理学のすすめ』に絞って、ここまでの記述に照らして問題点をさらに明らかにしたい。

世代間倫理をめぐる「主体」のあり方について

まず一つ目は、世代間倫理の問題である。原発事故がもたらした問題の核心は、壊れた原発とバラまかれた放射性物質の後始末をどう頑張っても事故を起こした当事者世代において完了できないということにあった。このような事態に対応を試みる論点として、現在世代が全員寿命を迎えた後の世代に対して配慮する義務があるかどうかを考察する世代間倫理がある。日本でこの議論を普及させたのが加藤尚武である。

加藤は、「近代社会の作り上げた倫理的決定システム」は、人格間の相互性に基づいているとまず規定する。この人格間の相互性とは、人格同士が直接触れ合い、対話し、相互行為ができる同一世代内においてのみ実現されるとする。したがって、この人格間の相互性を基礎とした「倫理的決定システム」は倫理規範全体を同一世代内のものとして扱うことになるのだ、とする。[88] その帰結として、例えば次のように結婚制度が変質したとする。

「封建的なシステムでは、世代間のバトンタッチという形で倫理が出来上がっている。結婚は当人の幸福のためという近代的なモラルには、世代間の関係は含まれていない。……人類は近代化によって、『過去世代にはもう遠慮はしませんよ』という文化を作り上げた。それが実は、『未来世代にも責任を負いません』という反面を含んでいる。つまり封建倫理は……未来世代のための倫理でもあったのだ。[89]」

ここで注目したいのは、近代的なシステムにしろ、封建的なシステム（封建倫理）にしろ、主体が「人類」であることだ。「個」ではなく一つの世代全体がこの加藤環境倫理学の主語であり主体なのである。「未来世代に責任を負いません」という形で現に生存している世代のみで完結する倫理が可能になった理由は、自分の世代が残した問題を科学技術の進歩が解決してくれるという信念があったからであると加藤は考えた。そして、封建倫理と異なって「相互性の倫理には、現在世代の未来世代に対するエゴイズムをチェックするシステムが内蔵されていない」と述べる。[90] とはいえ、封建倫理へと単純に回帰することは当然できないので、封建倫理の代わりになる倫理という形で世代間倫理が構想されている。だがこの論理構成からは「個人」を軸とした倫理規範は見えてこない。したがってここまでの議論の筋から必然的に、加藤環境倫理学においては、世代間倫理と近代的な倫理的決定システムとは対立する関係にあるものと考えられていたことになる。

加藤環境倫理学における「個人」の位置

では、加藤環境倫理学、とりわけ世代間倫理において人類を構成する一人一人の人間はどのように規定されているのだろうか。当時加藤は環境倫理学を三つの主題（自然の権利・世代間倫理・地球全体主義）によって定式化できると考えていたが、そのなかの地球全体主義について説明している箇所を見てみよう。

「国家の独立無しに個人の自由は保障されない。国家は個人に先行するという国家全体主義が主張された。国家が領土を拡張しなければ個人に欲望の拡張はできない。個人の自由と国家の拡張とは連動していた。環境倫理から生まれる全体主義は、こうした一九世紀から二〇世紀にかけての『国家全体主義』とは性格が違う。国家ではなくて地球こそが、すべての価値判断に優先して尊重されなければならない『絶対的なもの』なのである。国家エゴはこれによってかえって抑制されることになる。／〔この地球全体主義によって〕個人主義・自由主義が完全に消滅する可能性がある。……個人の自由とは膨張する気体の分子運動のようなものである。……ところが環境問題が発生したために、気体の膨張そのもの〔＝個人の自由の確保と追求〕が困難になってきている。……化石エネルギーを使用する限り、必ず地球生態系の破壊が進行する。埋蔵資源の使い果たし、現存する種の絶滅、不可逆的な砂漠化の進行、森林の破壊等々、これらは現在世代による未来世代の生存条件の部分的な破壊であり、時間軸に沿って行われる大量殺戮である。／欲望の世界の総量を制限しなければならない。」[◉91]〔カッコ内筆者補足〕

加藤の論理にしたがえば、「人類」を構成する個人はどのような像として描くことができるのだろうか。その像は、近代経済学が仮定する主体である〝経済人〟（ホモエコノミクス）にも似て、無際限に拡大する欲望の充足のみを目指すものとして描くことができよう。この個人の欲望充足は、地球全体主義に基づく政治によってはじめて規制される。加藤のこうした規定により、欲望充足のニーズに応える政治は、国政、県政など様々なレベルを超えて地球全体主義において抑制されるという形で考えることができる。こうしてみると、ありていに言って加藤環境倫理学において、個人は衆愚か、それに近いものとして考えられていると言わざるを得ないのではなかろうか。

原発事故被災を契機とした新しい主体像

確かに、私たち人類はそのほとんどが「近代的な倫理的決定システム」において生きているのかもしれない。しかしそうであったにせよ、単純に個人的な欲望の充足のみを目標として生きているといえるのだろうか。第一部でインタビューに応じてくださった人々はいずれも、原発事故により、大都市の大企業が先導する大量生産・大量消費を是とする生活信条とはいささか異なる価値観で営まれていた暮らしを狂わされた、という内容の証言をしている。吉澤正巳が浪江町長選挙候補者として、各地に移住した町民を訪ね歩いた際の証言に典型的なように、単純に裕福さが失われたということよりはるかに、事故前に比べ人間関係の希薄化や喪失、変質が人々を傷つけていることを語っている。加藤の地球全体主義や世代間倫理は、こうした原発事故被災者の個人として、日常生活のなかで感じとる違和感や苦悩と明らかにすれ違っている。

また、パリ協定（二〇一五年の国連気候変動枠組条約国会議、通称COP二一において採択）とこれに続くグラスゴー合意締結後の世界では、個々人の自由の確保と追求が、大量消費・大量廃棄を必然的に伴うものとは限らないし、またそうあってはならないという認識に多くの人が至りつつある。温室効果ガスを含め、生産消費活動から出る廃棄物、不要物をトータルで減らさねばならないという思考と方向性がすでになじみ深いものになっている。何より少なくとも日本においては福島第一原発事故の影響により、電力の一括供給に基づく大量生産・大量消費の社会と個人を自明の前提とすることはできなくなっている。

事実、本書第一部の「証言」は原発がもたらす様々な問題に直面する人々のなかに、少なからず主体的に考え行動する人々がいることを示している。そしてそのような人々が、自覚的に低線量被ばくの影響をなるべく回避しようとする人ばかりでなく、原発事故に相対して何らかの具体的な行動に出られない人々、場合によっては主体的に考えることすら難しい状況にある人ともかかわりを持って、支え合って生きている。「たらちね」の活動は、検出下限値をできる限り低くして食物や海水等を測定し続けることによって、子どもたちの生命と健康への脅威の可能性を直視し続け、「子どもたちの未来を守る」ために欠かせないデータを蓄積している。そしてその記録を次世代へと伝えていく活動は、加藤が封建制度に認める世代を超える通時性の倫理とはまったく別種の世代間倫理の模索であるし、事実、証言にもあるようにそのような活動が現実に低線量被ばくを懸念する人々を引き付けてきた。

ほかにも、例えば二〇二二年二月二四日の朝日新聞は、東日本大震災と福島第一原発事故の影響で多くの当該地域共同体の伝統行事が存続の危機に瀕しているなかで、高校生が復活と継承に取組み始めたと報道した。これなどは、ややもすれば封建的な人間関係で世代間継承されてきたのかもしれない行事を、地域社会の人間関係を新たに結びなおす仕方で復活させようという取組みで、単純に封建倫理への回帰とみなすことはできない。[92]

対して、民主主義社会を構成する個人を衆愚として平均化する環境倫理学は、原発事故を受けてテクノ・ポピュリズムを警戒し忌避する『災害論』へと帰着し、そのテクノ・ポピュリズム忌避が危機における専門家への無条件の服従を倫理的な善と結論付ける余地をつくった。したがって、原発事故を踏まえた環境倫理は、その可能性を、加藤のいう「近代的倫理的決定システム」のレベルのみにおいて構想するのではなく、各地域で生きる人々の思考や望み、感情、職業や習俗の多様性をきっちり踏まえ、だからといって保守派の思想家のように倫理学を個々人の精神修養に縮減するのでもなく、何よりもその人々が主体であるところから説き起こされる倫理学が求められているのである。[93]

リスク社会における倫理的決定システムとは

ただ仮に、何らかの形で「倫理的決定システム」があり得るとしたならば、それは少なくとも拡大する欲望のあくなき充足を目指す個人の自由を、次世代と地球の存続という基準で行政組織が大所高所から制約するシステムではないことは確かであろう。本章では先にウルリヒ・ベックのリスク社会論に触れたが、リスク社会の状況下においては二つの合理性、すなわち科学的合理性と社会的合理性が対立したり依存したりしてせめぎ合っている。そのせめぎあいのなかで、誰の主張がもっとも「合理的」なのかが争われている。その事例を第一部「証言」に引きつけて考えれば、被災者をはじめとする大多数の市民にとって社会的合理性とは、「人間はいのちに対してひどいことはしない」という吉澤の言葉に象徴的に表現されているのではないかと考える。「人間はいのちに対してひどいことはしない」という原則が原発苛酷事故後の「倫理的決定システム」として貫徹される必要があるだろう。ただ、リスク社会において、「人間はいのちに対してひどいことはしない」という社会的合理性だけでは自らの主張の正当性を獲得することが難しいことも事実であろう。だからこそ、「たらちね」の活動をはじめとして、科学的合理性も追究されているのである。

しかし、ここで別の社会的合理性の主張もなされていることを留意しておく必要がある。それが、先も触れたICRP勧告における「最適化」原則である。この「最適化」原則と低線量被ばくリスク解釈が不即不離一体となってICRPの放射線防護体系は構成されている。ICRPは、新しい勧告一四六「大規模原子力事故における人と環境の放射線防護」を二〇二〇年に出すに先立ち、低線量被ばくが予想される土地に被災者が自発的に住み続けることを倫理学的に正当化するために刊行物一三八「放射線防護体系の倫理基盤」を公表した。加藤が事実上創設した環境倫理学を原発事故発生後の環境に即して刷新するためには、被災者をはじめとする一般市民が根底において持つ要求の合理性（これはベックのリスク社会論の上では社会的合理性とカテゴライズされる）と対立する主張を検討しなくてはならない。次章では、まさにＩＣＲＰの「倫理学」文書であることの刊行物一三八を集中的に批判検討する。

◉1章註

1　森千里、戸高恵美子『へその緒が語る体内汚染』技術評論社、二〇〇八年、一二－一五頁参照。

2　近代ドイツの哲学者Ｉ・カントの研究者だった天野貞祐は、時の総理大臣吉田茂の強い求めに応じて、一九五〇年から五二年にかけて文部大臣を務めた。その際に、廃止された修身に相当する授業を復活させる必要があるという意見を持つに至り、教科や科目を通してでなく、学校教育全体で道徳教育を行なうという当時の文部省の方針と対立する道徳教育の理念を「国民実践要領」という文書にまとめ、大臣としてでなく個人名で公表した。しかし、この「国民実践要領」は天野が全体を一人で執筆したのではなかった。やはりカント研究者であった高坂正顕をはじめ、宗教哲学者西谷啓二、西洋史家鈴木成高の三名（彼らはいずれも戦争協力者として一九四六年から五一年まで公職追放されていた）が執筆したものを天野が編集したと言われている。高坂は後に、中央教育審議会の答申「後期中等教育の拡充整備について」別記「期待される人間像」をものし、道徳の学習指導要領の内容項目に、〝人間の力を超えたものへの畏敬の念〟が付け加わるきっかけを作った。天野貞祐が日本の学校における道徳教育に与えた影響に関する優れた考察として、菊地真貴子「天野貞祐の道徳教育論の展開と課題」『白鷗大学教育学部論集』第一一号四巻、二〇一八年、四一－六〇頁を参照。「国民実践要領」本文は以下を参照。http://tanemura.la.coocan.jp/re3_index/2K/ko_kokuin_zissen_yoryo.html　「期待される人間像」の本文は以下を参照。中央教育審議会「後期中等教育の拡充整備について（第二〇回答申（昭和四一年一〇月三一日）」。https://www.mext.go.jp/b_menu/shingi/chuuou/toushin/661001.htm

3　島薗進『原発と放射線被ばくの科学と倫理』専修大学出版局、二〇一九年、一九五頁。

4　島薗、一九六頁。

5　島薗、二〇九頁。

6　榊原崇仁、『福島が沈黙した日　原発事故と甲状腺被ばく』集英社新書、二〇二一年、八一頁。

7　榊原、八三頁。

8　OurPlanet-TV ホームページ（二〇一五年五月一九日）「『福島県は世界最大の実験場』『1ミリで支援』山下俊一氏

（二〇二〇年五月七日閲覧）http://www.ourplanet-tv.org/?q=node/1917. なお茨城県東海村の、ＪＣＯ臨界事故の発生時、当時の科学技術庁長官であった有馬朗人が「バケツでウランを取扱うとは日本の作業者の何たるモラルハザードか」と発言し、亡くなった二名を含む作業員が硝酸ウラニル溶液製造マニュアルから逸脱した作業を行なっていたこと自体に事故の主因を求める向きもあった。しかし、一定量以上を一カ所にまとめることによって臨界に達するという放射性物質の特性からして、内容量の小さいバケツを用いることは臨界の直接の原因にならないことが分かっている。現に、臨界が生じたのは容量の大きい沈殿槽であり、そこに高濃度の硝酸ウラニル溶液を臨界を生じさせる量まで投入してしまったからである。望月彰はこの点から、事故の本質的原因が作業員がバケツを使ったことではなく、核燃料サイクル機構から注文された硝酸ウラニル溶液を製造する業務を、元々は八酸化三ウランを精製するプラントで社員に行なわせたＪＣＯの上層部と、ずさんな審査で硝酸ウラニル溶液の製造を許可してしまった行政にあると論じている。望月彰『告発！サイクル機構の「四〇㍑均一化注文」』世界書院、二〇〇四年、第一章から第四章を参照。

9　ＪＣＯ事故における健康診断については、ホームページ「井戸川裁判（福島被ばく訴訟）を支える会」の中の「裁判資料」にアップロードされている、福島被ばく損害補償請求事件原告第一五準備書面（その四）（原告：井戸川克隆、被告：東京電力ホールディングス株式会社、国）二一－二四頁を参考にした。（二〇二〇年九月一五日最終閲覧）http://idogawasupport.sub.jp/images/14_15041.pdf

10　「子ども脱被ばく裁判第二六回口頭弁論山下俊一氏証人調書」(以下、「証人調書」)二一頁。（二〇二一年七月一一日閲覧）https://fukusima-sokaisaiban.blogspot.com/p/blog-page_28.html

11　「証人調書」二五頁参照。

12　同右。

13　「証人調書」三一頁参照。また、山下はこの発言の後、講演当時福島市内は大体毎時一〇μSvの線量があったが、子どもをどんどん、マスクもせずに外で遊ばせるのが良いとも発言している。子どもにとって毎時一〇μSvの被ばくは避けるべき過剰な被曝ではないかと原告側弁護士が問うたところ、「リスク・ベネフィットのバランスを考える必要がある」と述べている。同じく「証人調書」三一頁参照。他方では放射線に対する感受性がより高い妊産婦やこども、乳幼児の被ばく量はなるべく低く抑える必要があるとも述べている。「証人調書」二三－二四頁参照。

14　榊原、九二頁。

15　「民の声新聞」（二〇二〇年三月五日）「【子ども脱被ばく裁判】「言葉足らずの講演だった」。九年後の〝ミスター100〟

が法廷で語った今さらながらの「釈明」と「お詫び」。甲状腺ガン「多発」は強く否定」（二〇二〇年九月三日閲覧）http://taminokoeshimbun.blog.fc2.com/blog-entry-424.html

16　加藤尚武『災害論』世界思想社、二〇一一年、四四－四五頁参照。

17　加藤二〇一一、七七頁参照。

18　加藤二〇一一、九一－九五頁参照。

19　加藤二〇一一、九八－九九頁参照。

20　竹内啓『偶然とは何か』岩波新書、二〇一〇年、二〇一－二〇二頁参照。

21　竹内、二〇二頁参照。

22　竹内、二〇六－二〇七頁参照。

23　竹内、二〇八頁。

24　加藤二〇一一、一二四－一二五頁参照。

25　テクノ・ファシズムの定義は加藤二〇一一、一一二頁参照。

26　加藤二〇一一、一二三頁参照。

27　加藤二〇一一、一六五頁。

28　加藤二〇一一、一六八頁。

29　島薗、一九六頁。

30　三月一一日から三月一五日にかけて「福島県内各地方　環境放射能測定値」の第三報から第六報を参照し、記録があるなかで線量率が最も高かった一五日について取上げた。http://www.pref.fukushima.lg.jp/sec_file/monitoring/m-0/sokuteichi2011.3.15.pdf　空間線量率の三月二一日については「福島県内各地方　環境放射能測定値（暫定値）（第一四一報）」を参照した。（以上いずれも最終閲覧二〇二一年八月二三日）http://www.pref.fukushima.lg.jp/sec_file/monitoring/m-0/sokuteichi2011.3.21.pdf

31　東京電力福島原子力発電所事故調査委員会『国会事故調　報告書』徳間書店、二〇一二年、第四部、特に四・二・二以下、三三七－四〇〇頁参照。

32　スライド「富山県神通川流域カドミウム汚染農地の復元」（二〇二〇年九月四日閲覧）https://www.maff.go.jp/hokuriku/news/print/50nen_ayumi/pdf/13_17-18_50ayumi.pdf

33　ちなみに『国会事故調　報告書』四・四・一には以下のような記述がある。「……日本ではこれだけの大事故を起こし、それがいつ収束するともわからない状況にありながら、政府、事業者の認識は事故以前と変わらず、危機感が全く感じられない。半面、住民は自ら情報を得て自ら学ぼうとする積極的な姿勢に変わってきている。客観的根拠、科学的根拠に基づいた批判的思考、常に問いを投げかける姿勢を学びつつある。……住民はこの事故を契機に確実に賢くなっている。この流れは、科学技術的なリテラシーを踏まえて望ましい社会構築につながる可能性があり、子どもたちにも受け継がれるべきものである。」これは後述する科学技術社会論の問題意識に重なり合うし、テクノ・ポピュリズム忌避から脱却した環境倫理学が持っていなければならない認識である。四〇八頁参照。

34 吉永明弘・寺本剛編著『環境倫理学』昭和堂、二〇二〇年、一四四頁参照。

35 U.Beck, *Risikogesellschaft auf dem Weg in eine andere Moderne*, Frankfurt am Main, 1986, S. 9.（邦訳ベック『危険社会』東廉、伊藤美登里訳、法政大学出版局、一九九八年、四頁）。

36 Vgl., Beck,S. 8.（ベック、三頁参照）。

37 Vgl., Beck, S. 10.（ベック、五頁参照）。

38 Beck, S. 30.（ベック、二九頁）。

39 東京電力二〇二三年八月二二日公表資料「多核種除去設備等処理水の海洋放出にあたって」(二〇二三年一〇月七日閲覧) https://www.tepco.co.jp/press/release/2023/pdf3/230822j0101.pdf

40 「告示濃度比総和」（東京電力処理水ポータルサイト）（二〇二三年一〇月七日閲覧）https://www.tepco.co.jp/decommission/progress/watertreatment/alpsstate/

41 実は、東京電力は原子力規制委員会から汚染水がこれ以上増えないようにするために、福島第一原発への地下水の流入を充分には防げない凍土壁に代わる抜本的な対策を取るよう迫られているが、対応を先延ばしにしている。まさのあつこ 地味な取材ノート（二〇二三年八月一三日配信）「思い出そう：1F廃炉と柏崎刈羽の関係 - 東電の約束」（二〇二三年一〇月八日閲覧）https://note.com/masanoatsuko/n/n89cd887b5209#6ecc406d-3959-4994-b848-b51ff30ce64a

42 注39を参照。この東電公表資料の中の「国内外のみなさまとのコミュニケーション」と題された章では、汚染水放出がもたらすと考えられる諸影響に関するＩＡＥＡの査察報告書によってベックの言う「科学的合理性」を確保したうえで、素人市民が〝風評〟に惑わされないように実に多くの対策が取られることが記されている。こうした政府東電の行動を正しいものとして一方的に受け入れさせようとする対策が、資料ではリスクコミュニケーションと称されている。

43 ベックが言及していないことを付け加えれば、原発事故後一〇年来問題となってきたのは、健康被害に加えて心の問題である。

44 Vgl., Beck, S. 36.（ベック三六－三七頁参照）。

45 Beck, S. 39,（ベック四〇－四一頁）。

46 Beck, S. 40,（ベック四一頁）。

47 表1，2共に、認定NPO法人いわき放射能市民測定室　たらちねホームページ「測定結果」より引用した。（最終閲覧二〇二〇年九月二一日）https://tarachineiwaki.org/wpcms/wp-content/uploads/sokutei_kekka_202008.pdf

48 小林傳司編『公共のための科学技術』玉川大学出版部、二〇〇二年、二八二頁。

49 小林、一四頁。

50 小林、二一頁。

51 小林、二八三頁。

52 小林、一八四頁。

53 同右。

54 小林、一八五頁。

55 小林、一八五－一八六頁参照。

56 「二〇二一年二月二〇日 今中哲二講演会 資料」（認定NPO法人 いわき放射能市民測定室 たらちね　ホームページ）（最終閲覧二〇二一年八月二二日）https://tarachineiwaki.org/wpcms/wp-content/uploads/shiryou_20210220_2.pdf

57 東洋経済オンライン（二〇一六年八月一七日配信）「大飯原発『基準地震動評価』が批判されるワケ　島崎氏の指摘を規制委は否定したが……」（岡田広行署名記事）（最終閲覧二〇二一年八月二九日）https://toyokeizai.net/articles/-/131955?page=4

58 一つだけ例を挙げておく。東京電力は福島第一原発で、震災前にトリチウム水が漏れる事故を二回起こしているという。一回目の時、双葉町役場に報告に来た当時の第一原発所長は井戸川に対し、原子炉を冷却する純水タンクと汚染水タンクが隣り合わせであり、配管でつながっているのだが、その配管のコックを閉め忘れたのが原因と弁明した。これを聴いた井戸川は当該箇所の写真を持ってこさせ、つながっている配管を塞ぐように指示したという。この時、東京電力が町長に対し真実を述べているかどうか一〇〇%の保証はないものの、井戸川は機械設備の専門家として一定以上のレベルで東京電力側と議論ができた。以下を参照。「双葉町長だった私が国と東電のウソを暴く！」（Youtube サイト「井戸川克隆　いま伝えたい。こと」）（最終閲覧二〇二一年八月二二日）https://www.youtube.com/watch?v=Dvsl1ntlI08

59 東北大学の福本学名誉教授は「福島第一原発事故に伴う被災動物における体内放射性物質の動態および影響解析研究」という題目で、二〇一三年度から二〇一七年度にかけて、牛、野生のアカネズミやニホンザルの被災動物の臓器アーカイブを作成し、被ばくによる影響を調査・研究した。その研究の一環として、「希望の牧場」の被ばく牛の血液等を採取している。福本教授の研究成果報告は以下を参照。「科学研究費助成事業　研究成果報告書」(最終閲覧　二〇二一年八月二三日)

https://kaken.nii.ac.jp/ja/file/KAKENHI-PROJECT-26253022/26253022seika.pdf

60 もっとも、科学技術社会論研究者でこのことを分かっていない人はおそらくいないと思われる。

61 宮本憲一『環境と自治―私の戦後ノート』岩波書店、一九九六年、八二頁。

62 同右。

63 宮本憲一編『沼津住民運動の歩み』日本放送出版協会、一九七九年、二九一‐二九二頁参照。

64 宮本憲一編『沼津住民運動の歩み』二九〇‐二九一頁参照。

65 村上たちは実際に希望者を募って「長良川河口堰見学バスツアー」を実施した。そこで見聞したことが可動堰反対に確信を与えたという。また、河口堰周辺の底を地元の漁師さんにさらってもらったところ、ヘドロが採れたのだが、建設省はそれを「シルト」と一貫して呼称していたという。村上稔『希望を捨てない市民政治』緑風出版、二〇一三年、一五六‐一五七頁参照。

66 姫野雅義『第十堰日誌』七つ森書館、二〇一二年、二八〇頁参照。

67 村上、四四頁。ちなみに「ダム・堰の会」の〝ダム〟は当時徳島県木頭村に予定されていた細川内ダムを指し、これはのちに計画中止となる。〝堰〟が第十堰を指し、細川内ダム建設中止決定以後は吉野川の問題に集中していくことになる。

68 村上、三七頁参照。

69 村上、四一‐四三頁参照。

70 姫野、四八‐五〇頁参照。

71 村上、一五〇‐一五一参照。

72 村上、五六‐五七頁。

73 村上、一五〇頁。

74 村上、一五〇頁。

75 村上、一五〇‐一五一頁参照。

76 村上、一五二頁。

77 村上、六〇‐六一頁参照。
78 石丸小四郎「一橋大学フェアレイバー研究教育センター（四七）福島原発震災と反原発運動の四六年―石丸小四郎さん（双葉地方原発反対同盟代表）に聞く」『労働法律旬報』第一七五四巻、旬報社、二〇一一年一〇月、五五頁及び石丸小四郎「一橋大学フェアレイバー研究教育センター（七六）七〇‐八〇年代の福島県双葉地方の反原発運動―石丸小四郎さん（双葉地方原発反対同盟代表）に聞く②」第一八〇七巻、旬報社、二〇一四年一月、六七頁を参照。
79 石丸二〇一四年、六八頁。
80 石丸二〇一一、五二頁。
81 石丸二〇一一年、五四頁。
82 村上、八二頁参照。
83 石丸二〇一一年、五二頁。
84 松冨哲郎「連載　核燃料サイクルを支えるプルサーマルの行方八　増設問題を抱える双葉郡」『エネルギー』第三二巻第五号、日工フォーラム社、一九九九年五月、六九頁参照。
85 石丸二〇一一、五六‐五七頁。
86 石丸二〇一一、五六頁。
87 石丸二〇一四、七二頁。
88 加藤尚武『環境倫理学のすすめ』丸善ライブラリー、一九九一年、三一頁参照。
89 加藤一九九一、三二頁。
90 加藤一九九一、三二‐三三頁参照。
91 加藤一九九一、四六‐四七頁。
92 朝日新聞朝刊二〇二二年二月二四日一面「二〇〇年の伝統行事　存続の危機」、及び「踊りも神楽も　原発の影」を参照。
93 序文でとりあげた鬼頭秀一が最初に提唱した「ローカルな環境倫理」の延長線上に「原子力緊急事態宣言」下に生きる人々の環境倫理学が構想されねばならない。

2章　原発事故被災状況下におけるＩＣＲＰの生命・環境倫理

「刊行物一三八」に関する批判的考察

本章では、国際放射線防護委員会（ＩＣＲＰ）刊行物を引用する際、刊行物のすべての段落（パラグラフ）に番号が付けられており、またごく一部を除いて一般の書籍として販売されておらず、ＩＣＲＰのホームページに公式日本語訳が掲載されている[1]ことから、パラグラフ番号を本文中に記して引用箇所を明示することとする。

はじめに

加藤尚武「環境倫理学」を超える視点をめざして

1章では、日本において環境倫理学を事実上創始し代表してきた加藤尚武が、山下俊一の二〇一一年三月二一日のいわゆる「ニコニコ発言」を擁護した背後にどのような構造的要因があるのか、加藤著『災害論』から『環境倫理学のすすめ』にまでさかのぼって解明することを試みた。『災害論』では、科学技術に関する意思決定が、どういうわけかテクノ・ファシズムとテクノ・ポピュリズムに二分され、専門家と非専門家である市民との覇権争いのように論述されていた。加藤自身、「専門的に見て正しく、なおかつ公平な公共的判断を行なう可能性を切り開くことが、現代社会の最も重要な課題である」[2]ともっともな主張をしているが、その実現の道筋の見取図は、残念ながら加藤には無いと言わざるを得ない。加藤は次のように書いている。

「現代では専門分野の独自性が強く、一般人が専門家の能力を判断することは不可能である。専門家集団に判断を委託することが不可欠だが、専門性と外部性の保証が必要条件だとしても、それをだれが選ぶかという無限背進型の難問が発生する。[3]」

加藤がこうして、問題の構図を科学者の科学的合理性と素人市民の（科学者から見た）科学的非合理性の対立として考える限りは、加藤自身が提起している上述の課題の解決、克服の見通しは立たないだろう。

さらに『環境倫理学のすすめ』では、民主主義社会と封建社会を対比させながら、科学技術の進歩が将来世代に及ぼしうる影響の負の側面に焦点を当てて、「世代間倫理」を提唱する。しかし、その倫理の主体は実質的に国家や自治体等が想定されるのみで、それらを構成する個人は欲望の充足を目指す存在としてのみ位置付けられるにすぎない。その結果、世代間倫理は個々人の欲望を上位集団である自治体や国家が総量規制する統治の手段のような性格をもつようになる。世代間倫理を組み入れた加藤の環境倫理学は必然的にエリート集団とそれ以外の集団との上下関係が暗黙の裡に前提されているといえるだろう。

以上の論理構成に基づいて「ニコニコ発言」擁護がなされる結果、加藤の環境倫理学は、福島原発事故被災者の思いとはまるですれ違ってしまったと考えられる。本書ではこれとは異なる環境倫理学を提唱できないか探究するのだが、その際の出発点として第一部の「証言」は我々に多くのことを教えてくれる。

1章では「証言」を解釈していくうえで、ウルリヒ・ベックのリスク社会論を援用してきた。ベックの論理を踏まえれば、原発事故を含む科学技術をめぐる問題は、科学的合理性と社会的合理性の対立や相互補完の関係として理解することができる。加藤の考えとは異なり、科学者ないし技術者自身が専門家として厳密に判断し評価していると認識していたとしても、その根底には社会的合理性の観念が存在している。ただ、なかには自分自身が二つの合理性のせめぎ合いのなかにいるという自覚が薄い者がいることはあり得る。加藤のいうテクノ・ファシズム的な科学者がその代表であろう。純粋な科学的合理性だけが合理性のすべてであり、そのなかに社会的合理性も含まれていると考えているタイプである。逆に、素人市民の主張に全く科学的合理性が無ければ、いくら主張している市民の心根が純粋であったとしても、空論ないし一時的な感情論でしかないということになる。第一部の「証言」は、そうした論理を乗り越えるために欠かせない取組みを示唆している。

原子力基本法の理念とICRP「勧告」の考え方の違い

原発事故発生後一〇余年が過ぎた現在の日本において、社会的合理性と科学的合理性が対立している構図のなかでも、特に低線量被ばくをめぐる対立の根は深いものがある。松田文夫によると、そもそも原子力基本法は放射性物質の使用を一般的には禁じており、原子力発電所の設置運転者をはじめとする原子力事業者に対してのみ国が許可する代わりに、一般国民に被ばくさせないように義務付けているのだとする。この原子力基本法に基づき下位法が定められる。すなわち「核原料物質、核燃料物質及び原子炉の規制に関する法律」に関する「核原料物質または核燃料物質の製錬の事業に関する規則等の規定に基づく線量限度等を定める告示」において、施設内の「管理区域」、施設の周囲の「周辺監視区域」における線量基準等が定められている。それによると、三カ月間で一・三mSvを超える場所は管理区域として設定する必要があるし、実効線量で一mSv／年以上被ばくする場所は周辺監視区域として設定する必要がある。[4]「これらは原子力事業者の義務であり、一般公衆を規制するものではない。また、あくまで設定基準であって、そこで働く労働者の被ばくの限度を定めたものではない。[5]」

原子力事業者の下で働く者の被ばくについては、「電離放射線障害防止規則」が定められていて、事業者はこれを遵守せねばならない。

管理区域内における労働者の実効線量：五年間につき一〇〇mSvを超えず、かつ一年間につき五〇mSvを超えない。
緊急作業に従事する間に受ける線量：実効線量について、一〇〇mSv
特例緊急被ばく限度：実効線量について、二五〇mSv

この規則を参照するなら、原子力事業者の下で働く者の被ばく量の上限が一年間平均で二〇mSvということになるが、一般公衆は規制の対象とはなっていない。つまり、日本の原子力基本法及び関連法規のなかで、一般市民の被ばく線量限度を定めたものは存在していない。一般市民はそもそも被ばくさせてはならない存在として位置づけられている。とはいえ、周辺監視区域外の線量限度が年間一mSvとなっていることから、間接的に一般市民は一mSvまで被ばくさせてもよい、ということに事実上なっているというのが現状である。[6] 概して、一般市民が不要な追加被ばくを回避したいと考えることには社会的合理性があり、原子力基本法自体はその合理性に沿って制定されていると考えてよいと思われる。

他方、国際放射線防護委員会（International Commission on Radiological Protection、略称「ＩＣＲＰ」）の勧告においては、逆に一般市民が被ばくすること、ひいては生活領域に放射性物質が存在していること（その原因にさかのぼってそれこそ倫理的な評価をするわけでもない）を前提としている。二〇〇七年勧告では、一般市民の被ばく状況を次の三つ——原子力発電の通常運転時をはじめとして放射性物質が管理されているなかでの被ばくを指す「計画被ばく状況」、原発事故等の核災害時を指す「緊急被ばく状況」、核災害等に由来する放射線源が生活環境中に存在し、放射線防護に取組まねばならない事態を「現存被ばく状況」として分類し、かつ被ばく放射線量について「参考レベル」を導入し、以下のように区分した。

	参考レベル（個人年間実効残存線量）
緊急被ばく状況	二〇～一〇〇mSv／年
現存被ばく状況	一～二〇mSv／年
計画被ばく状況	～一mSv／年

緊急被ばく状況と現存被ばく状況の参考レベルは、各個別の状況のなかで、この参考レベルの範囲内に被ばく線量を低減する目標値を定め、段階的に線量を下げていくために用いられるものとされる。「大規模原子力事故における人と環境の放射線防護」と題された二〇二〇年勧告（刊行物一四六）では、事故でない平常時を意味する「計画被ばく状況」の記述は無くなり、「緊急時被ばく状況」が「早期段階」と「中期段階」に区分され、「現存被ばく状況」が「長期段階」に区分された。二〇〇七年勧告との違いとして、「早期段階」「中期段階」ともに、参考レベルから二〇mSvという下限値が無くなり、状況によっては最も適切な参考レベルが二〇mSvよりも低い線量であることを認めていることと、一般公衆の「長期段階」の参考レベルは一～二〇mSvと変わらないものの、そのなかでも下半分が望ましく、さらにバンドの下端（＝一mSv）へ向けて徐々に被ばく線量を下げることが望ましいとされている[7]。

低線量被ばくの防護基準に科学的合理性はあるか

ところで日本政府は、原発事故処理政策において科学的合理性を重視するという姿勢を一貫して堅持している。この姿勢が具体的に形をとったのは、原発事故が起こった二〇一一年一一月から一二月にかけて、内閣官房に「低線量被ばくのリスク管理に関するワーキンググループ」が設置され、同年一二月二二日に報告書が提出された時である。この報告書は短期間に計八回のハイペースの議論を経て、「放射線の影響に関しては様々な知見が報告されているため、国際的に合意されている科学的知見を確実に理解する必要がある」という方針の下、主に原子放射線の影響に関する国連科学委員会（United Nations Scientific Committee on the Effects of Atomic Radiation、略称「UNSCEAR」)、世界保健機関（World Health Organization、略称「WHO」)、国際原子力機関（International Atomic Energy Agency、略称「IAEA」）やICRPの報告書に準拠して、かつ、「準拠することが妥当である」という方針のもとで作成された[8]。これにより、様々な異論に対抗する科学的な正当性を政府の施策に確保しようとしたのである。

特に刊行物一〇三（ICRP二〇〇七年勧告）の内容は「参考レベル」をはじめとして低線量ワーキンググループ報告書のなかでも再三参照されている。この報告書に記されている内容が、広く以後の日本政府（民主党政権から自民党に政権交代後まで含めて）の除染・帰還をはじめとする原発事故処理政策の科学的合理性の根拠の一つとされてきたことは論をまたない。極めて興味深いことは、日本政府の姿勢とは異なり、ICRPは放射線による低線量被ばくからの防護に関して、科学的合理性が確保されているだけでは、社会的合理性は獲得されているわけではないと自覚していることである。その実、「参考レベル」はあくまで参考であり、科学的に安全性を保障する線量ではないとしているのだ。刊行物一四六（二〇二〇年勧告）では、「放射線防護文化」なる言葉まで見られるようになった。

二〇二四年現在、福島県では避難指示が解除されていない地域の除染が進められている。先に避難指示が解除された地域では、被ばく線量を二〇mSv／年にまで低減することを目標に除染事業が実施された。今の除染事業も同様の基準で実施されている。したがって、日本国内には一般公衆に対する二種の線量限度が存在し、福島県外では一mSv／年、県内では二〇mSv／年となっている。この二〇mSv／年について、低線量ワーキンググループ報告書では次のように述べている。

「今回、政府は避難区域設定の防護措置を講じる際に、ＩＣＲＰが提言する緊急時被ばく状況の参考レベルの範囲（年間二〇から一〇〇mSv）のうち、安全性の観点から最も厳しい値をとって、年間二〇mSvを採用している。しかし、人の被ばく線量の評価に当たっては安全性を重視したモデルを採用しているため、ほとんどの住民の方々の事故後一年間の実際の被ばく線量は、二〇mSvよりも小さくなると考えられる。[9]」

「現在の避難指示の基準である年間二〇mSvの被ばくによる健康リスクは、他の発がん要因によるリスクと比べても十分に低い水準である。放射線防護の観点からは、生活圏を中心とした除染や食品の安全管理等の放射線防護措置を継続して実施すべきであり、これら放射線防護措置を通じて、十分にリスクを回避できる水準であると評価できる。[10]」

以上、確信に満ちた文言が綴られているが、この「参考レベル」で取上げられる数字に科学的合理性はいくらかでもあるのだろうか。一般的に、放射線被ばくが一〇〇mSvというしきい値を越えた場合に、健康被害との因果関係を確定できる被ばくの影響を「確定的影響」と呼ぶ。この場合の健康被害は急性障害として明示的に現れる。一方で、しきい値を下回っている場合の被ばくの健康への影響を「確率的影響」と呼ぶ。「確率的影響」の場合、その健康影響は被ばく直後からすぐに現れるわけではなく、晩発障害と言われる。晩発障害としてよく挙げられるのはがんや白血病である。しかし、こうした疾患が例えば喫煙や肥満などの他の健康リスク要因に起因するのか、被ばくに起因するのかを区別することは科学的に困難であると主張される。だからといって、被ばくの影響が否定できる、とまでは主張しえない。したがって、しきい値がないものと仮定して、被ばく対策を構築しようというのが「しきい値なしモデル」の考え方である。

緊急被ばく状況の上限一〇〇mSvという数字は、一〇〇mSvよりも被ばく線量が低かった人の発がんリスクが、他の発がん要因の影響により隠れてしまうほど小さくなるという広島・長崎の原子爆弾被爆者の追跡調査に関する研究結果に基づいて設定されていることになっている。[11] しかし、広島・長崎原爆被爆者生涯調査第一四報によると、「正式な線量しきい値解析ではしきい値はない、すなわちゼロ線量がしきい値の最良推定値であることが示された」とある。したがって、一〇〇mSv以下であっても、他の死亡原因のリスクと混ざり合って判別不可能にならずに、被ばくの影響が見てとれるのでは、という疑いが生じる。例えば崎山比早子は、そもそもにしてからがＩＣＲＰ自体がどれほど被ばく線量が低くても、その線量に比例して健康リスクが上昇することを認めていると指摘し、他にも複数の研究成果が、ＩＣＲＰの「しきい値なしモデル」を肯定していると指摘している。[12]

また、二〇mSvについてはどうだろうか。松田文夫いわく、「ＩＣＲＰは二〇mSvの根拠を説明していない。[13]」確かに、参考レベルが初めて導入された刊行物一〇三（二〇〇七年勧告）や、その後の刊行物一〇九、刊行物一一一を読んでも、なぜ緊急時被ばく状況と現存被ばく状況とが二〇mSvで区切られるのか、に関する科学的な説明は見てとれない。だからなのか、二〇二〇年勧告では緊急時被ばく状況の参考レベル下限値二〇mSvをカットしている。

ＩＣＲＰ刊行物一〇三（二〇〇七年勧告）は、低線量被ばくの影響をしきい値のある確定的影響と、しきい値がないと認めざるを得ない確率的影響とに区分している。前者は端的に避けねばならないものであり、後者についてそのパラグラフ六二で、不確実性がありながらも疫学研究や実験的研究が約一〇〇mSv以下の線量における放射線リスクの証拠を提供している、と指摘する。この指摘に基づき、続くパラグラフ六四から六六にかけて、どれほど低線量だったとしても、被ばく線量に応じてリスクが増加すると仮定し、放射線リスクについて「しきい値なしモデル」を採用すると述べる。しかしながら、このモデルを明確に実証するほどの生物学的／疫学的知見がすぐには得られそうにないことから、パラグラフ六六の後半で次のように述べる。

「低線量における健康影響が不確実であることから，委員会は，公衆の健康を計画する目的には，非常に長期間にわたり多数の人々が受けたごく小さい線量に関連するかもしれないがん又は遺伝性疾患について仮想的な症例数を計算することは適切ではないと判断する。」

つまり、一〇〇mSvよりも低い線量での健康リスクの証拠があり、しきい値なしモデルを放射線防護のために採用しつつも、明確な知見が得られるに至っていないことから、しきい値なしモデルで健康被害を受ける患者数を予測して対応するべきではないとするのである。そのような対応に代えて、ＩＣＲＰは「最適化」原則に基づく対応を是とする。すなわち、科学的合理性のみならず、社会的、経済的合理性の観点から見て最も低くし得る線量に低減することを目指すべし、と勧告する（これは一九七七年勧告から二〇二〇年勧告まで変わっていない）。それだからこそ、これから検討する刊行物一三八「放射線防護体系の倫理基盤」を、刊行物一四六（二〇二〇年勧告）に先立ち二〇一八年に刊行したのである。

ＩＣＲＰ「刊行物一三八」の放射線防護倫理四原則と日本政府の考え方の違い

刊行物一三八は、ＩＣＲＰ勧告、とりわけ刊行物一四六の科学的合理性ならぬ社会的合理性を前もって露払い的に倫理学的見地から証しようと試みた特異な文書である。科学的合理性が極めて脆弱であるからこそ、この刊行物は強力に社会的合理性を証しようと試みる。福島原発事故を踏まえた環境倫理を考えるにあたり、生命倫理学や環境倫理学を含む倫理学全体に広くまたがって考察されたこの文書を掘り下げておくことは、極めて重要である。というのも、この文書が倫理学的な観点から見て不十分なものであれば、福島第一原発事故以前、以後のＩＣＲＰ刊行物がウルリヒ・ベックの言う社会的合理性を有しないということになるからである。そしてそれでもなお各国政府が放射線リスクの正当な評価としてＩＣＲＰ勧告、ひいてはそれをガイドラインとして採用するならば、その国の施策は各国国民の主体性を抑圧するものとして作用することになる。

ここで状況を今一度整理しておくと、ＩＣＲＰは科学的合理性の確立をもってそこから社会的合理性を演繹しようというやり方に対し、現状では事実上不可能と考えている。にもかかわらず日本政府は、ＩＣＲＰ勧告に沿う形で科学的合理性を確保し、それに基づいて正しい知識を一般素人市民に一方的に知らせるという形のリスクコミュニケーションを通して、自らの施策に社会的合理性もあることを納得させようとしている。[14] ＩＣＲＰは一応、形式上は市井の人々の生活における自己決定権を尊重するべく、専門家との対等なリスクコミュニケーションの重要性を前面に出している。それに対し日本政府のリスクコミュニケーション理解は、専門家の権威に基づく上から下への一方的な知識の普及でしかない。

刊行物一三八のなかでも、第三章「放射線防護体系を支える中核となる倫理的価値」は、順に「善行と無危害」「慎重さ」「正義」「尊厳」という四つの原則で構成されている。この四つの原則は明らかに、生命倫理の四原則（自律尊重・無危害・善行・正義）をたたき台にアレンジしたものである。そこで以下に、この刊行物一三八の第三章を中心に、必要に応じて続く第四章「手続き上の価値」（説明責任・透明性・包括性）と、刊行物一四六の関連の深い部分について、倫理学的な見地から考察を深めることにする。

1 無危害と善行

「無危害」と「善行」の関係をめぐって

ＩＣＲＰは刊行物一三八で、創設以来自らが提唱してきた放射線防護そのものが、これから検討する四つの倫理的価値にこれまでも、またこれからも基礎づけられるべきだ、と主張している。四つの倫理的価値のうち、最初に取上げられるのが「善行と無危害」である。いわゆる「生命倫理の四原則」においては、「善行」と「無危害」はそれぞれ別の原則として区別されるが、刊行物一三八においてはパラグラフ三八で、「善行」と「無危害」とを分けずに一つの価値として規定している。

ところで、アメリカ合衆国大統領の諮問機関であった「生物医学および行動学研究の対象者保護のための国家委員会」は、人間を対象とする研究の倫理原則及び指針である「ベルモント・レポート」を一九七九年に提出した。委員会の一人であったトム・L・ビーチャムと、ジェイムズ・F・チルドレス（以下、B&Cと記す）はその内容を、研究における医学実験だけではなく医学、医療一般の倫理的諸問題を考察するものとして「生命倫理の四原則」へと発展させ、『生命医学倫理』という書物において体系化した。[15] ICRPは「善行と無危害」に関して考察するにあたり、このB&Cの『生命医学倫理』について刊行物一三八のパラグラフ三七で言及している（また、刊行物一三八編集長のクリストファー・クレメントとジャック・ロシャールの共著論文にも、四つの倫理的価値を確立するために「ベルモント・レポート」及び『生命医学倫理』をたたき台にしたと記されている）。[16] そこで、まず、B&Cの二人が生命倫理の四原則について、どのような主張をしていたかを大まかにまず確認しておきたい。

B&Cは『生命医学倫理』のなかで「無危害」と「善行」とをそれぞれ独立した節に分けて論じている。一方、刊行物一三八ではパラグラフ三八で特に理由を示さぬままに、両者は一つにまとめられている。なお「ベルモント・レポート」の執筆者の一人であったビーチャムは、無危害と善行とを合わせて一つの原則としている。したがって、B&Cにはこの二つの扱い方に若干の逡巡があったとみることもできよう。とはいえ、少し先取りして述べるならば、B&Cは「無危害」と「善行」にそれぞれ独立した節をあてがいつつも、両者を完全に質的に別の価値として扱うことはせず、やはり合わせて一つのものとして扱っている。

B&Cが二つの倫理的価値について少々込み入った扱いをする理由を概観してみる。B&Cは、倫理学者のウィリアム・K・フランケナが次に示すように「無危害」と「善行」を明解にわけていたようには、その二つをわけられないと考えていた。

さて、フランケナは「無危害」と「善行」に該当するものを二つどころか四つの義務に区分している。

一．害悪や危害を加えてはならない
二．害悪や危害を予防しなければならない
三．害悪や危害を除去しなければならない
四．善を実行するか、あるいは促進しなければならない

フランケナはこの四つの区分に照らして、1が「無危害」に該当し、2～4が「善行」に該当するとする。また、数字が1に近いほど義務としての優先順位が高く、4を義務付けるには但し書きが必要なのだという。他者を傷つけない義務と、他者を助ける義務とは明確に異なるというのがフランケナの主張である。それに対してB&Cは、両者は明確に区別できず、常に「無危害」の方が優先順位が高いとは言い切れないのではないか、と反論する。例えば注射の痛み（極小の痛み）と生命救助的な介入（極大の善行）を比較した場合には、「無危害」よりも「善行」が優先するのではないか、というわけである。

以上を踏まえた上で、B&Cは「無危害」と「善行」の間に絶対的な優先順位は存在せず、ケースバイケースでどちらを優先させたらよいかが決まるのだ、とする。[17]

また、B&Cは一～四までの連続性を指摘する。つまり患者に危害を与えないことと、患者に益となることを行なうことの間に明確な断絶は存しないと指摘する。そのうえで、「無危害」が危害を与えるのを慎むのに比べて、「善行」は患者に益することを行なうために一歩を踏み出さねばならないという点で、「無危害」の枠に収まらないことがあるとも指摘する。[18]

B&Cがこのように「無危害」と「善行」との関係の連続性を明らかにしたことを確認したうえで、刊行物一三八における「無危害」に関する記述を掘り下げてみる。

境界線が区切れない「無危害」と「善行」

例えば、化学工場の労働者の発がん率の上昇した理由が、雇用者の判断で労働者を危険な場所に配置したためであったとする（ここでは「危険な」という言葉をB&Cと同じく「危害の可能性がある」という意味で用いている）。その際に、雇用者に悪意があったり、労働者に有害をもたらす意図があったりするわけではないにしても、その雇用者は結果的に労働者に危害を加えたり、発がん性の観点から見て危険な場所に配置したということになる。こうした場合、雇用者が法的あるいは道徳的に責任を問われるかどうかは、ケースバイケースであるとB&Cは記している[19]。この場合の問題はそのつどの個別事例に当てはめられる基準である。

「危険が課された場合には、法や道徳は、危険に対して因果責任を有する行為者が、法的あるいは道徳的に責任を有しているか否かを確定する相当な注意 due care の基準を認める[20]。」

このことを、B&Cは「無危害」原理の「特定化」と称する。ではここで出てきた「相当な注意」とは何か。

「相当な注意とは、状況が理性的で用心深い対応を人間に要求するとき、危害の生起を避けるために、十分かつ適切な注意を払うことである[21]。」ただ、この「相当な注意」は危害を蒙る可能性のある危険にさらすことの一切を回避させることを意味しているわけでは、さす

図　境界線が不明瞭な「無危害」と「善行」

がにない。しかし、「重大な危険の正当化には、それと釣り合う重大な目的が要求される」。例えば、「大きな自動車事故の後、人命を救助しようとして、救急車の速度を上げることで生み出される危険は正当化される」[22]。したがって、何者かを危険にさらす選択が「無危害」原則においても正当化されるには、それ相当の根拠がなければならないことになる。福島第一原発事故を念頭に、ＩＣＲＰの「無危害／善行」原則を吟味すれば、低線量被ばくの危険をどのように解釈するかが問題となる。低線量被ばくが原因となって、将来にわたって生じる可能性のある危害の不確定性を重く評価するか、あるいは不確定であるがゆえに将来の危害を軽く評価するか、その境界線の問題である。この問題は、３章２「慎重さ」で取りざたされる予防原則と思慮との関係のあり方に直接かかわってくるが、それに関しては後であらためて論じたい。

「善行」をめぐって――同じく区切れない義務と理想

次に、「善行」に関する記述を掘り下げてみよう。

Ｂ＆Ｃの記述に沿って、「善行」と「無危害」を別の角度から分析してみる。Ｂ＆Ｃによれば、「無危害」は誰に対しても公平に当てはめねばならない禁止の命令であり、法的処罰に関する道徳的、倫理的な根拠を与える原則である。他方で、「善行」は禁止ではなく積極的行為の要求である。しかし、誰に対しても公平に、積極的に善行するなどということは不可能である[23]。例えば朝食に困っているすべての人に朝食をつくってあげなさい、という命令を実行することは不可能であって、それを無理にやろうとすると、自分の家族の朝食がおろそかになることも考えられる。「善行」はほとんど常に、特定の何者かに対する行為でしかありえない。これと関連して、ある人物に対して善行をしない、ということは大抵の場合、不道徳ではない、と考えられる。

Ｂ＆Ｃは積極的に何か善いことをする「善行」そのものについて、次のように指摘する。すなわち「無危害」

と「善行」との間に明確な境界線が引けずに連続していたのと似て、「善行」自体が、「義務」と「理想」という相異なる二つの性質を、やはり明確な境界線で区切ることができないまま内包している、というのである。例えば、自分の目の前で横断歩道を渡ろうとしている足の悪い高齢者に寄り添って一緒に渡ることは、自分の行先と方向が違っていても、迷うことなく〝やるべき〟ことのように思われる。一方で、B&Cは新約聖書の『ルカの福音書』に記されている「善きサマリア人のたとえ」[24]に登場するサマリア人のような行為を、同様のシチュエーションに立ち会ったすべての人に義務付けることはできないと主張する。B&Cは前者を「善行」の「義務」とし、後者を「善行」の「理想」とする。そして、私たち自身もほんのちょっと考えれば誰もが容易に分かることだが、ここまでは「義務」でその先は「理想」と分割できるような、明確な境界線などは存在しない。

図　「善行」の構成

それでも「善行」には確かに「義務」と「理想」の二つの要素が含まれるとB&Cは主張する。なぜなら、仮に「善行」が「理想」でしかないとしたなら、功利主義の「最大多数の最大幸福」原理を当てはめて、社会における利益と損失（あるいは危害）の合算値がプラスの方向に最大になるような行為を命じることができないからだという。[25]「理想」はそもそも利益と損失のトレードオフを度外視していると考えられるので、功利主義的に規定される「善行」は必然的に「義務」に該当するものと考えられる。一方で先の「善きサマリア人のたとえ」で言うなら、まぎれもない善行をした当のサマリア人の利害と損失の合計値が必ずプラスになるとは到底言えない。つまり「善行」は、利益と損失のトレードオフを吟味して利益が最大になるように行為することだけで成り立っているのではない、ということである。そのことをB&Cの記述から導出することができる。だからといって、このことは「義務」が全て功利

主義的に規定されるということを証するものではもちろんない。必ずしもトレードオフの関係からは導き出されないが、自他に命ずることのできない「理想」には括れない「善行」はありうるからである。例えば、先に挙げた、足の悪い高齢者に寄り添って横断歩道を渡ることは、トレードオフが成立しようとしまいと、寄り添いが必要ではないかと思った瞬間に、その状況そのものが私自身にまさに「善行」を呼び掛けてくるはずだからである。

リスク社会の生命倫理を軽視するICRPの見解

以上のB&Cによる「無危害」原則に関する考察に照らして、改めて刊行物一三八を読んでみることにする。パラグラフ三八は、「無危害」が「善行」と二つの価値であるとほとんど何の断りもなく宣言した後、その一つに統合された価値の目標である個人の利益の最大化と社会生活の質の向上とが、確定的影響の回避と「〔放射性物質が〕遍在する状況の下で確率的影響が可能な限り低減されることを確実にすること」の二つにより達成されると述べている。

一方パラグラフ三九は、「善行」に焦点を当てて説明している。「善行」とは「環境、地域社会や個人への直接の便益に配慮することを含む」と書かれている。ここで言われる便益は、「潜在的な有害な影響と秤にかけられる必要がある」とも書かれているので、ICRPの「善行」は功利主義的性質を持っていて、B&Cが言うところの「義務」と称されるものに該当すると考えられる。

ただし、B&Cは無限とも言うべき数の個別問題の事例研究へと拡散していく生命倫理、医療倫理の原理論を確立するにあたって、ある患者やこども、友人を対象とする「特定的善行」と、全ての人を対象とする（むしろ稀な）「一般的善行」とに「善行」を区分している。[26] 刊行物一三八はパラグラフ三九までの段階では、原発事故の場合であれば、該当するすべての被災者を対象とする「一般的善行」について語っているかのように見える。そうであってみれば、やはりすべての人を対象とする禁止の命令である「無危害」と対象において一致するので、無危害と善行を一つの価値として語っていると理解できる。

しかし、パラグラフ三九が便益と潜在的な有害な影響とを秤にかける「リスク‐ベネフィット分析」的内容を指摘したのに対し、パラグラフ四〇では、「直接的な健康影響と経済的なコストを単に秤にかけるだけではすませないことが推奨される」とある。重要なことは、ＩＣＲＰは利益／コストの収支計算の結果が最大値であることが常に最善であるとはみなしてはいない点にある。収支計算を度外視する、収支計算の結果とは必ずしも一致しない選択肢の可能性が認められているのである。

その可能性とは、「放射線だけでなくほかの物質への暴露も含めた、健康に影響を与える医学的要素」と、「さまざまな社会的、文化的、心理的側面」を合わせて考慮する際に開かれてくるものだとされる。つまり、放射線被ばくとそれ以外の要素との総合的な比較考量をすると、どのような要素を重視するかについて意見の相違があるので、ＷＨＯの健康の定義（単に疾患や障害がないことではなく、身体、精神、社会面ともにそろって良好な状態をいう）の観点から見ても、放射線防護に関わる専門家以外の利害関係者の社会的意思決定への参加が重要であると述べられている。

このようにみた時、「善行」において利害の収支計算結果の最大化と一線を画する選択肢の性質が、Ｂ＆ＣとＩＣＲＰとでは相異なることが見えてくる。すなわち、Ｂ＆Ｃは「善行」を明確な境界線は引けないながらも「義務」と「理想」とに区分する。「理想」とは、まさに「善行」のなかの善行でありながらも、全ての人に公平に義務として命じることができないことを指している。しかし「善きサマリア人のたとえ」であれば、全ての人に義務として命じられる落ちた財布を拾ってあげるようなささやかな人助けから始まる延長線上に、善行の究極の理想として、確かに存在してもいる。

ＩＣＲＰは刊行物一三八で、収支計算が度外視される、あるいはそれに真っ向から反する選択の可能性を、放射線防護のみに配慮するのではなく他の要素と総合的に勘案して判断する場面に認めている。しかしこれは、確かに全体としては被ばく影響の低減を通して放射線防護を達成することを目指してはいるものの、個々人に対しては被ばくリスクを他のリスクと比較考量することによって相対化し、その結果として被ばくを最低限に抑えること以外にも選択肢がありうるということを示すもので、放射線防護それ自体においては「善きサマリア人のたとえ」とは反対に後退していると言ってよい。

ＷＨＯの定義に照らすまでもなく、究極の健康は原発事故由来の放射性物質による追加被ばくゼロを要素とする。しかし現在、日本国内でやむにやまれず低線量被ばくによる健康影響が疑われる地域に住み続ける人々にとって、健康という目標を低線量被ばくを許容することを通して達成する道があるというＩＣＲＰの主張は、ウルリヒ・ベックの言う「リスク社会」に生きているという自覚（別にベックを知らなくても、本質的に同じ意味の自覚を、他言せずに抱いている人々は多いと筆者は考える）を、軽んじるものでしかないのである。

2 「慎重さ」

次に、ＩＣＲＰ刊行物一三八に取上げられている二つ目の倫理的価値、「慎重さ」の分析に進もう。刊行物一三八の公式訳における「慎重さ」とは、prudence の翻訳であるが、注目したいのはこの prudence が一三八以前の刊行物の要所に用いられていることである。まず、パラグラフ四二の「慎重さ」の規定を見ておこう。

「慎重さとは、ある行動の範囲と影響について十分な知見がなくても、得られた説明（情報）に基づき注意深く考えたうえで選択する能力である。これはまた、自ら何をして何をしないかについて選択し、実行する能力である。」

このパラグラフからは、一つの行動の帰結に関して不確実性がある場合に、限定された情報に関してインフォームド・コンセントならぬインフォームド・チョイスに相当するような行為能力こそが「慎重さ」と規定されていると読み取れる。[27] ＩＣＲＰはこの規定が自分たちのオリジナルなものではなく、洋の東西を問わず古くから伝わる「慎重さ」の考え方と同じものであると、これに続くパラグラフ四三で述べている。なかでも、prudence の語源が古代ギリシャ語のフロネーシス（phronesis）であり、プラトンとアリストテレスが築いた西洋哲学の伝統に根差すものだと明記されている。こうした形で、ＩＣＲＰは自らの「慎重さ」の規定が伝統的な徳目と一致しているのだ、と権威づけようとする。

さらにパラグラフ四四では、四三で示された「慎重さ」について、低レベルの放射線被ばくの不確実性に鑑みて、「保守主義と同義であるとか、決してリスクを避けるという意味にとらえるべきでない」と指摘する。ではどうとらえるべきなのか？　パラグラフ四四によれば、「慎重さ」とは、決定の仕方であり、内容ではないというのである。

それを踏まえパラグラフ四五では、過去の刊行物のなかで、ＩＣＲＰの言うところの「確率的影響」の不確実性に対応して「慎重さ」が登場し、さらにＬＮＴモデル（しきい値なしモデル）を放射線防護に適用するのもこの「慎重さ」のゆえであると述べられる。例えば過去の刊行物一〇三では、パラグラフＡ一七八に次のように記されていた、と重引される。

「ＬＮＴモデルは生物学的真実として世界的に受け入れられているのではなく、むしろ、われわれが極低線量の被ばくにどの程度のリスクが伴うかを知らないため、被ばくによる不必要なリスクを避けることを目的とした公共政策のための慎重な判断である……」（傍線部筆者）。

ＬＮＴモデルは必ずしも科学的に真であるとは言えないが、低線量被ばくによる健康被害の発生をあらかじめ防ぐために、公共政策上の観点、社会的観点から導入されているというのがＩＣＲＰの見解である。もっとも、近年ではＬＮＴモデルの科学的信憑性が、多くの研究成果により高まってきていることに留意すべきである。

アリストテレスは魂の理知的部分のフロネーシス（慎重さ）に関して、すでに起こってしまったことについて発揮されるものではなく、これから生じ得ることのみに対して発揮されると述べている。一方ＩＣＲＰは、これから生じうる低線量被ばくに関連して、ＬＮＴモデルを適用して放射線を防護することに関する倫理的対応として「慎重さ」をとらえているわけで、現在から未来の方向の事柄に適用するという点では、アリストテレスのフロネーシスと重なり合うと言えるかもしれない。

予防原則を最適化原則に読み替える

確かに、「慎重さ prudence」は将来生じうる危害を防ごうとする徳である。しかし、刊行物一三八では、政策決定者は「慎重さ」と言う代わりに予防原則を引き合いに出す、とパラグラフ四七に記されている。「慎重さ」が予防原則と同一化されているのである。その問題性を明らかにするうえで、続くパラグラフ四八が最も重要になってくる。まず冒頭を引用する。

「慎重さも予防原則のどちらも、ゼロリスクを要求するとか、最もリスクの小さい選択肢を選ぶとか、単に名目ばかりの行動を要求するなどと解釈すべきではない。」

右に述べたように、近年の研究ではどれほど線量が低くても、被ばくしたその分だけ健康リスクが増すことの科学的信ぴょう性が指摘されているので、少なくとも「最もリスクの小さい選択肢を選ぶ」ことは慎重さないし予防原則の観点から肯定され得るように思われる。だが、ＩＣＲＰの見解では、そのようなことは「単に名目ばかりの行動を要求すること」として、断固として退けられるのである。ではＩＣＲＰは何を肯定するのか。パラグラフ四八は次のように述べている。

「〔一九七七年勧告により導入された〕最適化の原則を適用してきた半世紀にわたる放射線リスク管理の経験は、慎重さや予防原則を思慮深く実利的に適用したものと考えることができる。」

科学史家・中川保雄（放射線防護をめぐる組織や制度の変遷を批判的に研究したことで知られる）によると、「最適化原則」とはコスト・ベネフィット分析によるＡＬＡＲＡ原則の具体的適用方法を意味する。ＩＣＲＰのＡＬＡＲＡ原則とは、放射線被ばくを「経済的及び社会的な要因を考慮に入れながら、合理的に達成できる限り低く」することを意味する。[28] 言い換えれば、最適化原則とは、技術的に可能な限り被ばく線量を低減させることのコストが合理的でないとされるならば、可能であってもそこまで下げる必要はない、という原則のことである。この最適化原則が、ＩＣＲＰによる慎重さと予防原則の適用の証である、と明言されているのである。

予防原則がＩＣＲＰの最適化原則と本当に一致しているかどうかについてはすぐ後で検討する。パラグラフ四九では、「慎重な姿勢」を表すものとして再度刊行物一〇三から以下のような重引がされている。

「ＬＮＴモデルを用いる際の方針上の主な意味合いは、いかに小さくてもリスクはいくらかあることを前提とすべきで、容認できるとみなされるものに基づき防護のレベルが設定されることである。これは委員会（＝ＩＣＲＰ）の防護体系及び三つの防護の基本原則に通じるものである。」

「リスクがいくらかある」という文言の意味は「最適化」原則の適用により、低減することが可能であるにもかかわらず、合理的でないという理由で低減されずに残されるリスクがある、という意味であろう。そして、次の「容認できるとみなされる」という文言は、誰がそのリスクを容認できるとするのか、その主語が受動態によりぼやかされている。その結果、原発事故由来の放射性物質による被ばくする当の被災者が、被災者以外の何者かにより定められたリスクの水準を押し付けられてリスクを甘受させられることになる。

要するに、ＩＣＲＰは公式日本語訳において「慎重さ」と訳される過去の刊行物の prudence ないし prudent という単語に着目し、その刊行物での用法が古代ギリシャにおけるフロネーシスをはじめとする古来の徳目と同じであると述べたうえで、「慎重さ」を予防原則と同じものとみなそうとしている。その一方で、そもそも予防原則はリスクの可能な限りの低減を義務付けるものではなく、むしろＩＣＲＰが一九七七年勧告で採用した「最適化」原則を肯定するものだ、と証明したつもりでいるのである。

「予防原則」の概念規定と特徴

ところで、一九九二年にブラジルのリオデジャネイロで「国連環境開発会議（地球サミット）」が開催された。俗に〝リオ会議〟とも略されるこの会議では、国連加盟国のうち一七二カ国の国家代表や、一一六カ国の元首、さらには約二四〇〇人にも及ぶ非政府組織代表も交えて地球環境問題と開発について話し合われた。そこで採択されたのが「環境と開発に関するリオ宣言」であり、そのなかの第一五原則が「予防原則」である。

「環境を保護するため、予防的方策は、各国により、その能力に応じて広く適用されなければならない。深刻な、あるいは不可逆的な被害のおそれがある場合には、完全な科学的確実性の欠如が、環境悪化を防止するための費用対効果の大きい対策を延期する理由として使われてはならない。[29]」

これに先立ち一九七二年に国連人間環境会議がスウェーデンのストックホルムで開かれ、国連人間環境宣言が採択されている。そのなかの第二四原則は、「〔環境の保護と改善に関する国際問題について〕多国間取決め、二国間取決めその他の適当な方法による協力は、すべての国の主権と利益に十分な配慮を払いながら、すべての分野における活動から生ずる環境に対する悪影響を効果的に規制し、予防し prevention、軽減し、除去するため不可欠である。」という条文だが、ここで言われる予防は未然防止 prevention 概念であると一般には理解されている。[30] しかし「未然防止」とは、科学的に確実である環境や生物への悪影響のみを事前に防止するという指針を指し、予防原則とは一致しない。

予防原則が環境政策に取入れられるきっかけとなったのは、一九七四年のドイツ大気汚染防止法であるとよく言われる。その第五条は以下のように述べる。

「技術水準に相応した排出規制のための措置により、有害な環境影響に対する予防 Vorsorge 措置をなすこと。[31]」

しかし、科学的確実性の欠如が悪影響の防止の妨げにならないということが条文に明記されるのは、一九九〇年に国連・欧州委員会閣僚会議で採択され、欧州各国やカナダに影響を与えたベルゲン宣言第七条まで待たねばならない。

「……環境の対策は環境悪化の原因を予測し、保護し、それを攻撃しなくてはならない。重大なあるいは不可逆的な被害の脅威がある場合には、完全な科学的確実性の欠如が環境悪化の防止のための対策を延期する理由に用いられてはならない。[32]」

このベルゲン宣言こそが、「予防原則」という用語が初めて用いられた地域協定なのだという。[33] なお、一九九二年のリオ宣言は「弱い予防原則」と呼ばれることもある。なぜならば、「完全な科学的確実性の欠如が……費用対効果の大きい対策を延期する理由として使われてはならない」とだけ述べられていて、未然防止では不十分であるというにとどまっているからである。これに対して、一九九八年に科学者や法律家、環境活動家ら三二名が参加して開かれたウィングスプレッド会議にて採択されたウィングスプレッド宣言は、「強い予防原則」と呼ばれることもある。

この宣言の特徴は大まかにいって二つある。一つ目の特徴は以下の引用から見て取れる。

「ある行為が人間の健康や環境に対する脅威であるときには、その因果関係が科学的に完全に解明されていなくとも、予防的方策をとらなければならない。」

つまり、ここでは端的に「予防的方策を取らなければならない」とされていて、政府や企業などの行為主体に予防的行為が積極的に義務付けられている。「強い予防原則」と呼ばれるゆえんである。二つ目の特徴は次の引用から理解できる。

「予防原則では、立証責任は市民ではなく、その行為を推進しようとする者が負うべきである。[34]」

例えば日本の水俣病の事例を想起すれば容易に理解できることだが、環境や健康への悪影響が取りざたされる場合、事業主体側は悪影響の原因が自らにあることの立証を基本的には行なわない。未然防止概念が適用される限り、胎児性水俣病発生の機構を解明した原田正純医師に代表されるような悪影響に晒される側に身を挺して立つ専門家がいなければ、悪影響ありという因果関係の立証がないためにいつまでもその影響は終わらないのである。

しかし右の引用に端的に示されているように、「強い予防原則」の場合は、悪影響を受ける被害者側が悪影響ありと立証しなければならないのではなく、「行為を推進しようとする側」が立証責任を負う。この場合の立証とは、悪影響のリスクがないという立証、もしくは当該行為の悪影響が利益を下回るという立証なのだ。

ＩＣＲＰは、予防原則に従うことが古来より時代を超越して変わらずに通用する「慎重さ」という徳の実践であると言わんとしているのだが、一九七〇年代から二〇世紀末までの予防原則に関する基本的な規定を振り返るだけでも、予防原則の概念規定そのものが大きく変わってきていることが分かる。

ただ、ＩＣＲＰが言わんとしているのは、そのような個々の予防原則の定式の変遷を超えて、いずれにも共通する、時代の流れにより変化をしない予防原則の本質(があると仮定)こそが大切であるということかもしれない。

この仮定が正しいとすれば、やはり洋の東西を問わず変化しない徳目として「慎重さ」が存在し、かつそれが予防原則の本質なのだ、ということになるのかもしれない。ＩＣＲＰは変化しない「慎重さ」の表現の一つとして、先に記したようにアリストテレスのフロネーシス phronesis を挙げていた。しかし、例え他に挙げられた宗教者や先哲のいう「慎重さ」が今日でも通用したとしても、一つでも通用しないものが含まれていれば、予防原則を最適化原則へと回収し、なおかつ「予防原則＝最適化原則」に則ることが徳ある態度であるというＩＣＲＰが描いた論理構成は瓦解する。

私たちが生きる自然はアリストテレスの「自然」概念と大きく異なる

アリストテレスは、『ニコマコス倫理学』第六巻で「慎重さ」を含む「思考の徳」を検討している。思考の徳とは、魂が真理へと到達する方向へ向いている状態を指す。[35] 有名な「中庸の徳」は、第五巻までで検討された「倫理的徳」(ここでは非理性的な観点から見た人間の性格の善さを指す)と「慎重さ」、つまりフロネーシス phronesis とが合致して初めて実現するものである。つまり、中庸の徳のある人間は、善く生きるという人間の真のあり方に到達するような性格の人間なのだ、ということができる。[36]

ところで、「慎重さ」を含む「思考の徳」を論じるにあたり、アリストテレスは魂の理性的部分をまず大まかに二つに区分する。一つは、「他の仕方ではありえないもの」を考察する「知識的部分」であり、もう一つは「他の仕方でもありうるもの」を考察する「理知的部分」である。先のフロネーシスは「理知的部分」に見いだされる一つの徳である。アリストテレス自身はフロネーシスについて、以下のように規定している。

「自分自身にとって善きもの、利益になるものについて、適切に熟慮する能力のあること。[37]」

ただしここで言う「熟慮」とは、個別の利害について考えることではなく、自分自身が全体として「善く生きる」ためにどうしたらよいか、を考えることを指す。[38] また、熟慮するのは過去のことではないとされる。なぜなら、すでに起こってしまったことは変えようがないからである。変えようのないことは熟慮の対象にならず、これから自らが選択できる、変えられることだけが熟慮の対象になるものとされている。[39]

「熟慮」について一つだけ例を挙げると、快楽と苦痛にかかわる中庸の徳である「節制」が身についていれば、長く健康でいることができるだろう。健康はそれ自体が善いことであるのと同時に、健康であるがゆえに選び取ることが可能になる善い選択（例えば期日が迫った仕事を体力の限り不眠不休で仕上げる）も確かに存在する。「節制」における「熟慮」とは、自分が健康でいるためには具体的にどうしたらよいか、を正しく選択することである。太り気味であるなら、お酒や糖分を控えるという選択をするということである。[40]

福島第一原発苛酷事故に見舞われた被災者の場合、確かに将来に向かって「善く生きる」ために、「熟慮」はより切実な形で求められると思われる。しかし、アリストテレスの「思考の徳」には理知的部分の徳だけでなく、知識的部分の徳も存在する。知識的部分の徳には知恵と学問的知識と知性とがある。こうして書きだすといかにも紛らわしいのだが、大切なことはこれら三つとも、「他の仕方ではありえないこと」「必然によって存在するもの」を対象にしているということである。[41] 具体的には、神であったり、自然界そのものが対象となる。アリストテレスの時代において、自然界は人間によって変えることができない、人間の選択の及ばぬ必然的なものであった。自然が必然的であるということについて、アリストテレスは例えば次のように述べていた。

「すべての自然学者は［自然の］事物をこうした［必然的］原因に還元している……かくかくの事物は必然によって存在し、あるいは生成する、というように［自然学者は］論じている。」[42]（1198b10〜）

しかし、現代社会に生きる私たちは意図せぬ仕方で自然そのものに介入し、アリストテレスの言う必然の世界を変えてしまっているのではないか。大量の放射性物質の放出により、元来自然界に存在しなかった放射性核種を分かちがたく、しかも決して一様でない仕方で内にとり込んでいるのが私たちが生きる自然である。1章で述べたように、ウルリヒ・ベックはこれを指してまさに「第二の自然」と呼んだ。一方、アリストテレスのフロネーシスは他の「思考の徳」（知識的部分の徳である知恵、学問的知識、知性）と同様に「魂」に属する。そしてフロネーシスも他の徳と同様、人間によって変えることのできない自然、という自然観を前提にしている。しかしこうした自然観をいまや人類自らが無効にし、人間が変えられるものと変えられないものの区別を事実上無くしてしまった。だがＩＣＲＰは、フロネーシスが時代の変遷に左右されない倫理規範だということを前提にしたうえで、予防原則がフロネーシスの現代的な表現であり、なおかつ最適化原則とも等置されるがゆえに、最適化原則が倫理規範として妥当であると証明しようとする。しかし、その証明は、失敗していると言わざるを得ない。ＩＣＲＰが依拠しようとした先哲の思想のうち、アリストテレスの思想は自然のあり様が恒常的に変化しないことを大前提としていた。だが、ほかならぬ核兵器、核発電が自然そのものを変質させたのである。それ故に、アリストテレスが見知らぬ、変容した後の自然におけるフロネーシスが模索されなければならないのである。

以上述べたことを別の角度から検討するなら、果たして徳目というものは古来より変わることのないものなのかどうか、再考を要するようにも思える。西洋古代哲学の研究者として著名だった今道友信は、一九九〇年に生命倫理や環境倫理を包括して論じる倫理学の原理論として『エコエティカ』を世に問うた。今道は、例えば「勇気」という徳目が、古代にあっては外敵から一族や自分の住まう村を守るために死をもいとわない心構えや行動を指していたのが、殺し合いが日常ではなくなるにつれ、男女ともに内面的な力を指すように変化すると述べる。[43] また、私たちは「責任」という語を日常語として用いるが、これも今道によると少なくとも西洋において「責任」が倫理的な概念として初めて文献上に現れたのは一七七八年のことであったという。

これは責任ある行為そのものがなかったということを意味してはいない。しかし、一八世紀後半からイギリスを皮切りに産業革命が起こるのを契機に、「責任」は、「物資の大規模な輸送が可能に」なり、「物々交換の時代が去り、物資の取引きにさえ、相互の取決めによる契約社会が出来上がってきたときに、目前に物がないのに、契約の成立のためにどうしてもなくてはならない基本的な心構えとして、お互いに相手とかわす言葉に応じて約束通りに動くということ、応じ合う行為が大切」という意味内容の徳目として明示化されたのだということ[44]。さらに、過去から現在に至るまで存在していなくても、今後の社会の変化によってまだ知らぬ新しい徳目が創造されることもあるはずだと今道は指摘するのである[45]。こうした今道の徳倫理学に関する考察に従うならば、フロネーシスを古来変わらずにある徳目として位置づけて、予防原則と等置し、なおかつ、おのれの最適化原則へと回収しようとするＩＣＲＰのやり方は、倫理学的に見てやはり説得力を欠いている。

あらためて「予防原則」の重要性を確認する

前節で私たちは「無危害」原則について、危険の生起を避けるために、十分かつ適切な注意を払う「相当な注意 due care」の基準を包含しているとＢ＆Ｃが説くのを確認した。相当な注意とは、重大な危険を正当化するにはそれ相当の重大な目的が必要ということであり、考えられる危険が大きければ大きいほど要求される注意の度合いも大きくなる、ということであった。そうした文脈を踏まえ予防原則の定式の変遷の経緯を見るに、環境や健康への被害の因果関係を、事前に科学的に解明できない場合であったとしても、被害の予測と先回りした対応が必須であるという認識の深まりとその定着を読み取ることができる。これはつまり「リスク社会」における相当な注意が、それこそ未然防止概念に基づくよりはるかに慎重で厳重な注意であるという証ではなかろうか。

そもそも原子力発電所の運転において、そうした慎重で厳重な注意が必要であった。だが不幸にも大事故を起こし、放射性物質が飛散したからには、国策として原子力発電を推進してきた政府と事業者である東京電力は責任をもって被ばくによる健康被害を防がねばならない。その責任がコストの問題を凌駕していることは、本書の第一部の各「証言」が明瞭に告知している。つまり、原発苛酷事故に起因する被ばく状況に照らした場合に、予防原則に「最適化」原則が入り込む余地は、刊行物一三八がたたき台にしたB&Cの生命倫理の四原則をもってしても本来ないはずのものなのだ。したがって、「無危害」原則において求められる「相当な注意をもって事態に対処する」という観点からしても、「最適化」原則と予防原則はお互い異質なものであることは明らかである。

「第二の自然」が常態化した時代には、アリストテレスがフロネーシスを理論化した時には想像しえなかったくらいに大きな注意を払う責任が、国や原発事業者にはある。今道友信が言うように、同じ徳目であっても時につれてその意味内実が変わる、ということであれば、フロネーシスの意味内実もまた、科学技術の進歩に伴って変わってきて当然である。したがって、その現代の意味内実は、将来起こりうる大事故の対策を怠らないように国や原発事業者が配慮する、ということになるはずで、決して低線量被ばくをどの程度受忍するかをめぐって、原子力推進勢力の定めた枠内で当該の一般市民が自らの行く末を熟慮するというものではないはずだ。こうしてみると、ICRPは原子力利用促進・推進の立場から、世界人類に対して静かに思想闘争を仕掛けてきているということになろう。

3 「正義」原則について

問題の多いICRPの「正義」原則

刊行物一三八第三章では、三つ目の倫理的価値として「正義」が取上げられている。パラグラフ五一では、次の三つの正義原則を挙げる。すなわち人間集団内における利益と不利益の分配の公正さに関する「配分的正義

distributive justice」と、損失について補償の公正さを示す「修復的正義 restorative justice（原文ママ）」（但し、これは修正的正義 rectificatory justice の誤りであるから、以下では修正的正義と記述する）、そして意思決定過程における規則と手続きの公正さを示す「手続き的正義 procedural justice」である。「生命倫理の四原則」に対応して「正義」を考えれば、やはり配分的正義と修正的正義がポイントになろう。配分的正義について、B&Cは次のように述べる。

「社会的協力関係を構成する正当化された規範によって決定された、公正で、公平で、適切な分配を指す。その範囲は、多様な便益や負担、たとえば、財産、資源、税、特権、機会といったものを分配する政策を含む。」[46]

修正的正義については以下の通りである。「契約違反や医療過誤などの業務上の問題の補償を意味する」[47]

一般的に正義原則は医療に関わる人的資源、物的資源、そして財源（近年では医療情報を含める場合もある）の一切である医療資源を少しでも公正、公平に分配するための指針として参照される。一刻を争うトリアージの場面も含め、医療資源というポジティブな財の分配に光が当たることが多い。それに対し放射線防護における正義原則はまず被ばくリスクの分配において適用される。パラグラフ五二では、過去の刊行物二六や六〇が、個人の放射線防護に注意を払うことによって、被ばくの不均等を是正することが可能だと提示した、と整理される。

だが、この「正義」原則も問題が多い。続くパラグラフ五三では、「自然線源、人工線源を問わず、どの被ばく状況でも」と記されている。こう記すことで、ＩＣＲＰは自然放射線による被ばくと、原発事故によって放出された放射性物質による被ばくとを同じ枠組みで扱おうとしている。そのうえで、パラグラフ五四では以下のように放射線防護の目標が記されるのである。

「放射線防護の判断基準は、一部の個人がほかの個人よりもずっと多く被ばくしうる状況において個人被ばく線量の分布の不公平を減らすことを目指す。」この表現を素直に受け止めれば、放射線防護とは被ばくリスクに曝された各個人を放射線から守ることを目指すのではなく、なるべく各個人が等量の放射線を浴びるように調整することと、ということになる。さらに続く文章では、その調整は、計画被ばく状況の場合は線量拘束値だが、現存及び緊急時被ばく状況の場合は、参考レベルを用いてなされるのだという。刊行物一〇三、すなわちＩＣＲＰ二〇〇七年勧告によると、計画被ばく状況における公衆被ばくの線量拘束値は一mSvであり、一方で参考レベルは一－二〇mSvの間と二〇－一〇〇mSvの間の二つに分かれ、前者が「現存被ばく状況」に該当し、後者が「緊急時被ばく状況」に該当するとされていた（2章「はじめに」参照）。

「現存被ばく状況」において想定されるのは、自然放射線の著しく高い状況や、原発事故後の復旧時の状況であると、刊行物一〇三のパラグラフ二〇四及び二四一に記されている。さらに注目すべきはパラグラフ二三九に付された表である。現存被ばく状況に該当する一－二〇mSvの「被ばく状況の特徴」として、「個人は通常，必ずしも被ばくそれ自体ではなく、被ばく状況から便益を受けるべきであろう」とある。ここでは、放射線防護と言っておきながら、最適化の原則が適用されて、被ばくを回避することが第一の目標と位置付けられていないのである。では、計画被ばく状況における公衆被ばくの線量拘束値一mSvを超える被ばくを甘受するほどの、現存被ばく状況における利益とはいったい何なのだろうか。

刊行物一三八に戻ると、パラグラフ五六に放射線防護体系は個人被ばくの分布を二つの配分的正義の原則と確実に適合させることを目指すと端的に記されている。配分的正義は一般に公平の原則と平等の権利の原則の二つに分けられる。この原則に従って、公平の原則は「同じ被ばく状況にある者の間で、被ばく線量の幅を減らすこと」を指し、平等原則は計画被ばく状況に限って適用される。だとすれば、ＩＣＲＰの放射線防護は、原発事故によって放出された放射性物質による被ばくを極力回避することを目指している、とは必ずしも言えなくなる。むしろ同じ状況下にある各個人の被ばく線量の差を小さくすることを目指している。その際、一mSv以上の年間追加被ばくも辞さないと考えられる。こうしたことが、ＩＣＲＰの過去から現在に至る勧告や刊行物で述べられている。こうした論理立てをいずれも「正義」に適うことである、と自己正当化するのが刊行物一三八なのである。
さらに、この被ばくの倫理学的正当化は、公衆が自発的に被ばくを選択することによって完成することになる。つまり、各個人にどのように被ばく線量を割り振るか（最適化原則に適う線量低減策はどのようなものか）を選択する過程に、被災した公衆が参加し、自らが今後も甘受する線量を決定することが、「手続き的正義」において倫理学的に正当化されるのだと、パラグラフ五七に記されている。

以上みたように、ＩＣＲＰによる原発事故後の（低線量）被ばくの甘受の正当化は、倫理学上の正義論に基づき組み立てられている。だがしかし、倫理学上の正義論のなかでも最も基本的なアリストテレスの正義論は、正義を他者に相対するときの徳（人間の善い性格）と規定し、それを配分的正義、矯正的正義 corrective justice に加え、経済活動において問われる応報 reciprocity に関する正義に区分して構成されている。以下にアリカトテレスの「正議論」の構成をたどってみる。
アリストテレスは「矯正的正義」を説明するにあたり、犯罪行為において加害者と被害者を、その地位や身分を問わず差別なく等しい者として扱い、加害者を被害者から不当に利得を得た者と位置づけ、被害者をゆえなく損失を蒙った者と位置付ける。そして、加害者に刑罰等を与えることにより、利得と損失の不均衡を公平に均すことを矯正的正義と称したのであった。「応報に関する正義」においては、貨幣の成り立ちと意義が語られている。そして「配分的正義」を大まかに言えば地位や功績に応じて配分することということになる。功績において同じ程度の人が同じように扱われることは正義に適うが、功績において等しくない者同士が同じように扱われることは不正である。[48]
ここで問題になるのは、地位や功績において配分されるものが何か、ということである。フライシャッカーは『分配的正義の歴史』のなかで、アリストテレスが配分的正義に適って分配される財として最も大きな関心を寄せているのは、投票する資格や官職を保持する資格などの政治参加の資格であったと記している。[49]

紀元前のギリシャをはじめとする古代国家の構造に即して考察したアリストテレスに対し、現代の「生命倫理の四原則」における「正義」原則は、基本的に今日のヘルスケアにおける財やサーヴィスの配分、利用して享受する価値のあるものの配分を主題とする。もっとも、こうした医療資源は通常需要が供給を上回っており、希少性の問題がそこに生じざるを得ず、だからこそ公正な配分の仕方が倫理問題となり議論の対象となるのである。

「環境正義」の成立の経緯

本書で問題にするのは、二〇一一年の福島第一原発事故をはじめとする、過去、あるいは（起こってほしくはないが）将来の大規模原子力施設で発生する大事故により放出される放射性物質による被ばくである。この場合の放射性物質は、いわゆる計画被ばく状況において使用される放射性物質と異なり、全く人間にとって益のないものである。財やサーヴィスではなく、そういったリスク要因の配分を主題とするのが「環境正義」である。

環境正義の定義として最も普及しているのは、米国環境保護庁（以下ＥＰＡと略記）によるものと考えられる。[50]

「環境正義とは、環境に関する法律、規制、政策の整備作成、実施、施行において、人種、肌の色、国籍、収入にかかわらず、すべての人が公平に扱われ、有意義に関与することである。」

右の定義における「公平な扱い」とは、「産業活動、行政の活動、商業活動あるいは政策が環境にもたらす悪い影響を不均等に押し付けられて耐えねばならない人間集団などない、ということを意味」し、「有意義な関与」とは自らの健康や環境に影響を及ぼす可能性のある決定に参加する機会が確保され、実際に規制当局に影響を与えうることを意味する。さらに、単に形式的に参加と影響力が位置付けられるだけでなく、政策決定過程において実際に当該地域住民の関心事が考慮されねばならず、その関心事を聴きとって政策に反映させるために政策決定者は住民の参加を促すように規定されている。このように、米国においては政策決定に対する地域住民の積極的な参加が行政機関の基本的な方針として掲げられている。

そして、アメリカ環境倫理学の第一人者であるクリスティン・シュレーダー＝フレチェットによる環境正義の定義もほぼ同様である。

「環境正義は、環境に関する正の財 goods と負の財 bads をより公平に分配すること、これらの財に関する評価と配分の作業に公衆がより多く参加することの両方を要求する。[51]」

フレチェットは正負双方の財に関する「分配の正義」と、科学者や行政権力に分配の決定権を独占させずに、利害関係者である公衆にも同等の決定権を持って参与させるべしという「参加の正義」を環境正義の構成要素とする。なお、フレチェットが論じる「正義」は、ジョン・ロールズの規定に沿うものである。

「ジョン・ロールズの定義によれば、『正義』とは、社会がその基本構造における『分配の側面』を評価できるようにするための基準を提供するものである。[52]」

ロールズの正義論は従来倫理学が学問的な主題としてきた「善」を、個々人の人生の目標と位置づけ、学問的議論の中心から外したことで知られる。その代わり、すべての人が、他の人々を傷つけない限りにおいて自身の善を最大限に追求できる社会が正義に適った社会であり、また、どのような善を追求するにおいても必要となる材料のようなもの（これこそが「正の財」の正体である）が必要となるはずなので、倫理学はその分配に焦点を当てるべきと構想していた。フレチェットの環境正義論は、正の財だけでなく負の財に関しても分配の正義が適用されてしかるべきとする議論である。

ところで、アメリカの行政における環境正義の目標は、次に引用するＥＰＡ（アメリカ環境保護庁）の規定に基本的に則っている。

「全ての人が環境と健康に対する危害から同じ程度に防御され、人々がそこにおいて生活し、学び、働く健やかな環境を維持する意思決定過程に平等に参加する場である環境を提供することである。」

また、フレチェットが目指す分配の正義も同様である。

「金持ちも貧者も、有色人も白人も、学がある者もない者も、すべての条件が同じであれば、社会が抱える環境関連の便益と負担の分配に際して平等に待遇されるべきだ。[53]」

ただし、あるコミュニティに対して何らかの理由で不平等な待遇をすることが倫理的にも正当化されることがありうる。肝心なのは、その正当化は不平等に待遇される一部の公衆の側ではなく、待遇しようとする側の行政権力ないし科学者が行なうべきで、さらにその正当化の手続きには公衆が参加し、不当に扱われていないか吟味する権利がある、ということである。フレチェットはこれを「当座の政治的平等の原則 principle of prima facie political equality」と呼称する。[54]

本書で問題にしている状況にEPAの目標を当てはめるなら、確かにその背景に「最適化」原則も「正当化」原則も明確には読み取れないものの、刊行物一三八の主張、つまり被災地の当事者が計画被ばく状況における線量拘束値一mSvを下回るほどにまで被ばくを低減することを求めることよりも、各個人間の被ばく線量の差がわずかでも少なくなることを目指して、かつその方向性で進められることが事実上規定されている政策意思決定に参加することを促す「正義」原則とそれほど変わらなくなってしまう。

フレチェットの環境正義論の場合はどうだろうか。フレチェット倫理学の鍵概念である「当座の政治的平等の原則」は、行政権力や科学者ができる限り多くの情報を隠蔽せず提示しない限り素人市民、公衆が環境リスクの受忍を突っぱねることを正当な行為とする。とはいえ「当座の政治的平等の原則」の目標は、やはり「環境影響の均等配分を保障すること」「不均等な配分を正当化しようと試みる者に立証責任を負わせること」である。それによって「さまざまな地理的区域の人々、特に貧しい人々や無力な人々が住む区域の人々に対して、自分たちが平等に待遇されてしかるべきだという確信を与えることになる」という。[55] この点、EPAの規定よりも明らかに一歩踏み込んでいると言える。

しかし、原発から放出された放射性廃棄物以外にも、例えば公害の原因となる物質をすべての地域で均等に分かち合うというのは、現実的であるようで現実的でないのではないか？　イタイイタイ病の原因物質であったカドミウムは土壌を汚染しているが、このカドミウムを少しずつすべての地域で分かち合うというのは現実的ではない。これについてフレチェットはコスト負担の主体の問題として考えている。すなわち「もし社会が、貧困コミュニティやマイノリティ・コミュニティの近隣での汚染を削減ないし除去するのであれば、それらのコミュニティの負うコストはそれほど大きなものとはならないだろう。」と述べている。[56] つまり、国や行政、もしくは企業側が除去する方が安上がりだし安全だろう、さらには代替物質をという論旨である。ここから敷衍して、カドミウムであろうと現存被ばく状況における放射性物質だろうと、国や行政が撤去もしくは除染した方が安全で安上がりなのでそうすべきである、という結論を導くことができよう。もちろん、その際のコスト計算は計画実行以前に利害関係者もしくは一般公衆に余すところなく開示され、厳しく査定されねばならない。この開示は、一般公衆の「参加の正義」を保障することにつながる。

ところが本書で問題にしてきたのは、ＡＬＡＲＡ原則が示しているような、経済的社会的合理性を根拠に倫理的な正当化を図ることであった。フレチェットの議論においてどれほど「当座の政治的平等の原則」が強力であろうとも、仮に帰還する福島原発事故の被災者が低線量被ばくについて隠蔽なき情報開示を受け、次節で取上げる「放射線防護文化」に基づいて、一定程度除染した後の故郷で被ばく線量をガラスバッジなどを用いて自己管理しながら住み続けることがもっとも「安上がり」で、「安全」にも支障がないと、国や科学者と被災者の交渉を経て納得して帰還したなら、自己決定権が尊重されたと倫理的に正当化される可能性が残る。

だが低線量被ばくリスクの評価が専門家間でも明らかに分裂している以上、「参加の正義」によって保障された交渉の場で提示される情報はどこまで行っても不確実性に彩られるものでしかない。「当座の政治的平等の原則」が確保された状態であったとしても、結局のところ素人市民は行政や科学者との交渉の場で科学的事実をめぐって、フェアでない権力闘争を強いられることになってしまわないだろうか。もちろん科学リテラシーを向上させることが不可欠なことは、第一部の「証言」から言える。しかし倫理的な正当性を確保するには、素人市民が依って立つことのできる、より根源的な原理が必要なのではないだろうか。

この必要性に応え得る環境正義の定式が存在する。一九九一年に全米有色人種環境運動指導者サミットで採択された「環境正義の原理」である。この原理の採択は米国における環境正義運動の一つの画期であった。環境正義運動とは、狭義には一九八〇年代にアフリカ系アメリカ人の居住地域に有害廃棄物処理施設が集中していることに対する反対運動から始まった。この反対運動において、環境人種差別 environmental racism という言葉が生まれる。つまり、有害廃棄物処分場の分布等において、人種差別と環境負荷の不公平な分配とが結びついていることが運動を通して明らかにされたのであった。

「環境正義の原理」は、米国建国以来続いてきた人種差別からの解放と、「環境正義を遂行する広く深い意味での政治的公約」[57]を取付け実現させることを目指すものである。以下に全文を引用する。

〈前文〉

私たち有色人種は、この多国籍の人々からなる有色人種環境指導者サミットに一堂に結集し、土地やコミュニティの破壊と剥奪と戦うために、すべての人々による国家的かつ国際的な運動を立ち上げはじめ、私たちの母なる大地の神聖さに対する私たちの霊的な相互依存性をここに再構築する。すなわち、自然界と私たち自身の癒しの役割に関する私たちの文化、言語、信念のそれぞれを尊重して祝い、環境正義を確保し、環境に配慮した生活の発展に寄与する経済的選択肢を促進し、コミュニティと土地を汚し人民の虐殺をもたらす五〇〇年以上に及ぶ植民地化と抑圧のために拒否された政治的、経済的、文化的な解放を確保することは、以下の環境正義の原則を肯定し、採用することなのである。

1：環境正義は、母なる大地の神聖さ、生態学的統一とすべての種の相互依存性、生態学的破壊から解放される権利を確証する。

2：環境正義は、差別や偏見のない形で、すべての人々の相互尊重と正義に基づいて公的政策を立てることを要求する。

3：環境正義は、人間や他の生物のために、持続可能な惑星の利益という観点において土地と再生可能な資源の倫理的でバランスのとれた責任ある使用の権利を要求する。

4：環境正義は、清浄な空気、土地、水、食糧に対する基本的な権利を脅かす核実験、抽出、生産そして毒性／有害廃棄物、毒物、核実験による廃棄物からの普遍的な保護を求める。

5：環境正義は、すべての人々の政治的、経済的、文化的、環境的な自己決定の基本的な権利を確証する。

6：環境正義は、すべての毒性物質、有害廃棄物、放射性物質の生産の停止を要求し、すべての過去および現在の生産者は、解毒と製造現場での封じ込めに対して人々に厳重に説明責任を負うことが求められる。

7：環境正義は、要求の査定、計画、実施、施行、そして最終評価に至るまで、あらゆるレベルの意思決定において、平等なパートナーとして参加する権利を要求する。

8：環境正義は、危険な生活と失業のどちらかを選ぶよう強いられることなく、安全で健康的な職場環境を求める権利をすべての労働者に確証する。また、地元で働く人たちが環境上の危険から解放される権利があることを確証する。

9：環境正義は、環境不公正の被害者が完全な損害賠償と質の高い医療を受ける権利を保護する。

10：環境正義は、環境不正義に該当する政府の行為が国際法、人権に関する世界宣言、国連ジェノサイド条約に違反しているとみなしている。

11：環境正義は、主権と自己決定を支持する条約、協定、盟約、誓約により、原住民と米国政府との特別な法的かつ自然な関係を承認しなければならない。

12：環境正義は、都市と農村の生態学的政策が、自然とバランスをとって都市と農村部を浄化し、再建し、すべての地域社会の文化的統一性を尊重し、すべての資源に全ての人々が公正にアクセスできるようにする必要性を確証する。

13：環境正義は、インフォームドコンセントの原則の厳格な執行と、有色人種に対する実験的な生殖ないし医療的手術や予防接種の試験を中止することを求める。

14：環境正義は、多国籍企業の破壊的な活動に反対している。

15：環境正義は土地、民族や文化、その他の生活様式の軍事的占領、抑圧と搾取に反対している。

16：環境正義は、私たちの経験と多様な文化的視点の評価に基づく社会および環境の問題を強調する現在および将来の世代の教育を求める。

17：環境正義は、私たち各個人が、母なる大地の資源の消費をできる限り少なくし、可能な限り廃棄物の産出を少なくするような個人および消費者の選択を行なうことを要求する。また、環境正義は私たちのライフスタイルに挑戦し、優先順位を付け直す意識的な決定を行って、現代と未来の世代のために自然界の健康を確保する。

一九九一年一〇月二四－二七日にワシントンDCで開催された第一回全国有色人種環境指導者サミットの代表は、この環境正義の17原理を起草し、採択した。それ以来、この原理は環境正義のための草の根運動発展の定義文書としての役割を果たしてきた。◉58

「環境正義の原理」とICRP「正義」原則の違い

この「環境正義の原理」の特徴は、フレチェットの環境正義論があくまで正および負の財の分配に焦点を当てているのに対し、明確な善の原理を表明していることにある。この「環境正義の原理」について、刊行物一三八との違いを踏まえながら考察してみよう。第二条では、差別や偏見のない公的政策が求められている。ここまで見てきたように、刊行物一三八をはじめとするICRPの諸文書によれば、公衆被ばくが一mSvを超えないように管理するのが一般的であるが、福島第一原発事故後には、場所によっては「参考レベル」が適用され、事実上二〇mSvまでなら生活可能とされている。このような状況が倫理的に問題を含んでいることは、この条文を参照すれば明らかである。

第三条は、人間だけの持続可能性ではなく、端的に人間以外の生物種も含んだ持続可能性を求める権利があると主張する。この第三条のほか、第一条も人間とほかの生物種とが生態学的に統一された自然を保護の対象とし、搾取や破壊から解放されねばならないと主張している。福島第一原発事故の被害に照らして考えれば、第三条と少なくとも同程度に重要なのは、前文である。前文は「土地とコミュニティ」を守られるべき第一のものとして挙げ、「土地とコミュニティ」を破壊し、はく奪するような政治的、文化的、経済的な圧力からの解放の権利をそのコミュニティに対し認めている。

福島原発事故被災者はこの一〇余年の間に、自らが生まれ育ち、人生と不可分に結びついていた土地と、ともすれば先祖伝来の人間関係に程度の差はあれど悪影響を及ぼされることによる苦しみを何らかの形で背負ってきたと考えられる。第一部でも吉澤が腹を切って自殺した方について語っていたが、自殺にまで追い込まれなくても、家族のなかで意見が違ったり、世代間で放射性物質のリスクの受け止めが違っていたりすることによる悩みについても語られている。

「環境正義の原理」に照らせば、「土地とコミュニティ」は不動産として登記される地所であるとか、単に顔を見知った隣近所の人間関係にとどまらない意味を持っている。コミュニティは人間だけでなく、その土地に生きる他の生き物までも含む。そのことは「環境正義の原理」一条や三条等からも明らかである。

土地はまずは人間を含む生態学的な統一そのものとしてとらえられねばならない。そしてその土地は、いずれも「母なる大地 Mother Earth」の一部でもある。母という単語から、土地が一切の生命の湧口であるという理解もできよう。こうした表現は講壇哲学者がこしらえた抽象概念ではなく、草の根の環境被差別当事者の手による表現であることに注意しなければならない。母なる大地とのわたしたちの霊的な相互依存性とは、人間と自然界を共に癒す私たちの文化、言語、信念によって形作られてきたと述べられている。つまり、洋の東西を問わず各地域で引き継がれてきた、自然とのつながりにおいて生きる生き方から発せられた言葉であり、地域で共有される習俗であり、あるいは祭祀にまで引き上げられた営みが、「霊的な相互依存性」の表現に込められている。

「母なる大地」という表現や、さらに四条に端的かつ決定的にあらわれているのは、ウルリヒ・ベックが言うところの「第二の自然」を決して所与のものとして自明視しないということである。ＩＣＲＰはさりげなく、しかし断固としてチェルノブイリや福島原発事故後に放射性物質が飛散して降下沈着した土地、そして改変されてしまった自然を前提としている。だが、そのような放射性物質の飛散を招く大事故が生じないように、という方向性の勧告はしない。一方の「環境正義の原則」においては、「母なる大地」は神聖であるから、犯すべからざるものと当然考えられるし、四条においては核によって自然を悪い方に改変されないことを求める「普遍的な universal 権利」がうたわれている。

ＩＣＲＰは刊行物一三八と一四六において、あくまでリスクの均等な負担の実現を環境正義の目標とする。さらに、ベックの言う「第二の自然」と化した故郷、霊的な相互依存性を放射性物質により汚されてしまった土地を甘受して生きる選択肢を他の選択肢に優越させたうえで、被災者がこれを選び取ることに対し、あろうことか尊厳の尊重と称している。しかし、私たちは自分の生きる土地が汚染されて、「不安」とともに生きていかねばならないこと自体に対して抗議し、それに甘んじない権利を誰しももっているはずである。被ばくリスクの均等化（痛み分け）を目標にするのではなく、被ばくリスクの回避を環境正義は目標とすべきではないのか。フレチェットの環境正義論は、「当座の政治的平等の原則」によって行政や科学者の側の情報の隠ぺいや改ざんを一切不正行為として退けるところまでは論じられている。しかし残念ながら、素人市民と行政、科学者とがコスト負担の次元で交渉をすることを前提としている限り、被ばくリスクの不確実性に関する交渉で公平でない待遇を倫理的に正当化されてしまう可能性を消すことができない。

一方でこの「環境正義の原則」はＩＣＲＰの「最適化」原則自体の倫理的な不正を明瞭に証しするものだといえよう。

瞥見の限り、米国の他の官庁における環境正義の規定は、先に引用したＥＰＡが規定する環境正義の目標を踏襲しているのがほとんどであるが、ニューメキシコ保健省が定義する「環境正義」は若干異なる。以下引用してみよう。「環境正義 environmental justice とは、安全で健康で、生産的で持続的な環境を求める皆の権利である。この場合〝環境〟は生態学的（生物学的）、物質的（天然であれつくられたものであれ）、社会的、政治的、美的、そして経済的環境を含む一つの全体とみなされる。環境正義はそのような権利が自由に行使されうる条件を指す。それによって、個人及び集団のアイデンティティ、要求と尊厳は、自己実現と個人及び地域社会のエンパワーメントを提供する形で保護され、充足され、尊重される。この言葉は環境『不正義』が過去と現在の状況であると承認し、それに対処するために必要な社会政治的目標を表現している。」[59]

先の「環境正義の原理」のように、核に侵されない自然に対する権利の保障を明言してはいないものの、環境を生態学的観点から見た自然全体を包括する一つの全体と定義している。この定義から、やはり「第二の自然」を所与のものとして引き受けない権利を導き出すことは不可能ではないように思われる。

このようにして考えてみると、正義をＩＣＲＰに占有されてしまわないようにするには、人間が自然との関係において生きていること、人間が自然との関係において、自らの文化や社会活動を営んでいることを正義の定義において明言し規定する必要を痛感する。

4　「尊厳」から「自律」へ

「倫理的価値」の四つ目は、刊行物一三八のパラグラフ五九及び六〇において言及されている「尊厳」である。パラグラフ五九には、人間は尊厳を有するがゆえに誰しもが無条件に尊敬されるに値するとされ、この尊厳から個人の自律性が「当然の帰結」として導出されると記されている。個人の自律性は、「個人が自由に行動する（すなわち、強制されず説明を受けたうえで決定を下す）資格を持つという考え方」としてまとめられている。

パラグラフ六〇では、医療分野の放射線防護においてインフォームド・コンセントによって人間の尊厳が尊重されたのを皮切りに、人間の尊厳を尊重するために、個人の自律性を促進する必要があり、その必要を満たすようにＩＣＲＰが様々な勧告をしてきたという経緯が記されている。ＩＣＲＰは個人の自律を尊重することを通して「尊厳」が尊重されると考えているとみなしてよい。本節では以上のことを前提にして議論を進めていく。

ところで、刊行物一三八のパラグラフ三二には、防護にステークホルダー（ここでは公衆を指す）が参加することの重要性が説かれているのだが、公衆である個人は「ある程度の自律性を備え」たものと位置付けられている。だがＩＣＲＰは、個人の尊厳は自律を尊重することによって確保されると明記しておきながら、このパラグラフ三二では、各個人の自律性を完全な形で保障する気があるのかどうかが疑わしい。とはいえ福島第一原発事故の経過概要を説明した附属書Ｂからは、この刊行物が前出のＢ＆Ｃ『生命医学倫理』の記述を参考にして書かれたことが示されているので、本節ではこの『生命医学倫理』における自律に関する考察を元に、刊行物一三八における自律の概念が適切な理解に基づいているかどうかと併せ、果たして個人の尊厳が尊重されるのかどうかについて検討する。

自律の条件をめぐって

Ｂ＆Ｃは「自律」を以下のように定義する。

「個人の自律とは、最小限、他者の支配的干渉と意味ある選択を妨げる制約――不適切な理解のような――を免れた自己統治である。自律的な個人は、自ら選択した計画に従って自由に行動する。これは、独立した政府がその領土を管理し、その政策を策定するのと似ている。対照的に、自律を制約された個人は、他者から支配されたり、あるいは自分自身の欲望を計画に基づいて熟慮したり行動したりすることができないところがある（例、囚人や精神遅滞者）。[60]」

またB&Cは「ほぼすべての自律の理論は、自律にとって次の二つの条件が不可欠だと認めている。すなわち「⑴自由（支配的影響力からの独立）、⑵行為主体（意図的行為能力）」の二つである。[61]

B&Cはこうした自律理解に基づいて議論を進めているが、必ずしも「完璧に自律的な意思決定」が医療現場その他で認められねばならないということを主張しているわけではない。例えば、自己統治能力を持っている人であっても、インフォームド・コンセントの同意書を読まずに署名する人は自律的に行為しているとは言えないし、逆に、精神病院に入院していて、医学的に正当な裏付けの元に法的に無能力を宣言されている患者であっても、知人に電話したり食事の好みを言ったりなどの自律的な選択はできる。[62] こうした事実を踏まえて、B&Cは「①意図的に、②理解して、③その行為を決定する支配的影響力無しに行為する、平均的選択者の観点から自律的行為を分析する」[63]という。①から③の条件のうち、①について、行為は意図的か意図的でないかの二者択一であるが、②と③については程度問題であるとする。「行為は、〔②と③の〕二つの条件を満足させる程度に応じて、自律的でありうる。……自律が完全に存在する場合から、自律を完全に欠く場合まで、幅広い連続性が存在する。[64]」

この連続性について、B&Cはこの箇所のすぐ後で言及しているように、こうした連続性をもっていることで、子どもや高齢者の行為も自律した行為とみなすことができるようになる。とはいえ自律と非自律との間の連続性を前提する場合、改めて自律しているか否かの見極めが問われてくる。これについて、B&Cは「確かに境界線はしばしば恣意的である」ことを認めるが、「十分自律的な判断が行えるための境界線は……特定の目的に照らして慎重に設定することができる」と述べる。

B&Cの例示を踏まえて述べれば、例えば、一般の人が家を購入したり入りたい大学を選んだりすることを自律的に行なえるのと同じように、患者や研究被験者も、具体的な文脈のなかで自律的な選択をしていることになる。つまり家を買うという判断や行為の自律性の見極めがその人が置かれている状況や状態を踏まえてなされているのと同じように、個々の患者や被験者の自律性の見極めも、抽象的な尺度を一律に当てはめるのではなく、その人の生きている具体的文脈を踏まえて判断されるということである。[65]

したがって、刊行物一一三八の執筆者は「ある程度の自律性」と記しているが、ICRPが参照したB&Cも、一人の人間がある基準のもとに常に自律的に判断していたのでも、またそのことを前提にして行動をしていたと言っているわけではなかったのである。原発事故に被災した公衆に置き換えて考えるのであれば、ありとあらゆる面において完全に自律的である必要はなく、被災地に住み続けるか、外から帰還するか、逆に被ばくの恐れのない土地へ移住するかを自律的に選択できれば良いということになろう。

公衆の自律と専門職の責務

問題は、このように自律を理解した場合に、刊行物一一三八においては公衆の自律が確保されていると言えるかどうか、ということである。パラグラフ三二に、公衆各個人が自律的に意思決定する際に、「関係当局や放射線防護の専門家からの情報、助言、支援を信頼することが前提」であるという記述がある。この記述からは、関係当局（政府並びに自治体の放射線防護関連部局を指しているだろう）と専門家が並置されているので、両者の見解が矛盾するくらいに異なることは想定されていないものと思われる。さらに「信頼が前提」という文言からは、専門家が提示する専門知について公衆が批判的に考察することが認められているのかどうかは必ずしも明確ではない。

刊行物一一三八における自律の性質を見極めるために、B&Cの自律に関する記述をさらに掘りさげてみる。B&Cが「自律の尊重は、ヘルスケアにおける単なる理想ではない。それは専門職における責務である。自律的な選択は、患者の権利であって、義務ではない」[66]と述べるこの文言から、自律尊重の原則は専門職の責任と連動していることが確認できる。では、専門職が負う義務の具体的な範囲はどこまでだろうか。

「自律的な行為者を尊重するということは、最小限、その人が自己の価値観や信念に基づいて、見解を抱く権利、選択する権利、行為する権利を認めることである。そのような尊重は、単に尊重する態度だけでなく、尊重する行為を含む。……〔行為者たち〕の自律的な行為を破壊したり、妨害したりするような恐怖やその他の条件を和らげる手助けをしながら、自律的な選択ができるよう、彼らの能力を養成したり、維持したりする義務を含む。[67]」

特に最後の「能力を養成したり維持したりする義務」に関連して、B&Cは「多くの自律的行為は、選択肢を利用可能とするための他者による実質的な協力がなければ、起こりえないだろう[68]」とまで述べている。これを刊行物一三八の文脈において考えてみるなら、放射線防護の専門職は自らの知識に基づく判断に従うように公衆を教育するのではなく、一人の専門職個人の価値観や見解と異なる判断を下すことまでも含め、公衆一人一人が自律的に判断することを支援するよう義務付けられていると言える。

なお、刊行物一三八は「尊厳」の原理において、インフォームド・コンセントを尊重すべしという議論をしているので、インフォームド・コンセントに関するB&Cの議論を概観しておこう。インフォームド・コンセントにおける重要な点は、患者が医療介入を選択するための医師との情報交換と、そのような医療介入を承認し権限委任する行為とを区別することとされる[69]。インフォームド・コンセントとは、医師と患者が単に情報を共有して意思決定することを指すのではない。なぜなら「ある患者は、健康専門家（医師）に会う前に、自分が欲していることを、情報を与えられて既に決めているかもしれない[70]」からである。つまり、この患者は専門家から情報提供は受けるものの、最初からどう選択するかは決めている。つまり、専門家からの情報提供は受けても、専門家と一緒に意思決定をすることはしていないのである。手術等の医療介入を認めるか否かとは関係なく、である。まったく患者一人の考えで、「先生お願いします」と言って手術等を認めることも多々あるだろうし、「いやです」と手術等を拒否することもあるだろう。また、セカンドオピニオンを求めに行くこともあるだろう。

一方、刊行物一三八もしくはＩＣＲＰ勧告においては、情報交換と介入の承認とを区別できているかどうかが問題になる。つまり、放射線防護に際して、公衆が防護の専門家から情報提供を受けることと、防護の専門家のアドバイス通りに行為すること（防護の専門家の生活への介入を認め、その指示に従うこと）の区別ができているかどうかが問われる。

エンパワーメントの前提としての情報開示

そのことと関連して、刊行物一三八第四章では「手続き上の価値」が取上げられる。特にパラグラフ七一から七四にかけてインフォームド・コンセントをめぐる「透明性」が主題的に扱われる。ここではインフォームド・コンセントが医療被ばくと保管されている放射性物質の被ばく管理において重要である旨記されているほか、過去の放射線防護に関する刊行物で、公衆による放射線防護への参加を可能にする透明性が、公衆へのインフォームド・コンセントにとって不可欠であると記されたと報告されている。ちなみに、パラグラフ七四では、規模は明記されていないが、個人を超えたコミュニティのレベルの放射線防護の方針の決定の際に、自らの意思に反した決定がなされる者が公衆のなかにいる可能性があると言及されている。それでもなお、意思決定プロセスを透明に、つまり公開することを通して、全てのステークホルダーの主張の分析と理解がなされるべき、と指摘されている。

続く「包括性」の節は、被ばく管理へのステークホルダーの参加を倫理的に正当化することを目指している。ここでも、過去の刊行物が被ばく管理にステークホルダーを参加させる流れになってきたことを、古い刊行物の記述から順に取上げている。刊行物一三八に記述してあるということ自体が、あたかもＩＣＲＰが倫理的に正しかったことを証明しているかのようになっている。パラグラフ七九は、放射線防護へのステークホルダーの参加についてより具体的に記述している。ただし、医療施設、産業施設、原子力施設の操業及び保守における放射線防護への参加と、チェルノブイリや福島における事故後の放射線防護とが同じ「ステークホルダーの参加」という文脈で規定されていることに留意したい。前者は平時の職業被ばくが問題であるのに対し、後者は大事故に伴う意に沿わない形での被ばくをどこまで甘受するかの問題のはずである。だが、対象者の性質が根本的に異なるにもかかわらず、同じ枠組みで語ろうとするのは問題である。

さらにパラグラフ七九末尾の記述を見てみよう。

「福島第一原発事故の影響を管理した経験から、影響を受けた人々がエンパワメントされると、彼らが自信を取戻し、自らが直面する状況を理解し、最終的に説明に基づいて決定を下し、それに従って行動する助けとなることが分かっている。言い換えるならば、ステークホルダーを関与させることは、影響を受けた人々を尊重し、事故後の状況の場合では、尊厳の回復を助ける一つの手段となる。」

ここでは、原発事故被災者自らが、専門家の関与の下で被ばく管理を行なうようにさせることが、被災者の自律と被災者の尊厳を尊重することであるとされている。だが、この場合、インフォームド・コンセント本来の意味、つまり原発事故被災者が専門家からの情報開示を受け、十分に理解した後で、どのような生活を選んでもよい自由が確保されているかどうかに即した記述がない限り、自律が尊重されているとも、また、尊厳が回復しているとも言えないはずである。ＩＣＲＰがインフォームド・コンセントの本来の意味に沿った記述を行ない、これを参考にすることで、国家は被ばく回避のための移住をサポートすることを原発事故後の施策として進めることが可能になる。そのような施策を促すような記述とセットにならない限り、ステークホルダーの参加は倫理学的に正当化はされないし、自律を尊重していると言えないはずである。

パラグラフ八〇も問題である。「あらゆる被ばくした人々の集団に、公正な支援を保証するのは専門家と当局の責任である。……公正な扱いを受けるという要件は、健全な生活と自己決定を促進する目的のために専門家や当局との対話を希望する者にとって重要な条件である。」

ここだけであれば、被災者の様々な集団に対して専門家や政府あるいは自治体がえこひいきしないで情報を開示し、被災後の生活をサポートすると読める。ところが、この公正な支援は被災者が自己決定を下すためのエンパワメントであると位置付けられ、以下のように記述されている。

「このエンパワメントのプロセスは、関係する人々の間で『実際的な放射線防護文化』を育むことに懸っている。」「懸っている」は原文では rely on なので、放射線防護文化をよりどころに、被災者各個人が専門家の説明を聞いて決定するのがエンパワメントであり、このエンパワメントが全ての集団に対する公正な支援ということになる。また「実際的な放射線防護文化」とは何か。この「実際的な放射線防護文化」は、「原発事故後の長期汚染地域に住む人の防護を主題とする刊行物一一一で導入」されたものとされる。刊行物一一一では、放射線防護文化とは「放射線に直面した時に各個人が十分に説明を受けたうえで選択や賢明な行動ができるような知識や技能」と定義されている。しかし、この定義はあくまで「原発事故後の長期汚染地域に住む」ことが前提されたうえでの話である。なお、「放射線防護文化」に関して、パラグラフ八〇では次のような文章が続く。

「放射線防護体系の根底にある中核となる倫理的価値の精神を尊重して科学的知見や専門知識を入手できるようにすることにより、こうした選択をサポートするのは、放射線防護の専門家の責務である。」

「中核となる倫理的価値」とは、ここまで論じてきた「無危害と善行」、「慎重さ」、「正義」そして「尊厳」の四つに他ならない。この四つを尊重して、被災者が放射線防護についての情報を得て、パラグラフ七九にあるような、決定と行動の選択を支援することが専門家の責務だ、とうたわれている。しかし、被ばくに直面させられた各個人の選択がどの程度の範囲において考えられているかが、やはり問題の焦点である。

被災者個人の判断を無視した「共同専門知プロセス」

次に刊行物一四六の第三章「共同専門知プロセス」（刊行物一四六　パラグラフ一五八以下）を取上げる。

刊行物一三八においては、ICRPが公衆の自律、特に原発事故で被災した人々の自律をどのようにとらえているのかが不明瞭であるという問題があった。刊行物一四六は、大規模原子力事故の際の人と環境の放射線防護を主題とする刊行物一〇九及び一一一の内容を、とりわけ福島原発事故並びにその後の経験、さらに刊行物一三八を踏まえて置き換えたものとなっている。このなかの第三章第四節三「共同専門知プロセス」では被災した人々の自律的な決定が扱われているので、引き続き検討してみることとする。

「共同専門知プロセス」とは、専門家・専門的職業人・地域のステークホルダー（被災した住民）の三者の協力のプロセスを指す。何が目的かというと、「放射線状況の評価と理解を深め、人と環境を防護するための防護措置を策定し、生活状況と作業条件を改善するために、地域の知識と科学的な専門知識を共有すること」である。このプロセスがあることによって、行政が実施する防護措置を補完する「被災した住民が実施する自助努力の仕組みの開発」が促されるという。パラグラフ一五八はこのようにまとめられるが、この文言から、共同専門知プロセスは被災地に留まって生活する人々が自助のために放射線防護に参加することを意味していることが分かる。パラグラフ一六〇ではそのことをより明確な形で指摘し、被災地に留まって生活する人々が長期にわたって専門家の助けを借りて放射線モニタリングを行なうことが示されている。

刊行物一四六のパラグラフ一五九で明言されるのは、刊行物一三八がICRPの過去の刊行物ないし勧告において、尊厳という倫理的価値を尊重することを通して、公衆ないしステークホルダーの自律を尊重してきたことを証したということである。この〝尊厳の尊重〟が、「共同専門知プロセス」による被災者の自律の尊重にどうつながっているのかを次のパラグラフで見ていく。

　ここで気になるのは、パラグラフ一六一に付されている上の図である。

図（パラグラフ 161 より）

経験と知識を共有するための対話を立ち上げる。
↓
被災した人々を測定とその結果の共有に関与させる。
↓
防護措置を特定し実施する。
↓
市民の注意力を維持するための準備を行なって地域のプロジェクトを実施する。

　特にプロセスの二段階目の「関与させる」という表現に、専門家と公衆の上下関係の存在が想起される。さらに、パラグラフ一六一で専門家と被災住民との「対話」の場を立ち上げた後、パラグラフ一六二では、「日常生活において、いつ、どこで、どのように被ばくしているかという意識を高めるため、放射能を『見える化』する測定に人々を参加させる」という段階に移行する。この段階では、「当局や被災者が行う測定（自己モニタリング）に基づいて、包括的なモニタリングアプローチを策定すべきである。……これまでの経験から、個人の状況を議論し、比較する目的で測定結果を共有することは、被災者の放射線防護を改善する機会を確認する強力な手段であることが示されている。この合同での特徴把握により、地域の状況をよりよく理解し、放射線判断基準や他の放射線被ばく状況との比較を考慮して、見通しを立てることができる」とある。

　ここでは「当局」と記されているから政府ないし自治体の担当部署による測定と考えられる。それと、被災者自らによる測定結果を組み合わせて、地域ごとの放射線量をよりよく理解して防護に役立てることが目指されている。だが、まず原発事故に対して地元住民には基本的に責があるわけではない。それにもかかわらず、パラグラフ一六二では、何の根拠もなしに放射線量の測定に巻き込む形が提唱されている。本来であれば、どこの国であれ、国民の生命と健康を守るのが国家の責務であるから、そのための基礎データである放射線量の測定、各個人の被ばく量の測定は国家が第一に完遂すべきことと考えられる。そのうえで、行政機構内部の専門家とは別の専門家の助言を場合によっては受けつつ、自らも放射線量や自身の被ばく量を測定するという選択が容認され、そのような測定を禁じないということが担保されるべきである。こうしたプロセスを前提にしないまま、行政と住民とが共同で放射線防護に取組むというのでは、住民の人間としての尊厳、自律が確保されているとはいえない。行政による放射線防護の取組みを地域住民、被災者が監視する権利、もしくは被災者が別個に測定し比較検討する権利が保障されるべきである。被ばく量測定におけるセカンドオピニオンの権利が、まず第一に保障されるべきであるが、刊行物一三八及び一四六には被災者のセカンドオピニオンの権利については言及がない。

しかし、ICRPの関心はそこにあるわけではない。刊行物一四六のパラグラフ一六三「共同専門知プロセス」の第三段階では、被ばく低減のために「地域の人々と専門家の両者で地域の状況に適した可能な防護措置」、それも「自助努力による防護措置」を特定し、「地域のステークホルダーが自らの防護のために情報に基づいて決定を下すことができる」と記されている。つまり「共同専門知プロセス」の「共同」とは、あくまで低線量被ばくのリスクのある地域に住み続けることを前提とした行政当局、専門家、そして被災者の間での共同を意味している。また被災者のセカンドオピニオンや被災地から移住する権利も認められていなければならない。しかしそうした権利の確認のないまま、共同専門知プロセスは放射線測定ないし被ばく量測定をことあろうに被災者に一部分であれアウトソーシングしたうえで、自ら原発事故前とは異なるレベルの被ばくを受け入れることを選択することを強いようとしている。

パラグラフ一六五に至ると、「共同専門知プロセス」は、放射線の影響を受け続ける個人や地域社会の間に

「放射線防護文化」を育むものとされる。この「放射線防護文化」とは、個人がＩＣＲＰ勧告に従った専門家の助言を聞き入れ、あくまで自助で防護するようになることを意味している。自助で防護できる個人は、「自分が直面する放射能のレベルについて自分なりの基準を」作れるようになるとのことだが、しかし生活を続けていくうちに、その基準が変化することは当然あり得ることである。

ところで、生命倫理においては終末期医療が課題となるが、患者の自律性確保のために「事前指示書」の書式が用意され、例えば延命治療の拒否の意思表示が文書でなされることが今では一般的である。近年ではさらに、アドバンスド・ケア・プランニングと称して、終末期に意思決定能力が低下する場合に備えて事前に患者本人、家族、医療者、そして介護者まで含めて繰り返し話し合い、そのつど患者の意思決定を文書に残すという取組みが普及しつつある。

被災地で生きる個人の自律、尊厳を尊重するのであれば、ＩＣＲＰは生命倫理において今日では当然のように取組まれているように、各個人の意思決定が変化することを前提にした勧告をすべきである。その変化の幅は、いったん避難地域から帰還したとしても、再度故郷の外へ移住すること（もちろん逆もある）まで含めるべきだろう。ちなみに「放射線防護文化」に育まれた個人は、「自らが実施する防護措置と当局が実施する防護措置の適切性と有効性を判断する」ことができるようになるとされているが、そのような個人が自ら行なった防護措置、あるいは当局実施の防護措置が適切でない、有効でないと判断する可能性もあるわけで、本来であれば、そのことをも視野に入れた勧告がやはり必要となろう。

とはいえ、さしものＩＣＲＰもパラグラフ一六九では放射線防護措置によって健康や環境等の持続可能な条件を達成できない程度にしか線量を低減できない場合は、政府が帰還を許可しないことがあることを認めている。線量がそれよりは低い場合は被災地の自宅に留まったり、一時的ないし恒久的に帰還する選択が政府により認められ、先の「共同専門知プロセス」によってサポートされるべきとされる。

その際、パラグラフ一七二では、帰還するか否かを選択し決定する権利は個人にあることが認められ、被災地に留まる、帰還する、離れるなどすべての決定は「尊厳の問題として尊重され、当局によって支援されるべきである」とされる。さらに「自宅に戻ることを望まない、あるいは許可されない人々の移転のための戦略も策定されるべきである」とされている。このパラグラフを読めば、ICRPはフェアな記述をしているかのように見えるが、結局汚染地からのいわゆる「自主避難」について言及しているのは刊行物一四六のうちこの箇所のみなのである。仮に公衆の「放射線防護」が、おのれに責のない無益な放射線被ばくを防ぐということを意味するのであれば、被災地に留まる場合と留まらない場合の双方に等しい重みづけをして勧告がなされるべきである。

しかし、ICRPにそのような重みづけをした勧告をする意図がないことが、パラグラフ五七に記されている。

「大規模かつ長期にわたる汚染につながった原子力事故や他の産業事故、あるいは自然災害後の世界の経験は、国と個人が被災地を容易に放棄する意思がないことを示している。」

また、刊行物一四六より前、刊行物一一一『原子力事故または放射線緊急事態後の長期汚染地域に居住する人々の防護に対する委員会勧告の適用』冒頭の「論説 editorial」にはやはり次のように記されている。

「(原子力および原子力以外のいずれも)事故後の世界各地での経験は、多くの場合、個人が被災した地域を離れることを特に望んではいないことを示している。さらに土地利用や生活様式に制限を課さなくてはならないとしても、長期的には人々はできる限り通常の生活を営むことを望む。したがって可能であれば常に、長期目標は人々が通常の習慣に戻れるように地域を復旧することにあるべきである。結局、ほとんどの人々が真に求めていることは自分達の生活の営みを続けることであり、その実現を目指す意欲と能力を(時には多少の指導を伴うが)人々は持っているのではないだろうか。」

この文章はＩＣＲＰ事務局長であるクリストファー・Ｈ・クレメントの手によるものであるから、ＩＣＲＰの総意を代表しているといっても差し支えなかろうと考えられる。もちろん、この主張は明らかにおかしい。人情として、自らが生活してきた住まいやふるさとをおのれに責のない事故を受けて、「はいそうですか」とたやすく放棄するような人が少ないのは当たり前であり、そのことは刊行物一一一の論説引用前半に記されている通りである。（二〇二〇年にレバノン首都ベイルートで起こった硝酸アンモニウムの大爆発事故などの例外を除けば）産業事故や、自然災害の場合は、事故後にすぐ復旧に取掛かることができるし、事実私たちはそうしてきた。しかし、原発事故によって放射性物質に汚染され立ち入りすらままならない地域が出た場合、すぐさま当地の復旧に取掛かることはできない。放射線は根本的に人間が故郷と生活を復旧することを妨げる。住み続けることができる場合、できない場合、住み続けることが認められるとしても移住を選択する場合など細かく状況は分かれていく。このことを刊行物一四六は、附属書Ａ（チェルノブイリ事故の経過を概説）ならびに附属書Ｂ（福島原発事故の経過を概説）において把握しておきながら、自然災害や産業事故と原発事故を同列に扱い、かつ被災地域の復旧のみが放射線防護との関連において取上げられている。ここに、自然災害等からすぐさま復旧へと立ち上がる人々の場合と同様に、被災者をなるべく被災地へとどめよう、帰還させようとする意図が透けて見えるようである。

実際問題として、廃炉・収束作業に進展の見通しが立たない状況が厳として存在している。なので、被災地を放棄したいと思わなくてもなかなか帰れないと判断する人も多いというのが、本当のところではなかろうか。第一部での吉澤の証言や、報道にもあるように、第一原発近隣町村の帰還率が伸びないのはこの「見通しが立たない」ということが最大の理由である。

以上、刊行物一三八と一四六において、被災者の自律が生命倫理学の場合と同様の水準で尊重されているとは言えない可能性が高いことを見てきた。とりわけ刊行物一四六で展開される「共同専門知プロセス」は、日本でいうところの「避難指示区域」に該当する地域を除いて、被災地で暮らし続けることを前提に、行政による放射線防護ないし復旧を専門家の指導助言の下で自助努力を通して補完する、という図式で描かれていた。「生命倫理の四原則」における自律尊重原則で判断し決定するのは患者自身であり、医療者は患者の自律的な意思決定を支援する義務を負う。その際、医療者は患者に対し、診断や提案する医療行為を唯一絶対正しいものとして押しつけるようなことをしてはならない。放射線防護の問題については未だ基本的な見識が定まっていないのが現実である。線量・線量率効果係数のような重要な係数に関しても、科学者同士の間で意見が分かれている状況において、放射線防護の倫理性を生命倫理学と同等の水準で確保しようとするのであれば、ある意味、医療現場以上に自律的判断の主体である被災者、ＩＣＲＰの書き方で言うところの公衆に、ＩＣＲＰに沿わない考え方をする専門家まで含めてセカンドオピニオン、あるいはサードオピニオンを求める権利が保障されていなければならないはずである。

5　最適化は「最適」ではない

放射線防護倫理と健康概念の関係

ここまで刊行物一三八の四つの倫理的価値を中心に詳細に吟味してきたが、ＩＣＲＰはこれを福島第一原発事故を受けて緊急に用意したわけではない。この刊行物一三八の成立事情やその本当に目指すものが何であるかについて、クリストファー・クレメントと、チェルノブイリ被災地と日本におけるエートス活動で知られるジャック・ロシャール（以下Ｃ＆Ｌと記す）が一般書籍の論集『環境衛生の倫理学』*Ethics of Environmental*

Health の第六章「放射線防護体系の倫理学的根拠に関する近年の考察」"Recent reflections on the ethical basis of the system of radiological protection"を執筆して明らかにしている。[71] ロシャールは一九九六年にベラルーシで始めた「エートス計画」に基づく一連の活動の目的を、原子力事故後に低線量被ばくをせざるを得ない土地の管理に、その土地に住まう人々を直接参加させて、長期的にその人々の生活条件を改善していくことだと述べている。そのエートス活動から得られた教訓の一つは、被ばく管理に地域住民を直接参加させることがそもそも可能であるだけでなく、管理から住民を排除することにより生じる制御不能 loss of control という悪循環を打破するために不可欠であるということであったという。また、もう一つの教訓として強調されるのは、被ばく管理への住民参加が成功するか否かが、放射線モニタリング、健康管理、学校での放射線教育に基づく「実用的放射線防護文化 practical radiological protection culture」を国民にあまねく普及させることに懸っているという点である。ここまで本書で取上げてきた、「放射線防護文化」という言葉の出どころがここにある。

このベラルーシでの「エートス」活動は、ストーリン Stolyn 地区の複数の村々で二〇〇一年まで続けられ、その後、ベラルーシ国内の四カ所の放射性物質による汚染地域で二〇〇四年から二〇〇八年まで続けられた「コア計画」The CORE Programme に発展的に引き継がれる。この、「エートス活動」と「コア計画」より得られた成果が、刊行物一三八や一四六に先立つ刊行物一一一に受け入れられたのだという。そしてロシャール曰く、日本の政府当局者と専門家たちは、この刊行物一一一を福島第一原発事故に対応する政策を決定する過程で活用した。[72]

ロシャール自身、「低線量被ばくのリスク管理に関するワーキンググループ」の第五回会合にクリストファー・クレメントとともに、時の原発事故の収束及び再発防止担当大臣であった細野豪志に招かれて、講演と質疑応答を行なっている。ロシャールの講演はベラルーシでの「エートス」および「コア」計画における活動を詳細に語るものであって、その後の日本政府の政策に一定の影響を与えていると考えられる。先の第五回議事録におけるロシャールの発言で最も印象深いのは次の一節である。

「放射線というのは環境に蔓延してしまう、すべての生活の側面に影響が及ぶ。ですから共同作業が必要でありますし、問題は、……トップダウンであってはいけない、ボトムアップでなければいけない、これは大きな課題となるかと思います。……数値でありますけれど、どのような基準であれ、数値を入れますと、その数値の上か下かということになってしまいます。でもそうじゃないです。……旧ソ連邦でもそうでありましたけど、住民の方々が自助努力で放射線防護をすると、そうすると数値だけにこだわるのではなくて、状況を改善することの方が重要だと、農産品の質を改善することだとか、線量を低減することだということで、すなわち基準値より上か下かということをそれほど気にしなくなるということであります。すなわち、そういった努力によりまして、前進していくということであります。[73]」

ロシャールは元々経済学者であると言うが、長きにわたって放射線防護管理に携わってきたので、検出下限値に代表されるであろう「基準値」の重要性を知らないはずはない。累積的な低線量内部被ばくが自他に与える影響を、本来の意味の予防原則によって回避、せめて低減しようとするなら、その「基準値」の設定や、その設定に基づく計測には敏感になるのではなかろうか。ロシャールのこの発言は、本書第一部での当事者住民たちの証言と明らかに食い違う。

なぜこのような発言になってしまうかについて、本書のここまでの内容を振り返って考えてみるなら、「実用的放射線防護文化」が現存被ばく状況において生きるか、そうしないかの選択ではなく、現存被ばく状況で生きることを前提として受け入れているからだ、ということが見えてくる。既に見たとおり、現存被ばく状況で生きるか否かの選択の自由の尊重（自主避難もその一つ）が明記されているのは、刊行物一四六のなかのパラグラフ一七二だけなのである。

ウルリヒ・ベックのリスク社会論における合理性の観点から見れば、ロシャールのこの発言は、被災地に生きる住民の社会的合理性を「最適化」原則に合致させることが、放射線防護に住民を参加させることで成功する可能性がある、ということを示唆している。そうした成功は倫理的にも妥当性がある、ということを証しようとするのが刊行物一三八の役割であるだろう。

ところで、C&Lの『環境衛生の倫理学』第六章によると、ICRP内部で放射線防護体系の倫理的基礎に関する非公式の議論が始まったのは二〇〇九年であった。その議論の経緯は、概略以下のようであった。そもそも「放射線防護体系」は一貫して科学、倫理的価値、経験の三本柱の上に成り立っているのだが、三本柱の内の倫理的価値をICRP自身が問うことはほとんどなかった。さらに、二〇一〇年にICRP第四委員会はこの主題について文献調査をはじめ、二〇一一年の福島第一原発事故に焦点を当てて注力していた期間はペースが落ちたが、二〇一三年に、「放射線防護の倫理学に関するタスクグループ九四」が組織された。そして、この重要な問題の考察に、倫理学者、哲学者、社会科学者、放射線防護専門家を巻き込み、国際放射線防護協会（IRPA）との共催で地域ごとのワークショップが始められたのだという。[74] 実はこうしたタスクグループの活動の成果が一連のICRP刊行物だったのである。いわば刊行物一三八の裏舞台についてC&Lは報告し、論じているのだが、そのなかでも注目に値する二つの点について、検討してみることにしよう。まず特に注目に値するのが、「健康」に関する考察である。

人間を放射線から防護するとき、何を守るのか、と言えば人間の健康である。それではその健康とは何を意味しているのか、という疑問が「タスクグループ九四」主催の第一回アジアワークショップで提起された。答えの一部は、一九四六年に採択されたWHO憲章の健康に関するつぎの定義、「健康とは完全な身体的、精神的、社会的健康という状態であり、単に病気や病弱の欠如のことを指しているのではない」に見出されると合意形成できた。しかし、これだけではまだ十分でないと考えられた。

ICRPの放射線防護体系において人間の健康はまず身体の健康を意味する。したがって、放射線の確定的影響を防ぎつつ同時に確率的影響を減らさなければならないが、実は社会的健康の要素も防護の「最適化原則」の守備範囲に含まれているのだという。[75] 最適化原則とは、「経済的及び社会的要素を考慮に入れたうえで、合理的に達成できる限り被ばくを低減すべき」というものである。すでに繰り返し述べてきたように、ここでの「合理的」が曲者であって、技術的に可能な限りでの線量の低減を、必ずしもというかほとんど全く意味していない。それどころか、C&Lの二人は次のように記している。「本質的に、防護体系は人々を放射線の身体への影響から守ることを目指しているが、そうする際にそれ以外の有害な影響を考慮し、身体への悪影響以外の害をもたらすかもしれない放射線からの〝過剰防護 overprotection〟をも防がねばならないということを認識している。[76]」

〝過剰防護〟とは何か。C&Lいわく「放射線防護体系は放射線による精神的健康や社会的健康への危害を防ぐことを想定してこなかった。ところが福島第一原発事故の経験により、人々の生活領域に核事故由来の放射性物質が存在すると、身体的健康への影響の有無にかかわらず、深刻な不安と社会的分断 disruption を引き起こす可能性があることが明らかになったのだ」という。したがって、放射線被ばくによって考えられる身体的影響から〝安全〟であると人々に保証するだけでは十分ではなく、精神的健康と社会的健康を含めた被災者の健康全般に注意が払われなければならない、と課題を再設定するのである。[77] そしてその際に、放射線被ばくからの防護だけに注力するのではなく、場合によっては他の健康課題とも対比して、放射線被ばくを相対化して対応しなければ、かえって大きな害が帰結する、というのである。

なおC&LはUNSCEAR（原子放射線の影響に関する国連科学委員会）の二〇〇八年報告書及び二〇一

四年報告書に基づいて福島第一原発事故と二五年前のチェルノブイリ原発事故を比較しながら次の二点、急性放射能症を発症した原発労働者は福島第一原発にはいないこと（チェルノブイリでは百人以上が発症し、そのうち二八人は事故後の最初の三カ月以内に死亡した）、二つに、チェルノブイリ事故では子どもの甲状腺がんの発症率が劇的に増加したり、原発労働者の間で白血病と白内障の発症率が増加しているという事例が見られたが、福島では見られないこと、また将来見られると予測もされていないと述べている。[78]

〝過剰防護〟を防ぐためには放射線被ばくを相対化して、健康課題全体に取組まねばならないという主張の正当性について、ＷＨＯが現在、社会的健康をどのようにとらえているのか、という観点から考えてみよう。リチャード・ウィルキンソンとマイケル・マーモットの二人（以下Ｗ＆Ｍ）によって編まれたSocial Determinants of health: The solid facts.2nd edition（健康の社会的決定要因）は、ＷＨＯの欧州地域事務局により刊行された、ＷＨＯの社会的健康に関する公式見解集とでもいえるような小冊子である。そもそも「社会的健康」とは何か。Ｗ＆Ｍは次のように述べる。「社会的・経済的に不利な条件下では、一生を通じて人々の健康に影響を及ぼす。[79]」と。これを逆手に取って言うならば、身体的健康と精神的健康を実現するに必要かつ十分な社会環境の整備こそが社会的健康の概念と言ってよいように思われる。Ｗ＆Ｍは社会的健康の決定要因として、次の一〇項目、社会格差、ストレス、幼少期、社会的排除、労働、失業、社会的支援、薬物依存、食品、交通を挙げている。例えば社会格差の項では、職業層別平均余命一九九七－一九九九という図表が添付され、それに基づいて現状分析が記されている。その現状分析の一部を引用する。

「社会の最下層部に位置する人々は最上層部に属する人々に比べて、重い病気にかかったり、早死にする割合が、少なくとも二倍に達する。これは何も貧しい人々に限ったことではなく、健康の社会的格差は社会全体に見られるため、中間層の会社員でも比較的下級職のものは上級職のものより早く命を失ったり、病気にかかりやすい。[80]」

これを解決に導く提言の一部も以下引用する。

「人生には様々な転機が何度かある。……〔この問を要約すると、子どもから大人になる際の身体の変化に伴うものや、就職、結婚、解雇、退職など〕……生活の条件が良くなるにせよ、悪くなるにせよ、どの節目も当事者の健康に何らかの影響を及ぼしている。過去が不遇であった人々は、新たな転換期におけるリスクが最も高い人々であるため、福祉政策は、人々が落下するのを受け止めるためのセーフティネットだけでなく、それまでの不遇を埋め合わせるための飛び板を用意する必要がある。[81]」

この分析と提言は、W&Mが挙げる一〇項目の解決策の要因のうちの一つに関して抜粋したに過ぎない。しかし、私たちの生活信条に多かれ少なかれ浸透している自己責任論などからすれば、セーフティネットの整備だけでなく、〝飛び板〟まで社会が用意すべきとする議論は、社会コストを度外視し、かつ人々を甘えさせる施策と受けとられてもおかしくないだろう。むしろ〝飛び板〟の前に行動変容を推奨する施策を充実すべきではないかという意見もありえよう。ところがこのような形でW&Mが主張するにあたっては、膨大なエビデンス（根拠）が存在することが強調され、かつ個人の行動変容の推奨にはその効果に限界があると指摘されるのである。それどころか「個人が自分自身の健康を改善するためにできることがほとんどない」ということがエビデンスから言えるとも指摘される。したがって、W&Mは「一層健康的な行動様式につながるために、環境をいかに変えていけばよいか提言していきたい」とこの小冊子の目的を述べる。[82]

W&Mの主張の核心は、社会的健康の確保、達成は個人の行動変容ではなく（まして個々人の内面の問題ではなく）、公共政策の課題であるというところにある。この課題に取組むにあたって必要なことは、「物質的不利とその社会的意味合いの間に見られる相互作用に対して理解を深めること」なのだという。というのも、単純に物質的に貧しいからといって、必ずしも健康を害するとは言えないのであって、貧困ばかりでなく、失業、社会的に排除されていること（例えば人種差別、蔑視、敵意が自分に向けられていること）なども健康を害する十分な要因であるからだ。

公共政策が留意すべき社会的健康の条件とは何か。幼少期から一貫して自分に価値があり、認められたいと思う自己肯定感、友人、打ち解けた地域社会、自分が役に立っている手ごたえがあって、一定程度は裁量が認められている仕事が必要であると説かれる。[83] まとめると、物質的に充分であるだけでなく、個々人の身体的健康と精神的健康を充分に可能にする社会こそが健康である社会の条件であり、社会的健康が達成されているということになろう。

本章の「はじめに」で記したとおり、一〇〇mSv／年や二〇mSv／年にはそもそも十分な科学的合理性があるとは言えなかった。にもかかわらず一－二〇mSv／年の参考レベルである現存被ばく状況について、刊行物一〇三（二〇〇七年勧告）はパラグラフ二三七に、「個人は通常，必ずしも被ばくそれ自体ではなく，被ばく状況から便益を受けるべきであろう」という分かりにくい説明を付していた。ＩＣＲＰの公式訳ではあるものの、原文には〝べき〟を意味する単語はないので、「～被ばく状況から便益を受けるだろう」という訳のほうが正しいと考えられる。[84]「現存被ばく状況から、人は場合によっては利益を受け得る」というのがＩＣＲＰの見解であり（利益を全く受けえないと公式見解を出しているなら、場合によっては放射線被ばく防護を相対化すべし、という〝過剰防護〟論を提唱することはまず無理だろう）、日本政府の基本的立場もここに科学的合理性の根拠を求めていると考えられる。

ところがＩＣＲＰ自身は、例えば最新の二〇二〇年勧告（刊行物一四六）のパラグラフ二二で、「低線量及び低線量率の放射線被ばくに関連する健康への影響については、大きな不確実性が残っているが、しかし、特に大規模な研究から、一〇〇mSv未満の線量とリスクの関係の疫学的証拠が増加しつつある。今日、利用可能なデータの多くは『直線しきい値なしモデル』を広く支持している」と書いている。したがって積極的に本来放射線管理区域内でなければありえない低線量被ばくを、社会的健康を実現するために容認することは論理的にできないはずである。にもかかわらず、利益を受け得るという内容の勧告を出すのであれば、低線量被ばくというマイナス要因を凌駕するほどのプラス要因が低線量被ばく地帯に住み続ける、ないしは帰還する根拠としてなければならない。このことは個人の選択に帰着させられる問題ではなく、優れて公共政策の問題であるわけだから、一般的にそのプラス要因がなければならない。

しかし、W&Mの議論に基づいて考えるならば、低線量被ばくやその恐れがあることが、先述した「深刻な不安と社会的分断を引き起こす」根っ子にあると考えられる。例えば、W&Mが挙げる一〇の要因に共通するのは、いずれも単なる喫煙や肥満に起因するマイナス要因とは異なるということである。確かに喫煙のリスクはあるが、喫煙者にとってはそれを上回るほどの主観的な便益がある。また、肥満は心身の様々なストレスからくる食生活の乱れによる場合が多いと考えられるが、なかには食の快楽追求と引き換えに肥満体になってしまっているケースもある。しかし、W&Mが挙げる一〇の要因には、そのようなプラスの要素とマイナスのリスクが天秤にかけられる条件がない。例えば一〇の項目から一つ取上げて「ストレス」の項目を読んでみる。ここで「ストレス」は重要な局面で成功をもたらすのに益する適度な緊張のことを指しておらず、長期の緊張を強いる社会的・精神的状況だけが検討されている。長期にわたる心配、不安定、希薄な人間関係などがストレス要因として挙げられ、そのようなストレス要因は感染症、糖尿病、高血圧、心臓発作、脳卒中、鬱病にかかりやすくし、性格を攻撃的にすると指摘される。[85] つまり、W&Mが規定する「ストレス」とは、マイナスの要素しかないので、放置しておいてはならず、少しでも改善しなければならない健康阻害の根本要因なのである。そうだとすれば、放射線被ばくリスク回避と、喫煙や肥満のリスクなどは比較考量の対象にしてはならないということになる。つまり大元の、マイナス要因でしかない放射線被ばくリスクの低減が、喫煙や肥満が主因のリスクをも低減させると考えることが、W&Mの社会的健康論からすれば適当であると考えられる。

言い換えれば、ICRPは低線量被ばくをあたかも動かしえない所与の条件のように見立て、他のある面から見ると便益でもありうる健康阻害要因と同列に並べ、そのうえで、一人ひとりが「放射線防護文化」を身に付けて低線量被ばく地帯に住み続けることを前提にした勧告を、しかも個々人の尊厳を守る倫理的な勧告として出すべきではない。

W&Mが仮に現状の日本社会に対して勧告するならば、一〇の要因に低線量被ばくを加えても何らおかしくない。低線量被ばくは喫煙や肥満のリスクを抱えている人にもそうでない人にも全く一方的に加算されるものである。また、低線量被ばくを回避しようとするあまりに喫煙や肥満その他のリスクが増すくらいなら、低線量被ばくを自己管理しながらそれを甘受する方が善い、という考え方は、前節で論じたように被災者に対するインフォームド・コンセントが生命倫理学における本来の意味で機能している場合にはじめて、(集団ではなく)個人の選択として考えられるものである。したがってICRP勧告が、総論において住み慣れた土地に住み続け低線量被ばくを甘受しながら喫煙や肥満のリスクに配慮することを前提とするのは、W&Mの社会的健康論からしても倫理的ではない。

そもそも福島第一原発事故に起因する低線量被ばくは、被災した人々に何一つ責任のないことである。いわれのないリスクを一方的に振りかけられて、それを性質の異なるリスク要因と両天秤にかけることを、どうしたら倫理的に善いと言えるのだろうか。したがって、社会的健康概念を最適化原則を沿わせるように解釈するのではなく、逆に最適化原則そのものを廃棄すべきであり、ICRPは徹底した被ばくリスク回避の原則に基づいた勧告を出すべきなのである。最適化原則は被災した人々にとってそれ自体最適ではない。それでもなお、低線量被ばく地帯に住み続けることを自発的に選択する、あるいは住み続けざるを得ないという人々に対して、考えうる限りの支援が国家の責任においてなされなければならないし、そのような勧告をICRPは出すべきである。

W・D・ロスの「一応の義務」に基づいて放射線防護倫理を正当化するICRPの試み

ICRPは、刊行物一三八を作り上げていく過程で、最適化原則に沿う形で社会的健康の概念を規定しようとしていたのだが、裏を返せばそれだけ、チェルノブイリ事故以後、そしてもちろん福島第一原発事故以後の状況における自分たちの勧告の社会倫理的な正当性に対して危機感を抱いていたということである。

刊行物一三八の附属書はAからDまである。附属書Aは倫理学理論の概説と放射線防護との関連について、附属書Bは生命倫理学と放射線防護の関連について、いずれも簡潔に記されている。また附属書Cは「文化横断的な価値」と題されているが、ここでは附属書BでICRPが規定した善行と無危害、慎重さ、正義、尊厳の四つの倫理的価値が西洋に限定されたものではなく、古今東西に通じるものであるということが示されている。ただ内容的には執筆担当者の思い付きによって西洋ないし非西洋の思想宗教における倫理的な記述がいくつか取上げられているにとどまっており、取立てて逐一検討するには値しない。

いずれにしろ、壮大な思惑の下に刊行物一三八が記されたことがあらためてわかるのだが、この附属書全体は哲学・倫理学の観点から評価すれば、漠然としていてかつ粗雑なものでしかない。しかし、その記述からICRPの意図が透けて見えてくる面もある。

なかでも附属書Aは倫理学の代表的な枠組みである徳倫理学、功利主義倫理学、義務倫理学がICRPの放射線防護体系とどのように関わっているかを素描するものとなっている。そのスケッチが的を射ているかどうかはともかくとして、放射線防護の原則を倫理学的に正当化するにあたり、二〇世紀イギリスの倫理学者Ｗ・Ｄ・ロスの義務倫理学により重きを置くようになったと締めくくられる。そして、これに続く附属書Ｂで、ロスの倫理学から得た知見に基づいて、四つの「放射線防護体系を支える中核となる倫理的価値」が提示されるのである。そこで以下では、附属書Ａに特に焦点を当て、ＩＣＲＰの企てとＷ・Ｄ・ロスの倫理学の関係について検討する。

刊行物一三八執筆のいわば舞台裏が一連の附属書であり、附属書Ａのさらに舞台裏（いうなれば裏の裏である）が記されているのが、先にも取上げたＣ＆Ｌ（クレメントとロシャール）の執筆した「放射線防護体系の倫理学的根拠に関する近年の考察」"*Recent reflections on the ethical basis of the system of radiological protection*"である。Ｃ＆Ｌの二人は、当初タスクグループ九四が放射線防護体系を正当化する記述を徳倫理学、功利主義倫理学、義務倫理学という三つの倫理学説の枠組みから引き出せずに相当苦労したことを告白している。つまり、三つの倫理学説のいずれも、「最適化」原則を倫理的に肯定する確固たる根拠には、なし得なかったというのである。しかし、ロスの倫理学が、各人が置かれた状況によって正しい行為が変わること、一つの倫理原則に照らして状況に関わりなく行為の善悪、正不正が決することはないと論じていることをタスクグループ九四は僥倖ととらえたらしい。次の文がある。

「問題は『さまざまな倫理学説を防護体系の倫理学的基盤を記述するためにどう結びつけるのか』から、『防護体系を支える倫理的価値のセットとは何か』につくり替わったのである。[86]」

Ｃ＆Ｌは、三つの倫理学説を場合によっては合成してでも放射線防護体系を倫理学的に正当化しようとしていた。しかし、ロスの倫理学から、その必要がないことを学んだという。そして、状況に応じて防護体系の正当性を、後述する「四つの価値」のいずれかによって確保できる、という結論に至るのである。

そのような企てが倫理学的に見て妥当性を有するかどうかを検証したい。検証に当たって、まず一八世紀ドイツの哲学者カントの倫理学を概説する。それにより、ロスの義務倫理学の特徴がより分かりやすく理解できるものと考えられる。次に、ロスの倫理学のＩＣＲＰの企てと関連する内容について概説し、それらに基づいて放射線防護体系を倫理学的に正当化することができるか否かを検討することとする。

カント倫理学の概説

カントは、人間のもつ実践理性、すなわち良心が自分自身に対して義務を発し（この義務は社会規範として課されたり、目上の人から命ぜられたり、職務契約に基づいて履行せねばならないものとは異なり、あくまで自分の内面の良心から発せられる命令である）、これに対して自分の感情が利己心を一時的に棚上げして服従せねば、という動機によってなされる行為のみを「善い行為」とし、その動機を指して「善意志」と呼び、現実世界で唯一善いものであるとみなした。この実践理性と善意志のメカニズムは人間が置かれたいかなる状況をも超越しており、それゆえにカントは人間が単に自分の感覚や感性のみに従って生きるのではないという性質、また状況に埋没しない性質を端的に浮かび上がらせることができたと考えている。

カント倫理学において、実践理性が発する義務は以下に示す定言命法として定式化されている。「君の意志の格率が常に同時に普遍的立法の原理として通用することができるように行為しなさい。[87]」この定式のままに自分自身が発する義務を認知する人はいないが、すべての義務はこの定式の構造に則っているものとされる。ここでいう「格率」とは、各人の行動方針と考えてよい。つまり、日常生活のなかで自分がどう行動するか、自分が定めたものが格率である。その格率を、例えば「嘘をついてもよい」としようとするなら、時を超えて全ての人がその格率を採用した場合にどうなるかを考えてみることを良心は求めている、とカントは言う。「嘘をついてもよい」と言う格率が全ての人の格率であれば、すべての人がお互いの利己心や邪心によって手ひどく裏切られ、社会をつくることも、平常心で生きることも不可能となる。そしてこのことは、一〇〇人中九九人が嘘を吐く人であったとしても、いや、自分を含めて一〇〇人中一〇〇人が嘘を吐く世界であったとしても該当する。嘘つきばかりの世界であるなら、カント倫理学は必然的に状況に逆らう形で自らの格率を立てる（この格率という自分の行動のルールを立てることを、カントは〝立法〟というのである）ことを求める。

カントは、人間がもし人間であるならば、誰しもがおのれの生理的欲求や利己心、そして与えられた状況に埋没せずに生きることを選択する「良心」をおのずから持っているはずであると考え、ここに人間の尊厳の根拠を認める。おのれの格率を生理的欲求や利己心の単なる反映として持つのではなく、また外部から与えられてよしとするのでもなく、良心に照らして（全ての人がその選択をしたとしても、人間の否定にならないかどうかを吟味する）自ら決定することを「自律」という。すべての人がお互いの自律を「他律」へと貶めない社会がカントが考える倫理的な社会であり、これを「目的の国」とカントは称した。この「目的の国」が世界歴史のどこかの段階で実在したというわけではない。人間が人間である以上、倫理的な究極目標として実現を目指さなければならないものである（そうしなかったら、誰かの自律を貶めることを倫理的に容認していることになり、非倫理的、不道徳である）。

カントの倫理学は、われわれが日常生活のなかで直面する義務が、本質的には自らの実践理性が発する定言命法の形式を有していて、内面から発する義務が自らが置かれた状況への埋没を善しとせず、場合によってはことを起こすことさえ命じると規定している。こうしたカントの倫理学の問題点として挙げられるのが、複数の義務が対立した時にどう考えたらよいか、という点である。例えば「嘘を吐くな」という義務と、「生命を救え」という義務が対立する場面を想定してみればよい。ナチス政権下にあって、正義感のあふれるドイツ人にかくまわれているユダヤ人を警察が探し家宅捜索に入ろうとする時に、家主であるドイツ人は、本当に嘘を吐くべきではないのだろうか。また、同じ良心が同時に複数の相反してしまう義務を発してしまうことがありうるのではないか。

W・D・ロスの「一応の義務」理論

功利主義を批判し相入れなかったロスは、このような問題に対して、カントのそれとも全く異なる仕方で「義務」を規定する。そのロスの倫理学は「一応の義務 prima facie duty」理論として知られている。ロスは義務が私たち各個人の内面性から発するものではなく、あくまでも私と隣人との人間関係を前提にしたものと考えた。その人間関係は利益を与えたり受けたりする関係、約束した者同士の関係、友達同士、親子など多様である。そしてそのような関係は互いに背反しておらず、債権者と債務者であれば約束と利益の双方にまたがる関係であるし、同時にまた長年の友人同士ということもあるだろう。

そのような人間関係の多様性と重層性を踏まえるならば、人間相互の間に生じる義務もまた多様な形をとると考え、ロスは多様な義務を七つに分類した。すなわち、約束を果たす義務である「信義の義務」、自分が受けた奉仕へお返しをする「感謝の義務」、自分がなした悪いことから発する「償いの義務」、功績に従った快楽や幸福の配分を実現する「正義の義務」、自他が共に住まう世界のあり方を徳（善い性格）、知性、楽しさの観点から見てよりよくする「善行の義務」、自分の徳や知性を磨く「自己改良の義務」、そして他人を傷つけない「無危害の義務」である。これら七つの義務は、互いに独立していて他の義務に還元できないし、カントのいう良心のように、七つの義務からさらにさかのぼって全ての義務の根拠になるようなものもないとされる。また、これら七つの義務に原理的な優先順位は存在しない。したがって、自他の人間関係においてどの義務が課されているのか、それこそ状況によって決定され、その状況ごとに異なる、というのがロス義務論の根幹である。[88]

C&Lは、これこそがICRP刊行物の倫理的正当性を証しする、四つの倫理的価値の性質を記述するにふさわしい倫理学理論であると考えた。つまり善行と無危害、慎重さ、正義、尊厳という四つの倫理的価値のどれかが原理的に他の価値に優越するわけではなく、被災当事者が置かれた状況に応じてどの価値が最も優先して義務付けられるのかが変わってくるということを、ロスの倫理学をもって根拠づけることができると考えたのであった。だが、こうしたC&Lの考え方にロスの倫理学は本当に応えられるのだろうか。

ロスは右の七つの義務を「一応の義務」と称しているので、ややもするとこれらが非常に暫定的で、真に納得できる義務がないなかでとりあえず課されているもの、もっと言えば恣意的に自分に都合の悪いときには棚上げにできるものと思われるかもしれない。もっともそれはロスの責任というより、訳語の問題であろう。[89] ロスの論理を忠実にたどれば、「一応の義務」は暫定的でも恣意的でもないことが理解できる。例えば信義の義務について、ロスは次のように書いている。

「ある事例の中で、私がかくかく云々する一応の義務を持っていると私に確信させるものは何かと問う時、私はそれが自分が約束をしたという事実にあると分かる。[90]」

また、償いの義務について同じことを問うなら、「私は答えが、私が悪いことをしたという事実にあると分かる[91]」とロスは答える。七つの義務のうちその他の五つの義務についても同様に、それぞれ異なる事実によって、自分が義務付けられていると確信するのだ、とする。つまり、カントが言うのとは違って、ロスは義務を一つの原理に還元できず、それぞれの義務を端的に義務足らしめる事実が私、つまり義務の当事者に義務があると確信させると考えるのである。

問題なのは、複数の「一応の義務」が同時に互いに相対立する場合である。例えば誰かがけがをしていてすぐに手当てが必要な状況を考えてみる。その誰かを目前にした私は非常に重要な約束があり、できるだけ早く目的地に着かなければならない。通常、こうした状況に直面したなら、現代であればスマートフォン等を使って約束の再調整を行なうものだが（それがまともな大人が考えて実行することだろう）、そのような善後策を一切封じられている状況だとする。その際、対応は人によって分かれるかもしれないが、仮に約束を破ってけが人の手当をした場合、私たちは「あの人の命を救ったんだから約束を破っても問題ない」とは思わないのではなかろうか。約束は約束であって、それを破ったのが事実であれば、多少なりとも良心の呵責を感じ、さらに約束を破ったことに対して相手に償いをせねばなるまいと感じる、とロスは考えていた。[92] ただし、それでもなお約束を破ったのはなぜか、を考えてみると、けが人の生命を救うという観点からは明らかに正しい行為だからである。つまり、一つの同じ行為が倫理の審級 Instance によって、どれを選ぶかで正しくもあり、誤りでもあるわけである。[93] そして、複数の「一応の義務」が相対立する場合に、行為者である私が状況のなかで優先順位が低いと見なし、果たすことを放棄した義務は、私によって無化されたり、免除されたり、軽減されたりするわけではなく、果たした義務と同じように私を拘束しているのである。[94]

ロスが「一応」と称した理由は、七つに分類された義務がそれぞれ異なる根拠を有する点において、カント倫理学のような哲学的論理の一貫性を欠き、完ぺきではないというところにある。しかし重要なのは、「もしこれらの〔道徳的な〕確信が知識の本性に属し、これらを言い間違えなければ、一応の義務のリストは必ずしも完ぺきではないが一応正しい、真正の条件付き義務のリストだろう」[95] と述べている所にある。もし、ＩＣＲＰが放射線防護体系を倫理学的に根拠づけようとするにあたって、ロスのこの多元論的義務倫理学を典拠とするならば、何よりもまず七つの義務のリストを勝手に四つの義務につくり替えてはいけないのではないか。特にロスは「生命倫理の四原則」の一つである善行の義務と無危害の義務を区別しているが、ＩＣＲＰは両者を一つにまとめている。なるほど確かに、Ｂ＆Ｃは、「善行」と「無危害」原則を、区別できないものとしているが、その際、なぜ区別できないかについて入念な議論を行なっている（本書二四〇‐二四五頁参照）。Ｃ＆Ｌも、ロスの倫理学をより深く研究したうえでなければ、「一応の義務」に相当する四つの倫理的価値は提示できないのではないか。

ある行為が正しい行為である、それゆえに自分に義務付けられているということは、精神的に成熟した人間にとって自明であるとロスは説く。その自明さは、数学の公理が自明であるのと同等である、とまで言う。[96] このことから、C＆Lが放射線防護体系の倫理的正当性のためにロスの倫理学を援用できる、と考えたのは、やはり誤りであるというべきであろう。刊行物一三八や一四六、さらには一一一、またさかのぼって一〇三は、「緊急時被ばく状況」や「現存被ばく状況」といった、平常時とは異なる、まさに放射性物質が入り込み、元の生活環境を根こそぎ改変してしまっている特殊状況を、その特殊状況がなぜ生じたのかを検証する手続きなしに前提にしている。それに対しロスは数学の公理に匹敵する自明さを「一応の義務」に与えている。「一応の義務」のそれぞれは単に説明のための事例として提示されたというわけではないのだ。ということはロスの倫理学は、例えば平常な状況とは異なり放射性物質が生活空間に入り込んでいる「現存被ばく状況」を何ら倫理学的に検証せずに前提したりはしないと考えられる。七つの「一応の義務」のうちの一つ、「無危害」が冒されている可能性があるからこそ、これに対する「償い」の義務が発生しているはずなのである。少なくとも「一応の義務」を「現存被ばく状況」に適用するのであれば、この状況はいったいなぜ生じているのか、を検証することが求められるはずである。そうした手続きがなければ、ロスの倫理学は「現存被ばく状況」や「緊急時被ばく状況」をもたらした原因者を免責することを認めるものとなってしまう可能性すら生じてしまう。

また、ロスの「一応の義務」理論に照らして、放射線防護体系そのものを倫理学的な見地から検証することはあり得る。一般的な倫理の見地から、低線量被ばくを甘受せねばならない可能性があるという特殊な状況、すなわち「現存被ばく状況」用に提示された規範を検証することは必要だろう。しかし、刊行物一三八のパラグラフ六五（四つの倫理的価値について述べた後、章のまとめをする節のパラグラフ）には次のように記されている。

「放射線防護の原則を適用することは、放射線防護体系の根底にある中核となる倫理的価値に基づいて決定を行うことについての、止むことのない探究である。」

つまり、ICRPは四つの倫理的価値が放射線防護体系の根底にあると先に答えを出してしまっており、その運用について、ロスの「一応の義務」理論から恣意的にアイディアを持ちこんでいるに過ぎないのである。再三書いてきたとおり、放射線防護体系の倫理的価値の正しさを前提して倫理学にその正しさの根拠を求める企ては、倫理学的にいえば不当であって、もし倫理学的に考察するのであれば、逆に放射線防護体系は倫理的に正しいと言えるかどうか、が前提ぬきに問われなくてはならない。

ちなみにカントの義務倫理学の観点からすれば、「現存被ばく状況」に当地在住の市民を留め置くことを暗黙の前提にして最適化を説く勧告の全体が正当性をもつかどうかが吟味されねばならない。カントの倫理学は状況を超越し、状況に先んじて自他の自律が尊重されているかどうか、尊重されていなければ倫理的ではないと判定する。自分に何の非もない低線量被ばくを地域住民全体に引き受けさせようとするICRPの思惑は、刊行物一一三八、さらには刊行物一四六のこれまで検討してきた内容から明らかである。そうした思惑そのものを、被ばく対象地域の住民に暗黙であれ前提することは、カント倫理学の特徴である状況からの超越性と相入れないと考えられるのである。

ロスの倫理学を「現存被ばく状況」に当てはめて考える

右に、ロスの倫理学を参照とした放射線防護体系の検証はありうる、と書いた。「一応の義務」理論は状況のなかの人間に対して複数の「一応の義務」がそのつど違った仕方で発生し、それに対して各個人は各々の仕方で義務を果たしたり果たさなかったりする、と考える。「現存被ばく状況」といっても、例えばチェルノブイリと福島第一原発とでは異なる。ゆえに、福島の「現存被ばく状況」（地域により千差万別だが）を個別にまず考えなくてはならない。

そうしてみた時、福島第一原発事故がそもそも引き起こされた状況について考えることが、まず求められるべきなのだ。本書第一部の井戸川克隆の証言によれば、東京電力も国も「事故は絶対起こさない」「万が一起こらないはずの事故が起こっても、放射性物質は閉じ込めるので健康被害は生じない」と公務上の場で発言していた。その発言から、双葉町をはじめとして立地・周辺自治体並びに住民は、事故を起こさない、あるいは事故を起こしたとしても放射性物質を閉じ込める約束がなされていたものと理解できる。つまり国や東電には、事故を起こさないという「信義」の義務が生じていたはずだが、その約束がものの見事に破られて事故を起こしてしまった以上は、最大級の「償い」の義務が生じたはずである。しかし、このようにして生じた「現存被ばく状況」を単なる前提条件としてしかとらえないでおいて、その上に四つの倫理的価値を据えて、〃状況に応じてどの価値が優先されるかはそのつど変わる〃と考えるならば、ＩＣＲＰは、「一応の義務」の本質を曲げて、非倫理的な形で原発事故処理行政へ介入しているとさえいえるだろう。

もっとも、今後原子力発電所の再稼働が続き、運転が継続されていった末に、再び同様の大災害を引き起こした場合は、ロスの倫理学に照らすと、今回の福島原発事故とは事情が異なってくる可能性がある。

福島第一原発事故以前は、井戸川が双葉町長時代、公務中に「絶対安全」であると言われただけではなく、日本全体がこの「絶対安全」の原発安全神話にどっぷりと浸っていた。しかし、福島第一原発事故によって「絶対安全」がそれこそ神話に過ぎないことが明らかになった現在、「原子力発電所は事故を起こす可能性がある」「事故を起こしたら放射性物質が大なり小なり飛散して、場合によっては大勢の人がその生活と人生を根本から覆される」ことを承知で再稼働に同意した、と立地・周辺自治体及び立地道府県は解釈される可能性がある。さらに、実のところ国や電力会社も「絶対安全」とはもはや言っていないので、その実効性には多くの疑問符がつけられるとしても、とにもかくにも住民避難計画が行政により策定されている。

こうした状況にあっては、もちろん事故を防ぐという地域住民や広く国民との暗黙の約束に基づく信義の義務が電力会社や国に課される。しかしこれとは別に、「事故の可能性を承知で再稼働を認めた地元住民は他地域に迷惑をかけません」という信義の義務を暗黙の裡に負っている可能性もでてこよう。まさに第一部の「証言」で井戸川が危惧しているようなこと、つまり次に事故が起こった場合、ロスの言う七つの「一応の義務」の一つ、「信義」の義務を破ったとみなされ、原発立地自治体や住民は、各地に現在も避難、または移住した福島県民以上の苦境を強いられるかもしれない。ロスの倫理学では義務がそのつどの個別事実に根拠を持つ、と考えられるので、国民全体が原発の安全神話に浸かって危険性を全く認識していない時代が終わった後に、再稼働を容認したという端的な事実から、そうした地元住民側の「信義」の義務が生じる可能性を指摘できるのである。したがってICRPは、ロスをはじめとする倫理学を刊行物に援用しようとするなら、事故を起こさないことが最大の防護であるという観点から、さらに担いきれない信義の義務を地元住民に負わせること自体が倫理的に問題となりうるという観点から、事故が起きない事前段階にも視野を広げた勧告に、抜本的に改めるべきである。

ところで、原発事故由来の放射性物質に対する年間一mSv以上の追加被ばくが確実視される地域で社会生活を営むことが心身の健康にとって問題なし、と判断される場合、そこに帰還させるという政策も考えられなくはない。しかしその場合、「安心安全」だからもう大丈夫、といって順次生活支援を打ち切っていくのであれば、ロスの「一応の義務」に反するやり方となろう。なぜなら先に見たとおり、「一応の義務」はそのつど何を履行し、何を後回しにするかが状況により変わるのだが、他の義務と相反し履行できずに後回しにされた義務が雲散霧消し道徳的な拘束力がなくなるのかといえばそうではなく、そちらを履行しなかったことからくる別の義務（例えば約束を破ったことからくる償いの義務）が生じるからである。低線量被ばくに関する「しきい値なし仮説」（LNT仮説）をICRPですら否定できない以上、被ばくによる健康被害を事前に食い止める義務もあるはずである。ロスの理論に当てはめれば、無危害の義務に相当するだろう。これを、仮に帰還を優先するのであればどのように履行するのかが問われる。帰還によって（除染がいい加減になされているのではないにしても）本来受けなくて済むはずの被ばくを受けることは間違いがないので、次善の対応が求められるだろう。最も分かりやすいのは国家の施策として、特に子どもに対する「保養」に取組むことだろう。[97] 被ばくリスクが喫煙や肥満のリスクに相殺されるのではなく加算される以上、その加算されたリスクからの因果関係を、個人の不養生による病気の罹患のような形で見出すことができないからといって、無危害の義務から発する次善の対応から免れることはできないはずである。

ICRP刊行物と日本政府の施策との関係、および「アナンド・グローバー勧告」の意義

ここまで、ICRPが一連の諸勧告の倫理的妥当性を証しようとした刊行物一三八を中心に、他の刊行物の関連個所も含めて検証してきた。なるほどICRP自身は、放射線防護体系そのものが放射線に関連する科学研究の知見そのものから論理的に導出されるものではなく、むしろ科学研究以外の「被ばく状況の人間的・倫理的側面」（刊行物一三八パラグラフ四）が専門家と非専門家とのコミュニケーションや、ひいては放射線防護の意思決定過程において重要であることを認めている。

しかし、再三繰り返し述べてきたように、日本政府がとってきた原発事故処理政策は、一貫してICRP勧告をはじめとして国際的に（科学的な）権威のある団体の見解に〝科学的に〟根拠づけられているものと認識して遂行されてきた。例えば二〇二一年四月一三日に、政府はいわゆる汚染水の海洋放出を正式に決めたのだが、時の菅義偉首相は「福島をはじめ、被災地の皆様や、漁業者の方々が、風評被害の懸念をもたれていることを真摯に受け止め、政府全体が一丸となって懸念を払拭し、説明を尽くしていく」と関係閣僚会議で述べたという。[98] ここでいう「説明」とは、すでに政府が正式に決定した事項について、一方的に受け入れと納得を求めていくということでしかない。被災地住民への「説明」の過程で、閣議決定された結論が変わることは、そ

の決定の科学的根拠のゆえに想定されていないからである。さらに言えば、原子力規制委員会が翌二〇二二年七月二二日に、東京電力による汚染水放出設備の設置認可を出したのを受け、福島県と大熊町、双葉町の首長は、八月二日に工事の開始を東京電力に対して許可している。福島県漁業協同組合連合会は、政府と東京電力が「関係者の理解なしには、いかなる〔汚染水の〕処分も行なわない」と約束していると言っているが、工事開始を二つの立地自治体と県が許可したことは、事後に初めて聞いたという。[99] つまり、関係各位に対する一方的な説明さえも十分でない。そんななか、二〇二三年七月にＩＡＥＡ（国際原子力機関）が福島第一原発からの汚染水海洋放出計画に、科学的に見て人や環境に悪影響を与えないだろうと判断したことなどを根拠に、国民の「一定の理解を得られた」として、政府と東京電力は同年八月二四日からとうとう海洋放出を始めたのである。翌二五日付の東京新聞には、「漁業関係者の理解なんて得られていない」という一漁業者の談話が載ったのだが。

　このようにして繰り返される国、あるいは東京電力の国民に対する対応は、放射線防護を専門家と非専門家（被災地域住民をはじめとする国民）とのコミュニケーションによって実現しようと提唱しているＩＣＲＰの方向性と大きく食い違っているように見える。しかし、ここまでＩＣＲＰ刊行物一三八等の記述を検証してきて分かったことは、ＩＣＲＰもまた「最適化」原則をはじめとする放射性防護の原則自体について修正や議論の余地を認めていない、ということであった。事実、刊行物一三八の主目的は、その修正や議論の余地を認めていない放射線防護体系における根本原則が倫理学的に見て妥当であることの証明にあった。さらにその証明の過程で、チェルノブイリ原発事故と福島第一原発事故の二つの経験を踏まえて作成されているＩＣＲＰ刊行物はいずれも、事故が原因となる長期間の低線量被ばくの恐れがある場合でも、一般的に被災地住民は、元の生活圏から切り離されることのストレスの方が被ばくによる健康被害を上回る傾向があるので、低線量被ばく地域で住民が自分たちの放射線防護文化を確立して住み続けることを基本的に善しとするという前提を強固に維持しようとする。

こうした理解のもと、あらためてICRP刊行物と日本政府の施策とを比較してみると、両者の間に本質的な違いはなく、あったとしてもせいぜい程度の差なのである。この点を、端的に指摘したのが国連特別報告者アナンド・グローバーであった。グローバーは国連から福島第一原発事故との関連で「健康に対する権利」の実施に関する問題について調査し検討するために二〇一二年一一月一五日から一一日間日本に滞在し、精力的に動き回ったといわれている。グローバーは自らがものした報告書で、被災地における追加被ばくの一年間の放射線量の上限値二〇mSvについて検討している。この二〇mSvが避難指示を出し、かつ継続するか否かの基準値として今日まで機能させられてきているが、グローバーはすでに二〇一二年の段階で、パラグラフ四七において次のように指摘していた。

「ICRPの勧告は、日本政府の全ての行動が、損失に対して便益を最大化するよう行なわれるべきであるという最適化と正当化の原則に基づいている。このようなリスク対経済効果の観点は、個人の権利よりも集団的便益を優先するため、『健康に対する権利』の枠組みに合致しない。[100]」

ICRPも日本政府も、「最適化」原則を譲らない。しかしグローバーいわく、この「最適化」原則の観点、つまりリスク・ベネフィット分析の観点から、ベネフィット(便益)が上回る対策のみが認められるという「正当化」原則そのものが、W&Mが全力で擁護する各個人の「健康に対する権利」に抵触する。「健康に対する権利」は何も今まで世界中で主張されたことのない、まったく新しく珍しい人権ということではない。むしろ、まさに第一部の「証言」は、おしなべて「健康に対する権利」をそれぞれの置かれた環境や状況において主張するものであった。そうであってみれば、原発事故後の環境倫理学は、ICRP勧告を超えて、自然との関係において生きる人間の「健康権」を裏付けて支えるものでなければならない。続く3章で、この課題について検討を進めることにする。

◉２章註

1 本書で引用するＩＣＲＰ刊行物は、刊行物一三八をはじめ、刊行物一四六、刊行物一一一、刊行物一〇三のいずれもその日本語訳を、ＩＣＲＰウェブサイトの以下のリンクから閲覧しダウンロードすることができる（二〇二二年三月一五日閲覧）。https://www.icrp.org/page.asp?id=506

2 加藤二〇一一、一六八頁。

3 加藤二〇一一、一六九頁。

4 松田文夫『ＩＣＲＰ勧告批判』吉岡書店、二〇二二年、一‐三頁参照。

5 松田文夫、三頁。

6 松田文夫、三‐四頁参照。

7 これについて詳細な一覧表は、松田文夫、一一八‐一一九頁を参照。

8 「低線量被ばくのリスク管理に関するワーキンググループ報告書」（内閣官房ホームページ）ＰＤＦ三頁等参照（二〇二二年三月一日閲覧）。https://www.cas.go.jp/jp/genpatsujiko/info/twg/111222a.pdf 三頁。

9 「低線量被ばくのリスク管理に関するワーキンググループ報告書」ＰＤＦ一三‐一四頁。

10 「低線量被ばくのリスク管理に関するワーキンググループ報告書」ＰＤＦ一九頁。

11 「低線量被ばくのリスク管理に関するワーキンググループ報告書」ＰＤＦ四頁参照。

12 崎山日早子「放射線の影響―分かっていることいないこと」『高木学校第二一回市民講座報告集　東電原発事故の放射能と健康被害　わかっていることも、分からないことに』高木学校、二〇一八年、二〇頁以下参照。

13 松田文夫、一三五頁。

14 低線量被ばくのリスク管理に関するワーキンググループ報告書の二・四‐（三）には、「マスコミ等で放射線の危険性、安全性、人体影響等に関して専門家から異なった意見が示されたことが、地域住民の方々の不安感を煽り、混乱を招くことになった。この反省に基づき、これまでに得られている科学的知見を検討し、福島の状況に即したリスク評価を理解され易いかたちで、地域住民に提示することが重要」とある。つまり、政府が発信する情報が正しく、出所の異なる情報が誤っているという正誤二元論的な認識を植え付けようとしているのである。同報告書、ＰＤＦ一二頁、加えて一三頁も参照。

15 『生命医学倫理』九〇六頁。

16 Friedo Zölzer, Gaston Meskens eds., *Ethics of environmental Health*, New York, 2017, p.83.

17　ビーチャム、チルドレス『生命医学倫理（第五版）』（立木教夫、足立智孝監訳）麗澤大学出版会、二〇〇九年、一四〇－一四一頁参照（本文と同じく以下、Ｂ＆Ｃと略記する）。
18　Ｂ＆Ｃ、二〇二頁参照。
19　Ｂ＆Ｃ、一四四頁参照。
20　Ｂ＆Ｃ、四四頁。
21　Ｂ＆Ｃ、一四四頁。
22　以上、いずれもＢ＆Ｃ、一四四頁参照。
23　Ｂ＆Ｃ、二〇五頁参照。
24　ルカによる福音書一〇：三〇－一一：三七を参照。概略は以下の通りである。あるユダヤ人が盗賊に襲われ、衣をはぎ、半殺しにされた。盗賊が立ち去ったのち、その青息吐息のユダヤ人の傍らを神殿の祭祀が通りかかったが、道の反対側を通って行った。次にレビ人（下級祭祀）が通りかかったが、同じく道の反対側を通って行った。しかし、ユダヤ人から差別されているサマリア人の一人が通りかかり、傷の手当てをして宿屋まで連れて行き介抱した。そして、銀貨を宿屋の主人に渡し、治療費が足りなかったら帰りに払うと述べて立ち去った。イエスは「律法の専門家」にこのたとえ話をして、「誰が襲われたユダヤ人の隣人になったか」と問うた。「専門家」が、無視せずに介抱した人だと答えると、イエスは答えた者に対し、「行って、同じようにしなさい」と告げた。
25　Ｂ＆Ｃ、二〇四－二〇六頁参照。
26　Ｂ＆Ｃ、二〇六頁以下参照。
27　本来、インフォームド・コンセント並びにインフォームド・チョイスとは、患者が医師によって必要な情報を十分に知らされ、かつその内容をよく理解したうえで同意ないし選択をすることを意味している。したがって、情報の不確実性が前提になっている本件の場合、これをインフォームド・コンセントと単純に同一視することには注意が必要である。
28　中川保雄『増補　放射線被曝の歴史』明石書店、二〇一一年、一四八頁以下参照。
29　「国連環境開発会議（地球サミット：一九九二年、リオ・デ・ジャネイロ）　環境と開発に関するリオ宣言」（環境省ホームページ）（二〇一二年三月四日閲覧）https://www.env.go.jp/council/21kankyo-k/y210-02/ref_05_1.pdf
30　大竹千代子、東賢一『予防原則　人と環境の保護のための基本理念』合同出版、二〇〇五年、四四頁参照。
31　大竹、東、四三頁。

32 大竹、東、四五頁参照。
33 大竹、東、四三頁。
34 以上二つの引用はいずれも環境省ホームページ「資料一五　ウィングスプレッド宣言」から採った（二〇二二年三月四日閲覧）。https://www.env.go.jp/policy/report/h16-03/mat15.pdf
35 アリストテレス『ニコマコス倫理学』（朴一功訳）京都大学学術出版会、二〇〇二年、二五九頁参照。
36 『ニコマコス倫理学』、二八八頁参照。
37 『ニコマコス倫理学』、二六四頁。
38 『ニコマコス倫理学』、二六四頁参照。
39 『ニコマコス倫理学』、二五八頁及び二六四－二六五頁参照。
40 『ニコマコス倫理学』、二七二－二七三頁参照。
41 アリストテレスの記述を簡潔にまとめるならば、人間の手によって変えられない普遍的かつ必然的なものに関する知識を、「学問的知識」と称し、論証の形であらわされる学問的知識の大元にある原理の知識を「知性」と称する。「知恵」とは、「知性」を伴った「学問的知識」を指す。近代以前、実験による仮説の検証に基づく自然科学が成立する以前の科学観であることに注意が必要である。アリストテレス『ニコマコス倫理学』第六巻第三章、第六章、及び第七章、二五九－二六二頁、二六八－二七三頁を参照。
42 アリストテレス『自然学（アリストテレス全集第三巻）』（出隆、岩崎允胤訳）岩波書店、一九六八年、七二－七三頁。
43 今道友信『エコエティカ』講談社学術文庫、一九九〇年、九〇－九一頁参照。
44 今道、一〇二頁以下参照。
45 今道はその一つが、「外国人に対する親切さ」であると指摘する。今道、一一〇頁以下参照。
46 B&C、二七六頁。
47 B&C、二七六頁。
48 アリストテレスが「正義」の基本的な分類を行なうのは『ニコマコス倫理学』第五巻第二章から五章にかけてである。アリストテレス『ニコマコス倫理学』（朴一功訳）京都大学学術出版会、二〇〇二年、二〇三－二二四頁参照。
49 S・フライシャッカー『分配的正義の歴史』（中井大介訳）晃洋書房、二〇一七年、二九頁参照。
50 以下の米国環境保護庁による環境正義の定義及び付帯する規定はいずれも米国環境保護庁ホームページを参照した。

（最終閲覧二〇二一年九月二九日） https://www.epa.gov/environmentaljustice/learn-about-environmental-justice.

51 K.S ＝ Frechette, *Environmental Justice*, New York, 2002, p. 6.（邦訳 K.S ＝フレチェット『環境正義』勁草書房、二〇二二年、七頁）

52 Frechette, p. 24.（フレチェット、三七頁）。

53 Frechette, p. 24-25.（フレチェット、三八頁）。

54 cf. Frechette, p. 24-29.（フレチェット、三七‐四五頁参照）。

55 cf. Frechette, p. 27.（フレチェット、四一‐四二頁参照）。

56 cf. Frechette, p. 17.（フレチェット、二六頁参照）。

57 吉永明弘、寺本剛編著『環境倫理学』昭和堂、二〇二〇年、一四五頁。

58 原語は以下のウェブサイトを参照のこと。The Principles of Environmental Justice (EJ), EJnet.org: Web Resources for Environmental Justice Activists（最終閲覧二〇二二年三月五日） https://www.ejnet.org/ej/principles.pdf

59 Environmental Justice Definitions, New Mexico Department of Health（二〇二二年三月五日閲覧） https://www.nmhealth.org/publication/view/help/309/

60 B&C、七三‐七四頁。

61 B&C、七四頁。

62 B&C、七四頁参照。

63 B&C、七五頁。

64 B&C、七五頁。

65 以上、B&C、七六頁参照。

66 B&C、八〇頁。

67 B&C、八〇頁。ちなみに同項によると自律の軽視は他者の自律の権利を無視、侮辱、卑しめるような態度や行為を指す。

68 以上、B&C、八一頁。

69 B&C、九七頁参照。

70 B&C、九七頁。

71 また、同書 Chapter.11 を刊行物一三八の執筆者の一人でもあるデボラ・オートンが担当し、一三八と一四六が倫理的な合理性（ベックのいう所の社会的合理性の一側面）を満たすべく構想し執筆されたという趣旨の議論を展開している。cf. Friedo Zölzer and Gaston Meskens eds., *Ethics of Environmental Health*, London and New Zork, 2017, p. 156-165.

72 エートス計画に基づく一連の活動に関するここまでの内容は、以下の講演パワーポイント資料を参照した。Jacques Lochard, My experience with the post-accident situations of Chernobyl and Fukushima (The 81st Seminar of Atomic Bomb Disease Institute 6 June 2017, Nagasaki, Japan) （二〇二三年七月一四日閲覧）https://www.genken.nagasaki-u.ac.jp/abdi/dhrc/data/170606_Nagasaki.pdf

73 第五回「低線量被ばくのリスクに関するワーキンググループ」議事録（二〇二三年七月十四日閲覧）https://www.cas.go.jp/jp/genpatsujiko/info/twg/gijiroku/dai5.pdf

74 cf. Zölzer and Meskens, p.76–77..

75 cf. Zölzer and Meskens, p.79–80.

76 Zölzer and Meskens, p.80.

77 cf. Zölzer and Meskens, p.80.

78 cf. Zölzer and Meskens, p.80.

79 リチャード・ウィルキンソン、マイケル・マーモット編『健康の社会的決定要因　確かな事実の探究　第二版』（高野健人監訳）二〇〇四年、一〇頁。なお、この小冊子は以下の東京医科歯科大学ウェブサイト内のリンクよりダウンロードできる。（二〇二三年三月一八日閲覧）https://www.tmd.ac.jp/med/hlth/whocc/pdf/solidfacts2nd.pdf

80 ウィルキンソン、マーモット、一〇頁。

81 ウィルキンソン、マーモット、一〇－一一頁。

82 ここまでウィルキンソン、マーモット、八頁参照。

83 ウィルキンソン、マーモット、八－九頁参照。

84 刊行物一〇三の原文は以下を参照。SAGE Journals「Annuals of ICRP Table of Contents P103: The 2007 Recommendations of the International Commission on Radiological Protection」（二〇二三年三月一八日閲覧）https://journals.sagepub.com/toc/anib/37/2-4

85 ウィルキンソン、マーモット、一二－一三頁参照。

86 Zölzer and Meskens, p.81.

87 I・カント『カント全集七（実践理性批判・人倫の形而上学の基礎付け）』（坂部恵、平田俊博、伊古田理訳）岩波書店、一六五頁。
88 cf. W. D. Ross, *The right and the good*, New York, 2002, p.20ff.
89 『哲学・思想事典』（岩波書店）一九九八年でも、「一応の義務」と訳されているので本書もそれに従っている。
90 Ross, p.24.
91 Ibid.
92 cf. Ross, p. 28.
93 cf. Ibid.
94 cf. Ibid.
95 Ross, p.23.
96 cf. Ross, p.29f.
97 アナンド・グローバー国連特別報告者も「保養」に日本政府が取組むべきと指摘している。以下を参照。ヒューマンライツ・ナウ編『国連グローバー勧告』合同出版、二〇一四年、二六－二七頁。
98 朝日新聞デジタル「【詳報】「漁業者の声に耳を」海洋放出、福島で反対の声」（二〇二一年四月一三日配信）（二〇二二年八月二日閲覧）https://www.asahi.com/articles/ASP4D7SRLP4DULFA028.html
99 毎日新聞ウェブサイト「漁業者「約束守られるのか」拭えぬ懸念　処理水放出工事了解」（二〇二二年八月二日配信）（二〇二二年八月三日閲覧）https://mainichi.jp/articles/20220802/k00/00m/040/289000c
100 『国連グローバー勧告』、三〇頁。

3章　ＩＣＲＰ「最適化」原則にかわる新しい環境倫理学の視座

はじめに――ここまでの議論の小括

1章では、日本における環境倫理学のパイオニアの一人であった加藤尚武による痛恨の発言（山下俊一のニコニコ発言擁護）に、原発事故後の被災者をはじめとする国民と環境倫理学との全くのすれ違いを見てきた。また、加藤発言が自身の倫理学に内在する論理構造から発したことを明らかにした。すなわち、加藤環境倫理学においては、その「地球全体主義」の考察において顕在化しているように、環境倫理学の主体たる人間が、自己の効用、利得の最大化をめざす経済学的主体（経済人＝ホモ・エコノミクス）に類似して、つねに個の欲望を最大化する存在として位置づけられている。そのような主体が民主主義にいわばかこつけて専門知識を要する判断に参与し主導権を握ることを加藤はテクノ・ポピュリズムと呼び、嫌悪し恐れた。

しかし、原発事故後に生じているのは加藤の言うテクノ・ファシズムとテクノ・ポピュリズムとの対立ではなく、日本政府やＩＣＲＰを含む原子力被ばく防護専門家と被災者をはじめとする素人市民との間の、ウルリヒ・ベック言うところの科学的合理性と社会的合理性をめぐる闘いである。素人市民は、根拠なく社会的合理性を言いつのっているのではなく、原発事故以前から、あるいは原発問題以外においても、科学的合理性を通して己の社会的合理性を確かなものにすることを生き生きと実践してきた歴史がある。第一部の「証言」からは、被災者各自が今なお憤りを抱えながらそのような実践を続けていることをはっきりと読みとることができる。

科学技術社会論においては、一般的に素人市民は科学技術に関連する意志決定にアクターとして参与するものと位置付けられている。諸外国ではそのためのシステムや制度の研究や実践も見られる。一方で、双葉町の町長であった井戸川克隆は、原子力災害対策特別措置法二三条で制度的に保障されている市町村（もっとも住民ニーズをくみ取りやすい行政単位）のオフサイトセンターにおける原発事故対応の意思決定への参加が、今なお実現していないと証言する。市町村が意思決定に直接参加できない状況では、被災した人々の声を行政施策に反映させることは、少なくとも国レベルでは困難である。

日本政府は、原発から放出された大量の放射性物質が発する放射線の危険性について、専門家集団の権威ある見解に基づき科学的合理性を獲得している以上、そこに社会的合理性もあるという前提に一貫して立っている。一方で、ＩＣＲＰは科学的合理性から自動的に社会的合理性が導出されはしないという認識の下、特にチェルノブイリ原発事故以降に自らが発信した一連の勧告の倫理的妥当性を証ししようと、刊行物一三八を世に出した。倫理学的見地から勧告の妥当性を証しして、勧告には社会的合理性もまた備わっていると主張しようとしているのである。

要するに、素人市民と専門家、もしくは福島原発事故被災当事者と日本政府や国際的な原子力関連機関との間で、重なり合う二つの合理性をめぐって闘争が静かに続いているのが現状なのである。

2章では、いわゆる「生命倫理の四原則」に形式的にも内容的にもならう形の、放射線防護倫理の四原則の提示ともいうべきＩＣＲＰ刊行物一三八と、これに直接関連する他のいくつかのＩＣＲＰ刊行物について、倫理学の観点から徹底的な読解と検証を試みた。その結果分かってきたのは、ＩＣＲＰが放射線科学それ自体から必然的に引き出されるわけではない「最適化」原則を決して曲げようとしないことであった。

1節では放射線防護における「無危害」と「善行」の原則を検討した。放射線被ばくにおける「無危害」と聞くと、できる限りの無用な（診断や治療に必要な医療被ばく以外の）被ばくを避ける、ないしは低減するという原則だと多くの人は思うのではないか。しかしICRPの原則は、原子力苛酷事故発生後の生活において、放射線被ばく以外の要因の健康影響も無視できないので、そうした諸リスク要因との総合的な比較衡量を通じた最善の選択こそが「無危害」であり、かつ「善行」の原則であるというのである。しかし、ICRPが言うところの「現存被ばく状況」における低線量被ばく自体に何一つプラス要素はない。5節で検討したW&M（ウィルキンソンとマーモット）による社会的健康の観点からいえば、リスク要因であっても各人にとってそれ自体にプラスの要素があるもの（例えば過剰と医師に診断される美食）なら比較衡量の余地があるが、ストレス要因、リスク要因でしかないものは「減らす」あるいは、「なくす」以外に選択肢はない。

2節では「慎重さ」の原則を検討した際に見えてきたのは、ICRPが予防原則を非常に憂慮しているということだった。そこでICRPはアリストテレスの倫理学に代表されるような、古代以来の倫理・宗教思想に見てとれる「慎重さ prudence」を予防原則と等置しようとする。それによって、できる限り被ばく線量を下げようとすることはかえって慎重さを欠いているとまで言うのである。

しかし、アリストテレスの倫理学があくまで自然のメカニズムそのものを人間は変えることができないという前提の上に成り立っていることは忘れるべきではない。それに対し、放射性物質を大気中核実験以来、そして福島第一原発事故によってまき散らしてしまい、自然をベックの言う「第二の自然」に変貌させてしまった現代では、「慎重さ」を意味するアリストテレスのフローネーシスを全く同じ意味で、被ばく状況における生の倫理として受け入れることはできない。ましてや、予防原則と等置することなどできはしないのである。

今道友信は、倫理観というべきものが言葉は同じであっても時代の変化とともに変容すると指摘している。「慎重さ」も古代とはその内実が変わっているのである。2章3節で取上げた「正義」もまた、アリストテレスの時代においては政治参加の資格等の配分の問題だったのが、時を経て財goodsやサービスの配分の問題になった。一方でEPA（米国環境保護庁）は環境正義をリスクや「害になるものbads」の配分の問題と位置付けている。環境倫理学者K・S＝フレチェットも同様である。しかし、この環境正義の意味内容を放射線被ばく防護の倫理にスライドして適用するのは妥当だろうか。ICRP刊行物一三八によると、被災地にも線量の差があるが、被災地で生きる人々の被ばく線量の差をなくすことが「正義」原則に該当する。これに対して、一九九一年に全米有色人種環境運動指導者サミットで採択された「環境正義の原理」は、地球上のすべての人間には放射線被ばくの脅威から解放された生を営む権利がある旨宣言している。つまり、福島原発事故以前から環境正義の社会的合理性（EPA、ないしフレチェットの環境正義論と「環境正義の原理」を比べてどちらがより〝倫理的〟か）が、ひそかに問われていたのである。そしてこの問いは、ICRPがEPAに準じて放射線防護における「正義」を主張するに及んで、いよいよ原発事故被災者と行政や専門家の間で表面化したと考えられる。

4節では、ICRPが尊厳と自律を放射線防護に関連してどのように扱っているのかを検討した。ICRPは人間の尊厳を尊重することと、個々人の「自律」を尊重することとを概ね等置している。ICRPも参考にしている生命倫理学において自律の尊重とは、一般的に自己決定権の尊重を意味している。しかし、ICRPは原発苛酷事故によって低線量被ばくを強いられる地域に暮らしていた人々が、例え被ばくしようともその地に住み続けることを望むだろう、という前提のうえで立論している。その前提で語られる自己決定権の尊重、自律の尊重とは、被ばく線量の個人管理を放射線防護の専門家が支援するということになってしまっている。飛散した放射性物質によって健康被害の可能性がある地域で生活していた人々に対する支援とは、ウクライナ等におけるチェルノブイリ法を引くまでもなく、どんなに少なくても元の土地、住まいに住み続けるか、それとも被ばくの懸念のない土地で新生活を（心ならずも！）やり直すか、双方に対するそれぞれ万全の支援以外ありえない。

ＩＣＲＰが国民の自律を尊重せよという倫理的意味合いを含む勧告を、原発を有し稼働させている各国に対して発するのであれば、そのような支援の備えを原発事故以前から万全に行ない、また苛酷事故後においては、被災者が自らの生活の方向性を定める際に、放射線防護に関して多様な専門家から見解を入手できるセカンドオピニオンないしサードオピニオン（これらの専門家のなかには当然、ＩＣＲＰが準処する科学的及び社会的合理性に沿わない者たちも含まれねばならない）の制度を確立するよう勧告すべきである。

２章では、こうした問題意識のもと、ＩＣＲＰ刊行物一三八を検証してきたが、結論としては、ＩＣＲＰはそれこそ被災者の自律を守ろうとはしていないことが明らかになった。福島第一原発苛酷事故で生活基盤を根こそぎ奪われた相双地域各市町村の居住人口を集計すると、住民のなかで元の市町村に帰還している割合は平均して三割にとどまっている。ＩＣＲＰが静かに提唱している原発事故被災地域のいわば新しい倫理観、ＩＣＲＰの言葉でいえば「放射線防護文化」を、被災地住民は唯々諾々と受け入れてはいない実態がみえてくる。加藤環境倫理学はいうに及ばず、ＩＣＲＰが刊行物一三八で唱えている倫理学も、被災者の自律性ひいては主体性に適わず、説得力を有しないということである。

本書は、原発事故後の環境倫理学がどのようなものであり得るかを見極めるために、リスク社会において、科学的合理性と社会的合理性をめぐって自律的かつ主体的に考え行動している被災当事者たちの思い・行動から多くのことを学んできた。では、その学びをどのように生かしていくのか。本章は、まず原子力に関する倫理的考察の端緒ともいうべき思索へと回帰し、そこから原発事故後の環境倫理学の具体化を試みる。

1　核が拓いた新しい倫理の次元——原爆投下パイロット　Ｃ・イーザリーと哲学者Ｇ・アンデルスの対話より

本書においてこれまで展開してきた思索と経験のなかから、福島原発事故発生後の状況における適切な倫理思想を見出そうという時に、特に課題となるのはＩＣＲＰの「最適化」原則に対抗する思想とは何か、を提起することである。「最適化」原則とは、くり返すが、放射線被ばくそのもののリスクを社会的経済的観点から見て合理的であるといえる範囲内で低減せよという原則のことであるから、経済的要因と被ばくリスクを、また心理的な負担や社会構造的な問題と被ばくリスクを同一平面上で比較し、最善のバランスをとることを目指しているといって良い。本章の主題は、ＩＣＲＰの主張する「最適化」原則の限界を明らかにし、それに代わる倫理思想の視座を考察することにある。

なぜ進歩した科学技術は倫理学の課題になるのか

周知のように、核兵器と原発は基本的な原理は同じである。原発の場合、一気に核分裂させるのではなく、電力として利用できるくらいの速さでゆっくりと持続的に核分裂を生じさせており、両者はその速さの違いにすぎない。とはいえ原爆は、まずそもそも熱線と爆風の破壊力がほかの通常兵器に比べてけた外れに大きい。原爆の攻撃力はそれにとどまらず、熱線と爆風により即死にまでいたらずとも、生き延びた人間に被ばくに起因する様々な疾患をもたらす。

ドイツ系ユダヤ人であり、ナチス政権成立とほぼ同時にドイツを離れ、イギリス軍での従軍、さらに第一次中東戦争従軍を経てアメリカでの後半生を、戦前の宗教思想研究よりむしろ自然哲学や倫理学の研究に打ち込んだハンス・ヨナスは、二〇世紀の科学技術が倫理学の課題となる理由として、純粋な量の増加、つまり、エネルギー発生量や生産量、消費量の単なる増加が技術そのものの「質」を変えてしまい、倫理的な意味を持つようになるからだと説いた。[◉1] 例えば、原子核を分裂させることによって取出されるけた外れのエネルギーの大きさ自体が及ぼす影響の時空間の広がりは、私たち人類に予測できないほどになっている。原爆が一気に放出するエネルギーは、熱線と爆風だけでなく、放射線となって生体組織を構成する原子間の結合を切断する。こうしてもたらされる被害の大きさが、そのまま質の違いとなって倫理学の課題となる、と考えることはヨナスの論理によれば容易に想像できる。

原爆は、熱線と爆風による危害ばかりでなく、被ばくによる疾病も引き起こす。被ばくによる疾病は原発事故（そして被ばく防護と線量管理の不徹底な原発構内での労働）の被害とも共通する。広島、長崎、ビキニ環礁他における水爆実験による被ばく被害は、福島第一原発事故の被ばく被害と内容が重なり合っている。さらに、いうまでもないことだが、福島原発事故の被ばく被害の影響も、どの範囲のどれだけの人に及んでいるのか、またどれだけの時間にわたり継続するものか、見定めることができないくらい大きなものである。被ばく被害の大きさが本質的に未確定であるのに、放射線による被ばく被害と社会的経済的要因とを同一平面上において リスク－ベネフィット分析により評価し、対策を割り出そうとする「最適化」原則を強引に適用すれば、本来未確定であるものを何らかの形で確定したものとみなして扱うことになる。被害の大きさが未確定であるにもかかわらず、確定できるとみなすことで、一連の施策には様々なひずみが内在することになる。

ヨナスが指摘した〝量〟の違いが直接〝質〟の違いになるという事態は、どのようにして認識されるのだろうか。〝量〟のけた外れの増加によって、被害の最終的な規模と内容が見通せないということになると、単に丁寧に測定し集計するという手続きの末に出てくる調査結果は、必然的に不正確ということになろう。では、その法外な被害を受けた人々の証言を聴く、読む、集めるという作業はどういうことを意味するのだろうか。こうした問題を扱うのは、ジャーナリズムや社会学、あるいは法曹界がその本懐とするところであり、本書の第一部はこのことに僅かかもしれないが与したつもりである。個々の証言を積み重ねていくことで、被害の法外さ、異質さ、残酷さ、複雑さを理解し、その被害がどのようにもたらされているのか、量のけた外れの増大が直接質の違いに直結する構造を理解することが可能になってくる。このような調査報告やフィールドワークで、被害の全体像を描写することは可能だし、被害者の証言の行間を読み込むことで、倫理がどのようにないがしろにされているかを炙りだすこともできよう。

もう一つのやり方として、加害側の証言から考える方法がある。法外な被災をもたらした側の人たちが一体何を考え、感じるのか。実は、加害者が自らの加害経験を通して、意図せずに立ち至ってしまう感情にこそ、それまでの人類に全く知られていなかった倫理的境地を垣間見る契機が隠されているようにも思える。ハンス・ヨナスが指摘した〝量〟の増加が直接もたらす新しい倫理的意味をダイレクトに全身で受け止めてしまうのは、むしろ加害者の側なのである。例え被害者の証言をすべて足し合わせたとしても、加害側の証言はその被害証言の総体とは異なる一面を内在させている。なぜならば、〝量〟の大きさを見通せないこと自体のなかに、加害者側は、自身が依拠している論理の立場を突き崩す何ものかをそうとは知らずに体験しているからである。その意味で被害側の証言と加害側の証言とは、新しい環境倫理学を構想するうえで相補い合う関係にあると言えよう。そして、人類史上初めて、自分がそのような全く新しい事態をはからずも切り開いてしまったことを否認せず自覚した人間の一人として、クロード・イーザリーがいる。

イーザリーとは、エノラ・ゲイが広島に原爆を投下するのに先立って広島上空を飛び、投下当日の広島の気象状況をチェックし、投下に支障なしと判断し報告した人物である。彼は、作戦が終了し連合国軍が勝利した後になってから、己の罪に気付き、そこから逃げることができなくなった。そんな彼に注目したのが、ドイツからの亡命ユダヤ人思想家であるギュンター・アンデルスである。彼はイーザリーのことを扱った新聞記事に目をとめた当時のアンデルス夫人から、イーザリーの苦悩について考えるよう強く薦められたのをきっかけに、精神病院に収容されていたイーザリーに手紙を出す。それを機に、アンデルスとイーザリーは文通するようになる。そこで以下に、二人の文通のなかから注目すべき記述を拾い上げて、原子力の実用化が結果的に切り拓くことになる新しい倫理的境地について検討することにしたい。

英雄であることを拒絶したイーザリー

広島に原爆を投下することに最終的なゴーサインを出したイーザリーは、第二次世界大戦の終結に一役買ったという意味でアメリカの英雄として遇される。しかし先にも記した通り、イーザリーは原子爆弾がもたらした被害の法外さに打ちのめされてしまう。イーザリーは世論の評価とは別に、「自分は英雄ではない」と社会に知らしめ、罰を与えられたかったのである。そのために彼は相当な少額の強盗事件を繰り返して起こした。[2]裁判の結果、イーザリーは無罪を言い渡されるのだが、その代わりに病気と診断され、精神病院に収容されるのである。後にアンデルスは、イーザリーに直接会った際に、第二次大戦後どのようなきっかけで罪の意識にさいなまれるようになったか尋ねる。アンデルスはそのことについて次のように書いている。

「……彼の告白したところによれば、広島に向かって飛行中だけでなく、そして彼が原爆投下のサインを出している間だけでなく、さらにそれから後の何日かの間にも――彼は、それが何日間だったか覚えていなかった――あのとき、一体全体、彼がどんなことに関わっていたのか、まだ全然わかっていなかった、『私は何をしでかしてしまったのか』。むしろ、本当のおどろき、恐怖、理解、そして懺悔は、彼が廃跡と化した広島市と焼けて炭のようになって水面をただよう死骸の最初の写真を見せてもらったときに、〔イーザリーの精神的破滅は〕はじめて始まったのだ、と。[3]」

これはイーザリーとアンデルスの往復書簡集である『ヒロシマわが罪と罰』(邦題)の原著一九八二年版の

前書きからの抜粋だが、一九八二年当時すでにイーザリーは亡く、この言葉の意味を改めて尋ねることは不可能になっていた。そこでアンデルス自身がこの言葉の意味をつぎのように解釈している。

「彼の精神的破滅は、『その責任は負いたくない』(マティアス・クラウディウス)[4]という空しい願望だけが原因で生じたものではなくて、もっとそれ以上に、彼があのとき共に行なったこと、そして共に破壊したものについて、それほど後になってからはじめて知るとともに、しかもかくも間接的にしか理解できなかったことに対する恥ずかしさが原因で生じたものであった。つまり、いまやっと何かを〝共に行なった〟ことに対する恥ずかしさによって。[5]」

この「恥ずかしさ」の感情こそ、全く新しい倫理的な境地に直接触れているのだが、どう新しいかについて、アンデルスはイーザリーに宛てた手紙に次のように記している。

「……ささいな罪でも、そのことをきれいさっぱり忘れてしまうなどということは、生易しいことではありません。しかも、あなたの場合には、そんなこととは問題の性質からして違っています。あなたのその不幸は、二〇万の人間の死を前にした出来事と関連しているのです。二〇万人の生命に匹敵する苦悩を心に感じることなど、どうしたらできるでしょうか? 二〇万の犠牲に匹敵する懺悔などということが、どうしたらできるでしょうか? そんなことは、あなたにはできません。私たちにもできませんし、だれだって、できっこはないのです。われわれがどんなにじたばたしてみたところで、その犠牲に匹敵する苦悩や懺悔など、とてもできっこはありません。[6]」

この、原爆ひとつを投下することで、一気に二〇万人(広島市の公式見解によると、一九四五年末までに死没した人数は約一四万人[7])を死に至らしめるという規模の大きさ(もちろん〝二〇万〟、あるいは〝約一四万〟という数字のみに切りつめることができないからこそ、問題になる)そのものが、数字の裏に隠れた生命《いのち》の途方もない重みを実行者に背負わせることになった。このようなことは、人類がそれまでたとえやりたかったとしても到底できなかった所業であり、どのように認識してよいかもわからないような事態であった。

認識できないということは、実行者が反省したり苦悩したり懺悔したりしようとしても、個人の思考の及ぶところではない、ということを意味しよう。しかも、イーザリーはこのことを自分が原爆を投下した瞬間に知ったわけではなかった。小坂洋右は、八月六日原爆投下時刻に既に帰路についていたイーザリー（と偵察機ストレートフラッシュの他の乗組員）が、テニアン島基地の「将校クラブで開かれるポーカー・ゲーム」のことを考えていたと記している。[8] 認識能力の及びもつかないようなことをやってしまった、ということに思いが至らなかったという、ある意味で二重の認識の欠落だったかもしれず、そのことが、後でアンデルスの言うところの「恥ずかしさ」という感情を引き寄せる原因となったと考えられる。

イーザリーが体現した新しい文明の倫理

二重の認識の欠落とは、何をなそうとしているかについての認識の欠落であり、同時に引き起こしてしまった結果への認識の欠落であった。しかし、原子爆弾を製造し投下したのはアメリカ軍であり、アメリカ大統領トルーマンの決定によるものである。イーザリーが個人的異能により開発し投下したわけではない。また、第二次大戦の終結後、米ソ冷戦の開始とともに核開発競争が激化していったことは周知の通りである。つまり、イーザリーの経験とは、イーザリー自身の個人的な経験ではないし、トルーマン個人の罪を身代わりに独りで引き受けさせられた経験でもない。では、それはいかなる経験なのか。端的にいえば、人類の文明が全く新しい段階に立ち至ったことの最初の経験であった、ということができよう。アンデルスはイーザリーへの手紙に、次のように書いた。

「しかし、そのような断罪を受けたのは、あなた一人だけだとお考えになってはいけません。今日われわれはみな、いつ何時あなたと同じような罪に巻き込まれるかもしれない、不幸な時代に生きています。しかも、あの不幸な役割は、あなたが好き好んで求めたものでもありませんし、この不幸な時代は、私たちが好き好んで求めたものでもありません。そして、それだからこそ、あなたも私たちも、……〝おなじボート〟に乗り組んでいるのです。いわば、我々はみな、ただ一つの家庭のメンバーなのです。そして、この我々が〝おなじボート〟に乗っているという定めこそ、あなたに対する私たちの考え方を決定してしまうのです。[9]」

イーザリーを襲った恥ずかしさの感情は、イーザリーだけが経験しなければならなかったものではない。今後、どこの誰もが経験する可能性のあるものである。なぜなら、途方もない重みを実行者に背負わせる原子力爆弾という存在を実用化してしまったからである。原子力爆弾によって最も明確に特徴づけられる新しい文明（そこに二一世紀の我々は生きている）と、それ以前の文明との違いは何か。アンデルスいわく、それ以前の文明においては、想像力が生産力を優越していた。つまり前もって想像し、事実その通りのものを実現することができていた。しかし原子力爆弾以降の文明においては、生産したものがもたらす結果が想像力や感覚、責任能力に優越してしまった。[10] 原爆がどのような被害をもたらすのか、実際の被害を目の当たりにしない限り、想像することができない。それは原爆以外にも、例えばマイクロプラスチックによる環境汚染などにも当てはまるだろう。では、想像力並びに結果責任はいったいどの程度までであれば、人間の能力範囲となるのだろうか。アンデルスはそれを一般化して次のように書いた。

「感覚的には、われわれは、精々一人の人間を殺した時に後悔できるのが関の山で、それ以上になると不可能である。また、想像力をもってしては、精々一〇人の人間を殺した時に後悔できるのが関の山で、それ以上になると不可能である。[11]」

実行者として、当時イーザリーは一人で苦しんでいた。しかし、これは個人の問題ではなく文明の問題である。この新しい文明の性質を、アンデルスは「原子力時代の道徳綱領」にまとめている。ここでのもっとも端的な特徴は、人類が人類自身を滅ぼす力を手に入れた、ということである。

アンデルスが言わんとするのは、いったん人類が滅んでしまったなら最後、今日の人類が自らを殺め、後に続く世代が現れなくなるだけでなく、過去の世代がいたという記憶を有する人間という生きものそのものが地球上、そしてこの宇宙全体からいなくなるのだから、過去の世代もいなかったのと同然になる、ということなのだ。このことを指して、訳者篠原正瑛はアンデルスの文章の意味を「未来完了形の無」と表現した。[12]

いったん、人類が死滅してしまったなら、人類の未来だけが無くなるのではなく、継承していく世代が不在になる以上、過去も消えてしまう。だが、こうした事態は、福島の原発苛酷事故を経験することで、核戦争による人類レベルの話としてだけでなく、現に地域社会レベルではじまっていることが明らかになった。例えば、浪江町の馬場前町長は、生前「まちのこし」という言葉を使っていたが、[13]この言葉に託した馬場前町長の想いは、町を残さなければ、町の未来だけでなく、町の過去まで消えてしまうという切迫した危機感があったに違いない。第一部に証言のある井戸川双葉町前町長にもそのような認識があったはずである。全面核戦争が生じたなら、その時はアンデルスが言うように地球人類レベルの問題となるが、核分裂という原理を同じくする原発が事故を起こした場合は、当然のことだが原発立地並びに周辺地域の滅亡の問題となる。

〝未来〟の〝現在化〟

また、アンデルスは〝未来〟という言葉の意味の変貌にも注意を促している。従来、単に時間的に遠く離れて、可能性としてしかありえなかった〝未来〟を、核兵器を手にした人類は自分たちに隣り合う領域にしてしまった。[14]アンデルスの念頭にあったのは核戦争による人類の滅亡もしくはそれに近い規模の破局であり、その破局が現実の問題として否定できない以上、その破局の未来を避けるための行動がまさに現在の行動として要請されるということである。

原爆と原発の原理が根本的に同じである以上、この〝未来〟をめぐる意味の変容は原発事故においても明らかである。例えば、高レベル放射性廃棄物の処理・保管をどうしたらよいか、半減期を踏まえれば実に一〇万年後まで、後世の世代が被ばくしないように手立てを考えなければならない。つまり、我々が生きる現代に一挙に一〇万年分の未来が侵入してきている、というのがアンデルスの発見を応用することで見えてくるのである。同じことは、汚染水の海洋放出の問題についても、除染ごみの中間貯蔵施設の問題についても、さらにこの先いつまで続くともしれぬ廃炉作業の問題についてもいえる。各問題分野ごとに一律に一〇万年分とは言わないまでも、いったい何年分の未来なのか、いつごろの未来に問題は解決するのか、その見込みすら立たない不確定の未来のいわば〝現在化〟がすでにはじまっている。

こうした未来の〝現在化〟に対抗するためには、我々はどうしたらよいのだろうか。アンデルスは次のように書いた。

「……あなたのなすべきことは、あなたの二つの能力、すなわち、ものを作る能力とものを想像する能力の間に存在するギャップを埋めることである。言い換えれば、[未来に対する(筆者補足)]想像力と感情が自分のなした諸行為の総計の桁違いの大きさを把握し、理解することができるようになるまで、つまり、把握し、想像し、受け入れ、拒否することができるようになるまで、あなたの狭い想像力(感情の能力は想像力よりもさらに狭い)を無理やりにでも広げなければならない、ということなのだ。[15]」

〝現在化〟してしまった未来に対する想像力ないし道徳的構想力をひろげる、とは、今日的な言い方をすれば、まさに先に取上げた予防原則（2章－2）に通じるものがあるのではなかろうか。ここで、もう一度リオ宣言第一五原則を引用しよう。

「環境を保護するため、予防的方策は、各国により、その能力に応じて広く適用されなければならない。深刻な、あるいは不可逆的な被害のおそれがある場合には、完全な科学的確実性の欠如が、環境悪化を防止するための費用対効果の大きい対策を延期する理由として使われてはならない。」

ここでは明らかに、将来の「深刻な、不可逆的な被害の恐れ」が現在取組むべき課題にとしてせり上がってきている。後述する他の予防原則の定式も、このリオ宣言第一五原則の課題を引き受けている。アンデルスの洞察に従うなら、予防原則は経済活動全体の政治的ガバナンスに関わる単なる政策オプションとして理解するわけにはいかない。また、ＩＣＲＰの唱える「慎重さ」の原則に基づき、「被害の恐れ」を不当に解釈することによって、本来防がれるべき被害の隠ぺいの正当化へと導かれてよいものでもない。予防原則の本来の意味は、その技術使用がどのような結果をもたらすかを想像する人間の能力を、生産力の帰結が上回ってしまっているという現状認識を持って対応すべし、という倫理原則にこそ存するはずである。その認識は、リオ原則のなかでは「完全な科学的確実性の欠如」にも対応している。後でまたあらためて取上げるが、予防原則がリオ宣言のような国際法等を通じて普及する前までは、いわゆる「未然防止」の原則によって科学技術がもたらす害に対応するのが、少なくとも日本では通例であった。すなわち、危害の発生が「完全な科学的確実性」をもって証明される場合にのみ、危害を防止する対策をとるべし、という原則である。だが、こうした原則はアンデルスに言わせれば、想像力の拡大を怠り、生産力の帰結に凌駕されるがままに甘んじることにすぎず、不道徳な行為ということになるのではないのか。

新しい文明の倫理の担い手

素人だけでなく、専門家の想像力すら凌駕していく巨大な生産力に対して、凌駕していくがゆえの帰結の不確実性を念頭に、それでも想像力を拡大するということは、例えば放射性廃棄物の長期の管理や、汚染水の海洋放出に、どのような問題が発生するかを予測するという課題に通じるものがでてこよう。そうとなればこの問題は、1章で取上げた加藤尚武のテクノ・ファシズムとテクノ・ポピュリズムの対立の問題に立ち戻ることになる。つまり、この人間の想像力をはるかに超える予測は、いったいだれが、だれのために、行なうのかという問題である。おそらくここでの予測は単なる計測、分析、計算ではなく、倫理的にみて最善の行為と直接関連するはずのものである。アンデルスは問題の解決から素人市民を排除すると、排除された側が結局無関心な人間にさせられてしまうと考えていた。つまり、たとえば原水爆の問題は政治家と軍人の専門分野に属するので、一般市民は口をはさむことは許されないとなると、口をはさむことは不必要であるという論法に帰着することになる。なぜ不必要かと言えば、専門家がすべてに片を付けるからである。もちろん、この論法は原発事故処理にも該当する。[16]

アンデルスは、原水爆の問題（そこから敷衍して原発の問題も同様である）を専門家が独占するいわれがないと強く主張する。なぜなら、誰もが原水爆の標的になりうるからである。同じく、誰もが原発事故の被害を蒙りうるからこそ、原発の問題は全ての人間の生存と関わってくる。このことをないがしろにして、特定の科学者や技術者だけが、唯一問題の対処に当たる権限を有するとみなしてはならないのである。[17]

すべての人が影響を被りうる以上、すべての人が倫理の担い手となる資格がある。ところで、ウルリヒ・ベックのリスク社会学のなかで、政治行政機構に属さない人々の政治的な当事者性は「サブ政治」という概念で論じられる。社会学者の今田高俊はベックの社会学を概観して、「サブ政治」を議会制民主主義によって権威を付与された行政システムではなく、その外部の行為が政治的影響力を行使することとして整理する。今田によると、その「サブ政治」による政治的影響力の発生源は次の二種に大別される。

①科学技術や企業や医療の分野における意思決定。

②市民運動、専門家集団、ボランティア、NPO・NGOなどの発言の機会と権利の増大。[18]

本書において重要なのは②の方である。ベック自身、『危険社会』に続く書物『再帰的近代化』のなかで、次のように述べている。

「サブ政治は、《下からの》社会形成を意味している。……サブ政治に向かう流れを受けて、実質的な技術化や工業化の過程にこれまで関与してこなかったグループ、つまり、市民や公共圏に集う人々、社会運動、専門家集団、現場で働く人々などが社会協定を生み出すことに対して発言する権利を持ち、そこに関与していく機会が増大しているのである。[19]」

第一部の「たらちね」や、本書で紹介していない他の多くのNPOやボランティアの活動の意味も、この「サブ政治」という概念の枠内で説明できるように思われる。つまり、低線量被ばくリスクがもたらす「不安」を、日本政府や原子力発電推進勢力による「安心」「安全」を一方的に押し付けて解消させようとするやり方は、「サブ政治」が見て取れるより前の時代の、ベックの言い方に対応させて言えば《上から》社会を形成しようとするやり方である。しかし、ベックの分析に依って見ると、政府や原子力発電推進勢力が「不安」を「否定」してくるにもかかわらず、やはり「不安」を解消できないごく普通の人々が、緩やかにでもつながって集団として行動するときに政治的な影響力を行使する可能性を本書第一部の証言から切り出すことができる。第一部の証言には、「サブ政治」が原発事故以後のみならず以前にも存在し、その影響力が発揮されることに対して、日本政府や原子力発電推進勢力がことさらに嫌悪してきたことがにじみ出ているように思われる。

アンデルスは、ベックよりはるか以前に、すべての人が原水爆に対して当事者であることを倫理の問題の前提にすえて、主張したのである。いずれにしろこの二人の主張から、低線量被ばくや放射能汚染にまつわる日々の暮らしの問題について、明らかにすべての人が倫理上の当事者であるということを敷衍することは難しくないだろう。原発事故の経験を踏まえ、新たに環境倫理学を構想するにあたっては、テクノ・ポピュリズムを忌避するあまりに一般市民の主体性にくぎを刺してしまうことは、理論上も明らかに不適切である。

倫理的臨界に立つクロード・イーザリーの真実と孤独

ところで、自分の一つの行為がきっかけとなって、核兵器の実用化以前には想像することもできなかった途方もない犠牲を引き起こしてしまった場合に、その行為の帰結とその意味を事前に見通せていなかったことへの強烈な恥ずかしさを感じるのだ、という全く新たな倫理的境地を、ギュンター・アンデルスは、周囲の誰からも理解されない自罰感情にさいなまれるクロード・イーザリーを通して発見したのだった。イーザリーは、アンデルスから送られてきた手紙に「私は核武装の拡大と戦争への絶えざる準備を防ぐことについて始終考え、その答えに飢えている」と書いて返信している。[20] しかし確かにそう書いた当時のイーザリーは原爆投下の罪の意識にさいなまれる元パイロットとして知られていたが、今日特に平和運動家として高名であるわけでもない。

逆に戦記物を中心に手掛けた文筆家ウィリアム・ブラッドフォード・ヒューイが、イーザリーは広島と長崎いずれの原爆投下にも参加していないし、広島への原爆投下の際は気象観測が任務であったと記した『ヒロシマ・パイロット』を一九六四年に出版した後、イーザリーは反核運動の表舞台から姿を消さざるを得なくなる。エノラ・ゲイ号から広島に原爆を投下したのはポール・ティベッツであり、ストレート・フラッシュ号に搭乗するイーザリーの任務が気象観測であったことは正しい指摘だし、長崎への原爆投下作戦に参加していなかったことも事実だが、当時はイーザリーについてアンデルスよりも先行して紹介した記事の影響で、イーザリーが原爆を投下した張本人とみられていて、その本人が罪の意識にさいなまれているという見方が一般的だったという。そのような見方がいずれも事実無根であるとするヒューイの本の影響力は、それがイーザリー本人や周辺人物への取材を重ねて書かれたこともあって大きかった[21]。

やはり文筆家であった佐藤とよ子は、自らが劇団員だった時代に日中戦争や太平洋戦争にかかわった様々な人々の証言や書簡、新聞記事などの言葉をコラージュすることで書かれた芝居の脚本を通して、イーザリーを知ったが[22]、そのあとで読んだヒューイの書物を通してイーザリーの証言の真実性に強い疑いを抱く。そして佐藤は巷間に流布していたイーザリー像とも、イーザリーその人の真実を突き止めることにその実関心を持たなかったヒューイの描いたイーザリー像とも異なる、真実のイーザリーの姿を求めて取材を重ね、『〝原爆ヒーロー〟エザリーの神話』という書物を書き上げたのである。

一方のアンデルスは、ヒューイや彼と意見を同じくする人々から、イーザリーのような「根が善人で何も知らないテキサス出身の青年の心に彼のテキサスの糞土の上では決して育たなかったであろう思想」を植え付けたかどで非難された、と語る。さらにアンデルスは、イーザリーの「良心の叫びがほとばしり出る」こと自体が間違った方向へ導かれていることを意味し、アンデルスのような誘惑者が居なければ、「中傷者たちの見ているところでクロードはモラルの誘惑に負けてその獲物にされる」こともなかったという誹謗を受けたとして、激怒している[23]。

佐藤もヒューイから影響を受けている。佐藤の主張は次のようにまとめられる。ギュンター・アンデルスが自身の思い込みにおいて独自のイーザリー像をつくり上げた。そのアンデルスのイーザリー像に追随しようとするような手紙をイーザリーが幾度も返信することを通して、現実のイーザリーとは異なる虚像にイーザリー自身も飲み込まれた。一時巷間に流布した、罪の意識にさいなまれる原爆投下パイロットとは知識人が生んだ幻想でしかなく、その幻想、虚像をヒューイが撃った。このように考えている以上、佐藤もまたアンデルスの激怒の対象に含まれることだろう。[24]

アンデルスがヒューイのような人々に対して言うには、そもそもイーザリーはアンデルスを巧妙にだまし、アンデルスと同じく核廃絶を求めているのだということを信じさせ得るほどの知性の持ち主ではない。ヒューイは執筆のためのイーザリーに対する取材のなかで、彼が原爆投下への罪の意識を一度も口にしなかったというが、ヒューイのような手練れのインタビュアーが、あらかじめストーリーを描いておき、そのストーリーに沿った回答がイーザリー本人の口から出るように仕向けることは不可能ではないので、イーザリーが罪の意識を口にしなかったということも大いにあり得ることだとアンデルスは考えていた。そして、アンデルスは「証言」それ自体の在り方について、次のように書き、ヒューイを道徳的に断罪する。

「懺悔しようとする者は、だれかれの別なく相手を選ばずに懺悔をすればよいというものではない。むしろ、この場合に妥当する規則は、すなわち『誰の面前で、つまりいかなる聴き手の前で、君は懺悔するのか、それとも懺悔しないのか、言ってみたまえ。そうすれば、君が誰か、そしてその聴き手が誰か、私は君に対して告げて見せよう』ということである。とにかく、この問題についてはこれ以上の言葉は無用である。[25]」

ヒューイが、イーザリーの懺悔を聴こうとしない以上、イーザリーも懺悔はしないのである。懺悔というものはそもそも、聴こうとしない相手に対して行なわれるものではない。聴こうとしない相手に懺悔の言葉を投げかけても、懺悔として成立しないのである。イーザリー自身、アンデルスへの最初の返信のなかで、これまでにもらった大部分の手紙に返事を出していないが、アンデルスからの手紙には「どうしてもご返事を書かなければいけない」という気持ちに駆られたと記していた。[26]また、イーザリーは「社会が僕について作り上げた〝英雄像〟をぶちこわして、社会から解放されて生きるために、僕は今まで法律に違反するようなことをやったが、しかし今後、僕は、自分の罪と世間の責任を世の中の人々に認めさせるためにそうした行動に出ることは、おそらくしないだろう。[27]」と書いた。これこそ、アンデルスが手紙を送るまで、イーザリーが罪を懺悔する相手を持たなかったという証ではないのか。懺悔の言葉の受け手がいないところでは懺悔は成立しないのである。

ところで、反核運動から姿を消し、さらに晩年喉頭がんに侵されたイーザリーの姿を佐藤が拾い上げている。「一九七五年、……大衆紙ピープルもやはり彼に取材している。……エザリーは、もう反戦は語らない。広島を悔いるとも語らない。ごく一般的な退役軍人が口にするようなごく当たり前のことを語る。『国のため、防衛のために逃げたりはしない』[28]」

佐藤は、イーザリーがアンデルスとの文通当時に覆いかぶさっていた「影法師」から解放されたのかと書く。[29]アンデルスは違う。アンデルスの論に沿って考えるならば、イーザリーは核兵器が開闢した全く新しい倫理性の危機に偶然居合わせた者のなかで、ただ一人その危機を自覚した者ということになる。それは大変な重荷であるばかりか、途方もない孤独であろう。ましてや、同じ危機に居合わせたはずのほかのクルーたちはだれ一人その自覚に達せず、合衆国一般市民からは英雄視された。イーザリーの兄のジョーは、兄弟間でも平和についてはあまり話し合えなかったと証言している。[30]アンデルスやほかの少数の人々と一時的に文通でつながるのみだったのである。そこへ、ヒューイのベストセラーが襲い掛かるならば、イーザリーにそれ以上をだれが要求できようか、ということになる。イーザリーの懺悔を聴き届け連帯しようとする人々の姿が、イーザリーに再び見えなくなってしまったとしても、またそのような人々とつながろうとする気持ちがうせてしまってもおかしくはない。アンデルスはそのことを理解していた。

「君〔＝イーザリー〕は、たいへん早くあの世の人となってしまった。そしておそらく、その〝頂点〟の時代と比べれば、わずかに平均的なものでしかなかった生活の後に。君の生活の内容と使命とを決定づけたもの、それを毎日、回想することによって繰り返すことは、単に無益だったばかりでなく、君の力を超えたことでもあったと思う。いや、君ばかりでなく、おそらく誰の力をも。[31]」

アンデルスの言葉を要約するならば、次のようになるだろう。すなわち、原爆投下に携わったことに対する未曽有の恥と罪に、何があろうとも人生の間中向き合い続けることなどだれにもできないことである。誰も立ったことがないような倫理的な臨界点に立つ証言者の証言は、それが真実であったとしても、本人の口からであっても常に語ることができるものではないということだ。証言は、時と人を得て初めて語られうるものであり、その時と人を逸したならば、たとえ本人が存命であったとしても証言はなされない。

しかしでは逆に、その恥と罪の自覚に、イーザリーはどのようにしてたどり着いたのであろうか。

イーザリーがアンデルスにしまいまで告げなかったであろう事実が存在する。すなわち、イーザリーは太平洋戦争終結後すぐには除隊せず、一九四六年七月一日にビキニ環礁で行なわれた原爆実験に参加している。彼の搭乗するB29は原爆雲に突入せよ、という命令を受けてその通りに突入した。つまり、イーザリーその人も被爆者なのだという事実である。除隊後、イーザリーは最初の妻コンセッタが二度流産したことに対して軍を相手に損害賠償訴訟を起こしている。その後コンセッタとの間に二人の子が生まれた後は、提訴していない。

兄ジョーの証言によると、イーザリーは除隊後にジョン・ハーシーの著した『ヒロシマ』を熟読した。そこには、確かに放射性物質が生殖作用を侵し、男性は精子を失い、女性は流産し月経が止まると書かれている。[32]佐藤は、イーザリーがこれを見つけて恐怖に陥ったのだと推測する。[33]つまり、アンデルスが見出せなかったイーザリーの訴えの根底には、写真で突き付けられた被爆者の「炭のようになって水面をただよう死骸」ではなく、自身の生命への脅威への怯えがあったというのである。しかし、イーザリーが反核と平和をほんの一時訴えた背景に、まず自分自身が被ばくし健康を損ね、子どもを産むことができない体になってしまったのではないか、という恐れがあったとしても、だれがそれを責めることができようか。むしろ、自分自身の被ばくに対する恐れがイーザリーの心の土壌となって、一九四五年八月六日にその空の下にいた人々に初めて想いが至ったとするなら、イーザリーの訴えの説得力もはるかに強いものとなるのではないか。

アンデルスが言うように、核兵器や原発事故がもたらす被害は人間の有する通常の想像力を超えている。この想像力を超えた被害をわがこととして受け止めること（受け止め続けることなどは不可能である、とアンデルスが説いたことは前述のとおりである）は、どのようにしたらできるのだろうか。イーザリー自身は自分自身がまず大きな犠牲をこうむった、という実感を得て初めて、自分がその一員となって実行した組織の行為がもたらした途方もない被害に向き合えたのかもしれない。

福島第一原発事故においても、このような倫理的境地へと追い込まれたかもしれない人物がいる。震災当時、福島第一原子力発電所の所長であった吉田昌郎である。次に、この吉田所長について、ギュンター・アンデルスとクロード・イーザリーに関する考察を踏まえて検討してみたい。

2 吉田調書に関する考察

東日本大震災と福島第一原発事故による福島県内の被害は、数値で計上できる範囲に限っても甚大である。「福島民報」のウェブサイトにまとめられた資料によると、地震・津波による直接死は一六〇五人、避難の影響等で体調を崩し、亡くなった「関連死」は二〇二一年三月七日までの集計で二三三一人に上る。また、今なお福島県内外に避難し、元の住まいに戻れない避難民は二〇二三年二月の段階でも三万三三六五人を数えており、最多を記録した二〇一二年五月は、実に一六万四八六五人が元の住まいから避難していたという。[34]これら大勢の避難民を生む原因となったのが、原発苛酷事故であった。しかし国は、原発から放出された放射性物質が直接の原因となる疾患の存在を認めておらず、唯一「小児甲状腺がん検診」だけが、県民の不安を解消するためと称して実施されている。二〇二二年九月の段階で、小児甲状腺がん患者と診断された人数は実に三二六人に上る。通常は一〇〇万人に一、二名の発症率と言われているので、明らかに何らかの影響を蒙ったと考えられる。[35]だが、これらの集計にまとめられない、分類から漏れた被害に苦しんでいる被災者も当然いるはずである。

こうした未曽有の被害をもたらした福島第一原発事故の直接の原因は、東京電力による防潮堤建設をはじめとした津波対策のサボタージュにあったことは明らかである。事故当時、福島第一原子力発電所所長だった吉田昌郎は、苛酷事故以前の東京電力本店勤務時代に福島第一原発の津波対策の中心人物であり、そのサボタージュに積極的な役割を果たしたことが今日では分かっている。想像するに、吉田所長は原発事故の経験を通して、先のクロード・イーザリーと似た立場に追い込まれたのではないだろうか。右に挙げた避難民の数や小児甲状腺がん患者の数字はあくまで数字にすぎない。それだけでも大きな値なのだが、しかしその値の一つ一つには生命と生活への暴力が刻まれていることを忘れるべきでない。吉田所長が中心の一人となって下した企業判断により招き寄せてしまった住民の苦しみは吉田の死後、この十余年継続しているし、いつ終わるかわからない。アンデルスの考えに則るなら、この苦しみは人間の感覚と想像力の容量をはるかにしのいでしまっているはずのもので、たとえ吉田所長のような当の加害責任者であってさえもうまく認識することができないものであろう。

イーザリーと他の空軍パイロットたちやアメリカ合衆国政府の戦争遂行責任者たちが図らずも切り拓いてしまった新しい倫理の境地は、福島第一原発事故においてはどのように経験されたのだろうか。あるいは否認されたのだろうか。このことを検討するために、本節は政府事故調査委員会による吉田所長の六日間の聴取の記録に注目する。そのなかでも特に、吉田が所長に赴任する以前に二〇〇七年から東電本店で原子力設備管理部長を務めていた時代に、津波対策や、アクシデントマネジメントにどう取組んでいたかについて、徹底的に尋ねられている個所について検討する。

吉田はいずれの質問に対しても自身の論理をもって明瞭に回答している。しかし、そこから浮き彫りになってくる原子力を取扱う指針は、たとえばどのような災害や事故が起こったとしても、絶対に放射線を漏らしませんと国及び東京電力が地域住民、ひいては国民に対して行なっていた約束から帰結すると思われる指針とは、明らかに異なっているように見える。

第一部に収録した証言はいずれも、津波対策をしっかりやっていさえすれば被害ははるかに軽微であっただろうに、という憤りに貫かれている。まずそのことを明らかにする点で「吉田調書」は重要である。吉田は自らが中心となって進めた津波対策の失敗の詰め腹を、結果的にはいわば大自然に切らされた形となったが、そのことにより吉田が至ったであろう境地について、「吉田調書」に加え、元双葉町長の井戸川克隆が、国と東京電力を相手に起こしている裁判の原告陳述書のある記述を下敷きにして考察したい。その検討から恐らく、核兵器と核発電の用途と核分裂の速度のちがいを越えて、クロード・イーザリーの至った、全くそれまで人類にとって未知であった倫理的境地に準ずる何ものかが浮かび上がってくるはずである。

吉田所長の原子力技術に対する理解

まず、政府事故調査委員会による吉田昌郎東京電力福島第一原子力発電所所長（当時）に対するヒアリングの初回（二〇一一年七月二二日）、書き起こしのまさに冒頭に着目したい。ここで、質問者は吉田に「……原子力というと……ただの建設だとか、ただの土木だとか、一般的な土木とはちょっと違ったノウハウ、原子力に特化された知識、経験が必要になってくるということでよろしいんですか」と質問している。その質問に、次のように答えている。

「基本的には、例えば、機械工学、土木工学、建築工学、他の業界とそんなに変わらないと思います。知識だとかというところはですね。ただ、ややこしいのは、法体系だとか、それは極めて特殊なものですから。要するに、他の分野は、……電気事業法の範囲だけでお仕事ができるんですすけれども、原子炉の場合は規制法がありますものですから、原子炉等規制法と電気事業法、法律がダブルトラックになっている。そこのノウハウは、他と違いまして特殊なところがあると思います。ただ、基本的な理解としては、放射能が出る、出ないという議論は、原子核工学としての部分はありますけれども、技術的には、どの分野とも共通のところはもちろんあります。[36]」

ヒアリングはその後、吉田の東京電力に就職してからの職務経験を詳細に聞き出すのだが、そこで明らかになるのは、全国一〇の電力会社で組織された電気事業連合会（電事連）への出向期間なども含め、吉田はまさに東京電力の原子力発電事業の中核で働き続け、それゆえに事業全体を包括的かつ本質的に知りうる人物だったということである。その吉田の原子力発電に関する認識は、基本的に他の工学技術とそれほど変わらないというものであり、大きな違いは法体系の特殊性にあるとしている。業務における特殊性として、吉田は放射線よりもむしろ法体系を先に挙げていたことに注目したい。

東京電力の津波対策に対する評価

もっとも吉田の政府事故調における証言の内容自体について言えば、フリージャーナリストの添田孝史の調査報道や東電刑事訴訟などを通してその不合理性がつまびらかになっている。例えば次の吉田の発言がそうである。

「推本は波源を勝手に移動して、こんなところで起きたらどうだと言っているだけの話ですから、それを本当に色々な先生の支持を得られるかというと、色々聞いても、荒唐無稽と言ったらおかしいですけれども、そうおっしゃる人もたくさんいて。」[37]

ここで〝推本〟と略語で述べられているのは、文科省が事務局をもつ「地震調査研究推進本部」のことである。添田によると、〝推本〟とは大学や研究機関に所属する地震関連の専門家が集う審議会であり、そこで審議して報告書がまとめられているという。当推進本部は一九九五年に起きた阪神淡路大震災の前に、活断層の研究者が「神戸市周辺で大地震が発生する恐れがある」と報告書をまとめていたにもかかわらず、国や地域の防災政策に反映されていなかったことを反省して設置された。設立の経緯から明らかなように、地震に関連する調査や研究を収集・整理分析し、総合的な評価を行なうことがそのミッションの一つである。その評価は「長期評価」と総称されている。問題は、〝推本〟が二〇〇二年七月三一日に発表した「長期評価」にある。そこには、東北地方沖約二〇〇㎞に南北八〇〇㎞にわたって広がる日本海溝の全域のどこかで、津波地震（揺れが小さいのに津波が巨大になる地震）の発生が予測されると報告されていたのである。[38]

しかし吉田は先に引いたように、「長期評価」の科学的な根拠は薄弱であると考えていて、その見解はあの苛酷事故を想像をこえる途方もない仕方で経験した後もなお変わらなかった。他方、添田は「長期評価」が、原子力工学の技術者が業務遂行の根拠とするには到底足らない、あくまで一部の地震専門家による極端な仮説に過ぎないのかどうかについて、土木学会が行なったアンケート（二〇〇四年、二〇〇八年の二回）を参照しながら検討している。具体的には、日本海溝沿いの津波地震は、過去に発生例がある房総沖と三陸沖のみで発生する可能性があるか、それとも長期評価が言うように、三陸沖から房総沖まで日本海溝のどこでも発生する可能性があるか、という内容なのだが、二回のアンケートともに〝推本〟の「長期評価」を支持する、後者の支持の方が多かったという。[39] つまり、吉田が言うように「長期評価」を荒唐無稽なものとみなす専門家はむしろ少なく、科学的な説得力のあるものとして評価されていたのである。

繰り返しになるが、吉田は原子力工学の技術者が業務遂行の根拠とするだけの科学的正当性を、土木学会のみが与えることができ、〝推本〟にはそこまでの信頼性がないと考えていた。しかし、土木学会と東京電力との間には、利益相反に該当するような関係があった。すなわち、土木学会は津波想定方法を審議するために必要な経費の全額（約二億円）を電力会社に負担してもらっていたし、そもそも土木学会自体が東日本大震災後まで東電株を保有していたという。そのためか当時、土木学会で津波評価を担当していた松山昌史は、津波の想定方法が「事業者に受け入れられるものにしなくてはならなかった」と述べている。[40]

この利益相反ひとつをもってしても、吉田が主張するような土木学会が行なう津波評価の客観性は崩壊している。のみならずその土木学会の会員でさえも、〝推本〟の長期評価を支持する者が多かったのである。さらに吉田自身、土木学会のメンバーに東京電力の社員がいることを認めており、[41] これでは東京電力の事業推進に不利な結論は出しにくいことは想像に難くない。それどころか、後でも少し触れるが、群馬県に避難した被災者が国と東電を相手に訴えたいわゆる群馬訴訟の控訴審において、土木学会が日本海溝の福島県沖で津波が起こるかどうかの検討をしていないことが明らかになった。これも後で触れるが、国と東京電力はこれまで一貫して、〝津波は想定外だった、しかし〝推本〟は科学的な正当性が十分でない〟という主張を繰り返してきた。ところが、土木学会は福島県沖の津波波源の調査研究を単にしていなかっただけだったというのである。土木学会は福島県沖に津波地震を「想定しなかった」のではなく、福島県沖の津波地震についてまだ「調査研究をしていなかった」ということなのだ。[42]

以上のことを踏まえれば、〝推本〟の「長期評価」を真摯には受け止めず、さらに津波対策工事の設計と施工にあたって、土木学会による津波評価の確定を待つという東電の姿勢・方針は、結果的に東日本大震災発災まで無策でいたことの言い訳にすぎないことは明らかであろう。

津波対策における東京電力と吉田昌郎の基本指針

吉田調書の証言をさらに掘り下げる前に、科学技術政策や企業等による技術力行使に関連する「未然防止preventive principle」と「予防原則 precautionary principle」の考え方の違いをあらためて整理しておく。2章でも少し触れた未然防止原則とは、「危害の因果関係が科学的に証明されている要件や物質に関して、危害が起きないように未然に対策をとること」[43]を指している。一方、予防原則は大まかにいうと、「因果関係が科学的に完ぺきに証明されていなくても危害を防ぐ対策をとるという考え方」[44]を意味する。もっとも、さらに詳細に言えば、一九九二年に「環境と開発に関する国際連合会議」(地球サミット)で採択されたリオデジャネイロ宣言第一五原則にあるように、「科学的不確実性を予防的措置を延期する理由にしてはならない」という、いわゆる〝弱い〟予防原則と、例えば「人為的活動が人と環境に有害な脅威を生じさせるときは、たとえ因果関係が科学的に十分に証明されていなくても、予防的措置を取入れなくてはならない」というウィングスプレッド声明(一九九八年)に典型的な、いわゆる〝強い〟予防原則とに分けることができる。[45]〝弱い〟と〝強い〟の違いをもっと端的に表現すれば、〝弱い〟予防原則が、科学的不確実性を対策を取らぬことの言い訳にしてはならぬ、というレベルにとどまるのに対し、〝強い〟予防原則は、科学的確実性がなくとも予防措置を取らねばならぬと踏み込んでいるところにある。ちなみに、ウィングスプレッド宣言は、立証責任の転換を主張したところにもう一つの特徴がある。つまり、従来は被害者側が事業主体の行為が被害をもたらしていることを立証しない限り、事業主体の行為は無害かつ安全であるとみなされたのに対し、ウィングスプレッド宣言にあっては、事業主体が無害、もしくは安全であることを立証しない限り、有害であるとみなすべしとしたのである。[46]

添田は、東電の津波対策の怠りは「再来の恐れがわかった貞観津波」と、「日本海溝沿いの津波地震による津波」の二種類に対するものであって、東日本大震災はこの二種の津波を同時に生じさせたと考えられていると指摘する。[47] 東電刑事訴訟や、そのほかの民事訴訟の多くでは、こうした津波への対策を東京電力が怠っていたことの違法性が問われている。この問われているということ自体に関して、吉田所長へのヒアリングの時期がほとんどの訴訟の提訴前だったこともあり、吉田は言及していない。しかし吉田は、訴訟に関連する内容について、非常に明確な強い意見を持っていた。政府事故調の質問者が貞観地震（八六九年）が引き起こした津波に匹敵する津波への対策について尋ねたのに対し、吉田は次のように答えている。

「……ただ、貞観津波というのは、波源として宮城三陸沖の波源を考えているわけで、それが福島県沖に来るかどうかということは分かりません。だから、そこも含めて、これから福島県の福島第一、第二の評価をするときに、どういう考え方でやるのかということについて、土木学会でそこの基準を早くつくってくれという動きをしたいという話があったので、それはしてもらいなさいと言う形で出した記憶はあります。[48]」

ここに、吉田の論理の基本形が端的に表れている。すなわち、福島第一原発の従来の津波対策が十分か否かの評価は、学問的権威を有する土木学会が行なうというものである。

「……波源をこちらに〔宮城県沖ではなく福島県沖に〕置くとかそういうことは、いろんな仮定の話ですから、何がどういうスタンダードで評価するかわからないから、これは土木学会に頼みなさい。一方、それでもし厳しい評価が出たら、それなりの対応をしないといけません……。[49]」

そこで仮に、土木学会が従来の対策では防ぎきれない津波が来る可能性があると結論付けたなら、吉田は、津波対策を実行するとはっきり述べているのである。質問者が、土木学会の評価無しに東電は津波対策をしないのかと尋ねると、吉田は「津波対策等の設備改修をする際に必ず国に書類を提出しなければならないが、その書類は土木学会が定めたスタンダードに基づいて予想される津波高さ等が算出されたものでなければ、国が根拠ありと認めない」と主張した。その場合、例えば貞観津波と同じ程度の規模の津波地震が周期的に起こるとして、東北電力女川原発では新しい対策工事を実施するが、福島第一原発ではしないという結論がありうるのは、波源の位置により到達する津波の高さが異なるためである、とも言う。[50]

貞観津波の波源を福島県沖に移動させて計算することはできるが、吉田の主張によれば、それはあくまで仮説であり、根拠がないことになる。貞観津波の波源を福島沖へ動かして算出された津波の高さが、例えば一〇mを超えるという試算があった時に、土木学会の専門家が科学的に正当だと認めればそれが根拠となり、そのようにして書かれた書類に原子力安全保安院は納得するし、東京電力も資金を投じて工事する。そしてそれは、吉田や東京電力の独断、思い込みではなく、すべての電力会社に共通するルールであるという。[51]

つまり吉田は、原子力発電所の地震、津波に対する安全対策工事の実施は、未然防止原則によって統括されると考えていたのである。このままでは危険であると権威ある機関によりオーソライズされた事柄に対してだけ対策工事の支出が東電においても正当化されるし、その工事の必要性が国においても正当化される。こうしたルールに基づいて原子力発電事業全体が営まれており、したがって二〇一一年三月一一日にあったような巨大地震、巨大津波の発生可能性が土木学会により認定されていなかった以上、なぜ東電はそのことを考慮してこなかったのか、と問われるのは、「無礼千万」[52]とまで吉田は述べていた。

津波対策の社会的合理性に関する吉田の見解

吉田が主張する論理構成の特徴は、「未然防止」（予防原則ではない）に固く準拠しようする点の他にもう一つ、社会的合理性との相関の問題がある。ウルリヒ・ベックはリスク対策においては「科学的合理性」と「社会的合理性」の双方が問われると説いた。ここまで見てきたように、少なくとも吉田や組織としての東京電力は津波対策工事に関する「科学的合理性」を土木学会に依拠させていたが、吉田自身は津波対策における「社会的合理性」に関しても彼なりの見解を持っていた。

ところで、東電社内では先の〝推本〟の「長期評価」が全く無視されていたかと言えばそうではなく、添田によると、東電の津波想定担当者たちはむしろ、長期評価を重視しなければならないと考えていた。〝推本〟自体が国の設置した権威ある機関であり、先述した通り、当の土木学会のアンケートでも長期評価の見解を支持する考え方が多かったし、青森県下北半島の東通原発の設置許可申請には〝推本〟の見解が取入れられていた。〝推本〟の考えに基づき、日本海溝沿いの津波地震が福島第一原発にどのくらいの津波をもたらすか試算したところ、一〇m超と算出された。しかし、この値についての東電社内での報告検討会で、仮に一〇m超の津波を防ぐ防潮堤をつくったとしても、原発の両脇の地域がより高い津波を喰らうことになり、迷惑がかかるのではないか、と吉田が発言した結果、防潮堤をつくることに対し否定的になったということを、吉田自身は認めている。[53]

では東電内部で〝推本〟の言うことを津波対策に取入れることに肯定的であった人物がいたにもかかわらず、吉田はなぜこうまで〝推本〟に否定的だったのだろうか。

「……推本が決めているから、国と地方自治体の防災対策会議はちゃんと推本通りに動いているのか。動いていないではないですか。……推本が言っていたら、それに合わせて国と地方自治体が解析して、何mの津波が来るんだから、至急対応すべしと動いていますかというと、動いていないではないですか。[54]」

本当に一〇mを超える津波が来る。そう言うのであれば、ことは原発の安全性にとどまらない。国全体で、国民の生命と財産を守るべく対策を立てて遂行せねばならないではないか。しかし、国はとり立てて積極的にこの件について何かを遂行しているわけではない。ということは、大々的に津波対策をすることを認めるだけの社会的コンセンサスが〝推本〟の「長期評価」にはない、ということではないか。「科学的合理性」と同時に、国民が賛同する「社会的合理性」が〝推本〟にない限り、東京電力は従来用意してきた津波対策以上の費用を使うことができない、と吉田の主張を言い換えることができよう。

吉田は、津波対策について原子力発電所だけに特定して議論をする、ということに不満だったようである。さらには、日本で最も詳細な活断層の断面図が書かれているのは各原子力発電所の近辺だけで、それ以外のところの調査に関しては、気象庁も国土地理院も調査を実施しておらず、地震津波について国がどの程度真剣に考えているのか見えない（当然、地震津波対策の方向性に関する国民的コンセンサス自体もない）。そうである以上、先の話に戻るが、専門家集団である土木学会の評価を待とう、ということになるのだ、という。[55]とはいえ、先述のように土木学会と東京電力が利益相反の関係にあり、そのことが控えめに言っても土木学会の福島県沖の津波波源に関する未調査に影響している可能性が疑われる以上、東京電力の津波対策は「未然防止」の論理さえとっていなかったのではないかとの批判はまぬがれないであろう。

付け加えるなら、一九九五年から二〇一二年まで政府地震調査研究推進本部の長期評価部会長を務めた島崎邦彦は、内閣府防災担当が事務局を務める中央防災会議において、東北から関東に至る太平洋岸では三陸北部地震、津波を引き起こした明治三陸地震（明治二九年）、そして宮城県沖地震の三つだけ対策を立てればよいとし、福島第一原発沖で津波地震が起こる可能性を検討し対策を立てる必要を認めなかった、と述べている。[56]島崎はこうした対策の不備によって、上掲三つの地震によって予想される地域より南、すなわち岩手県三陸地方南部以南の宮城県や福島県でとりわけ多くの人が亡くなったと指摘する。[57] なぜそのようなことになったのかについて、島崎は以下のように述べている。

「原子力ムラが内閣府防災担当を使って、国の地震防災計画から福島県沖の津波地震を除かせたのだ。私はそう思っている。[58]」

島崎の考えが正しければ、国が「それ以外のところの調査」をやっていないのは、むしろ原発の事故対策が必要である、という結論が導かれるのを防ぐためであった。国がやっていないものを民間企業たる東京電力がやらねばならない筋はない、という吉田の抗弁は、東京電力と国とで連携して福島第一原発の津波対策の必要性を打ち消そうとしたということが本当であれば、説得力をまるで持ちえないと言えよう。

吉田の主張と法廷での闘い

ここまで吉田昌郎所長の弁明を「科学的合理性」と「社会的合理性」の二つの観点から抽出して検討してきた。もちろんこれらの弁明は様々な角度から批判し得るものである。利益相反の問題以外にも、そもそも津波対策を原発だけが言われるのは不公正だ、と言いたかったかのような吉田の主張は、他がやらなければ自分たちもやらなくてよい、という底の浅い、稚拙な主張に通じるものがあるようにも思える。他にも、先に触れたように、東京電力内部で〝推本〟の科学的合理性が不十分であるという意見に、必ずしも固いコンセンサスがあったわけではなかった。[59] 二〇〇八年九月一〇日に東電内部で行なわれた耐震バックチェック説明会では、「地震及び津波に関する学識経験者のこれまでの見解及び推本の知見を完全に否定することが難しいことを考慮すると、原状より大きな津波高を評価せざるを得ないと想定され、津波対策は不可避[60]」と記された書類が提出されている。バックチェックとは、二〇〇六年に「耐震設計審査指針」が改訂されたのを受けて、改訂前に建設された原発が安全かどうかをチェックする作業のことを指す。

添田は、東京電力が福島第一原発のバックチェックを遅らせようとしていたのではないかと推察している。なぜ遅らせるのかといえば、ほぼ間違いなく経費の問題である。吉田は六mを大きく超える津波を想定した場合に、津波対策の抜本的な見直しが必要になると判断していた。その際には対策工事費が一〇〇億円、もしくは一〇〇〇億円の桁になるだろうと予測していた。[61]二〇〇七年に中越沖地震が発生し、柏崎刈羽原発が損傷した影響で、東京電力は当時二八年ぶりに赤字決算に転落した。[62]さらに、柏崎刈羽原発の補修と改修に総計約四〇〇〇億円かかったという。[63]同時期に福島第一原発の津波対策工事を並行して行なうことは、企業経営の面からは大変な重荷であったと考えられる。そういうなかで、土木学会の結論如何によっては、津波対策の金額を減らすことが正当化できるかもしれなかったわけである。

しかし、二〇一七年の群馬訴訟の第一審で前橋地裁は、津波を予見して事故を防ぐことはできたと認め、国と東京電力に賠償を命じている。この裁判で東京電力は、たとえ一五・七mの津波を予測し対策していたにしても、津波による事故を防ぐことはできなかったと主張した。これに対して判決では、原発事故自体は外部から非常時に電力を供給する系統につながる配電盤が水をかぶって故障したせいで生じたのだから、非常用電源並びに配電盤を高いところにあらかじめ移設しておけばよかったとし、津波からの完全防御が不可能であるが故に事故は不可避だったという被告東京電力の訴えを認めなかった。[64]

ちなみに、こうした吉田の主張は、東京電力が自社ホームページに掲げている「今回の津波は、それまでの知見では想定できない大規模なものでした」という文書の内容とほぼ同一である。[65]この一〇年来の原発事故に関連する訴訟では、東電や国はこうした論旨でもって原告である被災者と裁判で繰り返し闘ってきている。

本書では、これ以上の個別の論点における吉田の主張の不合理や矛盾点を解析して指摘することはしない。しかし、吉田調書に戻って奇異な点を一つだけ指摘しておきたい。それは、放射性物質をエネルギー資源として使っていながら、人体の生命や健康に放射線が与える影響に関する考慮がほとんど見られないという点である。むしろ、吉田は大規模プラントと同じように原子力発電所をとらえていたように読める。プラントエンジニアとして、法規をはじめとする諸条件に則っていかに上手に運営するか、つまり、東京電力の予算の許す枠内で、関連法規、規制官庁、土木学会、地元自治体対応等、原発運営に欠かせない関係各所の指示や要望を満たしていくところに職業上の使命を見ていた。吉田はその使命を正しく遂行すれば、よもや放射線源が発電所敷地外に放出されることはないと考えていた。一五ｍの津波、全電源喪失をもたらすような津波は来ないと考えていたのである。[◉66]

核技術が引き起こす悪――未然防止から予防原則へ

しかし、原発事故によって吉田は、大規模だが一般的なプラントが事故を起こした場合の責任者とは全く異質の境地へと飲み込まれてしまったと思われる節がある。政府事故調査委員会ヒアリングの証言のなかには、苛酷事故を身をもって体験してもなお、鉄壁の論理で「未然防止」に基づく対策の正当性を主張してきた吉田当人が、自らの限界を告白している個所がある。

「最近の地質、地震学のものは、いろんなところで今までの定説を覆しているところが結構あるわけです。だから、マグニチュード九は来ないと言ったのが、今回来たわけです。来ないというか、だれも言っていなかったのに来たんですけれども、個人的に言うと、基準をこれからどうやって決めていっていいのか分からないようになっているというのが、私の正直な気持ちです。[◉67]」

ここには、大規模だが一般的なプラント事故に伴う責任とは全く異質な境地に飲み込まれた吉田の想いが語られている。

吉田が中心になって東電社内で津波対策を検討している間、マグニチュード九という巨大地震が来ること、また東日本大震災のように、三つのプレートがほぼ同時に動くことを、例え貞観津波クラスの津波が福島県沖で生じる可能性を否定できないと述べた学者でさえ、だれ一人として発言していなかった。[68] しかし、結果として吉田は津波対策を間違えたのであり、その間違いが生んだ結果の法外さに、吉田は確かに途方に暮れる他なかったのである。

井戸川克隆前双葉町長は吉田所長との関わりについて自らの裁判の陳述書に次のように記しているが、その吉田評は手厳しい。「吉田は話し上手」だったが、自分は「騙されていた」、「津波対策先延ばしの張本人が吉田と武藤（栄）氏だったことがわかった」と裏切られた憤りを隠さない。さらに井戸川は、地震と津波により全電源喪失状態に陥った原発の事故対応において、吉田は実質的には何一つできなかったのではないか、事故は吉田の指揮命令によって何かが食い止められたわけでもなく、「自然の赴くままの経過」だったのではないか、と見ているという。しかしそうであっても、事故前の福島第一原発所長の吉田と、町長就任以前に長年にわたり水道工事会社を自営しエンジニアリングを生業としてきた井戸川は、人間同士通じ合うものがあったらしい。事故前は金品のやり取りをしない公平な付き合いを互いに徹底し、退職後も付き合いを続けたいと話していたという。

原発事故後、「顔を合せられない、申し訳ない」と東電社員を通じて吉田から井戸川に対して謝罪があり、吉田の奥さんからも謝罪の手紙が届いたという。[69] 政府事故調の聞取りの際には、調査自体が責任追及ではなく、事故の原因の解明と教訓の剔抉を目指していたせいもあってか、吉田は自分の罪の意識をことさらに慨嘆したりしていない。しかし陳述書に記されている内容からは、井戸川に対して謝罪の一言を伝えてしまうほどの強い罪責感情が見てとれる。そうした罪責感情を抱くのも、事故の規模と性質に鑑みれば当然と言えよう。だが、東京電力の論理からすれば、津波対策の先送りはコスト－ベネフィットの最適バランスを確保すべく行なわれたことで、企業内技術者として優秀な選択だったと評価されたと考えられる。その選択は立地地域に対する悪意のゆえとは考えにくいし、ひいては人間一般に対する憎しみのゆえの選択などではなかったはずである。

いや、吉田の選択は、日本全国の多くの技術者にとってむしろ真っ当で正当な選択なのかもしれない。つまり、職業上真っ当と考えられてきた選択そのものが放射性物質の飛散と被ばくをもたらしたのであって、その選択と選択がもたらした結果の間の途方もない飛躍によって、吉田はクロード・イーザリーが陥った心的状況と類比可能な、核技術の実用化以前には全く未知の領域であった倫理的境地へと追い込まれたと考えられる。少なくとも、イーザリーとともに原爆投下に携わった他のパイロットたちのように、自らの罪を認めずに全て否定しきることはできなかったと思われる。

吉田所長のみならず、今後我々一人ひとりが、巨大化した科学技術が引き起こすこの新たな悪の構造に陥らないようにするためには、この選択と結果の間の途方もない飛躍を防ぐことを考えねばならない。アンデルスがイーザリーに書き送った書簡から読み取れたように、吉田が東電という組織を代表して堅持した「未然防止」原則は、科学者や技術者等の選択と結果の間の目もくらむような乖離に目をつぶろうとする原則であった。

私たちは、放射線が生体内の原子結合力をはるかに上回るエネルギーで生命を生命たらしめる源を切断する以上、原子力エネルギーは生命そのものと直接対立する力を有するということを自らの想像力に組み入れるしかない。アンデルスの言葉を敷衍すれば、「未然防止」ではなく「予防原則」に則ることが倫理的に正しい行為であると分かる。原子力工学技術者としてどれだけ優秀であったにせよ、原子力発電が他のプラントエンジニアリングと抜本的に本質が異なる、という認識が吉田所長に無かったと言ったら暴論だとしても、やはり結果的に足りなかったし、東京電力の組織にはそういった認識が今なお共有されていないと考えられる。では、

「予防原則」に則った場合、原発の運転はどうなるのだろうか。継続可能だろうか。それとも、予防原則は即脱原発ということになるだろうか。この点についてさらに考えを深めてみることにしたい。

3　予防原則の倫理学――J・アルドレッドからH・ヨナスへ

原子力発電は、核分裂をコントロールする技術がその中心にある。核分裂によって生じるエネルギーが生命《いのち》の最小単位である超ミクロの原子間の結合そのものを破壊するということを鑑みれば、未然防止の論理に基づいて原子力発電のリスクに対処しようとすることは適切ではない。また未然防止の論理に基づく津波対策が土木学会と利益相反の関係で結びついて津波対策が先送りされた可能性に関しては前節で論じた。土木学会とのこの結びつきが事実であるなら、吉田、ひいては東電の未然防止的な津波対処の方針はいよいよ金銭的コストのみを念頭に置いた、安全対策の全くのサボタージュに成り下がる。それを踏まえれば、なおさら原子力発電のリスクは「予防原則」に則って対処すべし、ということになる。アンデルスはイーザリーとの文通当時予防原則という言葉を知らなかった。けれども技術を介した生産力が人間の想像力（企画力とも言い換えられるかもしれない）を凌駕してしまった時代の新しい倫理として、アンデルスは予防原則的な考え方の重要性について気づいていた。では、原子力が実用化されてしまった今日、予防原則はどのように適用、運用するのが倫理的に正しいのだろうか。アンデルスの洞察を具体的なリスク－コスト－ベネフィットのバランスをとる技術利用や政策決定と、どのように結びつけることができるのか、またどのように結びつけるべきなのだろうか。この問題について、イギリスの経済倫理学者ジョナサン・アルドレッドの小論を手掛かりに、考えてみよう。

費用便益分析と予防原則の関係性について――アルドレッドによる予防原則に関する倫理学的考察　その1

前節では吉田調書を「未然防止」と「予防原則」との関係という観点から検討してきたが、アルドレッドは、予防原則について、費用便益分析をはじめとするリスク・アセスメント手法との対比で論じている。[70] 他方、吉田は福島第一原発の津波対策を常に費用（コスト）問題との連関において考えていた。吉田は原発事故対策として、一〇〇億円ないし一〇〇〇億円のオーダーの支出が予想される場合、経営陣が支出に納得する科学的根拠に加え、いざという時に効果があることが示されねばならないと考えていた。

ここで、リオ宣言第一五原則の条文を再度見ながら、予防原則とコストの相関について考えてみる。

「環境を保護するため、予防的方策は、各国により、その能力に応じて広く適用されなければならない。深刻な、あるいは不可逆的な被害のおそれがある場合には、完全な科学的確実性の欠如が、環境悪化を防止するための費用対効果の大きい対策を延期する理由として使われてはならない。[71]」

吉田の津波対策に対する（よく言えば）慎重さは、一つには完全な科学的確実性（土木学会の評価によって）を獲得しない限り、対策費用を執行できないと考えるところにあった。これを言い換えるならば、福島県沖で津波が科学的に明快なメカニズムで発生する確率が一定以上あり、それを防ぐために一定の対策を講じれば原発の被害を防ぐことができる、という明確な科学的根拠に基づいて費用便益分析を算出することが津波対策実施の条件であった。

アルドレッドは小論の前半で予防原則と費用便益分析をはじめとするリスク・アセスメント手法を対比させて論じている。すなわち客観的確率が全てわかっている場合には、費用便益分析に基づいてリスク対策を講じるのが妥当と考えている。しかし、客観的確率が分からない部分があり、不確実性、あるいは無知の可能性をぬぐえない場合は、予防原則が適用されるという図式で論を進める。[72] ここでいう不確実性とは、起こりうる事象は分かっているが、確率が不明である事態を指す。また、無知とは、起こりうる事象そのものが分かっていないということを指す。さらに、「二次的な不確実性 second-order uncertainty」についても言及がある。すなわち、危害を引き起こしうる事象について、私たちはどの程度知っているか、言い換えれば「不確実性」と「無知」の境界線がどこに引けるかが明確に分からないことを「二次的な不確実性」と記している。[73]

環境問題に不可避的につきまとう不確実性が、当該問題の全てに及んでいるとは限らず、ある部分に関しては科学的な確実性があり、科学的根拠のある確率が算出されている場合もある。アルドレッドの出している事例に即して言えば、気候変動には不確実性が伴っているにもかかわらず、将来の気温上昇を予測することは可能だし、その予測は政策立案、判断の役に立つ。全体の問題状況のなかで、〝これだけは科学的に確実〟と言える部分について確率が算出されていることもあるからだ。[74] 福島第一原発の苛酷事故についても、科学的に確実と言える部分だけで、津波対策の根拠を得ることはできたかもしれない。もっとも、科学的に確実であると言えるかどうかの検証そのものをまさに先送りしたのが、吉田を中心とした東京電力の担当者たちだったことは、前節で確認したとおりである。

だからといって、費用便益分析をはじめとするリスク－コスト－ベネフィット手法のみで不確実性や無知の状況に対処しようとすることに対しては多くの経済学者が反対している、とアルドレッドは指摘する。いわく「現実問題として、そうした手法を用いた政策立案は当然のごとくなされているが、その際に、考えられる帰結全ての確率を算出せよというプレッシャーがかかり、さらにそのプレッシャーによって、実際の政策判断の場において、リスクの過大評価や過小評価が生じることがある」[75]と述べる。

では、どうしたらよいのだろうか。アルドレッドは、費用便益分析をはじめとするリスク－コスト－ベネフィット手法に予防原則をとりこむことに反対する。その取込みは上手くいかないとアルドレッドは考えている。というのも、費用便益分析をはじめとする通常のリスク分析手法は、あくまで科学的な知見を増やすことを前提にして不確実性を減らすことを目指しているからである。例えば、前節で吉田所長が言っていることはまさにそうであった。〝推本〟の「長期評価」を学者の戯言扱いしたのは、福島県沖の日本海溝に津波波源を想定しているだけで、科学的な根拠に基づく正確な確率も与えられていないと見なしたからであった。もし仮に、土木学会がそういった確率を算出し、それが一定程度以上高かったら、防潮堤をはじめとする津波対策工事もやむを得ないというのが吉田のスタンスであった。しかし、アルドレッドは他の研究者の論文を引用しながら、科学的な知見を増やしても、不確実性が減少することにつながるとは限らないと記している。考えてみれば、仮に土木学会が東日本大震災の前に福島県沖の津波波源に関する評価に取組んだとしても、むしろ多様な可能性が見出され、「未然防止」に固執していた吉田や東京電力が津波対策の根拠とするに足る一つの確実な結論に到達しなかったことは充分に考えられるのである。以上からも明らかなように、通常のリスク分析手法と予防原則とは本質的な違いがあり、予防原則をリスク－ベネフィット方式に包摂しようとしてもうまくゆかないのである。

かといって予防原則によって従来使われているリスク分析手法を全否定して駆逐すべきか、と言えばアルドレッドはそこまで過激ではない。アルドレッドはあくまで通常のリスク分析手法でフォローし切れない部分を補完するものとして、「予防原則」を位置付けているのである。[76]

予防原則一般の性質の解明──アルドレッドによる予防原則に関する倫理学的考察　その2

予防原則は「リオ宣言」だけでなく、様々な形で定式化されている。アルドレッドの記述に従って、これまで取上げなかったものを例示してみよう。たとえばラッフェンスベルガーとティチナーによる定式は次の通りである。

「活動が人間の健康や環境に危害を及ぼすような脅威を引き起こす場合、因果関係が科学的に完全に確立されていなくても、予防措置をとるべきである。」(Raffensberger and Tickner, 1999)

また、欧州環境庁は次のような定式を発表した。

「予防原則は、科学的複雑性、不確実性および無知の状況における公共政策活動の正当性を示すものである。科学的に適切な強度のある証拠を用いて、そしてまた行動や不作為それぞれに応じた適切な賛否両論を考慮に入れて、健康または環境に対する潜在的に深刻、あるいは不可逆的な脅威を回避または軽減するために行動する必要がある。」(欧州環境庁、二〇一三年[77])

先に引用した「リオ宣言」第一五原則も含め、予防原則の考え方に共通する要素を抽出してみよう。まず、「完全な科学的確実性の欠如」(リオ宣言)、「因果関係が科学的に完全に確立されていなくても……」(ラッフェンスベルガー&ティチナー)、「不確実性及び無知の状況……」(欧州環境庁)という箇所から、改めて「不確実性」が予防原則の構成要素であると同時に、適用の際の条件であることが確認できる。

次に、「深刻な、あるいは不可逆的な被害の恐れ」(リオ宣言)、「人間の健康や環境に危害harmを及ぼすような脅威」(ラッフェンスベルガー&ティチナー)、「健康または環境に対する潜在的に深刻、あるいは不可逆的な脅威」(欧州環境庁)の指摘があるが、アルドレッドはこれらを包括して「特定の脅威」(つまり、人間の健康や、環境に対する深刻あるいは不可逆的な危害の脅威)と総称する。[78]この「特定の脅威」も予防原則の構成要素として取出しうるし、予防原則の適用条件にも位置付けられる。

加えて、そもそも予防原則は最悪の事態を回避するための原則であることを確認しておく必要がある。例えば、気候変動の倫理学の研究で知られるアメリカの倫理学者ステファン・ガーディナーは、現実的に考えうる最悪の諸帰結を比較し、そのなかでも最もマシな最悪の帰結を選択(つまり、最悪の選択のなかで一番大きい利益が得られる選択。これを「マキシミン選択」という。例えば津波地震による原子力発電所の全電源喪失を防ぐために、費用を度外視して防潮堤を造設するだとか、廃炉にするなど）することが予防原則の本質であるとしているが、アルドレッドはこの考え方を導入する。以上の要素を考慮しながら、アルドレッドは予防原則の適用条件を以下の三つにまとめている。

「現実的かつ可能な帰結のみを考慮した場合に、

（ア）帰結が不確実であり

（イ）受け入れられない特定の脅威があり

（ウ）ある選択から得られる利益が、数ある最悪の帰結のなかから最もマシな最悪の帰結を回避する選択から得られる利益と比べて小さいなら、意思決定者は後者、すなわちマキシミン選択をする必要がある。」[79]

原発事故に即して、本書第一部の「証言」で述べられている様々な被害のどれをとっても、予防原則の適用を正当化するだけの「受け入れられない特定の脅威」に該当するということを、直観的に理解するのは容易であろう。吉田や東京電力元経営陣の責任を問う東電刑事裁判（二〇二三年九月に最高裁に上告）で被告の席にいる武藤栄、武黒一郎、そして勝俣恒久の各氏ら責任ある立場にあった者が、諸被害の一つ一つを避けるために、金銭的コストを度外視して（原発は国策でもある）津波対策を講じていたならば、被害はあったとしてもずっと軽微であったろう。

こうした直観を支える倫理的理念として、アルドレッドは「共約不可能性 incommensurability」を挙げる。「共約不可能性」とは、例えばある予測される結果Aが他の結果Bと共通の価値尺度で比較できない場合、AとBは共約不可能の関係にある、とされる。留意したいのは、共約不可能性は比較不可能性と全く同一ということではない、ということである。例えば、津波地震で家屋が流されるという被害と、津波に流されて亡くなるという被害を比較して、後者の方がもっと悪い（被害が大きい）、と見なすことは可能である。しかし、家屋の流出と死亡とを共通の尺度で比較し、死亡は家屋の流出に比べて〝どの程度〟悪いかを言うことはできない。これが共約不可能性である。言い換えれば、結果Aと結果Bとをトレードオフの関係に置くことができない場合、両者は共約不可能となるのである。[80]

それでは、予防原則は右記の三つの適用条件をすべて満たさねば、適用が正当化されないのだろうか。そのことについて、アルドレッドの思考実験を参考にしながら考えてみよう。[81]

予測α1：ある環境被害により、六〇〇人または四〇〇人のいずれかが死ぬが、確率は不明である。

予測α2：同じくある環境被害により、七〇〇人または三〇〇人のいずれかが死ぬが、確率は不明である。

この予測シナリオα（三つ目の予測が成し得ないものと仮定する）においては、どちらも人間の死を予測しており、受け入れられない。一方で、選択肢双方において状況の確率が算出されておらず、強い不確実性が存在する。この場合、諸々の最悪のなかから一番マシな選択肢を選ぶという方針の下、まずはα2にならないように対策をとっていくことを正当化することは理解できないわけではない。これがマキシミン選択である。

予測β1：六〇〇人が九〇％の確率で首から下が麻痺し、四〇〇人が確率一〇％で首から下が麻痺する。

予測β2：六〇〇人または二〇〇人のいずれか死ぬが、確率は不明である。

こちらの予測シナリオβには、共約不可能性が存在する。β2の方がよりひどい、とは言えるが、β2をβ1と同じ尺度で評価できない。ゆえに、β2を防ぐ対策を先に実行する方が倫理的にまだ納得できる。

予測γ1：六〇〇人が九〇％の確率で首から下が麻痺し、四〇〇人が一〇％の確率で首から下が麻痺する。

予測γ2：六〇〇人が七〇％の確率で死亡する。二〇〇人が三〇％の確率で死亡する。

予測シナリオγには不確実性がなく、すべて客観的確率が与えられている。しかし、γ1とγ2の間には明らかに共約不可能性が存在する。この場合、$\gamma 1$の対策に優先して先に$\gamma 2$を防ぐ対策をとることが倫理的に正当と考えられる。

これらのシナリオから浮かび上がってくるのは、予防原則を適用する際に、不確実性と受け入れられない特定の脅威があるという両方を必ず満たさねばならないというわけではない、ということだ。アルドレッドいわく、マキシミン選択を正当化する際に、不確実性が強ければ強いほど共約不可能性の必要度が低くなり、逆に共約不可能性が強ければ強いほど、不確実性の必要度が低くなる。しかし、アルドレッドのいうごとく、予防原則に潜在する性質を明らかにし、これを予防原則の運用の際に参照するにしても、これだけで予防原則を倫理的に正当に運用することが常に可能になる、というわけではない。では、どのようなことに留意する必要があるか、さらに考察を進めてみよう。

予防原則の実際の倫理的な運用——アルドレッドによる予防原則に関する倫理学的考察　その3

予防原則の実際の適用について、実はアルドレッドはもう一つシナリオを提示して検討している。これをシナリオδとする。

予測$\delta 1$：六〇〇人が九〇％の確率で死亡するし、四〇〇人が一〇％の確率で死亡する。

予測$\delta 2$：七〇〇人または三〇〇人のいずれかが死ぬが、確率は不明である。

まず、両者の間には共約不可能性はない。端的にどちらも受け入れがたい。次に、シナリオαと異なり、$\delta 1$を選び死亡者の最大予測を回避したとしても、六〇〇人が亡くなる確率が九〇％である。$\delta 2$において三〇〇人で死亡者をとどめられる確率が一〇％未満と判明しているなら、$\delta 1$を選択する正当性はあるかもしれないが、そうでない限り、$\delta 2$と$\delta 1$を比べて$\delta 1$を選ぶほうが倫理的に正当であるとは言い難い。[82]

アルドレッドはこのシナリオδにおいて、予防原則が倫理的に正当化されないケースがありうるということしか述べていないが、ここではもう少し考察を深めたい。実際に予防原則に則った実践が取りざたされる状況では、どのような事態が予測されるだろうか。様々にシミュレーションを重ねていくことになるだろうが、その際に、まさにこのシナリオδのような隘路に陥らないように事前に対策を講じておくことが重要だ、ということになる。つまり、予防原則が最も必要とされる深刻な事態において、肝心の予防原則の適用が正当化し切れない、という状況をできる限り先んじて予測し、そのような状況に陥らない対策が求められるということである。

また、シナリオαからδまで、いずれも二者択一の思考実験であるが、実際の予防原則適用の場面はこうした二者択一であることはないし、むしろ、様々な状況を想定した多数の選択肢のなかから慎重に吟味して選択されてゆくことになると思われる。そこであらためて問題になってくるのが、「無知」の問題である。「無知」とは予防原則の適用が問題となる状況で、起こり得るであろう状況が全て予測されているわけではないことを指すが、「無知」は、先に「二次的な不確実性」という語について述べたように、自分たちの予測がどの程度にまで及んでいて、何が未知なのか、その境目が分かっているわけでもない状況に典型的に現れる。では、そのような予測されていない状況に対して、どのように対策を立てたらよいのだろうか。

欧州連合が二〇〇七年からＥＵ加盟国域内で施行している人工化学物質に関するＲＥＡＣＨ規制（化学物質の登録・評価・認可および制限）では、ＥＵ域内で一定量以上の人工化学物質を製造、輸入している事業者に対して、その物質の危険度に応じた届け出を義務付けている。物質の危険度に応じて届け出の内容項目は異なっていて、基本的に届け出をする側、事業者側に無害性の立証を義務付けているところに特徴がある（届け出がなければ製造、輸入ができない）。さらにそのなかでも「認可」のランクに属する物質は、人体への有害性の観点から工業利用が禁じられているが、事業者からの申請があった場合、欧州化学品庁の審査に合格したうえで、申請した際の用途に限って使用を認められる。この「認可」のランクに、ＰＯＰｓ（残留性有機汚染物質）やＰＢＴｓ（難分解性・生体蓄積性・有毒性物質）などに加えて、ｖＰｖＢｓ（高難分解性・高蓄積性物質）が位置付けられている。すなわち、現状の科学的知見において有害性は確認されていないものの、生体内から排出されにくく、体内にとどまり続ける物質のことなのだが、これが万が一後から有害であることが判明した場合に、その判明した時点ですでにとりかえしがつかないことになってしまうことも考えられる。そこでＲＥＡＣＨ規制は有害性が確認されている物質に加え、有害性については未だ判明していないが、有害だった場合にとりかえしがつかないこのｖＰｖＢｓまで含めてあらかじめ有害指定し、どうしてもこの物質でないと有益な工業製品が製造できないという証明がきちんとできている場合に限り（もちろん人体や環境に危害を与えないように管理ができていることの証明も必要）使用を認可するというシステムを構築して、化学物質に関する無知に対応しているのである[83]。

　これはいわゆる〝強い〟予防原則の大規模な実践だが、原子力発電所の津波対策に関してもこの原則は適用可能である。すなわち、これまで日本海溝の福島県沖で大きな津波地震が起きたことが無く、可能性すら不明瞭だったとしても、日本海溝の他の地域では起こっている以上、福島県沖で地震が起こってからではとりかえしがつかなくなる。ゆえに、津波地震の可能性があるかどうかすらわからないという状況であったとしても、仮に原発の稼働を継続するのであれば、厳密な無害性の立証が出来なければ〝危険〟とみなし、防潮堤の造設等をしない限り無期限停止、もしくは廃炉の指示が下されるべきということになる。

　もっとも、原発の津波対策に関して、無知と不確実性の間（あわい）に着目した対策が全く発想されなかった訳ではなかった。たびたび取上げてきた〝推本〟の「長期評価」発表以前、一九九八年にいわゆる「七省庁手引き[84]」がまとめられ、各自治体に配布されているが、そこに〝強い〟予防原則の考え方が採用されている。添田孝史によると、この手引きがまとめられたきっかけは一九九三年七月に発生した北海道南西沖地震であった。当時最も大きな被害の出た北海道奥尻島では、歴史上記録されているなかで最も大きい津波、つまり奥尻島の場合は一九八三年の日本海中部地震の津波を基にした対策として、高さ四・五mの防潮堤を備えていた。しかし、北海道南西沖地震ではこの防潮堤をさらに四m以上超える津波が襲いかかった。[85]

「七省庁手引き」本文を参照すると、従来は過去に当該沿岸地域で発生した津波のなかで最大のもの（既往最大津波と称する）を想定し、これを防げる程度の対策が基本とされてきた。これに対して、現在の研究水準において津波地震の発生可能性があると指摘される地域については、現時点での知見で想定できる最大規模の地震津波を検討し、既往最大の津波と比較し、予想される水位のより高い方がもたらしうる被害を防げる対策をしなければならないと記されている。[86]

つまり「長期評価」の場合と同じく、過去にその地点では発生したことがないくらい大きな津波だったとしても、地質学その他の研究により、その地点で既往最大を上回る津波が発生する可能性があるとされたなら、対策をしなければならない、というものである。添田によると、福島県沖で延宝房総沖地震（一六七七年）クラスの地震が起き得るという想定の下、福島第一原発の津波の高さを算出したところ、八・六mになることが電気事業連合会の資料に残されていたという。さらに、国土庁はこの手引きにのっとり、やはり八mを超える津波が福島第一原発に襲来すると予測していた。一方で、電事連は「七省庁手引き」を原案の段階で入手し、「常に安全側の発想から対象津波を設定することが望ましい」という文言から、「常に安全側の発想から」という部分を削除するよう要請していたということも明らかになっている。[87]

ここまで、人工化学物質規制並びに津波地震対策における〝強い〟予防原則的な取組みを検討してみた。この二つの事例の検討から、健康被害が想定されるけれども確率を算出するには至っていない不確実性、さらには健康被害が生じること自体が不明であるという不確実性と無知のあわいの問題、さらには当該地域でそれほど大きな津波が起きるかどうかはその時点では他地点との比較から類推することしかできないという不確実性と無知のあわいを見据えた対策の必要性を考えることができる。こうした先例を参考にして、不確実性と無知を見据えて、予防原則そのものを正当化できないほどの最悪の選択肢しか残らない状況とは何かを見極め、それを先んじて回避するような政策立案が求められるのではないだろうか。

さて、先に予防原則と費用便益分析をはじめとするリスク・アセスメント手法との関係について、アルドレッドの考察を引用した。つまり、予防原則は諸条件の共約不可能性を否定する一切のリスク・アセスメント手法を否定し克服するのではなく、むしろリスク・アセスメント手法の適用が不適切な面に関して、それを補完する関係として想定されていた。共約不可能性と不確実性（と無知）の存在（どちらか一方でもよい）が、予防原則の出動を示唆していることを、ここであらためて確認しておく。原子力発電においては、チェルノブイリ原発事故、そして福島第一原発事故によって、苛酷事故の影響の共約不可能性と不確実性が際限なく明らかになり続けているのだから、まず原発再稼働、運用に関しては廃炉を前提にした限りなく厳しい規制が必要である。また、原発事故後の被災者の生活に関しても、その地の住民が帰還することを望む、ということを所与の前提として、被ばくリスクを軽視することは許されない。低線量被ばくに関して予防原則を適用するなら、被災者であれ誰であれ、年間追加被ばく一mSvが全国民に通用する基準として実効的に運用されねばならない。低線量被ばく地域（そのように書いたり発言したりすることがためらわれるようなことも避けねばならない）でそれでも住み続ける、帰還する人々に対しては、ウクライナをはじめとするチェルノブイリ法に準じたような保養の実施や、甲状腺がんに対してだけでなく、被ばくに起因すると考えられる諸症状に対してさらなる良質の医療の提供が望まれる。

こうした施策の実施を阻んでいるのは、やはり第一部の井戸川克隆の証言で強調されている、原子力災害対策特別措置法二三条（原子力災害合同対策協議会への地元市町村の参加）の不履行ではないだろうか。この原災法二三条違反は、二〇二四年現在においても全く解消されていない。つまり立地や周辺自治体が原発事故対応をめぐる政策決定に直接関与することができるようになっていない。言い換えれば、自治体を通して住民が原発事故対策行政に関わることができていない。もし関わることができていれば、当然のこととして原発事故対策行政の住民に対する積極的な情報公開が要請されてくる。予防原則に関する「ウィングスプレッド宣言」（一九九八年）の末尾には、次の通りに書かれている。

「予防原則の実現プロセスは公開された民主的なものでなければならず、また、影響を受ける可能性のある関係者のすべてが参加していなければならない。活動自体の取りやめを含む、あらゆる代替策の検討も必要である。[88]」

重要なこととは、このウィングスプレッド宣言に即した形で、予防原則に則った施策が実施されているかどうかの監視や、そのような施策を策定し施行する要請ができるようにすることである。その監視や要請、あるいは行政との話し合いができるようになれば、生命や健康と経済を同じ尺度で比較して共約不可能性をないがしろにしていないか、不確実性や無知について正しく情報提供がなされているかのチェックが可能となるのではないか。こうした情報公開と、行政の意思決定への住民の参加は、予防原則に則った施策の適切な施行をうながし、それがきちんと施行されているという住民の納得の上で、さらにその他のリスク・アセスメント手法とのそのつどの適切な組み合わせに関する議論も進むことになるだろう。

予防原則の倫理学的正当性について

最後に、ここで残る問題は、右記の政策転換を方向付ける予防原則の倫理学的根拠とは何か、ということである。根拠を提示しない限り、経済的合理性によるリスク－ベネフィット分析を根拠とする生命の軽視に対して正統性を主張することはできないと考えられる。ジョナサン・アルドレッドは、予防原則の倫理学的な根拠として、「持続可能性」を自身の小論の最後の段落で半ば唐突に挙げている。持続可能性といっても、経済成長の持続可能性と言ってしまったら、むしろ東京電力が福島県その他に対してむき出しにした企業論理こそが正しいということになりかねない。もちろん、アルドレッドはそのような話をしたかったのではないのだろうが、小論では「持続可能性」という語で何を語ろうとするのか論じないまま終わっている。[89]

一方で、本書ではとりわけ2章の「正義」の節における「環境正義の原理」の検討において、人間が自然との関係において「生きている」という事実を踏まえた考察がＩＣＲＰの論理を超えるために必要だと記した。予防原則を倫理的に根拠づける「持続可能性」は、人間と自然との適切な関係の持続を希求するものでなくてはならない。これまで、本書で一貫して問題としてきたのは、加藤尚武の環境倫理学、ＩＣＲＰの放射線防護体系、そして日本政府の二〇一一年以来の原発事故に関わる政策のいずれもが、被災者はいうに及ばず人間の主体性を十全に尊重しないまま対策を講じようとするところにあった。「持続可能性」の内実を探究することを通して、福島第一原発苛酷事故がはらむ困難な課題を少しでも解消すべく、次章では「科学技術文明の倫理学」という副題をもつハンス・ヨナス著『責任という原理』をテキストに論及を深めることにしたい。

◉3章註

1　もっとも、ヨナス自身の記述は技術の軍事的利用や事故による被害のことだけに限られるものではなく、技術の力が大きくなること自体により、たとえ善い意図をもって技術利用がなされたとしても、その影響の最終的な帰結が悪いものとなる、というさらに広い意味を持っている。もちろん、そのような力のコントロールに失敗して事故を起こすなら、その影響はなおのこと見定めることが困難なものとなる。vgl., Hans Jonas, *Technik, Medizin und Ethik*, Frankfurt am Main, 1984, S. 53f.

2　イーザリー自身、犯罪に手を染めた理由について、「僕は金なんかほしくなかった。ただ監獄に入れられて、罰を与えられることを望んだんだ」と述べたという。小坂洋右『破壊者のトラウマ　原爆科学者とパイロットの数奇な運命』未来社、二〇〇五年、五八頁参照。

3　ギュンター・アンデルス、クロード・イーザリー『ヒロシマ　わが罪と罰　原爆パイロットの苦悩の手紙』（篠原正瑛訳）ちくま文庫、一九八七年、二八‐二九頁。

4　マティアス・クラウディウスとは、一八世紀から一九世紀にかけて活躍したドイツの詩人である。シューベルトの歌曲「死と乙女」の作詞者として知られる。

5　アンデルス、イーザリー、二九頁。

6　往復書簡本文については電子書籍だが英訳版を参照できた。Claude Eatherly, Günther Anders, *Burning Conscience: The Case Of The Hiroshima Pilot Claude Eatherly*, loc. 22, Pickle Partners Publishing 2015, (ebook) ("-it is...pain and repentance remain inadequate.") アンデルス、イーザリー、四二頁。

7　以下を参照した。広島市ホームページ「原爆で何人が亡くなった(被爆した)のですか。」（二〇二二年一〇月五日閲覧）
https://www.city.hiroshima.lg.jp/site/faq/15511.html

8　小坂洋右、二二頁参照。

9　Eatherly, Anders, loc. 20-21. (ebook) ("And yet, …attitude towards you.") アンデルス、イーザリー、三七頁。

10　cf. Eatherly, Anders, loc. 29-30. (ebook) ("For in the course…we are producing.")アンデルス、イーザリー、五五‐五六頁参照。

11　Eatherly, Anders, loc. 30. (ebook) ("At best…cannot perform") アンデルス、イーザリー、五六頁。

12　cf. Eatherly, Anders, loc. 29. (ebook) ("Your first thought…awakening be :"Atom"") アンデルス、イーザリー、五五頁参照。ちなみにこの頁は訳者篠原によって大幅に意訳されている。

13　浪江町のホームページで、馬場町長の功績をたたえる文章にも「まちのこし」について一言記されている。以下を参照。浪江町ホームページ「馬場有町長が永眠されました」（二〇二二年一〇月六日閲覧）https://www.town.namie.fukushima.jp/uploaded/attachment/8896.pdf

14 cf. Eatherly, Anders, loc. 30-31. (ebook) ("Your next task runs…'neighbouring communities'") アンデルス、イーザリー、五八頁参照。

15 Eatherly, Anders, loc. 30. (ebook) ("Thus, your task…your moral fantasy.") アンデルス、イーザリー、五七－五八頁（訳文は大幅に変えた）。

16 cf. Eatherly, Anders, loc. 31-32. (ebook) ("Your next thought…field of competence.") アンデルス、イーザリー、六〇頁参照。

17 cf. Eatherly, Anders, loc. 32. (ebook) ("Therefore say to…equally incompetent.") アンデルス、イーザリー、六〇－六一頁参照。

18 今田高俊「リスク社会と再帰的近代―ウルリッヒ・ベックの問題提起」『海外社会保障研究』、No.一三八、六八頁参照。

19 ウルリッヒ・ベック、アンソニー・ギデンズ、スコット・ラッシュ『再帰的近代化』（松尾精文、小幡正敏、叶堂隆三訳）而立書房、一九九七年、四七頁。

20 Eatherly, Anders, loc. 27. (ebook)（〝I starve … of war.〟）アンデルス、イーザリー、五二頁。

21 原爆投下の経緯に関しては、佐藤とよ子『〝原爆ヒーロー〟エザリーの神話』朝日新聞社、一九八六年、六六－八五頁参照。また、佐藤がヒューイの著作から読み取った、アンデルスとの文通当時を含むイーザリーの除隊後の人となりについては同書四五－五〇頁を参照。

22 佐藤、二五－三七頁参照。

23 アンデルス、イーザリー、二〇－二一頁参照。

24 佐藤、一九五－一九六頁参照。

25 アンデルス、イーザリー、二五頁。

26 Eatherly, Anders, loc. 25. (ebook)（〝…to your letter I felt compelled to answer….〟）アンデルス、イーザリー、四八頁。

27 Eatherly, Anders, loc. 53. (ebook)（〝Now I accept … its own complacency.〟）アンデルス、イーザリー、九八頁。

28 佐藤、二四四頁。

29 佐藤、二四五頁。

30 佐藤、一四九頁。

31 アンデルス、イーザリー、三二頁。

32 ジョン・ハーシー『ヒロシマ〔増補版〕』（石川欣一、谷本清、明田川融訳）法政大学出版局、二〇〇三年、九九頁参照。

33 佐藤、二一三－二一五頁参照。また、後妻アンの証言によると、イーザリー本人も自身が被爆者であることを最後まで疑わなかったという。佐藤、二〇六－二〇七頁参照。

34 福島民報ウェブサイト「データで見る　東日本大震災・東電福島第一原発事故」（二〇二二年一〇月九日閲覧）．

35 以下を参照した。崎山比早子「多発する小児甲状線がん　継続検査が必須」原発事故被害者の救済を求める全国運動院内集会（二〇二二年一〇月九日閲覧）。https://www.foejapan.org/energy/fukushima/pdf/180628_sakiyama.pdf

36 東京電力福島原子力発電所における事故調査・検証委員会「聴取結果書（平成二三年七月二二日）」（二〇二二年八月二四日閲覧）六頁参照。https://www8.cao.go.jp/genshiryoku_bousai/fu_koukai/pdf_2/020.pdf

37 東京電力福島原子力発電所における事故調査・検証委員会「聴取結果書（平成二三年八月八日、九日）」PDF三冊目、一九頁（二〇二二年八月二四日閲覧）。（以下では「八日九日PDF三冊目」と記す）。https://www8.cao.go.jp/genshiryoku_bousai/fu_koukai/pdf_2/077_1_3.pdf

38 添田孝史『東電原発裁判――福島原発事故の責任を問う』岩波新書、二〇一七年、二八頁以下参照。

39 添田、二〇一七年、三一－三三頁参照。

40 さらに東電は、地震の専門家と面談する際に長年「技術指導料」なる金員（大学教授クラスで一回五～八万円程度）を渡していたという。本文と合わせて、添田二〇一七年、一六三－一六六頁参照。松山の発言は、以下も参照。東京電力福島原子力発電所における事故調査・検証委員会「聴取結果書（平成二三年七月二八日）」一〇頁。（二〇二二年八月二五日閲覧）https://www8.cao.go.jp/genshiryoku_bousai/fu_koukai/pdf_2/054.pdf

41 八日九日PDF三冊目、二四頁。

42 ここで取上げた群馬訴訟控訴審第四回口頭弁論について、添田孝史〝『土木学会で安全確認』実は検討してなかった〟Level7News. 二〇一八年一二月一八日配信 https://level7online.jp/2018/%E3%80%8C%E5%9C%9F%E6%9C%A8%E5%AD%A6%E4%BC%9A%E3%81%A7%E5%AE%89%E5%85%A8%E7%A2%BA%E8%AA%8D%E3%80%8D%E5%AE%9F%E3%81%AF%E6%A4%9C%E8%A8%8E%E3%81%97%E3%81%A6%E3%81%AA%E3%81%8B%E3%81%A3%E3%81%9F/　（二〇二二年九月二日閲覧）

43 大竹千代子、東賢一『予防原則』合同出版、二〇〇五年、二〇頁。

44 大竹、東、二一頁。

45　ここまで、リオ宣言第一五原則については大竹、東、二〇〇五年、四五頁、ウィングスプレッド宣言については同じく大竹、東、二〇〇五年、八〇 - 八一頁を参照。

46　ここで取上げたウィングスプレッド宣言は、一九九八年一月に開かれた第七回ウィングスプレッド会議にて採択されたものである。ウィングスプレッド会議の中心人物であったシーア・コルボーンは、野生生物と人間に生じていることを理解するための分野横断的な討議の場としてウィングスプレッド会議に参加した。環境中の化学物質の一部が内分泌かく乱作用を持つことを解明できたのも、そうしたコラボレーションのおかげであるという。ウィングスプレッド宣言の全訳は環境省ホームページを参照。https://www.env.go.jp/policy/report/h16-03/mat15.pdf　また、シーア・コルボーンとウィングスプレッド会議とのかかわりについては、以下を参照。Elizabeth Grossman, Laura N. Vandenberg, Kristina Thayer, and Linda S. Birnbaum, In Memoriam Theodora (Theo) Colborn: 1927–2014, Environmental health perspective, March 2015（二〇二三年七月二七日閲覧）。https://ehp.niehs.nih.gov/doi/10.1289/ehp.1509743

47　添田孝史『原発と大津波　警告を葬った人々』岩波新書、二〇一四年、八八頁参照。

48　八日九日PDF三冊目、一七頁。

49　八日九日PDF三冊目、一七頁。

50　八日九日PDF三冊目、一八 - 一九頁参照。

51　八日九日PDF三冊目、一九 - 二一頁参照。

52　八日九日PDF三冊目、二一頁。

53　東京電力福島原子力発電所における事故調査・検証委員会「聴取結果書（平成二三年一一月六日）」PDF一冊目、六 - 八頁参照。（以下「六日PDF一冊目」と表記）（二〇二二年八月二七日閲覧）https://www8.cao.go.jp/genshiryoku_bousai/fu_koukai/pdf_2/348_349.pdf

54　六日PDF一冊目、一三頁。

55　八日九日PDF三冊目、二一 - 二二頁参照。

56　島崎邦彦、『3・11 大津波の対策を邪魔した男たち』青志社、二〇二三年、九六 - 一一九頁参照。ちなみに島崎は全域で津波地震が起きる可能性があると考えており、国の方針がさらにおかしくならないように委員をつづけた、と述べている。同書一〇八頁参照。

57　島崎、一二一 - 一二四頁参照。

58 島崎、九八頁。

59 〝推本〟の「長期評価」との比較に関する限り、科学的合理性に劣るのはむしろ土木学会のほうであろう。

60 添田、二〇一七年、五八頁。

61 六日PDF一冊目、一八頁参照。

62 朝日新聞デジタル「東京電力、二八年ぶりに赤字　中越沖地震響く（二〇〇七年一〇月三一日配信）」を参照。（二〇二二年九月三日閲覧）http://www.asahi.com/special/070716/TKY200710310325.html

63 六日PDF一冊目、一四頁参照。

64 添田、二〇一七年、一〇五－一〇六頁参照。ただし、控訴審判決並びに最高裁判決では、東電の賠償責任は認められたものの、国の責任は認められなかった。すなわち、〝推本〟の「長期評価」を受けて国が規制権限を行使すれば事故が防げたという主張に対し、たとえ国が防潮堤をつくらせるなどの対策を取らせたとしても、被害を防ぐことはできなかったとし、そうである以上、規制権限の不行使に対する賠償責任は生じないとした。東電の賠償責任は認められたものの、あくまで原発事故が原因で生活を根本から侵害されたという事実に基づくものであった。控訴審判決については、以下を参照。日本経済新聞ウェブサイト二〇二一年一月二一日配信「原発事故で国の責任否定、東電には賠償命令　東京高裁」（二〇二二年八月二八日閲覧）https://www.nikkei.com/article/DGXZQODG20DJ10Q1A120C2000000/　最高裁判決については、以下を参照。裁判例結果詳細「事件番号令和三（受）三四二」（二〇二二年八月二八日閲覧）https://www.courts.go.jp/app/files/hanrei_jp/243/091243_hanrei.pdf

65 東京電力ホームページ「今回の津波は、それまでの知見では想定できない大規模なものでした」参照（二〇二二年八月二八日閲覧）。https://www.tepco.co.jp/nu/fukushima-np/info/12041701-j.html

66 「……インターナショナルで、全世界で原子力発電所は四〇〇とか五〇〇とかありますね。……商業炉でも昭和四十数年くらいから動きはじめまして、炉年で言えば、ものすごい。四〇〇基で二〇年運転していれば世界中で八〇〇〇炉年くらいの運転経験があるわけです。そこでいろんなトラブルを経験しているわけですけれども、……今回のような、電源が全部、あて先も涸れてしまうということが起こっていないわけです。そこが我々の一つの思い込みだったのかもわからない……」六日PDF一冊目、五〇頁。

67 八日九日PDF三冊目、二六頁。

68 八日九日PDF三冊目、二二二頁参照。

69 ここまで、福島被ばく損害賠償請求事件第一炉六回口頭弁論陳述書「受けた損害総論㈠」四二頁を参照。http://

idogawasupport.sub.jp/images/16_180.pdf

70　こうした手法に共通する特徴とは、ある不確実な状況においてどのような結果がありうるかが全て判明しており、かつそれら一つ一つの結果に確率を付与できるということである。個人ないし集団は、ありうる結果に発生確率をかけて期待値を算出し、そうして得られた期待効用が最も大きい選択肢を選ぶものと仮定されている。

71　国連環境開発会議（地球サミット：一九九二年、リオ・デ・ジャネイロ）「環境と開発に関するリオ宣言」（二〇二二年九月五日閲覧）。https://www.env.go.jp/council/21kankyo-k/y210-02/ref_05_1.pdf

72　客観的確率が分からなくても、主観的期待効用理論が規範決定理論を提供できるという説に対する反論は、以下を参照。cf. J. Aldred, "Risk and Precaution in Decision Making about Nature", In Stephen Mark Gardiner, Allen Thompson(Ed.), *The Oxford Handbook of Environmental Ethics*, Oxford University Press, 2017, pp. 321-324.

73　不確実性と無知の区別については以下を参照。cf.Aldred, p. 321.「二次的な不確実性」については以下を参照。cf.Aldred, p. 327.

74　cf. Aldred, p. 322-323.

75　cf. Aldred, p. 323-324.

76　cf. Aldred, p. 324.

77　以上二件について、アルドレッドから引用した。Aldred, p. 324.

78　キャス・サンスティーンは、概して以下のような理由で予防原則を批判する。例えば新薬は一般的に時間のかかる臨床試験を経てはじめて販売されるが、その間待たされる当該患者にとっては、健康被害をできる限り無くそうとする予防的な取組み自体が死の脅威になる。つまり、予防原則はリスクを低減回避するどころか、新たなリスクを生じさせたり、元のリスクへの対処もできない、という批判である。これに対してアルドレッドは、確かに予防原則の適用が一方的であって、その適用自体がもたらす脅威に対して配慮が欠けることがあると認める。それでも、例えば新薬の開発について言えば、臨床試験を慎重に重ねるのは、危険性を無くすためだけでなく当該患者への薬効を確証するためでもある。つまり、だれよりも新薬を必要とする当該患者の救命や健康回復が臨床試験のそもそもの目当てであり、予防的な取組みによってその目当てが実現することも多々ある。したがって、予防原則そのものの性質が救命や健康回復をないがしろにする、という主張は正しくない。予防原則自体が倫理的政策的に完全に否定されるべきものではないのであって、問題は予防原則をどのように適用すべきか、というところにあるのだ、とアルドレッドは主張する。cf. Aldred, p. 325.

79 Aldred, p. 325.

80 cf. Aldred, p. 326f.

81 cf. Aldred, p. 328f.

82 cf. Aldred, p. 328.

83 REACH規制の基本的な事項に関する概説は以下が分かりやすい。松浦徹也、加藤聰、中山政明編『製造・輸出国別でわかる！化学物質規制ガイド』第一法規株式会社、二〇一八年、六‐一一頁。

84 正式名称は「地域防災計画における津波防災対策の手引き」である。七省庁とは、当時の国土庁、農林水産省構造改善局、農林水産省水産庁、運輸省、気象庁、建設省、消防庁を指す。

85 添田、二〇一七年、一三四頁参照。

86 「地域防災計画における津波防災対策の手引き」三〇頁参照。（二〇二一年九月六日閲覧）https://www.bousai.go.jp/kaigirep/chousakai/tohokukyokun/5/pdf/sub3.pdf

87 添田、二〇一七年、一三五‐一三六頁参照。

88 ウィングスプレッド宣言条文（二〇二一年九月八日閲覧）https://www.env.go.jp/policy/report/h16-03/mat15.pdf

89 cf. Aldred, p. 330.

4章　ハンス・ヨナスの「未来倫理」——持続可能な社会の行動規範を求めて

1　原発事故後の世界の「未来倫理」

アルドレッドが挙げた「持続可能性」とはいったい何の持続可能性なのか？

ジョナサン・アルドレッドの議論を、どのように引き継いでいくべきだろうか。言いかえるなら、予防原則を倫理学的に根拠づけるという「持続可能性」の倫理的な内実はどのようなものとして考えられるだろうか。それは前章で記した通り、経済成長の「持続可能性」の正当性を倫理学的に根拠づける方向ではない。ならば、地球の自然の「持続可能性」が予防原則を倫理学的に根拠づけるのであって、それを正当化する議論が求められているのだろうか。これはまったくの間違いということではないかもしれないが、自然のなかに人間をどのように位置づけるのか、が問われる。自然そのものを倫理学的な主体とするならば、自然の持続可能性を人類がまさに妨げているので、人類は絶滅すべきであるという結論が倫理学的に肯定される道さえ考えられる。自然のなかにもはや人類の居場所をつくる資格がない、という結論である。

この乱暴な結論について少し考えてみよう。自然と人類を対立関係において、倫理的により尊重されるべき自然に対して人類が脅威であるならば、人類自らが自然から人類を除去せねばならないのだ、としてみよう。では、人類の絶滅はどのようにして行なわれるのだろうか。これを行なうのは人類自身なので、結局問われているのは人類の倫理に他ならないということになる。もし人類と対立している自然が人類を滅ぼしてしまうのであれば、それは自然現象であって倫理の問題とはならない。それはちょうど、誰かが極めて不幸にも雷に打たれて即死した際に、自然の悪を追及できないのと同じである。

このように考えてくれば、倫理とはどこまでいっても人間の倫理であり、人類が絶滅しなければならないという倫理もまさに人間の倫理である。人類は核兵器や原子力発電の使用、もしくは広範囲で無秩序な人工化学物質の使用を通じて、自然界をウルリヒ・ベックが言うところの「第二の自然」へと意図せずとも改造してきてしまった。この罪に対して、人類が自らに対する死刑判決を出す場合、その刑をどのように執行すべきだろうか。米国とロシア等が今なお大量に保有している核兵器を一斉に起爆させて、核兵器の破壊力をもって一気に滅ぼすべきだろうか。それとも、人類は次世代を生むことを人類全体に自ら禁じることを通して静かに滅んで行くべきだろうか。しかし問題は、どちらのやり方で、あるいはここで例示した二つ以外のやり方で人類自らを滅亡させたとしても、どちらがより善いかを肝心の自然は評価しないということである。人類は全宇宙を消滅させる能力を持たないので、仮に人類が滅んだとしても、地球は、あるいは太陽系を含む銀河系宇宙は存続する。持続可能性という語の意味はそこには無い。どのような形であれ、自然の持続は事実であろう。その時、自然は既に滅亡して存在しなくなった人類に対して、自然自身のありようを倫理学的に評価したりはしない。

以上を踏まえれば、アルドレッドが予防原則を倫理学的に根拠づけるものとして挙げた「持続可能性」とは、人類の持続可能性、より正確には、人類が自らと自然とを対立関係に置かず、自然との間に適切な関係性を構築し維持して世代をつないでいくということになる。実はアルドレッドより前に、こうした問題に向き合い、それが自然と人間の関係にどのような意味をもつものなのか、鋭く洞察したのがドイツ系ユダヤ人思想家であるハンス・ヨナスであった。

本章では、一九七九年に刊行され、人文学術界のみならずドイツ社会一般にも影響を与えた主著『責任という原理』（以下『責任』と記す）を中心にハンス・ヨナスの思想を検討することを通して、いわばジョナサン・アルドレッドの宿題を解くことを試みる。ただし、いきなり「持続可能性」に関わると考えられる箇所を取上げて検討するのではなく、『責任』を特徴づける基本的な論旨をまず見るところからはじめたい。

環境社会学と環境倫理学の違い

1章では、第一部の「証言」（特に「たらちね」の証言）を読み解く際に、ベックのリスク社会論を援用してきた。リスク社会論において、自然は人工化学物質や放射性物質を取込み、不可分に一体となって意図せずとも人工的に改造された「第二の自然」になったとされる。そうした「第二の自然」は生命にとってリスクをはらむが、そのリスクを五感で感じ取ることができないために、人は「不安」を感じるのだとされる。またリスク社会において、リスクは特定の地域や集団に限定して存在するわけではない。リスクの大小はあっても、人間はそこから逃れることができないので、「不安」を「否定」するしかなくなる。しかし、「不安」を「否定」することは、リスクを無くすこととは違う。ベックは、無くなったわけではないリスクに対する不安が否定されたとしてもぶり返してくるということも、リスク認知の本質として位置付けている。[1]さらに、福島原発事故後十余年を経た今日の日本社会の趨勢を踏まえて補足するなら、リスクの否定が、リスクに対する不安を持つ人々と、否定されているリスクにおびえることはないとする人々（あるいはリスクに対して不安を抱いても仕方なかろうと、本来やり過ごせないかもしれないものをそのままやり過ごそうとする人々）との間で軋轢や分断を生んでいる。第一部「証言」でも垣間見られたように、その軋轢や分断が集落の人間関係や家族間の関係において生じるところに、問題の深刻さがある。

加えてリスクは、ベックが述べるように、知識を通してはじめて顕在化するのだが、その知識が基づく科学的合理性と社会的合理性をめぐって、政府やＩＣＲＰなどの放射線防護に関わる国内外の専門家集団と市井の人々の間で協力したり争いが生じたりする。では、そもそも誰がリスクを「否定」するのか。2章では市井の人々を「安心」させようと、自分たちにとって都合のいい合理性を市井の人々に一方的になじませようとするＩＣＲＰの姿をつまびらかにした。ＩＣＲＰは社会的合理性を自らが獲得する必要を認識していて、そのために刊行物一三八を出したのだった。以上のように、環境社会学の基本概念たるベックの「リスク」を参照枠としつつ、チェルノブイリ原発事故や福島第一原発事故発生後の世界を描き出すことができる。さらに言えば、第二次世界大戦後に米ソが中心となって何回も行なった大気中核実験以降の世界を解釈するためにも、この「リスク」という概念は有益だろう。

一方で、同じ「自然」をヨナスは『責任』のドイツ語版序文冒頭において次のように見つめていた。「現代技術の約束が脅威に変わったということ、あるいは現代技術が脅威と不可分であるということが、本書の出発点である。技術の脅威は、物理的な危険に関する測定を上回る。人類の幸福を願った自然支配は、成功しすぎて、今や人間自身の自然本性にも達していて、まさに、人間の行為に由来する人間の存在に生じた最大の課題 Herausforderung をもたらしているのである。[◉2]」

一読すれば明らかなのだが、ヨナスは技術の行使の影響により、自然が人間の自然本性に至るまで変容していると理解している。そして、ヨナスは変容した自然がわれわれ人類に最大の課題を課していると説く。課題とはいったい何か。『責任』の監訳者加藤尚武はこの箇所を意訳し、技術によって征服される前の人間の自然本性に元通りにせよ、という「返還請求」と解釈した。加藤の思想についてはすでに1章で批判したが、この解釈は是として採り入れる。自然本性を変えることは倫理的に肯定できない。すなわちヨナスは、核エネルギーと人工化学物質の実用化以前は、人間の手が触れることなく超然と変わりえぬものとしてあった自然の本性さえ改変する力を人類が手にするに至り、それまで道徳規範と直接の関係がなかった自然自体を規範根拠として位置づけている。ここに、環境社会学と環境倫理学の歴然とした違いが存在する。ベックをはじめとする環境社会学は、人間と自然(ここでは特に「第二の自然」)との間に成立する社会的な事実を理解する枠組みを提供し、それに基づいて個別の事実について記述する学である。他方、事実を理解する枠組みを前提におきつつ、「どう生きるべきか」ということを考察するのが環境倫理学の役目ということになる。社会学の枠組みに沿って事実に関する説明を積み重ねるだけでは、倫理そのものを分析し考察することにはならないのである。

「環境正義の原理」が母なる大地 Mother Earth を神聖視し、侵すべからざるものとしたことと、ヨナスの倫理学における自然の位置づけとは一脈通じるものがある。「環境正義の原理」は、人間が汚す前の自然を規範根拠としている。ヨナスは、自然に対する現状の侵害はこれまでに例のないところまできており、従来の倫理学は全く参考にならないと考える。すなわち、自然との関係において、私たちが「どう生きるべきか」という問題に、ヨナスは従来の倫理学が十分な回答を提起できていないと考えたのである。それゆえに新しい倫理学が必要だとするのである。[3]

「未来倫理」の基本構造――カント倫理学との比較から

さて、ヨナスは人間と自然に対するリスクが「地球的な広がりを持ち、深く人間性に突き刺さるものであることが予想される」と書いた。さらに、この危険を「恐れに基づく発見術 Heuristik der Furcht」によって吟味することで、新しい「義務」が導出されると記している。[4] まず、この「恐れに基づく発見術」を、ヨナスが構想した「未来倫理」の全体構造を俯瞰しながら見てみよう。

ヨナスは、未来倫理には定言命法（「もし〜ならば、〜しなさい／するな」という条件節のある命令文ではなく、端的に「〜せよ／するな」という形式をとる一切例外規定のない倫理的義務の定式）があるとする。すなわち、「汝の行為のもたらす因果的な帰結が、地球上で真に人間であるといえる生命が永続することに差し障りがないように、行為せよ。[5]」という命令が、科学技術の力によって、絶滅の可能性を自ら切り開いてしまった人類に新たに課されたのだと記す。

倫理学のなかで定言命法と言えば、既に2章5節で取上げたカントのそれが有名である。すなわち「君の意志の格率が常に同時に普遍的立法の原理として通用することができるように行為せよ」である。ヨナスは道徳を基礎づけるこのカントの定言命法は、あくまで個人の道徳として、個人が行為を選ぶというレベルにおいて、自己矛盾しないかどうかを吟味するものにすぎないと理解した。例えば事情によっては嘘を吐くことを自分が選択してもよい、という格率（自分の行為の指針）は、これを誰もがどんな時でも選択したとするなら、約束が不可能になってしまうので、嘘を吐くことを格率にすることは定言命法に矛盾すると考えられる（というより、われわれみなが直観的に理解していることをカントの定式に沿って説明してみた）。

しかし、ヨナスは個人の道徳における論理矛盾のなさを貫徹するだけでは不十分であると指摘した。この定式は、例えば将来人類がこの地球上から絶えていなくなる可能性に関連しない。ヨナスが言わんとすることは以下のようなことである。例えば、貧困から抜け出すことができない人々に対して、既存の化石燃料や核燃料を大量消費してエネルギーを安定供給できるように全く二心なく取計らうことは、個人道徳の観点からすれば、善い行為と見なされることがあり得る。そのような個々人の〝善行〟の積み重なりが原因で人類が滅亡したらしただけの話で、カントの定言命法の論理に特に矛盾しないという。同様に、世代間における資源や汚染、あるいは汚染のリスクの偏在も、現在から将来にかけてリスクが多くなろうと少なくなろうと、定言命法の論理に矛盾しないという。いずれにしろカント倫理学の問題圏は、そのつどの所与の状況のなかで個人が善い道徳的判断に基づいて行為するレベルに止まるのだという[6]。

こうしたヨナスの解釈はカント研究者からは異論もありそうだが、人類の存続自体を倫理学の主題として取込み、人類の義務として定立するには別の定言命法が必要だ、というのがヨナスの考えであった。ヨナスの定言命法は、『責任』のなかで、以下に示す「未来倫理」の二つの義務としてより具体化される。ヨナスは「未来倫理」を原理論と実践論、そして双方の間をつなぐ媒介知としての「恐れに基づく発見術」から構成されると考えた。原理論の中心は、いわゆる狭義の哲学倫理学によって構成される、人類が存続すべきであるとなぜ言えるか、その倫理学的根拠の研究である。一方の実践論は原理論に即した形の具体的な政策その他の立案施行を指す。

ヨナス自身はいわゆる象牙の塔の学者だったから、自らの守備範囲を哲学倫理学的な原理論に限定していた。とはいえ、科学による将来予測（低線量被ばくによる健康被害の予測や、ＩＰＣＣ（気候変動に関する政府間パネル）による気候変動による影響の予測などがこれにあたる）によって、将来の人類がどうなるかを探究する「恐れに基づく発見術」も、予測データから危惧されるべき人間の歪み（後述）を見つける企てなので、原理論の範疇に含まれるという[7]。この原理論自体が狭義の哲学倫理学の枠組みからはみ出る要素を有している。

先の定言命法は、媒介知（恐れに基づく発見術）との組み合わせを通して、より具体的な二つの「義務」へと言い換えられる。一つ目の「義務」は、将来予測を通して起こりうる害悪の姿を思考においてとらえることである。これは人文学的に古典文献を読み込んで解釈することとは異なる。ヨナスが執筆当時意識していたのは、むしろ科学研究からもたらされる諸々の数値からどのような自然ないし社会環境が予想されるかということであった。二つ目の「義務」は、一つ目の義務の履行によって獲得された想像上の害悪に対し、それを恐れる感情を持てるようになれというものである。予測される諸々の危害は〝将来〟のことであり、今を生きる自分たちの問題ではない、としか思えないかもしれない。だが、それをあたかも自分事のように、「後世の人々を待ち受けていると考えられる幸不幸によって、すすんで触発されるような心構えをつくっておく[8]」ようにしなければならないというのである。

ところで、科学的な将来予測に基づく「恐れに基づく発見術」には、一つ際立った特徴がある。ヨナス自身の言葉を引く。

「予測された人間の歪み Verzerrung があってはじめて、私たちは歪みから守らなければならない人間の概念を得る。危険な賭けにさらされているということを知ってはじめて、危険な賭けにさらされているものが何かが分かる。……人間の運命だけではない。人間像も問題になる。また、物理的に生き残ることだけではない。本質が傷ついていないことも問題になる[9]。」

ヨナス以前の倫理学の場合は、規範的目標としての理想的人間像を探究することが常であった。これに対して、ヨナスの「未来倫理」は逆に人間像の歪みを探究するという[10]。歪みとは、道徳的に完成された人間のありようではなく、むしろ人々の日々の暮らしのなかで実現されている人間のあり方が、科学技術がもたらす結果によって損なわれることを指している。本書の主題に即した形でもう少し具体的に記せば、例えば低線量被ばくや、地球温暖化に関する将来予測から、現在享受できている生活が享受できなくなり、この予測され得る生活の貧しさ、言いかえれば上述の想像上の害悪によって、自他を粗末にして生きざるを得なくなる（さらに言えばその粗末さが一般的になってしまい、粗末さとして自覚できなくなる）ことを、ヨナスはここで「歪み」と称している[11]。将来実現してしまうかもしれない歪みを明確化しておくことによって、過去から現在に至るまで、崇高な人間的理想にはほど遠く、また理論的に注目もされていないが、日々の営みにおいて実は実現していた大切な人間の本質が浮かび上がってくるのだという。

ここまで来れば、ヨナスが科学による予測を未来倫理の原理論に「媒介知」として位置付けた意図も見えて来よう。つまり、ベックの言うところのリスク社会においては、たとえ個々の行為者に仮に二心がなかったというだけでは適切な倫理道徳は成り立ちえないということなのだ。当事者である私たちの行為の選択が、どのような帰結をもたらすかの客観的な洞察が、「善い」行為には不可欠であるということである。

不確実性を前提にもたらされる不確実でない倫理原則

とはいえ、先のアルドレッドに立ち返るまでもなく、将来予測は不確実である。どれだけ大きな禍の予測をしても、外れるかもしれないし、何事も起こらないかもしれない。つまり、予測結果によって触発されるように自己教育しておかねばならないとしても、予測結果そのものにはいかなる倫理的強制力もないのである。そもそも科学技術が将来に及ぼす影響の研究を行なって、必ず悪い予測しか得られないということはない。予測のためのシミュレーションを行なう際、様々に変数を設定するなかで、それほど悪くない予測も出てくるはずである。しかし、未来倫理の定言命法からは、不確実性という前提を踏まえた上で、全く無根拠の空想でない限り、希望的予測よりも災厄の予測を優先すべしという、不確実ではない原則が得られるとヨナスは主張する。[12]

ここで言う「優先」とは、例えば希望的予測の現実化可能性五〇％と、災厄の予測の可能性五〇％を比較した時に後者を優先すべし、ということではない。予想される災厄の深刻さ、不可逆性が大きければ大きいほど、災厄の予測が優先されるために求められる確率はたとえ小さくても充分だとされる。[13]その理由付けが独特なのだが、ヨナスはその根拠を自然の「進化」に求めている。つまり進化の系統発生の過程では、様々な個別の「過ち」（突然変異のことを指しているのだろう）が冒されているけれども、生き物は、非常にゆっくりとそれら「過ち」のなかからわずかな新形質を取入れて変化をしていく。人間の目から見てとてつもなくゆっくりと展開する進化の過程は、そういう「過ち」を受け止めてきた。一方で、技術の進歩は、とりわけ産業革命以降非常に速く、したがって自然は（突然変異とはまた異なる）人間が技術を介してもたらす「過ち」を受け止めることができない。その結果、リスクが進歩の速度と同じ比率で増加するのだ、というのである。技術の進歩は自然進化の視点から見たら恐ろしく速い。だが、それがどのような結果をもたらすか、人間の視点では見通せないくらい長い期間がかかる。このことから、技術の進歩の帰結には常に不確実性が付きまとうというのである。[14]

地球上の生きとし生けるものはすべて、ゆっくりとした進化の系統発生のあくまで途中経過として今の形質と生態を獲得している。人間も例外ではなく、「過ち」をめぐる善悪の判断能力もまた、自然進化の現時点における「遺産」であるとヨナスは言う。[15] ここでいう遺産は「実り」とも言い換えられるかもしれない。ここで先の定言命法を思い起こそう。ヨナスは単に人類の永続に差し障りが無いように行為せよ、とは言っていない。もし、未来倫理の定言命法をそのように書いてしまえば、生物種としての人間が存続すればよいという考え方までも許容されてしまう。しかし実際は、「……地球上で真に人間であると言える生命が永続することに差し障りがないように、行為せよ」と書かれている。それゆえ、環境問題（当然、原発をどう扱うかもこれに含まれる）に取組み、解決を目指す場合に、一部の人間の人生や人権を全くないがしろにする解決法であれば、この定言命法に抵触する。ヨナスの語彙を借りて言い換えると、問題を解決しようとして「遺産」（実り）を放棄するやり方は、たとえ種としての人類の生存が確保されたとしても「悪」なのである。人類の存続自体を倫理的義務として課する倫理学は、存続する人類と不可分な人類のあり方にも条件を付けているのである。

「未来倫理」の読み替え

ここまで検討してきたヨナスの倫理学は、科学技術の進歩に伴う負の側面が人類全体に危害を及ぼす可能性に着目し、あくまで〝将来〟の危害を予防することを最優先に置いている考え方と何ら変らないように見える。つまり、現在世代が全て死に絶えた後の人類に対して、現在世代が行なう行為が悪影響を及ぼすとしたら、現在世代には将来世代に対する責任が生じるか、もしくは、現在世代のなかでは利益の最大化であったとして、その最大化によって現在世代のなかで割を食う人がたとえいなかったとしても、現在世代が全て退場した後の将来世代が著しい不利益をこうむるのであれば、その利益の最大化とは別の方策が採用されねばならない、という世代間倫理の古典的テキストとしてヨナスの倫理学が読まれるのも、無理のないことである。とはいえ、原子力の脅威を踏まえた倫理学をこれからさらに提唱するならば、将来世代だけに焦点を当てた世代間倫理の枠組みで論じることはもはや不可能である。◉16

例えば、第一部で石丸小四郎の証言にあったように、日本では二〇一一年三月一一日の福島第一原発事故以前から、原発構内労働者の被ばくのような科学技術の力の行使の負の側面にさらされてきた人々、またその苦しみに向き合ってきた人々がいた。また、原発構内で労働者がさらされていた放射線には、事故によって不特定多数の多くの人々もさらされるようになった。ある面では〝将来〟起こるかもしれないと言われていたことが現在の事実になっており、また、自分にも被ばくの悪影響が現実化するかもしれないという強い「不安」の中で生きている人々もいる。今この時点で何の「不安」も抱いていなくても、ある日突然被ばくの影響が顕在化することもあるかもしれない。つまり、「未来倫理」が前提する防がれるべき未来の災厄は既に現在において現実化している。また、これからいつ、どのような形で現実化するかもわからないものでもある。アンデルスが、〝未来が現在化している〟と述べていた通りなのである。つまり、原発事故後の世界において、ヨナスの「未来倫理」が想定した未来が〝未来であり続ける〟のと同時に、現在にも実現してしまっているのである。その意味で、ヨナスの「未来倫理」は、先にも引用したアンデルスの「原子力時代の道徳綱領」(これはイーザリーの手紙に同封されたもので、イーザリーと文通を始める前にアンデルスが公にしていたものである）やイーザリーへの手紙に表れている思想と同じ方向性を持っていた。

さらに、放射線被ばくを避けるために出された避難指示が、解除されていない場合、また、解除はされたが低線量被ばくを恐れて元の居住地に帰れない場合は、なるほど被ばくによる危害を受けないかもしれないが、地域の人間関係や文化の喪失、各自の生業のゼロからの立て直しという形で、人生を丸ごと揺さぶる苛酷な経験を強いられる。その苛酷さから、家庭生活や心身の健康に著しい悪影響が帰結したという事例も、ジャーナリズムを通じて様々に報道されてきた。もちろん本書第一部の「証言」もこのことを伝えるものである。このような身体への直接のダメージと異なる次元の被害を通しても、すでに多様に未来が現在化している。

「未来倫理」は、確かにその配慮対象に現在世代が全て寿命が尽きて退場した後に生まれてくる将来世代を含んでいる。一方で、ヨナス自身の想定では、現在世代はあくまで将来世代まで見据えて行為する主体として想定されていた。だが今や現在世代自身も「未来倫理」の主体であるばかりでなく配慮対象にもなっている。そして、その配慮には、身体の健康やその基礎となる自然環境だけでなく、進化の「遺産」としてもたらされている自然の「過ち」に関する善悪の判断能力を、人間がゆがめてしまわないようにすることも含まれている。端的に言えば、ヨナスが提起する「未来倫理」は将来世代の単なる存続だけでなく、そのあり方も含めて対象とし、なおかつ、将来世代のあり方に直結する現在世代のあり方、さらには現在世代の生存条件をも対象とするものとして拡張的に理解し直すことが求められている。また、それは可能であると本書は考える。

「未来倫理」の拡張

先に、「未来倫理」の予測は希望的予測よりも災厄の予測を優先すべきというヨナスの主張を取上げた。優先に値する災厄の確率と、災厄の規模、深刻さとは反比例の関係にある。この「未来倫理」の原則は、2章でその問題点を考察したICRP刊行物一三八が下敷きにしている「生命倫理の四原則」、そのなかでも「無危害」原則が包含している「相当の注意 due care」の義務に相通じるものがある。「四原則」を提起したB&Cは、考えられる危険が大きければ大きいほど、注意の度合いも大きくなる、と説いていた。一九六〇年代後半、生命倫理学の黎明期に医学実験の倫理に関する考察を依頼されたところから倫理学に取組んだヨナスであってみれば[17]、『責任』の刊行と同じ一九七九年に公にされたこの「四原則」のことは知っていたであろう。だとすればヨナスが、例えば放射線被ばくの影響を蒙る恐れのある人々に対して、「相当の注意 due care」の義務を世代を超えて適用すべきと判断しただろうと推察することは困難ではない。

では福島第一原発の運転において、この「相当の注意 due care」はどの程度配慮されていたのだろうか。そのことに関連して、二〇二三年現在、国と東京電力を相手に係争中の井戸川克隆の裁判において、原告側が国と東京電力に責任ありとする際の根拠として用いた「危惧感説」を取上げてみたい。

「危惧感説」とは、刑法学者である藤木英雄によって一九六〇年代に提唱された考え方である。この「危惧感説」では、「危険」が以下の三種に分類される。すなわち、A・確実に予見できる危険　B・まだ起きたことがない危険（未知の危険）だが合理的、科学的な根拠のある危険　C・その他の危険である。これに照らして、原発の管理運転はどのように営まれるべきだったのか。

「原発のような、高い安全上の注意義務が課される業務については、Aの確実に予見できる危険だけではなく、Bの、まあ起きたことがない危険（未知の危険）だが、合理的、科学的な根拠がある危険まで想定すべきと考えているのです。[18]」

これは藤木の考えに基づいて古川元晴弁護士及び船山泰範が記した文である。これは先に取上げた「七省庁手引き」(3章三七二頁)や、〝推本〟の「長期評価」に沿った考え方でもある。これに対して、東京電力はAのみを基にしてリスク管理をしていたことが裁判で明らかになった。これを古川と船山は「具体的予見可能性説」と呼んでいる。[19] つまり、AのみならずBをも基にして対応するのが「危惧感説」的な対応で、Aのみを基にして対応するのが「具体的予見可能性説」的な対応なのだ。「危惧感説」的な対応はなぜ必要なのだろうか、古川および船山の著作に藤木自身の言葉が重引されているので参照してみよう。

「社会的効用の高い行為であっても一歩誤ると巨大な破壊力に転化することがある。」

「未知の危険であっても、事前の慎重な態度によって予防可能なものが少なくないはずである。したがって、かような場合にも刑事責任が問われてしかるべきである。[20]」

便利な技術は破壊力も大きいことが想定され、たとえそのリスクが未知のものであったとしても事前に対処できることがあるのだとしたら、対処すべきであり、仮にそれを怠ったなら行為主体(例えば事業主)に責任があるというのである。この指摘の根底にある藤木の倫理観は、リオ宣言の採択以前、あるいはヨナスの『責任』刊行以前ではあるが、未だ知られていない危険であっても潜在的にその存在が想定できるのであれば対処する責任が事業者にあるとする点で、明らかに予防原則的かつ「未来倫理」的な考え方に通じるものがある。

我々は、すでに福島第一原発事故を通して予防原則や「未来倫理」に則らない行為、ないしは不作為のせいで法外な危害を蒙っている。その不作為をなした当事者に対して、「過去」に予防原則的な基準で自分たちの行為を律しなかった罪が問われる時代になっている。今後、ヨナスが提唱した「未来倫理」は、藤木の「危惧感説」に沿った形で、〝未来〟や、その未来が実現してしまった〝現在〟だけでなく、招来させてはならなかった未来を実現させしてしまった〝過去〟の罪をも問う倫理として拡張されねばならない。

リスク社会と「未来倫理」

しかし現代は、本書で再三繰り返してきたとおり、ベックの言う「リスク社会」である。リスク社会にあってリスクは知識においてはじめて顕在化する。そのため、知識を有する側とそうでない側との間には知識の格差だけでなく、リスクの決定権の格差ともいうべきものが生じてくる。第一部の「たらちね」の証言からは、こうした知識の格差を少しでも埋めることを通して、専門機関並びに専門家集団による決定権の独占に小さくても穴をあけて、素人市民自らの意志決定への一方的な影響を回避しようという営みを読み取ることができる。「リスク社会」では、リスクの決定権をめぐり専門家集団や行政機関と素人市民との間に緊張が存在する。専門家集団や行政機関が心を入れ替えればよい、というような問題ではない。この緊張状態においては科学的合理性と社会的合理性の双方が争われているのであり、必ずしも科学的な真実をめぐる争いだけではない。二〇二四年現在、日本政府やＩＣＲＰなどは被ばく者に対し、被ばくの心配のない土地で分断され個別化された生活がもたらすストレスと、低線量被ばくの健康被害（の恐れ）とを天秤にかけ、前者の方がより深刻なので、後者を選択することが望ましいという二者択一的な価値判断を陰に陽ににじませながら、プレッシャーをかけ続けている。これは第二部2章で指摘した通り、ＩＣＲＰが被災者のみならず全人類に対して仕掛けている思想闘争でもある。日本政府はこの思想闘争をさらに単純化して、つまり放射線防護科学によって得られた科学的合理性がそのまま社会的合理性をも提供すると見なして、日本国民に対して安全神話をひそかに仕掛けている。

その際に紹介した、今道友信の倫理もしくは徳目の内実が世につれ移り変わるという説[21]が真実であるなら、双方の緊張状態のなかで、やがてＩＣＲＰが勧める通りに被災者はおしなべて帰還し、被災地で低線量被ばくを自己管理しながら受忍して生きることが「善い」という倫理意識が定着する可能性もあるのではないか。また、仕掛けられている思想闘争が完遂されてしまう可能性もあるのではないか。だが、そうした状況において、

ＩＣＲＰ的な倫理意識が、ヨナスの「未来倫理」の定言命法にある「地球上で真に人間であると言える生命」という命題による検証に耐えうるかどうかが問題となる。

したがって、「未来倫理」は行政エリートや技術エリートに属する一部の人間だけが引き受ける倫理ではありえないだろう。「リスク社会」において、専門家は素人市民に対して優位に立ってリスクの決定権を独占してはならない。そうしたリスクの決定権の独占は、専門家と称する人々に本来ないはずの特権を確保させることになり、それ自体が倫理的に不当であるとアンデルスは述べていた。社会学の枠組みにより説明される現象においても、倫理学的な規範に関する洞察においても、「未来倫理」は、広く市民に開放された倫理であらねばならない。

原発事故対応について言うなら、第一部の井戸川の「証言」にあるとおり、原子力災害対策特別措置法二三条の忠実な履行により、市町村行政を通して住民の声が事故対応に直接フィードバックされねばならないはずである。また「たらちね」のような自発的な被ばく対策、被ばく管理もあってしかるべきである。そこでの素人市民の自発的な活動は、本来であればオフサイトセンターを中心に立案施行される被ばく対策のチェックを核に展開されるべきであって、素人市民の団体が個別バラバラに被災者支援や放射線汚染状況の調査を独自に行なっている状況は本来ベストではないのである。

「未来倫理」における「根本義務 Grundpflicht」とは何か

ここまで、ハンス・ヨナスの「未来倫理」の概要とその読み替えについて検討してきた。そのなかで「未来倫理」が、クロード・イーザリーとの往復書簡を通してギュンター・アンデルスが明らかにした思想と同じ方向性を有していることを確認した。加えて原発事故後の状況に合わせて、ヨナス自身が明言していなかった方向へも「未来倫理」が拡張できるのではないか、と検討を試みた。ただし、そもそも本章でヨナスの「未来倫理」に焦点をあてた理由は、アルドレッドが予防原則の倫理的な根拠とした「持続可能性」の内実を検討するためであった。さらにまた、原子力実用化以後の自然を、環境社会学（ウルリヒ・ベック）のいう「第二の自然」として記述するだけでなく、環境倫理学の観点から人間と自然との関係を再考することも課題であった。以上を念頭に、さらにヨナスの「未来倫理」の検討を深めていきたい。

「未来倫理」はその独自の定言命法に基づき、一般の権利−義務関係とは明らかに異なる様相を示す。一般に、法律上の契約によって生じる義務は、権利と不可分である。例えば、家主と借主がアパート一部屋の賃貸借契約を結んで、借主が引っ越してきたとする。部屋を借りる借主には、賃料を支払う義務が発生するが、同時に家主に修繕を求める権利も合わせて発生する。家主の側から見ると、賃料を請求し受け取る権利が生じると同時に、必要な修繕を行なう義務が発生する。また、思想良心の自由や職業選択の自由、奴隷的拘束や苦役からの自由をはじめとする自由権、生存権や労働基本権をはじめとする社会権、加えて参政権や請求権といった基本的人権は端的にあらゆる義務に先行して、各人が生まれながらに持っている権利として国家が全ての国民に対し保障しなければならない。

一方「未来倫理」の義務を考えるにあたっては、将来世代との関係を抜きにすることはできない（アンデルスのいう〝未来の現在化〟のゆえでもある）。ここでいう将来世代とは、今を生きている私たち現在世代全員が天寿を全うして亡くなった後に生まれてくる世代を指している。一般の権利−義務関係で言えば、私たちと入れ替わりに生まれてくる、あるいはもっと後に生まれてくる世代とは、権利と義務の法的関係は成立しえない。とはいえ、現在世代が天然資源の利益を享受する権利があったとすると、その権利行使により将来に生じうる危害を最小限にする義務がある、ということは言えそうだ。また、まだ見ぬ将来世代が現在世代に対し、清浄な自然を残すよう求める権利があるとは、理論構成を精緻にすれば言えるかもしれない。しかしどうあっても、将来世代が現在世代に対する何がしかの義務を負うことはできないわけで、そうである以上は将来世代との権利‐義務の相互関係は成立しないと断言してよい。

それに対し「未来倫理」における義務は、実は権利との相互関係にない。「未来倫理」の義務は基本的人権ともまた違って、一切の権利に先行する「根本義務 Grundpflicht」をその核心として成り立っているのである。誰に対する義務かと言えば、直接的には子孫に対する義務である。ヨナスは、この根本義務や自らの倫理学における「責任」の概念を再三親と子の個人的な関係になぞらえて論じている。確かに、親の子に対する責任は一方的な責任である。ヨナスは、後に成長した子の親に対する世話が期待されることもあるが、それは子に対する責任の条件にはならないと指摘する。こうした子に対する責任の起源は、自分たちの生殖行為によって生まれてきたという自然的な事実である。この一方的で、非対称な倫理的関係の経験がなければ、未来倫理の義務もまた理解することはできないだろう、とヨナスは考えていた。[22]

とはいえ、自分たちが生んだ子に対する義務と後に続く世代に対する義務とは同一ではなく、性質が異なるとも指摘される。自分たちが生んだ子に対する義務は、なるほど一方的ではあるのだが、親の子への義務は生まれてきた子が有する基本的人権によって根拠づけることができる。これに対して、まだ生まれてきていない子どもは存在していない以上、彼らの基本的人権を行為者である現在の私たちに突きつけることは不可能である。さらに、自分たちが生んだ子は〝この子〟と常に特定されるのに対し、まだ生まれてきていない子どもがどのような子なのかを特定することはできない。そうすると、「根本義務」はある特定の性質や美点を持った子ども個人を世話する義務ではないということになる。

そうであってみれば、根本義務は何らかの点で基本的人権と相互的な関係を有するのではないか。基本的人権に含まれる自由権や社会権のリストは、世代を超えて普遍的であるが、この根本義務は、後の世代の人間を一方的に生み出すことを視野に入れている。基本的人権のなかに、生殖の権利の含みはあっても、義務の含みはない。この義務の含みのなかに、〝私〟の直系の子孫がいるかいないかは、問題ではない。ヨナスは、後の世代を構成する子孫たちの顔ぶれが不確定であるということは、彼らの幸福を拠り所とする倫理の限界を意味すると指摘する。世代が後になればなるほど、どのようなことを欲するかは〝世代〟という大きな括りにおいて想定することが困難になるからである。ましてや未だ生まれぬ個人においてはなおさらである。[23]

するとやはり、「根本義務」を履行するにあたり拠り所となるのは、世代の違いを超えた、いつの時代に生きていても、人間である以上共通し、なおかつ基本的人権の項目を書き加えるだけではフォローできない特質でなければならない。ヨナスは子孫たち（まだ生まれてきていない者たちもこれに含まれる）の義務を気遣わねばならないと述べる。つまり、先に引いた定言命法にあるように、子孫たちが未来永劫、真に人間として存在する義務を気遣わねばならない。ヨナスは、科学技術がどれほど進歩しようとも、生きることそれ自体についてまわる重荷から人間が解放されることはありえないと考えていた。こうした重荷は、いわば基本的人権カタログの新たな書き加えで解決できるものではなく、重荷を背負って生きる能力を次の世代の人々に与えることと、ひいては自分の次の世代がその次の世代に重荷を背負う能力を授けることができるようにすることが「根本義務」の真意なのである。したがって、「根本義務」は次世代の子を産んで生存を課する一方的な権限を現在世代に与えている。[24] 誤解のないように記しておくが、「根本義務」において生殖出産は権限の一つだ、ということである。人類全員が子を産む義務を負っているとは言っていない。[25] 別のことを言っている。

「この重荷を負わせることは、重荷に耐える能力を我々が彼ら〔＝子孫たち〕から奪わないということを前提とする。[26]」

では、人間が生きることにつきものの重荷すら背負えなくすること、もしくはその可能性を奪うということとはいったい何を意味するのだろうか。その典型例として、放射線被ばくによる被害、またそれに関連して現出する様々な二次被害に向き合わざるを得ない人たちが想定できよう。第一部の「証言」のなかには、原発労働による累積被ばくが原因となって早死にする人が多く、そうした亡くなり方を多く目にすることによる〝死に慣れ〟という言葉があった。たとえ月当たりの給料が他と比べて高かったり、生涯賃金でいえば定年まで働いた人たちと変わらなかったり、あるいはむしろ多いのだとしても、寿命が本人の意に反して大幅に短縮してしまうことは、生きること自体の苦悩を背負うということすら否定されることになるのではないか。まして、ヨナスの根本義務は自分個人がその苦しみを背負い切るかどうかだけを問題にしているわけではない。次の世代に、逆説的なようだが、自分と同じように生の苦しみを背負えるようにすることを義務付けている。寿命が大幅に短くなれば、次世代の鍛錬や配慮の機会がそれだけ失われるわけで、根本義務の履行もその分だけ制約されたものになる。

また「たらちね」が放射線量の測定を日々行なっている理由のなかには、低線量被ばくに起因する傷病を可能な限り減らすこと、さらには万が一危害を被ったなら因果関係ができるだけ分かるようにしておくことがあるはずである。こうした取組みを、根本義務の権限の行使の一つとして理解することも可能である。つまり、次世代の誰しもが生きること自体に否応なく課される苦しみとは別の、生存それ自体を妨害する苦しみを背負わされることがないような、またもしどうしても背負わされるのであれば、その余分な苦しみをできる限り少なくして次世代に手渡しする環境条件をつくることを、根本義務の権限行使と見なすことができる。

ここで、誤解のないよう補足するならば、ヨナスは現在から将来に続く各世代の個々人に不可分の基本的人権を制限せよ、と主張しているのではない。ヨナスは基本的人権の個別項目を増やしていくだけでは科学技術が世代を超えてもたらす問題に対応しきれないと考えたのである。人間の生存につきものの重荷は、政府によって基本的人権がどれだけ確保尊重されようとも取去ることのできないものである。これを人類全体で背負いきれなくなるような状況が顕著になってきたという認識が、基本的人権とは別次元での「根本義務」が浮かび上がってくる前提にある。

将来世代の幸福ではなく、義務が問題となる理由

将来世代まで包括する倫理学を構想するにあたり、将来世代の幸福の保障では限界があることを、本書第一部や第二部のここまでの内容を振り返りながらさらに検討を深めてみよう。

放射線被ばくをただ受忍することなく、次世代、将来世代の生存環境を少しでも良好なままに保つ、また、第一部の証言にあるように、現在世代が将来世代に対して犯してしまったことの罪を少しでも償っておくことにかかわろうとする行為は、ヨナスの倫理学の観点からすれば、すべて将来世代を存続させよという定言命法に根拠づけられる。それと対照的に将来世代の存続自体は自然の成り行きに任せ、将来世代の在り方、生き方だけにあらかじめ配慮することを義務付けようとすると、当然別の倫理学的根拠が要求される。ヨナスは、倫理学が人類の存続自体を義務と位置づけずに、将来世代のありように限って論じようとするときに起きる事態について、次のように論じた。

「〔生存させよという〕命令を、幸福主義の倫理学が単独で提示することはできないし、同情の倫理学単独でも提示できない。こうした倫理学のもとでは、生存させよという命令が禁止していることの多くが可能となり、その命令の要求することのいくつかが拒否できることになる。[27]」

幸福主義の倫理学には多様な思想が含まれる。ICRPの放射線防護倫理も、リスク－コスト－ベネフィット分析をその根底に据える以上、幸福主義の一つに数えることができよう。しかし、二章で詳細に論じたとおり、ベネフィットとリスクないしコストのバランスを倫理的な最適解とする放射線防護倫理は、まさに未来倫

理が要請する〝生存させよ〟という命令に反することを容認してしまい、さらにその命令が求めることのいくつかを拒否することにも道を開く。すなわち、防護の最適化をめざすALARA原則は、放射線被ばくをできる限り低減することを求める原則ではない。それどころか低減することができたとしても、それが経済的合理性や社会的合理性に合わないと判断されれば、低減をしない。これに対して、未来倫理が要請する〝生存させよ〟という命令は、それに反する恐れのある事項との最適なバランスをとることを認めない。低線量被ばくのLNTモデル（放射能被ばく線量の人体への影響には、しきい値がなく線量の増加に比例して被害も大きくなるという考え方）が科学的に否定されない限り、〝生存させよ〟という命令は放射線被ばくをできる限り低減することを無条件に指示する。

ICRPや2章で触れた「低線量被ばくのリスク管理に関するワーキンググループ」の論法に慣れてこれらを受け入れてしまっている人なら、被ばくによる生命や健康への悪影響を、避難生活がもたらす被災者本人の心身への悪影響や人間関係の悪化に帰着させ、放射線被ばくを被害全体のなかの一つの要素として扱ってバランスをとるような選択を薦めることもあるかもしれない。しかし実際問題として、帰還困難区域を居住地にしていた住民の多くは、生存に明らかに危険があるからこそ別の土地で暮らしているのだし、避難指示が解除された地域、もしくは避難指示が出されなかった地域の住民にとっても、放射性物質の現存が全ての苦悩の出どころであることに変わりはない。低線量被ばくのリスクを承知で、影響が予想される地域で生きる人々が、被ばくそのもののリスクの重大性を、喫煙のリスクや生活習慣の乱れによって生じる肥満のリスク等と同じか、それより低く見積もっているなどと、私たちは考えてはならないのではないか。

例えば第一部の石丸小四郎の証言を振り返るなら、彼はインタビューからさかのぼること四年前に脳梗塞を患っている（五二頁）。UNSCEAR（原子放射線の影響に関する国連科学委員会）や日本政府は、唯一小児甲状腺がんについて原発事故との因果関係が疑われることは認めている（ただし、因果関係があるとは認めていない）ものの、基本的に福島第一原発事故に起因する被ばくが直接の原因で健康被害が生じることは否定しているので、これも原発事故と直接の因果関係はないことになる。一方で、広島と長崎の原爆被爆者の調査から、脳梗塞を含む脳卒中及び脳卒中以外の循環器疾患死亡率と被ばく線量との間には有意の関連があると認められている。[28] 石丸自身は、自らの疾患を放射性物質の内部被ばくとの関連において捉えていた。

つまり、どれだけ日々の生活のなかで自覚しているかは個人差があるだろうが、被災地で生活を続けている人々の大半は、決して先のＡＬＡＲＡ原則に則って最適なバランスをとっているのではなく、被ばくの危険性は承知のうえで、それでもなお各個人ないし各家庭の諸事情でそこで暮らしているのである。「たらちね」のインタビューで様々な人のエピソードが語られているが、その内容はすべてそのことを如実に示している。ＩＣＲＰが低線量被ばくのリスクが見込まれる地域で確立しようとたくらむ「放射線防護文化」は白々しい。被ばくリスクを自律的に個人管理して生きていくために、専門家が情報提供をするというその基本的な指針は、最適化原則と結びつける限り放射線被ばくのリスクを他と比べて相対化することを要求するものとなる。それは明らかに、はるか将来世代まで〝生存させよ〟という「未来倫理」の命令とは異なる非倫理的指針である。

ここまでの議論からより明瞭になったことは、アルドレッドが予防原則の倫理的な根拠として挙げた「持続可能性」とは、ヨナスの論理に即せば「持続義務」と言うべきものということである。ところで、そうは言っても、そもそもなぜ人類の生存を人類自身が脅かしてはいけないのだろうか。あるいは、人類を含む地球上のいのち全体のありようを不可逆的に損ねるようなことをなぜしてはいけないのだろうか。核エネルギーの軍事、民事利用に関して、特に民事利用とそれに伴う事故やトラブルによって放出される放射線は、ウルリヒ・ベックが言うように五感で感じ取れないために、その危険性の認知には大きな幅がある。さらに、放出された放射性物質の沈着状況は一律ではなく、場所によって大きな差が出るために、実際の危険度にも大きな差がある。そのためもあってか、日本ではウクライナをはじめとするチェルノブイリ法の水準で放射性物質の危険性に対処する施策は実質的に行なわれていないし、国際的にもALARA原則が施策の基本的な指針として採用されている。

つまり、生命に対する危険性と経済的利益とのバランスが優先され、人類の生存、ましてや地域社会の存続は最優先事項になっていないのが実際のところなのだ。言い換えれば、経済合理性を超える倫理としての「持続可能性」の観念は、日本国内外で文字通りの原則として必ずしも共有されているわけではなく、環境政策上の数ある方針の一つに過ぎず、適切と考えられる範囲において適用されているに過ぎない。しかし肝心の人間自身が、周囲の環境だけでなく、自らのいのちの出どころでもある自然が「第二の自然」とまで言われるほどに汚されていることに目を向けず、自分のいのちを自己意識の続く範囲内のものとしか見なさないなら、自らよりも後の世代がこうむる問題に対する優先順位は、世代内で生じる問題と比べてどうしても低くなる。もちろん、子や孫に既に恵まれている人々は、自分の死後のその子や孫たちの運命を我がことのように気をもむことも多いだろう。とはいえ、それも自分の子と自分の孫たちに限定された心配、その自らの直接の子孫たちが、幸せと感じられるかどうかの心配に落ち着くこともありがちではなかろうか。その場合、拡張されたエゴイズムでもって、直接の子孫たちの福利を確保しようとして、下手をすると現在世代内での争いを引き起こしかねない。

やはり「環境正義の原理」が人間をはじめとするすべての生命を「母なる大地」との関係において位置付けたように、「持続可能性」が、ICRPが服する経済合理性を超える内実を持っていることを根拠づけるには、個々人の自意識を超えた、人間の内部と外部を含んだ生命全体の持続可能性が主題なのだ、と言わねばならない。ヨナスは「未来倫理」を、まさに自然におけるいのちという存在のあり方に直接根拠づけた形で論及している。そこで本章では、さらに、ヨナスの提示する生命観を紐解くことを通して、ヨナスがどのようにして「未来倫理」を根拠づけようとしているのか、その要点をさらに深くたどることとする。

2 ヨナスの宗教思想、自然哲学および倫理学研究における「自然」と「善」

有機体と環境、胚と身体の二極から成る生命

ヨナスは一九〇三年から一九九三年に至る約九〇年の生涯のうち、亡くなる直前まで延べ半世紀以上を哲学・倫理学研究に捧げた碩学だが、研究対象には変遷も見られる。一九三三年にナチ党が政権を奪取するまでは、故郷ドイツで古代後期（西暦一世紀から三世紀ごろまで）の思潮について、当時の異端宗教思想（グノーシス主義）を中心に研究していた。ナチ党政権奪取以後、ユダヤ人排斥政策の危険性にいち早く行動を起こし、イギリスへ移住、さらに英軍に入隊し中東戦線で枢軸国軍との戦いに従軍する。ナチスのドイツ支配と第二次世界大戦は、ヨナスに西洋文明自体の行き詰まりのあらわれとして認識された。そこで戦後、精神と肉体とは互いに別の実体であるとする心身二元論の世界観、あるいは哲学を克服することを目標として、心身一元論の自然哲学の樹立に力を注ぐようになった。

ヨナスの宗教思想研究と自然哲学研究とは関連なく互いに独立し完結しているわけではない。人類史に対するヨナスの見立てによれば、当初世界は生命が満ち溢れているところとして捉えられていた。つまり人間はアニミズムの世界観、生命観において生きていたのである。[29] その世界観のなかで、しかし必ず直面する〝死〟は解釈しがたい謎として立ち現れていた、とヨナスは述べる。その謎から、やがて物質には生命がないという認

識が生まれ、生命なき物質世界と内的生命の二元論が展開されていく。ヨナスいわく、その二元論はオルフェウス教から始まり、グノーシス主義において極致に達する。グノーシス主義は生命なき死の世界と霊的要素をもった自己の対立というよりも、さらに過酷な世界像と人間像を提示した[30]。つまり、神的要素が、死せる物質から構成される肉体（および世界）に囚われている状態という人間像と世界像を提示したのである。

　グノーシス主義の世界像と人間像について、ヨナスの『グノーシスの宗教』を参考にさらに記してみる。宇宙創成以前に神が（それぞれの宗派によって異なるものの）好奇心などを理由に自らとは異質なものをもたらしてしまい[31]、その異質なものが造物主となって世界の一切を創造する。造物主は「原人」（「世界」の外、神の領域にある）に似せて人間の身体をつくり、造物主自身の心的衝動をそこに吹き込んだのだという。その心的衝動が人間の欲望や情念である。こうした欲望や情念は、グノーシス主義において「魂（プシュケー）」と称される[32]。世界のなかに断片のようになって舞い落ちる神の一部は、そのように造られた人間の「魂」のなかに囚われるのだ、という。つまり、グノーシス主義は単なる心と体の二元論ではない。神的要素（これを「霊（プネウマ）」と称する[33]）と、神とは異質な造物主が造りし世界および魂との二元論なのである。

　グノーシス主義は宗教思想なので、魂と肉体という牢獄から自己の神的要素である「霊」を解放することが救済であるとする。ただし、これは自殺の奨励ではなく、むしろ定められた現世の生において、「霊」を清浄に保つべく「魂」を汚さないように厳しい戒律に則って生きることを求める[34]。

　もちろん、西洋古代後期のグノーシス主義的な自然理解と、近代以降の自然理解とでは内容が異なる。グノーシス主義の信者は、善なる存在である神と牢獄的な魂や肉体や世界を創造する造物主とが区別されており、善なる神の一片が悪しき造物主によって創造された世界と魂や肉体とに囚われているので、自分のなかの神的要素、すなわち善の要素を造物主の悪によって汚されないように戒律を守って生き抜くことができれば、死後に救済されると信じたと言われる。一方で、近代以降の自然観や世界観においては、救済の次元はなく物理法則が支配するのみである。しかし、ヨナスはグノーシス主義同様、近代の自然観も世界を生命なき世界とするという点で共通性があると見なし、かつグノーシス主義の二元論が近代以降の唯物論的世界観を準備したと考えた。アニミズムにおいては生命こそが万有だったが、唯物論においては物質が万有である。唯物論的世界は、いってみれば死の世界である。そこでは生命こそが謎としてあらわれている。生命は、唯物論的な世界像において根本的に偶然的な存在にすぎない。[35]

「この環境の生命を可能にする条件は、生命にとって異質な万有と生命に無関心な物質の法則から生じる、ひとつのありそうにない偶然である。[36]」

さらに、生命を生むに至った環境もまた偶然の産物でしかない。そのような環境に生まれてくる有限の生命は、死に対する差異でしかない。つまり生命は、「つかの間の死に対する差異」である。[37]

とはいえ、ヨナスはアニミズムの時代からグノーシスに代表される内的生命と物質の二元論を経て、近代の唯物論的世界観に至る変化を向上や改善ととらえてはいなかった。ヨナスいわく、生物の身体を唯物論的世界観において理解しようとする限り、「有機体及び生命としては、理解されないまま[38]」だからである。アニミズムにおいては、死は理解しがたい謎としてしか、しかるべき地位を与えられなかった。他方、唯物論的世界観においては生そのものを理解することができない。だからと言って、ヨナスはアニミズムへの回帰を主張しているのでもないし、唯物論的世界観が未熟なアニミズムよりも優れた世界観であったり、中立的な世界観であるわけでもない、ということを述べているのである。人類が営んできた歴史において、生命が優位の世界観から死が優位の世界観へと変遷してきたが、死は生の観点から理解し切ることはできず、生は死の観点から理解し切ることはできないのである。

ヨナスは近代の科学的な世界観を受け入れたうえで、生命よりその死つまり物質が優位とされる世界において、生命をどのように位置づけたらよいか、ということを思索した。死が優位の世界観では、人間であれ他の生物であれ、いのちある生き物を物理法則に即して生命のない物体と同列にしか理解することができない。こうした世界観を踏まえたうえで、ヨナスはダーウィニズムの進化論を自らの自然哲学に導入する。非有機体から有機体への最初の一歩について、ヨナスは次のように述べた。

「その一歩は仮説の上では、偶然がつみ重なる確率に無理にこだわる必要がないくらい小さいものとしてよい。」[39]

ただし、いったん生命そのものが発生したなら、その後の確率過程は独立事象にならない。つまり、進化のプロセスが累積的に展開される。生物の進化は世代間における遺伝を媒介に、突然変異と自然淘汰によって引き起こされる。ヨナスは、生命とは自然淘汰を引き起こす「条件」としての外部環境と、突然変異の可能性を内側にはらむ有機体とからなる一つのシステムと理解する。言い換えると、環境と有機体という二極構造において、有機体という極において引き起こされている振る舞いが生命である。生物の「種」とは、有機体と外部環境との均衡状態をあらわす。つまり、環境の変化により均衡状態が崩れると、均衡を回復しようとして突然変異や自然淘汰が生じ、新たな種という均衡に至ろうとするのである。[40]

生物の種とは、有機体と外部環境との間で均衡を保っている状態である、というヨナスの理解の根底には、有機体が環境に対して開かれ、依存しつつ独立しているという事実認識がある。有機体は環境との間で常に物質交換を行なわなければならないし、現に行なっている。物質交換を絶たれてしまえば、その有機体の個体は死を迎える。だから、外部環境のなかで生きる有機体は環境に依存して生きているのである。しかし、だからと言って環境と一体というわけではない。物質交換を行なうことによって、環境から独立した個体として存続する。いかなる種であれ、一つの個体はやがて寿命を迎えるが、ヨナスの理解では生殖質は新たな個体を得る(個体発生する)ので、種としてはさらに存続する。

ヨナスはさらに、生命は有機体と環境から成る構造において成立するものであるだけでなく、胚Keimと身体の二極構造において成立するものと理解していた。身体とはここまで述べてきた有機体に該当する。有機体(=身体)は、胚にとっては外部環境であり、さらに身体外部の環境からの影響を伝える媒体でもある。この図式に従ってヨナスは、各生物種の個体は、生殖質Keimplasmaが持続していくために差し伸ばす〝若い枝〟のようなものだという。[41]

「生殖質を養育し保護する環境を生殖質に提供するために、この若い枝は生殖質から次々に芽吹かされて成長する。[42]」

いうなれば、受精したての受精卵においてその存在をすでに確認することができる生殖質は、身体をその乗り物として自ら生み出し、順々に乗り換えて存続していくと解することができる、とヨナスは言っているのである。

このようにして、ヨナスは本格的に倫理学の書物を著すはるか以前から、生命の世代間の継続への関心をもっていた。とはいえ、どのような生物種であれ、各世代の各個体が環境との相関関係において獲得した形質を胚に逐一伝え、次世代へ影響を与える、つまり遺伝するかといえば、そうではない。獲得形質それ自体は遺伝しないのである。したがって、胚への環境の影響とは、胚の存続、次の身体を獲得できるかどうかというところにのみ関っている。個体の源となる胚は、個体間では子を産まないことや、生んだ子が早くに亡くなることもあるので、そのレベルでは存続が断たれることもあり得る。だが、種のレベルで見るなら世代間の継続は断たれることはなく、いわば不死である。

生物学と倫理学の違いはどこにあるか――ドーキンスとヨナス

しかし、ここまで述べてきた事柄は、自然界において営々と築かれてきた事実を説明したにすぎないのではないだろうか。実際のところ、生物学者に前項で取上げたヨナスの生殖質と個体の関係についての考えと似た考察をした人物がいる。リチャード・ドーキンスである。ドーキンスの理論は社会生物学と呼ばれるが、主著『利己的な遺伝子』に基づいて簡潔に検討してみよう。

ドーキンスは、私たち人間だけでなく、すべての生物が「遺伝子によってつくりだされた機械」であると考えている。[43] この考え方は生物学者ヴァイスマンの「生殖質の連続」説から発想したものである。[44] ヨナスが、先述のように生物の各個体は生殖質が持続するための〝若い枝〟のようなものだと位置づけたのも、実はヴァイスマンの同じ学説を参考にしていた。では、ヨナスの生命哲学と、それを土台にして展開された「未来倫理」は、社会生物学に包摂されるのだろうか。

ドーキンスは生物学者である。その科学者としての自覚から、彼は『利己的な遺伝子』について、「私は進化に基づいた道徳を主張しようというのではない」と断っている。[45] あくまで人類を含め地上の生き物がどのように進化してきたのかを論じるのだ、と言う。しかし進化とはそもそも何なのだろうか。ある生物種から別の生物種が突然変異によって生まれ、世代交代していくなかで淘汰されて生き残っていくことを指しているのだろうか。ドーキンスは淘汰を見る水準を「種」ではなく、遺伝子に置く。[46] ドーキンスによると遺伝子とは、自己を複製し、また自己を存続させるための身体を作り出す機能を持つものである。[47] この遺伝子が、自らのコピーを生み出して存続しようとする際に、ミスコピーが生じるが、これが遺伝子の変異である。変異した遺伝子の方が変異前の遺伝子を淘汰してしまうことも起こりうる。ドーキンスは進化をこのようなものとしてとらえた。[48]

ドーキンスは、すべての遺伝子を含むゲノムを中心に生命とその進化を「生命誌」（生き物の歴史物語）としてとらえる中村桂子とも違って、遺伝子を非常に細分化してとらえる。例えば、二組四六個の染色体のなかの、父親から受け継いだ8a番の染色体は、父親の精巣のなかで、父方の祖父母の染色体が混ぜ合わさって作られたものである。また自分の子の8a番の染色体は、自分自身のものと全く同じものではなく自分のパートナーの染色体と混ざり合って新たに形成される。染色体そのものを遺伝子とすると、その寿命は一世代ということになる。そこでドーキンスは「もっと小さな遺伝単位、例えばあなたの染色体8aの一〇〇分の一の長さの遺伝単位の寿命はどうか」と問う。ドーキンスの推論によると、それを父親、あるいは母親がその親から同一のものを受け取った確率が九九%になるという。つまり、遺伝単位を細分化すればするほど、世代間で同一である確率が大きくなる。また、同一の遺伝単位が世界内に多く存在する確率も高くなる。その、染色体内で非常に細分化した遺伝単位を、ドーキンスは「遺伝子」として位置づけるのである。[49]そして変異をこうむらず世代を超えて複製し続けて存続しようとするこの「遺伝子」の性質を指して、利己的と称するのだ。[50]

したがって、「利己的」という言葉があらわしている内容を、生物各個体の生存本能の利己性であるとか、人間であればその主観における利己性として捉えてはならないのだという。たとえ他の個体や種の存続に利する利他的な行動に見えたとしても、「遺伝子」の水準で見れば、「遺伝子」の存続に資する利己的な行為であるとドーキンスは主張している。[51]したがって、科学者であるドーキンスは個々の人間の主体性や複数の人間の言語を介したコミュニケーションに基づく意思決定、もしくは群集心理のようなものにも行為の原理を認めない。あくまで「遺伝子」が自身と同一の「遺伝子」を複製して存続することが行為の原理である。ある個人が理性的に行為していようと、感情に任せて行為していようと、ただ流されて行為していようと、その行為の根底には利己的な「遺伝子」のはたらきがある。

ちなみに中村桂子は、一九九〇年代に既にドーキンスの理論が分子生物学の進歩によって時代遅れになっていると批判し、「遺伝子」ではなくゲノムに焦点を当てた「生命誌」を構想した。その「生命誌」も、著書『自己創出する生命』を読む限り、個人や集団の主体性そのものに関する理論ではない。もっともこれは、中村の「生命誌」が学として劣るということではなく、生物科学と倫理学の違いということである。[52]

倫理学であれば、行為の原理は人間に求められなければならない。その際、行為の原因が身体から独立した自己意識にあるとヨナスは考えなかった。生命としての人間自体に行為の原因があると考えたのである。ヨナスが言うところの人類史におけるアニミズム（汎生命論）の時代は神話の時代でもある。神話が語る生命の意味合いは、近代以降の科学が語る生命とは異なり、おのずとそこにプラスの価値が含まれている。アニミズム以後、グノーシス主義においては、身体並びに世界に囚われている神的要素の身体と世界からの解放は「救済」になる。すなわち、この「救済」とは、アニミズムの時代に生命そのものと不可分であったプラスの価値をもった存在を救い出すことなのだ。人間の持つ価値が危機にさらされているという理解が、グノーシス主義の根本にあった。これに対して、近代以降の科学的な世界観のなかには、アニミズムやグノーシス主義にあった価値の居場所がない。宗教的な次元がもはや説得力を持たない以上、この世界のなかに価値をつなぎ留めなくてはならないのだが、その居場所がないということなのだ。価値をどのようにして世界のなかに見出していくか、という課題を設定し、これにヨナスはずっと取組んできたのである。

事実と価値——なぜ人類は存続しなければいけないのか？

とはいえ、例えば人間の過ち（直接の原因は、命令に従って気象観測を行ない原爆投下にゴーサインを出したり、企業人としての業務判断だったりする）によって、生命の営み、少なくとも人類の今後の生存そのものを存続不可能にする道筋がひらかれてしまったり、現に地域社会そのものが（アンデルスが記した内容に沿った言い方をすれば）「未来完了形」的に喪失してしまう瀬戸際に立たされたりしていることも、確かにいずれも不道徳なことなのかもしれないが、やはりすべて事実以上の問題ではないのではないか。なぜ、人類を絶滅させたり、地域社会を放射能汚染によってほろぼしてしまってはならないのだろうか。

ヨナスは、こうした問いかけが「善」という価値の認識一般の問題に結びついていると考えた。いわく、

「〔善とは〕もしそうしたものがあるとするなら、単なる可能性にとどまらず、おのずからその実現を迫ってやまない（あるいは既に実在しているなら、正当にさらに実在し続けようとする）唯一のもの。[53]」

確かに、善と称するものがあったとして、実現してもしなくてもよいものだとしたなら、それは実は善いものではなくて、誰かが好きなものにすぎない。だから、善はどこかしらで主観性を超えたものでなければならない。そこで、ヨナスは「存在するものに価値を帰属させることができる[54]」と書いた。確かに、無には何ものも、たとえ無価値であっても帰属させることができない。一方、存在するものには価値、すなわち善、あるいは無価値の双方を帰属させることができる。このことから、存在することは存在しないことに無限に優越していて、さらに世の事物を総計した時に無価値が上回っていたとしても、その優越は揺らがない、とヨナスは言う。

「存在するものに価値を帰属させることができるなら、その根本的な可能性自体が、決定的かつ比べる基準なき卓越を生み出すだろう。価値を持ちうるということは、それ自体がひとつの価値であり、それはあらゆる価値のなかの価値なのである。[55]」

またさらに、無価値でありうることも一つの価値であるとも指摘される。というのも、何ものかが「ある」ことによって、それが善かったり駄目だったり、すなわち価値と無価値の違いに開かれていることが、無よりも存在、無いよりも「ある」ことの方が望ましいことの保証を存在そのものに与えるからだ、という。ただし、価値が価値として、主観性を超えて客観的に善いものとして確保されていなければならないという条件が付け

られる。[56] では、客観的に善いものとはいったいどのようなものなのだろうか。

自然界に目的は実在し、その目的こそ善である

ヨナスは価値、すなわち客観的な善の実在こそが倫理学を基礎づけると確信し、『責任』（特にその3章「目的と『存在のなかでの目的の位置』について」）において極めて緻密な思弁を展開している。その一連の思弁を細部に至るまで検証することには、本書の主題が揺らぐほどの紙幅が必要となる。したがって、ここではヨナスが客観的価値の実在を肯定する自然哲学的思弁の骨子を述べるにとどめる。

結論を少し先取りすると、ヨナスは価値が「目的」に存していると考えている。ここでいう「目的」が、思考によって企画し、意志によって実行する人間の主観性だけにあるのではなく、現在から未来へと生きるすべての生命に内在していることを論証しようとする。また、「価値」という言葉は、一般に何らかの形で人間にとって〝有用〟であるということを表わす意味でとらえられることが多い。しかし、ここでの「価値」は一切の有用性から独立して、実現を要求してくる客観的善を意味する。

ヨナスは目的と価値は同じではない、という認識からスタートする。ヨナスのあげる例に沿って記すと、例えば金づちは釘などのものを打ちこむという目的を有している（ただし、その目的は制作者である人間が与えたものである）。しかし、釘などを打つことを価値のないことと見なすことは理屈のうえでは不可能ではない。この一点でも、目的と価値が同じではないことを示すには十分だろう。[57] では、私たちは釘を打ちこむ金づちの価値評価（金づちの善し悪し）をどのようにして行なっているのだろうか。ヨナスは次のように書いた。

「私がいわば対象そのものの『観点 Gesichtspunkt』をとることによって、私は対象に内在する目的の認識から、対象がその目的により適しているのか、より適さないのかについて…裁くことができる。[58]」と。つまり、ある

金づちと別の金づちを比べて、どちらの方がいいとか悪いとかを言うことができる。それは、金づちを単なる物体として俯瞰する観点でなく、釘を打つ金づち自体の観点で考えるということだ。ちゃんと釘を打ちこめるかどうか、あるいは雄型を叩いて雌型にちゃんと押し込めるかどうか、おのずと優劣の判断が可能である。ただし、この金づちの場合はあくまでも有用性という価値にとどまる裁定である。

それに比し、有機体（身体）を構成する各器官は、有機体を生かすという目的に適っている。各器官がその機能を十全に果たすことによって、有機体全体の目的が達せられるのである。それに対し金づちの目的はあくまでその制作者である人間が与えたものである。だが一方で、ドーキンスをはじめとする生物学者は、有機体の各器官の機能は有機体全体が維持されるように調整されているだけで、目的を遂行しているわけではないと考える。いや、ドーキンスのいう利己的な遺伝子は自己を複製して存続するという目的を持ち、身体をおのれが生存していくための機械（乗り物）として生み出しているのではないか、と反論する人もいるかもしれない。これについてドーキンスは、利己的という言葉でもって「遺伝子は盲目的な自然淘汰の働きによって、あたかも目的を持って行動する存在であるかのように仕立てられている」が、それは「言葉の節約」なのだという。すなわち、「目的意識を前提にした表現を遺伝子に当てはめてしまった方が便利」だから、利己的という言葉を使ったというのである。実際は「遺伝子は、将来の遺伝子プールのなかにおける自分のコピーの数を増やそうと努力していると表現した場合、実際の意味はわれわれが自然界においてその効果を目にすることのできる遺伝子は、将来の遺伝子プール中における自分の数を結果的に増加させることのできるような挙動を示す遺伝子だろう」ということなのだと。[59]

こうしたドーキンスの考え方を科学的にとらえたとき、たとえ利己的という自分を利する目的を意味する言葉が用いられていたとしても、それは現象を分かりやすくするための比喩でしかないことになる。つまり目的という観念は、ドーキンスの生物科学の思考からは排除されているのである。[60]

これに対しヨナスは、まず随意運動の観点から目的の実在を説くことを試みる。「『歩行』に代表されるような人間と動物の随意的な身体運動の領域は、目的や目標を通した決定が実際に行なわれている場である」[61]と指摘し、目的が確かに実在するという見解を崩さない。

〝随意〟ということなので、目的の実在は意識において確保されると考えられるが、その場合、目的は意識を有する生物種、しかもその生物種の意識的、つまり〝随意的〟行為においてしか現れないとされる。意識を持たない生き物、あるいは人間の不随意的な運動においては目的が認められない、ということになる。このような考えを肯定するとしたら、進化の系統発生の過程で突然、主観性という全く異質の行動原理が登場したことになる、とヨナスは指摘する。[62]主観性の出どころはどこだろうか。それについては二つの考え方があり、まず一つ目が「進入説」、すなわちこの世界に属さない超越的な主観性が存在していて、進化の過程で生成された分子配列に降臨してきたというものである。しかしヨナスはこの考え方を取らない。物質に支えられていないむき出しの精神の実例を誰も知らないからである。[63]

二つ目の考え方が、「創発説」である。生化学者ピエル・ルイジ・ルイージによると、そもそも創発とは「より複雑性の低い下位の構成物が集合することによって、より高い複雑性が実現される際に生じる、それまでには存在していなかった新しい性質の出現を表現するもの」[64]だという。原子と分子の関係から考えると、例えば水素原子と酸素原子は双方とも水分子の性質を全くもっていない。あくまで水素原子二つと酸素原子一つが結合することによって水という物質がはじめてあらわれる。この例は創発に関する研究でよく取上げられている。また、それまで無生物しか存在しなかった世界に、生命が誕生することも、創発に該当する。さらに、心理学者ロイド・モーガンは一九二三年に、進入説のように異なる原理が自然界に介入せずとも、系統発生の過程で主観性が自然界に現れることが創発に該当すると述べている。ヨナス自身の主観性の創発に関する理解は、このモーガンの説に依る。[65]それでは、主観性は創発したと言えるのだろうか。ヨナス自身が主観性の発現を記した箇所を見てみよう。

「……有機組織が一定の分かれ目となる境界状態に達すると、新たな、より包括的な因果性構造が――例えば、原子的に、分子的に、結晶的に、有機的に、等々――そのような因果性構造を前もって形成していなかった段階に重なり一気により複雑な性質を有するようになる。……主観性の出現はこうした進化上の『跳躍』である。だから、主観性の出現に先行する段階、主観性の出現の下敷きとなる段階を理解するのに、『目的』を持ちこむ必要がない。……これならば、確かに意識的行為には我々の主張する通り目的が付随しているが、意識のない器官の機能には目的は付随していないことになる。[66]」

確かに、ヨナスはここでは主観性の出現を「跳躍」と述べていて、主観性以前の段階が主観性を潜在的可能性としてあらかじめ含んでいた、とは言っていない。しかしモーガン説の意味で創発を理解していたヨナスは、精神が単純に創発したと考えているわけではなかった。創発した主観性が、例えば足のようなそれ自体に主観性のない身体器官のはたらきを方向付けるとなると、創発する前から有機組織が主観性を目指していたことになる。モーガンの論理ではあくまで、後から創発したものは先にあったものに偶然付け加わるだけなのだ。創発説を貫こうとすると、肉体に付け加わった主観性が、主観性内部で目的を有してその目的を目指すことは認められるけれども、主観性が実際に身体の活動をつかさどることはあってはならない、ということになるのだ、すなわち主観性は現実世界に対して無力でなければならないとヨナスは指摘する。これは一般的に随伴現象説と呼ばれるが、[67]実際の人間は随伴現象説に沿って生きているわけではない。随伴現象説とは逆に、主観性の活動、すなわち思惟が出現すると、身体活動が身体内外の刺激が原因となる盲目的な反応から、思惟が立てた目的を達成するための行為へと移行する。[68]

ところで、モーガン以後の創発説の研究においては、相対的に複雑性の低い階層から、より複雑な階層が創発した後、先の水素および酸素原子と水分子の関係のごとく、新たに創発した高い階層が、出所となった低い階層に作用してその性質を変える「下向きの因果関係」が肯定されている。つまり、ヨナスが創発説に難色を示すのは、創発した主観性と身体との間にまさにこの「下向きの因果関係」を認められないからだが、現代では逆に新たに創発した主観性が身体に働きかけ、思惟しない動物の身体のありようとは異なるものとすることが創発に起因するものとして数え入れられるという解釈がある。[69]

ヨナス自身は、動物と人間をはじめとする創発元と創発先の断絶を、ある種の連続性で補うことを考えていた。

「この原理〔＝創発〕は、……単に形式的な連続性でなく、内容を持った連続性の原理で調整される必要がある。それによって最上部の最も豊かなものから、下部の全てについて説明がつくはずである。[70]」

この「最上部の最も豊かなもの」は、後でも指摘するが現時点での進化の頂点である人間を指している。進化論は、進化があらかじめ規定されたものではないとしている。それに従う以上、創発もまたあらかじめ目指したものの実現ということではない。だから、人類もこの地球上に偶然生まれた種である。ところで、創発説の対義語は還元説である。還元説とはすなわち、人間を含む生物の本質をできるだけ単純な活動へと還元しようとする考え方である。[71] この考え方からすれば、人間の本質も主観性やそれに起因する活動にはなく、他の生物と同様に自己保存することのみにあるということになるだろう。自己保存の自己を人間という種ととらえた場合、ある個人、あるいは特定の人間集団の存続を犠牲にして生き残りを図ることが倫理的に肯定されることも起きかねない。ヨナスが退けるのはそのような倫理である。

進化論との整合性を確保しつつ、人間独自の倫理や文化を生み出す主観性が自然自体から現われ出る（別次元から介入してくるのではない）ような「自然」の観念を、ヨナスは次のように構想した。

「存在、あるいは自然とは、一つである。存在は、存在自身から現われ出るに任せるもののなかで、自らがあるということをおのずから証言している。だから、存在とは何かを、存在自身の証言から理解しなければならない。もちろん、……もっとも未展開なものからではなく、もっとも展開されたものから、もっとも乏しいものからではなく、もっとも完全なものから、つまり、われわれに近づきうる『最高のもの』から、存在とは何か、を理解しなければならない。[72]」

ここで「存在」という語は「自然」と置き換えてよい。ヨナスは、自然そのものの本来の性質を語ろうとしている。自然が何であるかは自然自身が証言しているという。さらにその証言は、「われわれに近づきうる『最高のもの』」においてもっとも雄弁かつ明瞭であることが示唆されている。この「最高のもの」とは、先述の通り、現時点で最も進化した生き物である人間を指している。つまり、他ならぬ自然が、外部環境からの刺激に単に反応して行動するだけにとどまらず、主観性において目的を自覚し、随意運動により達成しようとする人間という種を生み出している。さらに言い換えれば、自然は環境との相関をなして生命を構成する有機体に加え人間の主観性も共に生み出しており、かつその有機体と人間の主観性を含む全体がまさに現在の「自然」なのである。

繰り返しになるが、人間が「最高のもの」だからといって、この人間という種が、生物の系統発生全体においてあらかじめ用意されていた頂点である、という見方はヨナスの思想と相容れないものである。進化論の観点からすれば、人間は突然変異と自然淘汰の繰り返しによって、生命の起源の単純さから逸脱し続けて到達したものに過ぎない。突然変異は、変異前の種にとっては安定的な遺伝子の継承を乱すものであり、従って「実際のところ、生命の『高い』形態は、『低い』形態から生じた、それ自体では退化と区別のつかない異常な変種である。[73]」

つまり、自然そのものが入念な計画をもって生命の進化をマネジメントしているわけではないのだ。だが有機体としての個体は常に物質交換という活動を環境との間で継続しない限り、死に至る。ヨナスは、物質交換という不随意的な消化器官の機能の遂行が、有機体が生きるということから、目的が随意行為に限らず自然界に広くあらわれていると主張する。[74]自然は、生命を発生させることを通して、「生きる」という目的を告知している。[75]有機体の生とは、単に中立的な事実ではなく、絶えず物質交換をするという活動の継続に基づく。この活動を止めた時に有機体には死が訪れるのであるから、生きることは絶えず死に直面しつつ死を克服し続ける主体的な活動ということになる。さらに繰り返せば、人間の主観性は物質交換に還元してはいけない。主観性は、物質交換から度重なる創発を経て偶然に獲得されたものであるが、「生きる」という目的から逸脱していないはずのものである。

　こうした思想は、例えばドーキンスの生物学を否定する反科学的な〝思想〟なのだろうか。ヨナスは、自然科学は自然を知る際に方法論的には役立つが、生物のあり方全てを知ることには原理的にならないと説く。例えばドーキンスのような生物科学者は生命の進化について知っていて、それゆえに進化に対する関心が湧いてくるのであるが、生物のあり方そのものへの関心は生物科学の研究対象にはならない、位相の異なるものである。だが、その関心があってこそ、生物学者は生物を研究する。つまり、人間への関心が主観性の内部から外部世界へのはたらきかけの出発点となる。したがって、生物科学者が解明しえない主観性が世界の内部に実在しているのである。だから、自然科学と、自然全体に目的が存することとは両立する。言いかえれば、自然科学と自然哲学は両立するのである。[76]

　さて、ヨナスは「善」それ自体がおのずから実現を迫ってやまない唯一の価値と述べていることを前項で確認した。その善は、無に帰属することはできず、有つまり「存在」にしか帰属できない。そして、私たちが生きる自然界において、善は生命にしか帰属し得ないとヨナスは考えたのである。

　ここでの「有る」－「無い」（「有」－「無」、「存在」－「非存在」）という語の使い方だが、例えば手元にシャープペンシルが無い、という言い方を私たちは日常生活のなかでしているし、むしろ「無い」という言葉をそのように使うことの方が多いのではないだろうか。しかし、そのシャープペンシルは自分の目の前、手元にないだけで、自分の弟が間違えて学校へ持って行ったのかもしれない。だから、そのシャープペンシルは無いのではなく、他所に確かに有る。また、隣の席の同僚が間違えて捨ててしまったのかもしれない。その場合は経費で別のシャープペンシルを自分用に用立てるなどすれば、シャープペンシルは再び手元に「有る」。だから、単なる物体は手元に無くてもどこかに「有る」し、破棄されたとしても、多くの場合は代替品に取換えれば「有る」。したがって、前項からこの項まで読み解きを試みたヨナスの自然に関する思弁のなかで、「有る」-「無い」は、シャープペンシルや道端の石のような物体のことをめぐってなされているのではない。

「最高のもの」である人間の「有る」-「無い」は物体の場合と全く異なる。傍にその人がいないとき、私たちはその人が「無い」とは言わない。その人は単に外出中か、遠くに住んでいたりするかである。その人がどこからどう見ても「無い」状態というのは、死別を意味している。「無い」が死を指すなら、「有る」は生を指している。そして、その生はつねに死を克服しようとする活動である。以上の論述を踏まえ、「善」は生き続けようとする活動にこそ帰属する、とヨナスのテキストを通してまとめることができる。

付け加えるなら、ある人と死に別れたとしても、その人の記憶が遺された人から消えない以上、「死」は「無」と完全に同じであるとは言えないのではないか、と考える人もいるかもしれない。しかし、先に検討したギュンター・アンデルスの言葉にあるとおり、人類が絶滅してしまったら、記憶も併せて無くなってしまう。すなわち「未来完了形の無」である。くどいようだが、核エネルギーの実用化がこの「未来完了形の無」の可能性の扉を開いてしまったのである。つまり、ヨナスの「未来倫理」はアンデルスの思索と同様、本質的に核エネルギーの脅威を前提としたものである。

3 「根本義務」を果たす「責任」の構想

ここまでの議論の振り返りとこの後の課題

本章では、これまでジョナサン・アルドレッドが予防原則を倫理的に基礎づけるものとして提示した「持続可能性」の内実を、ハンス・ヨナスの倫理学が明らかにしているものと想定し、その議論を掘り下げてきた。ヨナスは従来の倫理学と基本的人権の擁護だけでは将来世代に至る人類の存続を倫理的に義務付けることができないと考えて、一切の権利‐義務の相互関係に先行して端的に課される「根本義務」を提唱し、この根本義務を「汝の行為のもたらす因果的な帰結が、地球上で真に人間であると言える生命が永続することに差し障りがないように、行為せよ」という形で定式化した。

ヨナスはこの根本義務を含む倫理を「未来倫理」と呼称し、原理論と実践論として構造化する。特徴的なのは、原理論に哲学的思弁だけでなく、「恐れに基づく発見術」と称される媒介知として自然科学による環境や人体への影響予測を組み込んでいることである。「未来倫理」は得られた予測値を基に想像力を働かせて、物理的被害はいうまでもなく、内面の人間性が蒙るかもしれない歪みを洞察することまで視野に入れ、その歪みを自ら恐れ、避けるように行為することを義務付ける。ヨナスの倫理学は、人類が自らの手によって絶滅する可能性を切り開いてしまった世界における人類の持続可能性を問うものである。だが生物種としての人類の絶滅を回避すればいいというものでもない。むしろ人間性が蒙りうる「歪み」を前もって想定して防ぐことを主眼とする。

本章では先に、ヨナスの倫理学に照らせば、持続可能性はむしろ「持続義務」という言葉がふさわしいのではないかと記した。さらに「未来倫理」の意味の拡張と読み替えも試みてきた。しかし、現在世代だけでなく、将来世代までを包括する「未来倫理」においては、単に義務に関する考察だけでなく、人間自身もそこに含まれる自然に関する洞察が不可欠であるということから、前節ではヨナスの自然哲学の思弁を考察した。その思弁から、個別の有機体の生死をこえた、世代間を貫通する生命そのものの「生きる」という活動が明らかになった。この「生きる」という活動はすなわち、「生きる」という目的を死に抗って達成し続けることでもある。また、ヨナスの思想のなかで「目的」は、人間の随意行為のみが持ちうるものではなく、人間その他の各種生物の各身体器官の不随意的活動も生きるという目的を遂行している。しかし、この個別有機体に限定されない目的自体に、生命活動の基盤となる元素間の結合力をはるかに上回るエネルギーで突進する放射線が対立するという事実が、さらに核エネルギーの実用化が人類史上初めて胚の不死性を脅かす可能性を切り開いてしまったという事実が、これからの環境倫理学を考えるうえで、ハンス・ヨナスの倫理学のもつ重要性を浮かびあがらせると考えられる。

しかし同時に、環境倫理学がいやしくも意義のあるもの足らんことをめざそうとするならば、あくまで市井の人々一人ひとりの個としての主体性を基軸とするものでなければならないことも確かである。それゆえに、本書は第一部の各証言からはじまり、第二部の特に1章において個別の証言や活動のもつ意味を汲みとりきれない日本の環境倫理学への批判から説き起こしてきた。

個別のいのちを超えた「生きる」という目的は、個々の人間の恣意や好悪を超えた客観的な「善」であるというのがヨナスの考えだが、それを受け入れた場合、個々の主体性は個別性を超えた目的を引き受け、守っていかねばならない。「未来倫理」の根本義務がなぜ人類に対して拘束力があるかと言えば、生きるという目的自体が善であるからである。だからこそ、将来に至るまで人類は人類として生き続けなければならない、と言える。しかしだからと言って、私たち現在世代から連続して自らが寿命を全うした後の世代までの生存とそのあり方を守れ、と指し示す「根本義務」とは人類にとって守りようのない、ハードルの高すぎる義務ではないのか。人間自体に、「根本義務」を引き受ける倫理的な性質ないし資質がなければ、ヨナスの「未来倫理」はお話としては崇高だが、実質的な意味のないものということになる。

そこで、ヨナスは未来倫理を人間が担うことができることを示そうとするのである。すなわち、「責任」という倫理的性質により、根本義務を履行することができるという議論を展開する。そこでここからは、ヨナスの「責任」をめぐる議論を概観し、来るべき環境倫理学をどのように構想できるかを考えてみたい。

自然哲学から再び倫理学へ――俯瞰する視点から「生きる」体験そのものへの移行

先に、ヨナスの思弁のなかで金づちを題材に、どのように私たちが価値評価を行なうのか、を整理している個所を引用した。もう一度引いてみる。

「私がいわば対象そのものの『観点 Gesichtspunkt』をとることによって、私は対象に内在する目的の認識から、対象がその目的により適しているのか、より適さないのかについて……裁くことができる。」

この箇所は金づちだけでなく、消化器官を題材にした議論にも等しく適用される。つまり〝私が消化器官そのものの観点をとり、消化器官に内在する目的の認識から、消化器官がその目的に適しているかどうかを判定することができる〟と言い換えることができる。これはいかにも難しく書いてしまっているが、考えてみればごく当たり前の話である。すなわち、私たち自身が身体を例外なく有している以上、身体を構成する消化器官の「生きる」という目的は私たち自身の目的でもあるから、消化器官が「生きる」という目的を十全に達成しているかどうか、要は健康であるかどうかを、私たちは身体感覚の変化を通して判断している、ということである。もっともなかには、機能の衰えや低下がある程度以内に収まっていれば、痛みなどの感覚に訴えない器官も応々にしてあるが、それでもやがては全身に影響が及び、様々な疾病を引き起こす。その疾病によって、「生きる」という目的の遂行が妨げられるときに私たちの心身は苦痛を覚えるのである。

例えば先に上げた、自然が生命を発生させることを通して「生きる」という目的を告知しているという議論は、やはり自然全体を俯瞰する観点からのものである。しかし至極当然ながら、有機体である私たちは「生きる」過程で、「生きる」営みそれ自体を棚上げすることはできない。生物学者が生命を俯瞰して研究していたとしても、その生物学者自身も毎日食べ、排泄し（環境との物質交換の絶え間ない遂行）、時には消化器官の病気を患ったりして、「生きて」いる。そうであってみれば、問題は周辺環境と相関関係を結んでいる有機体である人間が、どうすれば有機体一個体の営みを超えて種としての人類の存続につながる道筋を見出すことができるのか、という論点へと移行する。そこでヨナスは、「責任」に一有機体の個別性を乗り超え種としての人類の存続を可能にする倫理的性質を見出してゆくのである。しかし、「未来倫理」の根本義務を担いうるとする「責任」について考察する前に、一般的に「責任」は何に対して、どのようなものとして負ったり負わされたりしているか、二つの方向性から概観しておこう。

倫理学一般における「責任」に関する議論

「責任」について倫理学的に分類する際、一つには過去になしてしまったことに対する責任か、もしくはこれから生じ得ることに対する責任か、で区別される。例えば民事訴訟において損害賠償請求をされ、敗訴した被告には賠償する責任が生じる。この場合の責任は、過去に被告が成したことの結果に対するものである。また、国際線旅客機のパイロットは航空運賃の代価として、乗客を安全に目的地まで送り届ける責任がある。しかしパイロットには乗客を目的地へと送り届けること以外の責任はないし、送り届けた時点で責任行為は完了し、それ以上求められることはない。先の被告も、例えそれが重大であったとしても、自らがなしたこと以外の事柄に対する責任を追及されることはない。

もちろんパイロットには、墜落しないように、という未来に起こりうる事柄を起こさないよう努める責任がある。この、未来に起こりうる事柄を起こさないようにするという側面がより際立っている一つに、例えば海水浴場等のライフセーバーの責任がある。ライフセーバーは海水浴客や地元の住民の自由な行為の結果として起こってはならないことが起こらないように見守る、またいざという時に救命を行なう責任を負う。水難事故からの救命には相当の体力と、水辺ないし水中行動に伴う特別なスキルが必要なことはいうまでもないが、そのような緊急事態が起こらないようにするために、ライフセーバーには案内や誘導、警告やゴミ拾いや啓発活動など、多様な対応が求められる仕事がある。つまり、水難事故を起こさないという事柄が常に課題として課され、その課題を状況に即してそのつど異なる仕方で臨機応変に解決していく類の責任が求められてくる。

次に、責任の構成について概観する。責任を倫理学、ないし法哲学の論理で構造化する場合、行為者である責任主体と、行為の目当てである責任対象、そして責任行為を責任行為足らしめる責任審級から構成されるという考え方が最も簡単かつ一般的と思われる。例えば、行為者Aが対象者Bに怪我を負わせたとすれば、Aが原因となりBが怪我した、という因果関係が成立する。しかしこれだけでは、突風が吹いたためによろけてBが転んで怪我をしたという物理的な因果関係との区別ができておらず、責任を負う、負わせるの議論に至らない。一方が他方を殴って怪我を負わせた事例と風に吹かれて転倒して怪我をした事例を区別するのが、審級の有無である。

例えば法的責任であれば、行為者AがBに対して責任があるか否かを法に照らして決定する。この場合、法こそが責任の審級なのである。この審級があってはじめて、AのBに「対する」(For) 責任が成立する。そしてそれはAの法の「前の」(in front of) 責任なのである。さらに道徳的責任の審級として、例えば良心をあげることができよう。仮に法に反することでなかったとしても、良心の前で、良心に照らして責任をおのずと感じる時、怪我をさせたBに対する責任が成立するのである。

以上のようにまとめることのできる「責任」が、ヨナスの倫理学においてどのようなものとして展開されているのかを見てみよう。

乳飲み子に対する責任　その1――責任の原型

ヨナスは再三、乳飲み子に対する責任を『責任』本文中で引き合いに出す。例えばこうである。

「子孫たちNachwuchsを世話Sorgeすることは自発的である。それゆえに道徳法則の呼び声を必要としない。子孫たちを世話することは人間の客観的責任と主観的責任感情の一致のなかでも、最も自然な原型である。自然はその世話することを通して私たちに衝動によってはあまり保障されない類の責任全てを前もってしつけ、責任に対する私たちの感情を前もって準備した。[77]」

この文章は説明が要る。人間以外の動物たちはすべて、倫理を持ち出すまでもなく自分たちのやり方で子孫たちの世話をする。また動物たちの間には、ある草食動物と別の肉食動物との間で敵対関係もある。だが、敵対関係に見える種同士の関係も、それによって一つの種だけが繁栄していたずらに増えても、全体のバランスを乱しすべての生命の死滅に至るということが結果的に起きてしまう。一見すると敵対的関係に見える種同士の関係はそうした事態を抑止する働きを内在させ、地球大の共生関係を存続させてきた。こうした状況はなるほど事実に相違ないが、しかし、単に路傍に石が落ちているという事柄とは性質が異なるとヨナスは考えていた。つまり有機体が環境との相関関係において生きることは、絶え間ない物質交換という活動であって、それは無に対抗して存在を絶えず選択することを意味している。こうした生命それ自体が有する中立的でない傾向をヨナスは「当為Sollen」と位置づける。

一般的に当為とは、「〜なすべし」という文で表されるもので、文中に当為があればその文は道徳命題となる。人間以外の生き物たちは、その全体的な共生関係においては倫理道徳の助けを借りることなく、自然本性に基づて当為を完遂している、というのがヨナスの見立てである。種としての人間も、生き物である以上、自然本性により子孫の世話の準備ができている。「道徳法則の呼び声を必要としない」というのはそういう意味である。しかし人間は、他の生き物たちと違って「知」と「選択意志」をもっているので、外部環境とのかかわり方がパターン化されていない。人間は他の生き物たちが本能で完遂する乳飲み子の世話をしないという選択や、世話をしようとしてかえって乳飲み子を傷つけてしまうような選択をすることもありうる。また、例えば通常の医療行為では助けることができない状態の乳飲み子をどうにかして助けるために知恵を絞ることもある。その時、自らの知恵が及んで乳飲み子を助けられた人と、残念ながらそうでなかった人がいるだろう。[78]

「知」と「選択意志」を持った人間に対して、自力で生きることのできない乳飲み子は責任対象として現れる。そして、目の前の乳飲み子に対する責任こそ、本人の意志をこえて一有機体の個別性を乗り越えさせる人間に固有の道徳的性質である。自然は死と対決し、乗り越える生命を、偶然とはいえ生み出した。有機体としての個体はやがて死ぬが、生殖質は個体を乗り換えて生き延びる。これは生命ひいては自然を全体的な視点で俯瞰する見方である。しかし、私たちは他ならぬ有機体の個体であり、私たち自身が絶えず存在を選択し続けている。つまり「生きて」いるのである。乳飲み子が客観的責任の対象となるのは、それが私たちと同じく「生きて」いるからである。「生きて」いるにもかかわらず、乳飲み子はおのれの生を自身の力によってまかなうことができないがゆえに、その当為が他者に向けられるのである。乳飲み子が「生きて」いることを私たちは自身の身体の経験に照らして知覚する。仮に、自身に空腹の経験やのどの渇きの経験が一切なければ、乳飲み子が泣きながら訴えていることが何かが分からないだろう。同時に「生き」続けるためには助けがいることを乳飲み子の訴えを通して知覚する。[79]

ヨナスの倫理学において、責任の対象となるのは常に主体である私の外部にある「善」、つまり生きようとする生命である。今取上げているのは特に乳飲み子が対象である場合だが、乳飲み子という善（乳飲み子が誰しも聖人君子であるという意味でないのは、ここまでお読みいただいた方にはお分かりだろうと思う）を責任主体である私が脅かしていたり、あるいは、乳飲み子という善が第三者によって脅かされているときに、私に助ける力がある場合に、責任対象たる乳飲み子は私に対して責任を呼び掛けてくる。その呼びかけを聴き取った私が利己心を恥じ入る感情こそが責任感情なのだ、とヨナスはまとめたのである。[80] そして、ヨナスに言わせればこの乳飲み子に対する責任こそ、他の全ての責任行為の原型なのである。

乳飲み子に対する責任　その2――乳飲み子を飢えて死に至らしめることについて

乳飲み子のもつ性質について、ヨナスは以下のように掘り下げている。

「乳飲み子は、既に生まれてそこにいるということ自体が保証する、命の保全を求める権力と、まだ生まれていない者は他者に要求することもできないという無力とが自分の中でひとつに合わさっている。つまり乳飲み子は生きるというすべての生きとし生けるものの無条件的な自己目的を持っているが、その一方で、その生きるという目的を達成するに足る能力をまだ身に付けていないのである。この、生きる力をものにしなければならないがまだ持たない乳飲み子は、非存在（死）の上に寄る辺なき存在（生）を宙づりにされている、生と死の中間に位置する者である。生と死の中間を生の方へと別の行為者が橋渡ししてやらねばならないのである。[81]」

これは倫理学者ヨナスが、親が絶えず気配りして自分の乳飲み子が必要としていることを支えてやらない限り、乳飲み子一人では何もできず、しまいには命を落としてしまう、ということをいわば学問的な語法で書いた、とも言える。ヨナスは、乳飲み子はおのれ自身の当為を呼吸によって周囲に告知し、その告知が乳飲み子に関わりうるところにいる他者は、乳飲み子が求めていることに応えるべき責任が伴うとも言う。その責任はまずは生みの親のものだが、仮に生みの親が責任を果たし得ない時、他者が果たさねばならないとヨナスは述べている。

これも当たり前の話だが、乳飲み子は生涯にわたって親の世話を必要とするのではなく、乳飲み子自身が秘めている自力で生きてゆく能力が発現し完成するための世話を必要としている。世話の内容は成長に従って変化し、やがて親の責任行為は必要なくなる。しかし、責任主体は自らが保持する世話する力、責任を履行する力を、乳飲み子が要求している世話をあえてしない方向に発揮することもできる。こうした行為は明らかに人間以外の動物たちとは異なる。動物の親も子に対する世話を完遂できないことは多々あるが、それは例えば他の生き物に食べられてしまうなどの別の種の生き物の本能のゆえだったり、あるいは荒天のゆえだったり、その動物の親の本能の力を超えた力が働いているためである。それに対し人間の場合だけが、選択の問題となるのである。

乳飲み子への責任を果たさず、死にゆくに任せることを、ヨナスは殺人や国民一般の福祉に対する罪と区別する。

「子どもの殺害は、他の殺人行為同様の犯罪である。しかし、飢え死にする子どもなんてものは、つまり子どもが飢え死にすることを許容することは、そもそも人間にとってあり得るすべての責任のなかでも第一の、最も基本的な責任に対するはずかしめである。[82]」

このことについてヨナスは「人間共通の義務の基盤は、責任と少し違う[83]」とも述べている。ここでいう人間共通の義務の基盤とは、困窮している人を助けることに該当するものである。ヨナスはその基盤が何かについて詳述していないけれども、これは当然基本的人権にその基盤を求めることができる。翻って、一人の具体的な乳飲み子に対する責任は「〔人権ではなく〕存在の創始者であることから派生する」[84]とヨナスは言う。やはり、他のどの子とも取換えのきかない〝この子〟に対する責任は、その子の生みの親が担うということだろうか。いや、生みの親だけではない。ヨナスがおのれの責任倫理学の最たる核心について語る箇所を引こう。

「存在の創始〔乳飲み子を生むこと〕に参画するのは、生みの親だけではない。自分の場合に生殖の秩序への承認を破棄しないことによって、この秩序に従うことに同意するあらゆる人である。つまり、自分自身に生きることを認めるすべての人である。要するに、存在創始に参画するのは、それぞれにおいて生きている人間の全員である。」[85]

ここのヨナスの記述は、先の自然哲学的な思弁と照らし合わせないとよく理解できないように思われる。すなわち、ヨナスはその自然哲学において、自然そのものが進化という系統発生においても、個々の生物の生殖行為による個体発生においても決して中立的ではなく、「生きる」という目的を絶えず遂行し、死と対決していると考察した。また人間をはじめとする個々の生き物は、それぞれの種の生殖質の乗り物としてさえ考えられるとも述べていた。私たち個体は個体の生を生きるよりほかないが、にもかかわらず自らの内から新しい命を生み出すということ、そして例え子を持たない、持てない人であってもそのようにして生まれてきたことを否定できないということから、すべての人間は過去から現在、そして未来へと連なるいのちの連鎖と創造に関与していないとは決して言えないということをヨナスは主張しているのである。

確かに原発事故が起きようと起きまいと、子どもに対する責任は親が専権的に負っているように見える場合もあろう。しかし、実際はこれには生殖の秩序に服していることを承認している多くの人が関与しているはずである。だとすればヨナスがいう「飢え死に」は、文字通り乳飲み子が食べさせてもらえずに飢えて亡くなることだけのことを指しているのだろうか。例えば、どうしても目の前のポップコーンを全部食べたくて、一緒に映画を見に来た友人の分まで食べてしまったとしても、その友人が飢えて死ぬことはない。喧嘩にはなるかもしれないが、友人は代わりに何か食べるものを探して食べるに違いない。一方で、乳飲み子のための離乳食を飼い猫が平らげるのに気づかず、代わりを用意するのを忘れることを繰り返したなら、乳飲み子はまちがいなく飢えに直面する。つまり、成人同士では問題にならないような行為の選択が、行為者の選択意志と関わらずに乳飲み子の死を招くことがありうる。それは、飲食以外にも当てはまるのではないだろうか。

例えば昨今、問題となっている幼稚園（あるいは保育園）バス車内への園児の置き去りによる死亡事件で責任を問われるバス運転手や教諭たちは、ある園児を殺す明確な意図をもって置き去りにしているわけではなく、幼稚園のクラス全体の運営に気をとられるなどして、結果的に死なせてしまった事例が多いのではないだろうか（だからと言って免罪されるわけではもちろんない）。そこで起きている事態は、明確にその乳飲み子を殺す意図をもってなす行為以外に、乳飲み子が必要な世話をしてもらえずに亡くなることがあるということを示している。事実この一連の置き去りの事例は、乳飲み子から幼児、学齢期を経て成人に至るまでの養育の責任が、その子の親ばかりか、その子の周辺の大人たちや、養育に関する社会制度を立案し遂行する任についている者に至るまで広がっていることを示唆しているように思う。

熊本市にある慈恵病院は、故蓮田太二院長が「こうのとりのゆりかご」を創設したことで知られている。ごく限られた人にさえ明かすことのできない理由で子どもを育てることができない（と判断した）母親が、自分の身元さえ明かさずに乳飲み子をゆだねようと「ゆりかご」を訪ねてくる。これは、母親が自身に子を養育する力がないと判断した際に養育の責任自体を（見知らぬ）他者にゆだねるという形の、特殊な責任の行使と理解することができる。これに対して、「こうのとりのゆりかご」は安易な子棄てを容認し促進もするのではないかという批判もある。だが、蓮田太二院長の「最も優先すべきは命を救うこと」という信念は揺るがなかった。[86] 蓮田の判断には、母親が乳飲み子を世話することを選べないという状況を座視できないという信念があったはずである。現在では蓮田院長の遺志を引き継ぐ蓮田健院長が「こうのとりのゆりかご」に加え、「内密出産（妊婦が身元を病院内の特定の人物にのみ明かして出産し、生まれた子が将来出自を知りたくなったら情報を開示する仕組み）」まで広げて実践している。

　熊本市に所在するこの慈恵病院の取組みをヨナスの倫理学に照らしてあらためて考察するなら、「ゆりかご」も「内密出産」も、存在（乳飲み子）の創始に携わっているのはその子の親だけではないという設置者の直観に支えられていると解釈することができる。一方で、個人の人権の観点から、「こうのとりのゆりかご」が乳飲み子の安易な放棄を可能にすることで、乳飲み子の基本的人権を損ねるという批判もありうるし、事実、熊本の慈恵病院に対する批判はそのようなものと考えられる。しかし、「こうのとりのゆりかご」がない限り、また「内密出産」を可能にしない限り、母親に遺棄されるより他ない命が確実に存在することも事実である。その場合、「ゆりかご」や「内密出産」を是認しない社会は、乳飲み子にとって必要な世話もされずに死に至らしめられうる社会だということになる。

　なるほど、眼前の一人の乳飲み子を直接関わりうる者（もっとも多いのは生みの親）が世話するという責任行為の原型は、常に個別的である。さらに、尋常でなく差し迫った理由で生みの親から乳飲み子を引き受ける慈恵病院の取組みも、一人ひとりの個別の乳飲み子を救い、特別養子縁組へとつなげるという個別の緊急対応であった。しかしこの個別の緊急対応は既に、院長二代の個人的な取組みを超えた社会的な取組みである。また、その個別の緊急対応を可能にするかどうかは、社会のあり方の問題でもある。したがって、ヨナスの倫理学において規定される「責任」は、個別の乳飲み子を対象とするその段階ですでに個別の乳飲み子を超える射程を内包しているのである。[87]

「親」の責任から「政治家」の責任に至る責任のスペクトル

ヨナスの慧眼もしくはその倫理学の独創は、科学技術の力が量的に増大するに伴って、その影響が以前とは質的に変化した結果生じた人類全体の存亡の危機に対し、これを回避する義務、すなわち「根本義務」が、乳飲み子に対するそれを原型とする「責任」において果たされうると構想した点にある。つまり、一人ひとりの乳飲み子に対する世話の本質と、まだ生まれて来ていない世代への配慮の本質とが重なり合うと考えられているのである。

全ての責任行為の原型である、ある特定の乳飲み子に対する責任を、ヨナスは「親」の責任と称した。これに対し、自らが所属する集団全体に対して責任を自発的に負う者を、ヨナスは「政治家」と称する。もちろん両者の責任の全体を細かく吟味すれば性質の違う点を多々挙げることができよう。にもかかわらずヨナスは、その政治家の責任と親の責任との間に、「全体性」「連続性」「未来」という三つの共通する性質があると論じる。

まず「全体性」であるが、親ははじめ自力では飲み食いすらできない乳飲み子の健康管理から人格形成に至るまですべてにおいて責任を負う。他方、政治家は国民の健康で最低限文化的な生活の保障から、多様な人生目標の追究と幸福を可能にすることに至るまで、やはりその全体に責任を負う。二〇二〇年代初頭のコロナウィルス禍を想起すると明らかなように、政治家の政治的選択や決断次第で、下手をすれば国民から死者が出る。このように、双方とも「乳飲み子」と「国民」というそれぞれの責任対象の全側面に対して責任を負っているという点で本質が一致している、とヨナスは説く。これを責任の「全体性」と称する。[88]

つぎに、責任の「連続性」とは、責任の遂行を中断することが許されない、ということを意味している。乳飲み子も、国民も生きている限り、責任主体たる親や政治家に間断なく要求を突き付けてくるからである。また「全体性」との絡みで言えば、責任主体たる親や政治家には責任行為の帰結を他に転嫁せず何が問題だったのかを自問自答することや、責任対象に過去に起こったことと現在起こっていることとの関連を考慮することが、求められるという。つまり、責任主体は責任対象が生きてきた歴史を尊重して理解しなければならないのだ、ということである。[89]

最後に責任の「未来」という性質に関連して、ヨナスは親も政治家も、自分が責任をとれなくなるものこそが責任の最終的な対象であると主張する。なるほど親も政治家も、目の前の責任対象の要請に応える形で責任を遂行する。この責任対象からの要請に責任主体の責任感情が触発されて、応答行為に至るという責任の構造についてはすでに述べた（四二三頁）。しかし、その個々の責任行為の目的は、乳飲み子の場合であれば、成人して庇護の手から離れた後に自立して生きる能力を守り育むことにある。他方、政治家の場合でいえば、自分が献身した国家と国民が、自分が引退後も繁栄の道を歩み続けられるように整えることが究極目標である。個人も共同体も、責任主体の手を離れて自由に行為することを妨げられてはならないし、[90]また、親や政治家は責任の対象となる個人や集団を、責任行為を要請しているからといって我がものとして支配してはならないとされる。[91]

「責任の対象が固有の未来を持っていることが、責任の最も本来的な未来という側面である。責任の最高の達成とは、そのためにあえて以下を試みることができなければならないのだが、その成長の世話をしては来たが、まだ成長を終えたわけではない者の権利を尊重して、責任を手放すことである。[92]」

ヨナスは、「未来倫理」の義務の遂行がまさにこの全体性、連続性、未来という三つの本質を有する「責任」において果たされると考えていたのである。特に「未来」という性質において、将来世代は現在世代と同一化できない他者である以上、将来世代の選択肢を確保するように行動することが、責任の遂行ということになる。

また、その責任は、人権を一方的に抑制し管理する非民主主義的なやり方と本質的に矛盾するものと考えられる。というのも、既に親にとって乳飲み子が自己と同一視できない他者であるように、現在世代同士でも互いに他者であるからである。

ヨナスの言う「他者」とは、支配権や所有権の対象とならないものを指す。自分とは異なる存在であっても、所有権が及ぶものであれば、自分の意のままに扱うことができるし、反対に自分はその所有する対象から何かをするように要請されることもない。そうした所有権や支配権が及ばない対象、その原型こそ「乳飲み子」なのであった。たとえ乳飲み子であっても、そして自分がその親であっても、乳飲み子を所有物のように意のままにしてはならない。また、自分の所有物であればそれが何かを知ることができるが、「他者」は自分と異なる者であり、どれほど親密であったにせよ知りえない面が残る、と指摘される。[93] そして、先の「責任を手放すこと」は他者の支配不能から要請される。現在世代の人々が、環境危機や人体への影響の可能性を「恐れによる発見術」を通して読み取り、他者である将来世代からの対処の要請として受け止め、創造的に応答するという道が指し示されている。ただ、その「他者」に対する責任遂行は完結しえないので、代々継承されるべきである。

とはいえ、将来世代の選択肢の確保を創造的に行なうという「未来倫理」を、単に選択肢の数的な多様性の確保と等置してはならないことは明らかである。例えば岸田政権は二〇二三年に、気候変動へ対処するために原子力発電所の利活用を提唱するに至った。[94] これは「未来倫理」の観点からすれば論外であって、重要なことは生殖質が歴代の身体を乗り継いで継承されていくことを妨げない文明に向かっての変革であるべきだということである。その点で、「未来倫理」は現在世代および後に続く多くの世代を強く拘束するし、その変革のプロセスが創造的に遂行されねばならないというのがヨナスの言わんとしたことである。

ところで「政治家」の責任という時に、ヨナスが職業政治家による「未来倫理」の独占的、特権的遂行を意図していると言えば、必ずしもそうではない。「政治家」の責任と「親」の責任とが共通する本質を有していることに鑑みて、ヨナスはこれを両極とし、この二極間に責任のスペクトルが広がっていると指摘する。[95] ここに、例えば政権与党において主導権を手にしている職業政治家ではなくても、責任主体となる様々な道がありうることが示唆されている。本書第一部の「証言」はすべて、図らずも「未来倫理」の義務に直面し、直接的あるいは間接的にその義務をおのれの責任において果たそうとしている人々の行動と理解することができる。ヨナスのいう責任のスペクトルの幅のなかに、より正確にいえば責任主体のスペクトルの幅のなかに、彼らもまた生きている。

さらに、責任は、その責任主体の持てる力に応じたものであると規定されている。[96] 同時に、責任を果たしたいと考えた者が自己の能力を開発したり、しかるべき権力を手に入れることも肯定されている。[97] すなわち「たらちね」をはじめとする全国各地の素人市民からなるＮＰＯのメンバーがそれぞれ必要な内容を学習してノウハウを開発して身に付けて活動することを、ヨナスの「未来倫理」の実践としてみなしても何らおかしくないのである。それがすなわち、ウルリヒ・ベックの言う「サブ政治」の実践でもあることは言うまでもない。

原発事故によって生殖質の継承までもが人間の選択の問題となった。それればかりか、生殖質の継承へのリスクが諸地域に不均等に偏在しているのが今日の実態である。このような現状を踏まえて、次世代以降の世代からの声なき要請を聴き取り、それに応じる能力を必要に応じて開発して対応しようとするなら、おのずからその取組みは多様なものとなるはずである。〝変革のプロセスが創造的に遂行されねばならない〟という命題は、「未来倫理」の義務の多様な実践を要請するはずであり、またそれ以外のあり方は考えられないものである。

ヨナスの倫理学における愛情と責任

ここまでの議論を振り返って、例えば次のような問い――親の乳飲み子に対する責任よりも愛情の方がより根源的ではないか、乳飲み子について論じるにあたって、なぜ愛情について一言も言及がないのか、さらに、国や地域についても同様に、「政治家」や責任に応答しようとする全ての人が感じる地域や国土への愛情の方がより根源的ではないか、という疑問を持った読者の方もおられるかもしれない。これについて、ヨナスがどのように考えていたかについて少し取上げて疑問への回答としたい。

人間を含むすべての生きものが内包する「生きる」という当為を、人間の乳飲み子は自立的に生命を維持できないために、周囲の他者へ向けてこの当為を発する。その言葉にならない声を、同様の当為を日々満たして生きている他の人間は聴き取ることができる。そこに乳飲み子に対する責任が生じるが、ヨナスはその際に「愛ですら問題ではない」[98]と補足し、責任が個々の乳飲み子への愛情に対して先行することを示唆する。さらに、「もし仮に、自然が〔責任主体に向けられる〕乳飲み子の当為に力強い本能や感情を通して手助けせず、さらにほとんどの場合行なわれている当為の仕事の肩代わりもしなかったとしても、乳飲み子の存在が当為を含み持つことに変わりはないだろう」と述べる[99]。

当然のこととして、ヨナスは個々の親が愛情に依って子を育てる、ということを否定しているわけではない。そのような本能を人間は持っているとさえ記している。しかし、その愛情よりもさらに根源的な倫理として、「責任」があると述べている。繰り返しになるが、こうした愛情より根源的な責任が顕現する場面として、原発事故以外にも、例えば「こうのとりのゆりかご」を想起できると筆者は考える。

愛情に対する責任の先行は政治家においても同様である。むしろ不特定多数の国民に対し、自分の子どもと全く同種の愛情を持つことは考えにくいわけだから、政治家は乳飲み子に対する場合と比べて責任の先行を受け入れやすいかもしれない。さらに「未来倫理」においては、まだ生まれてきていない人々さえも倫理的な配慮の対象になるわけで、そのような人々に対する責任は愛する感情だけで解決することはできない、とヨナスは常識的に述べている。[100]

それでも政治家にとって自分が善くしようとする地域共同体や国家は、単なる行政単位以上の意味を当然持っている。政治家の生まれ育った共同体への献身は、共同体そのものに対する連帯意識に根差している。井戸川克隆の双葉町長時代の献身も、そうした町への連帯意識、先祖代々の歴史を踏まえた町との一体感に根差していると理解できよう。こうした町との一体感において、一人の政治家が過去から現在まで続いてきた町が将来も存続していってほしいと心底願うことは自然な感情である。ヨナスはそうした連帯意識を否定しない。むしろ「愛していない何かあるもののために責任を担うことは、不可能ではないにしても困難である」から、「責任を負うべきものへの愛を何とか呼び起こすことが、求められる」と述べる。愛情はどうあっても個別的なものだが、責任を引き受ける際には、政治家であっても何がしかの選択が必要である以上、愛情の助けによって先行する責任を後押しして遂行を促すことをヨナスは決して否定しないのである。[101]

ヨナスの責任における審級と「希望の牧場」の実践の意味について

これまで倫理学や法哲学においてどのように責任がとらえられているかについて述べてきたが、そのなかで、ある特定の人間（単独でも複数でも、あるいは法人等の集団でも）に責任ありと言えるためには、責任の審級が不可欠であると述べた。では、ヨナスの責任倫理学において、審級はどのようなものとされているか、また、それが本書の課題とどのように関連してくるのかについても、一言触れておきたい。

ヨナスが説く「責任」は法的責任ではない。それは確かに道徳的責任ではあるが、良心を審級とはしないものである。ヨナスにとって責任倫理の対象は、直近の次世代から現在世代が天寿を全うした後にこの世界に生まれ来るはずの将来世代にまで拡がっている。直近の次世代が直接危害を被るとなれば良心が痛むだろうから、責任の対象を直近の次世代に限定するならば、その責任は良心を審級とするということになる。しかし問題は、おおよそ四世代以上先の将来世代へと責任対象が広がっているということにある。四世代以上先の人々への危害がどのようなもので、どの程度の確率であるのかを言い当てることは困難である。そのため単純に直接良心に訴えるということのみでは責任の遂行は難しい。また遠い将来世代に配慮するばかりに、現在世代の福利や健康を充分に維持できなくなったとしたら本末転倒である。こうした形で世代間倫理が批判されることはよくある。

ところで、本章の冒頭で述べたとおり、ヨナスはウルリヒ・ベックと異なり、人間が人間本性を含めて自然を改変するプロセスに立ち入ってしまったことに際して、自然が人間に対して返還請求を行なっていると指摘した。また、ヨナスが考える人間は、地球上の生命の進化の過程における偶然の度重なる積み重ねによって出現した「種」であって、善悪の判断能力もまた、現時点での進化の一つの帰結であると記した。そのことを踏まえて、ヨナスの「未来倫理」の定言命法はこうであった。

「汝の行為のもたらす因果的な帰結が、地球上で真に人間であると言える生命が永続することに差し障りがないように、行為せよ。」

ある行為が責任対象に対する倫理的に〝善い〟応答になっているか否かは、この定言命法を踏まえてより正確に記せば、何をもって「真に人間であるといえる生命」と言えるのかどうかという審級において吟味される。また逆に、「真に人間であるといえる生命」のふるまいとはいえないような行為の積み重ねによって、「真に人間であるといえる生命」が何か、という規準の改悪や、喪失が生じることも考えられる、というヨナス本人の執筆当時の現状認識がこの定言命法自体の背後に潜んでいる。人間という種そのものが、自然界における偶然の産物である以上、「真に人間であるといえる生命」という審級自体も偶然に到達したものに過ぎない。だとすれば、この審級の倫理的拘束力を支えることができるものは、ヨナスの語を借りるならば「この世界のなかで進化してきて得た私たちの自然本性の充分さ」だけである。[102]

このヨナスの議論を単なる抽象論と解してはならない。ヨナスの現状認識は、福島原発事故発生後の世界に生きる私たちにとってさらに切実である。本書では、「リスク社会」における科学的合理性と社会的合理性の緊張関係をいわば隠れ蓑にして、「真に人間であるといえる生命」という審級に外れた行為が、逆に倫理的に正当な行ないであると喧伝されていることを、2章におけるICRP刊行物一三八や一四六批判を通して明らかにしてきた。吉澤正巳の「希望の牧場」はまさにそうした状況と正面からぶつかる関係にある。商業的価値を喪失した被ばく牛たちをできる限り生きながらえさせようとする活動のシンプルな趣旨を思い起こしてほしい。

「人間は基本的にひどい命の扱いはしません。でも、あの時、いっぱいひどいことが起きた。そして今も毎日ニュースのように、麻痺状態のひどい命の扱いっていうのはニュースになっています。それに対して、ちゃんと命を人間が、例えペットであっても、家畜であっても、もちろん人の命でも、ちゃんとひどいことはしないんだという、そういう強いメッセージをやっぱり出す必要がある。[103]」

「あのとき、いっぱいひどいことが起きた」と、吉澤に語らしめたのは、具体的には、浪江町には原発事故当時どこからも公式な避難指示が来ず、町独自の判断で内陸部の津島地区へ逃げ、放射性プルームに遭遇し、二本松市の東和地区へと命からがら逃げたことや、牛飼いの人々が牛たちを牛舎につないだまま逃げ、餓死させてしまったこと、さらには生き残った家畜も、原発事故後の五月に殺処分されたこと等々を指している。さらに吉澤は、今でも「麻痺状態のひどい命の扱い」は浪江町をはじめとする人々の身の上に降りかかっていると語る。もっとも、吉澤のこの言葉は原発事故被災地に限られた話ではない。福島第一原発敷地内に貯留している汚染水の海洋放出が二〇二三年八月二四日から始まった。これによって名実ともに、日本政府は国内外区別なく「麻痺状態のひどい命の扱い」をすることに相成ったわけである。

ところで現在世代の環境への不配慮の因果的帰結として劣悪な環境において生きざるを得ない将来世代がいたとしたら、その耐えねばならない理不尽さに対して、死に絶えた私たちの世代にもはや届かないにしても不平や抗議の声があがってしかるべきではないか。先述のヨナスの言う「未来倫理」の第一の義務及び第二の義務とは、そのような不平や抗議を私たち現在世代が先取りして、将来世代が実際に不平を抱いたりしないようにする義務の履行である。ところが「未来倫理」の義務が果たされないまま、代替わりしてしまった場合、当の将来世代が人生を生きるにあたり、本来は無用であるたぐいの苦しみを甘受して腹も立てないどころか、そのような環境で生きることに快適さすら感じ、そういう感受性が「人間の尊厳や使命と引き換えに得られたもの」だとしたら、それこそが現在世代に対する最大の告発である、とヨナスは述べていた。[104]

つまり、「真に人間であるといえる生命」が何であるか、という洞察それ自体が、別の言い方をすれば「未来倫理」の審級そのものが、変容してしまう可能性があるということなのだ。この危険な可能性はまさに、吉澤自身が「希望の牧場」で現在なお立ち向かい、同時に私たちに向かって投げかけている問いそのものに他ならない。責任の有無をはかる審級そのものを責任対象としても位置付け、改悪されないように保護していかねばならないのである。

ICRPのALARA原則や刊行物一三八ないし一四六は、「放射線防護文化」なるものを被災地に住み続ける人々に定着させることを提唱している。また、これら刊行物に先立つICRPの二〇〇七年勧告を下敷きにして政府に提出された通称「低線量ワーキンググループ報告書」は、ICRPの「参考レベル」に準拠する形で、年間二〇mSvの追加被ばくのリスクを他の健康リスクと混交させて相対化し、避難指示解除基準の採用につなげている。[105]低線量被ばくリスクの危険性に関して、より慎重な見方があるなかで、将来あるかもしれない、あるいはまさに今生じているかもしれない健康被害を「仕方ない」と事実上容認するような政策が実施されている。

原発事故から本書執筆時で一三年余りが過ぎているが、そのような政策が不道徳ではないのか、と取上げる声はけっして大きくはない。とりわけ福島県以外の住民からは、そうした疑問の声は、さらに小さくなると思われる。もちろん、それには例えば福島県外における初等・中等学校教育における、原発事故とその後の生活への目配りの貧弱さからくる無知が大きく作用している。しかしそれにしても、この声の小ささはヨナスが危惧していた「人間の尊厳や使命と引き換えに」得られる審級の変化を許容する道を開いてしまうのではないか。

責任の審級が超越的な存在者ではなく、生物進化の過程と人間自身の行為の歴史的な積み重ねに依存しているとしても、一気にガラリと全く異なるものへと変化することはあり得ないだろう。しかし個々の政策やそれに基づく一つ一つの行為の積み重ねによって、その審級が結果的に変化していた、ということは十分に考えられる。それどころか、吉澤の証言だけを取って見ても、原発事故から十余年余りが過ぎ、取立ててエネルギー転換に関心があるわけでもなく、また自分が消費している電気が福島県内から送られてきていることにも気づかない、なおかつ汚染水の海洋放出に特段の抵抗を感じない人々が抱くこの責任の審級そのものが、知らぬ間にすでに変容を被っている可能性すらあるということではないだろうか。

私たちは吉澤の「カウ・ゴジラ」のスピーカーの出力の大きさにただ感心するだけでは不十分で、スピーカーの声をヨナス的な責任倫理の審級の改変への道を開きうるこの声の小ささに対する抵抗として理解すべきではないのか。「カウ・ゴジラ」のスピーカーの出力源である「希望の牧場」自体が、「福島原発事故のシンボリックメモリアル牧場」として存在している。「希望の牧場」の存在は、日々被ばく牛を世話して生かし続ける活動である。その「生かし続ける」という活動をめがけて、「毎日、見学とか取材の人が来る。そういう場所になったんです」[106]と吉澤は言う。

メモリアルとは記念ないし記念碑という意味である。私たちは記念に何か品物を送ったりするし、何か大きな事案であれば、記憶として継承すべく、それこそ不動の記念碑の建立を志す。しかし、吉澤の活動それ自体が、たとえ銅像のような有形の建立物がなくとも、経済合理性を倫理規範の最上位に据えてヨナスのいう責任倫理の審級を痩せ細らせる〝企て〟に抗して、訪れる人に原発事故の記憶と関心を刷新するメモリアルになっているのである。もし今後、吉澤が被ばく牛たちをすべて看取って、営みとしての「希望の牧場」がなくなったら、メモリアルとしての機能は消滅するだろうか。筆者の見解は否である。なぜなら行為そのものが喚起する記憶や関心といった無形の力は、後々まで影響力を持つことがありうるからである。筆者はその発想を、1章で取上げた吉野川可動堰建設に反対する住民投票の結果によって、以後二〇年以上も吉野川に可動堰が造られていないという事実から得ている。人々の意思表示、吉澤のいう「実力」が無形のモニュメントとして脱原発を実現する力を持つことはありうるのではないか。そして「希望の牧場」の活動は、人々を無形のモニュメントへ参集するよう呼びかけているのではないだろうか。その呼びかけは、「ひどい命の扱いはしない」という今現在の我々にとっては当然のように思われるものが見えにくいところで骨抜きにされ、形骸化しかかっている責任の審級の保護の呼びかけである。この無形のモニュメントに改めてわれわれが参集することで、その形骸化を食い止める力が継承されていく。

拡張された未来倫理におけるヨナスとアンデルスの邂逅

本節では、ヨナスの『責任』の思弁に深く立ち入る前に「未来倫理」を、招来させてはならなかった〝未来〟を実現してしまった〝過去〟の罪をも問う倫理として拡張されねばならないと指摘するところからはじめた。またそれより前、3章1節において、アンデルスのテキストに基づきそのような〝未来〟を実現させてしまった者は、未曽有の恥ずかしさに囚われてしまうということも指摘した。この〝恥ずかしさ〟に襲われるようなことを人間はしてはならない、という感情が原発事故後の新たな倫理の基礎となるべきものであろう。となれば、〝恥ずかしさ〟を何とかして先取りしなくてはならない。

先に、ヨナスの責任倫理学における責任感情の役割について言及した。責任主体は責任対象を自らの力で助けることができる、ないしは自らの力が対象の生命をおびやかしてしまっている時に、対象からの訴えによっておのれの利己心を恥じ入る感情に襲われるのだが、この恥じ入る感情こそ、責任ある応答の原動力となるとヨナスは論じている。一方、アンデルスが解釈したイーザリーの恥ずかしさは、おのれのなしたことの意味や重みに、行為の瞬間ばかりか、後々に至るまで気づかなかったことに起因すると述べられていた。もし福島第一原発の所長であった吉田昌郎も、その想像力において同種の恥ずかしさを事前に想起できたとしたら、津波による原発の破壊がもたらす被害を、ありえない絵空事としてみなかったのではないか。

つまり、原爆や原発事故その他によって大規模かつ不可逆的な被害を引き起こしてしまった者は、自分自身の想像力の至らなさや、物事を判断するために必要な視野がある面で欠落していたということの気づきによって、極度に恥じ入らされる境地に陥るものと考えられる。ここまで考えてくれば、ヨナスのいう「恐れに基づく発見術」の重要性があらためて明らかになってくる。というのも、利己心が恥じ入らされるというのは、単に我欲によって他者が犠牲になりそうだということだけでなく、危機に関するそれまで未知、つまりおのれのこれまでのやり方の依って立つ根拠が揺さぶられることにも由来する、と結論付けることができるからである。

ヨナスとアンデルスの洞察を重ね合わせると、核エネルギーによる法外な危害（およびそれに準じるほどの規模と不可逆性を伴う危害）を引き起こした者は、自身の無知に起因する責任感情によって極度に恥じ入らされるはずだ。一方、「恐れに基づく発見術」によるそうした法外な危害の予測は、危害が現実化する前にたとえ少ない可能性であっても予期された危害を、想像力をもっていくばくか先取りさせることができる。この先取りこそが、まだ見ぬ子孫たちまで含む責任対象への配慮を可能にする道を開くことができる。

もちろん、現代はウルリヒ・ベックのいう「リスク社会」なので、自らが依って立つ根拠の揺さぶりは複雑なものとなる。しかしそこで我々は、リスク社会における倫理のあるべき形をどう描くか、試されるのではないだろうか。もとよりリスク社会において専門家と素人の分断は、専門家集団による知の独占、リスク管理の決定権の独占に直結する。本書の主題の一つは、このことに起因する一般市民からの主体性の剥奪を克服する道筋を探ることにあった。

私たちは、心身ともに内側の有機体と外部の環境との相関において生きている。その相関において獲得された自然本性には、低線量被ばくその他によって冒される身体だけでなく、リスク社会特有の科学的合理性と社会的合理性をめぐる葛藤も含まれる。この両者の緊張にうまく対処できなければ、善悪の判断の不全状況へと追い込まれることになる。この不全状況、つまりICRPの「最適化原則」を判断基準として低線量被ばくの受け入れを間接的にでも強制したり、あるいは自発的に受け入れてしまうことによって、自らの命や将来世代を含む他者のいのちをリスクにさらしてしまうという状況を招き入れてしまう。こうした事態を回避するべく、ヨナスとアンデルスの思索に則って考えるならば、核エネルギーという制御不能の存在に対する軽視ゆえに、未曽有の危害を引き起こしたことに伴って囚われるに違いない恥ずかしさの感情を、多くの人が先取りして対処できる態勢を試みるところからはじめるべきではなかろうか。おそらくそうした試みの先に、その対処がしやすい社会の仕組み（それは法制度や行政の次元の改善だけでなく、素人市民が中心となってたちあげる多様な民間団体がより活動しやすくなるような行動規範、さらにはそうした規範を支える意識への変容も必要かもしれない）がどのようなものか、を考察する道筋が見えてくるように思う。

●4章註

1 本書第二部1章3節（一九九頁以下）を参照のこと。

2 Hans Jonas, *Das Prinzip Verantwortung*, Frankfurt am Main, 1979, S. 7.（以下、PVと略記）。（邦訳 ハンス・ヨナス『責任という原理』（加藤尚武監訳）東信堂、二〇〇〇年、iii頁。以下、『責任』と略記）。

3 vgl., PV, S.7.（『責任』iii頁参照）。

4 vgl., PV, S. 7-8.（『責任』iii－iv頁参照）。

5 Pv, S. 36.（『責任』二二頁）。

6 vgl., PV, S. 35-38.（『責任』二一－二四頁参照）。

7 vgl., PV, S. 63.（『責任』四九頁参照）。

8 PV, S. 65.（『責任』五二頁）。

9 PV, S. 7-8.（『責任』iii－iv頁）。

10 vgl., PV, S. 63-64.（『責任』四九－五一頁参照）。

11 別の著作では、これを人間の「実存的萎縮 die existentielle Verkümmerung」と称している。vgl., Hans Jonas, *Philosophische Untersuchungen und metaphysische Vermutungen*, Suhrkamp, 1994, S. 140.

12 vgl., PV, S. 70ff.（『責任』五六頁以下参照）。

13 ドイツ語で〝irreversible〟という形容詞が使われている。リオ宣言の採択より一三年も前だが、同様の問題意識をヨナスは持っていた。vgl., PV, S. 70.（『責任』五六頁参照）。

14 vgl., PV, S. 70 - 71.（『責任』五六－五七頁参照）。

15 vgl., PV, S. 72ff.（『責任』五八頁以下参照）。

16 実は加藤尚武もヨナスの『責任』に本邦で誰よりも早く着目していた。『責任』の難解な哲学的思弁（存在論）をカットして一九九一年に『環境倫理学のすすめ』を書いたのだ。つまりは自然に関する思弁を世代間倫理をひろく啓蒙するために、カットして書いたというのだが、ヨナスの思想をその自然に関する洞察自体をカットしてしまっては、いささか違ったものになるということは、ここまでですでに明らかだと思われる。ヨナス『責任』あとがき、四一九頁参照。

17 cf. Hans Jonas, Philosophical Reflections on Experimenting with human subjects. in Hans Jonas, *Philosophical Essays*, New York, 2010, pp. 107-133. この、ヨナスが倫理学へと足を踏み入れるきっかけになった論文には抄訳が存在する。以下を参照。ハン

ス・ヨナス、「人体実験についての哲学的考察」H・T・エンゲルハート、H・ヨナス他著、加藤尚武、飯田亘之編『バイオエシックスの基礎　欧米の「生命倫理」論』東海大学出版会、一九八八年、一九三 - 二〇四頁。

18 以上、古川元晴、船山泰範『福島原発、裁かれないでいいのか』朝日新書、二〇一五年、四四 - 四六頁参照。

19 古川、船山、四八頁参照。

20 以上、古川、船山、六八頁。

21 本書第二部2章2節「慎重さ」を参照。

22 vgl., PV, S. 84ff.『責任』六九頁以下参照。

23 vgl., PV, S. 85-88.『責任』七〇 - 七四頁参照。

24 vgl., PV, S. 88-90.『責任』七四 - 七五頁参照。

25 ちなみにヨナスはこれに関連して、最晩年一九九二年の雑誌インタビューのなかで、カトリック教会が避妊を禁止していることについて、「世界に対して責任を負うことに違反する犯罪」と批判している。世界的な人口爆発を容認するなら、将来世代の根本義務の履行が困難になることは明らかだし、さらに女性のリプロダクティブライツをないがしろにすることにつながるだろう。vgl., Hans Jonas, „Dem bösen Ende näher", Dietrich Böhler und Bernadette Herrmann (Hrsg.), *Kritische Gesamtausgabe der Werke von Hans Jonas Band* 1 / 2, Rombach Verlag, S. 458.（ハンス・ヨーナス「悪しき終末に向かって」市野川容孝訳：『みすず』第三七七号、一九九二年八月号、三九頁参照）。

26 PV, S. 90.『責任』七五頁。

27 PV, S. 90.『責任』七六頁。

28 広島県ホームページ「原爆被害の実態」一七頁参照。（二〇二二年一〇月二三日閲覧）https://www.pref.hiroshima.lg.jp/uploaded/attachment/399886.pdf

29 vgl., Hans Jonas, *Das Prinzip Leben*, Frankfurt am Main, 1994, S. 25-27.（以下 PL と略記）。ハンス・ヨナス『生命の哲学』（吉本陵訳）法政大学出版局、二〇〇九年、一三 - 一六頁参照。（以下『生命』と略記）。

30 vgl., PL, S. 32 - 36.『生命』二一 - 二七頁参照。

31 cf., Hans Jonas, *Gnostic religion (3rd ed.)*, Boston, 2001, pp. 62-63.（以下 GR と略記）ハンス・ヨナス『グノーシスの宗教』（秋山さと子、入江良平訳）人文書院、一九八六年、九一頁参照。

32 cf., GR, p. 44.『グノーシスの宗教』六八 - 六九頁参照。

33 cf., ibid. 同右参照。
34 グノーシス主義から帰結する禁欲主義的道徳に関しては以下。cf., GR, pp. 274-277.『グノーシスの宗教』三六六－三六九頁参照。また、ヨナスはこれほど苛烈な現世否定に基づいて救済を求めた背景の一つに、当時の政治権力に対して民草が全く力を持ちえなかったことを挙げる。以下を参照。cf., GR, pp. 330-331.『グノーシスの宗教』四三九－四四〇頁参照。
35 vgl., PL,S.32-36.『生命』二一－二七頁参照。
36 PL, S. 35.『生命』二五頁。
37 Ebenda.『生命』二五頁。
38 PL, S. 38.『生命』三〇頁。
39 PL, S. 81.『生命』七四－七五頁。
40 vgl., PL, S. 85-86.『生命』七八－八〇頁参照。
41 vgl., PL, S. 93-94.『生命』八八－九〇頁参照。
42 PL, S. 94.『生命』八九－九〇頁。
43 Richard Dawkins, *The Selfish Gene : the 40th edition*, Oxford University press, 2016, p. 3. 邦訳 リチャード・ドーキンス『利己的な遺伝子』（日高敏隆、岸由二、羽田節子、垂水雄二訳）紀伊国屋書店、一九九一年、一七頁参照。
44 cf., Dawkins, p.14. ドーキンス、三〇頁参照。
45 Dawkins, p. 3. ドーキンス、一八頁。
46 cf., Dawkins, p. 14. ドーキンス、三〇頁参照。
47 cf., Dawkins, p. 28ff. ドーキンス、四六頁以下参照。
48 cf., Dawkins, pp. 20-23. ドーキンス、三七－三九頁参照。
49 cf., Dawkins, pp. 36-39. ドーキンス、五五－五七頁参照。
50 cf., Dawkins, p. 3. ドーキンス、一七頁参照。
51 cf., Dawkins, p. 5f. ドーキンス、二〇－二一頁参照。
52 中村桂子『自己創出する生命　普遍と個の物語』ちくま学芸文庫、二〇〇六年、特に一〇四－一〇八頁を参照。
53 PV, S. 100.『責任』八五頁。
54 Ebenda.『責任』八五頁。

55 Ebenda. 『責任』八六頁。
56 vgl., ebenda. 『責任』八六頁参照。
57 vgl., PV, S. 105. 『責任』九三頁参照。
58 PV, S. 105. 『責任』九四頁。
59 以上一連の引用はすべて、Dawkins, p. 255. ドーキンス、三一三頁。
60 ヨナスも、まるで目的に支配されているかのように見える科学的な生命のとらえ方に関連して次のように述べている。「発生［筆者注：個体発生および系統発生］も、調整も、機能も、まるで目的に支配されているかのように見えるだけである。」PV, S. 130. 『責任』一一六頁。
61 PV, S. 128. 『責任』一一五頁。
62 vgl., PV, S.131-132. 『責任』一一七頁参照。
63 vgl., PV, S.132-133. 『責任』一一八－一一九頁参照。
64 ピエル・ルイジ・ルイージ『創発する生命 化学的起源から構成的生物学へ』（白川智弘、郡司ペギオ‐幸夫訳）ＮＴＴ出版、二〇〇九年、一三九頁。ちなみに、創発は生命体以外でも観察されるのであって、例えば幾何学において直線という概念には角度の概念は含まれず、その角度の概念には面積の概念は含まれない。逆に角度の概念は直線なくして成立しないし、面積もまた直線と角度の概念をその本質において有している。ルイージ、一四三頁参照。
65 vgl., PV, S.133. 『責任』一一九頁参照。
66 PV, S. 133. 『責任』一一九頁。
67 Vgl., Hans Jonas, *Macht oder Ohnmacht der subjektivitaet? Das Leib-Seele-Problem im Vorfeld des Prinzips Verantwortung*, Suhrkamp, 1987, S. 62-63. ハンス・ヨナス『主観性の無力 心身問題から「責任という原理」へ』東信堂、二〇〇〇年、四二－四三頁参照。
68 vgl., PV, S. 134-135. 『責任』一一九－一二一頁参照。
69 ルイージ、一四七－一四八頁参照。
70 PV, S. 135–36. 『責任』一二一頁。
71 ルイージ、一四四－一四五頁参照。
72 PV, S. 136. 『責任』一二二頁。

73 PL, S. 93. 『生命』八八頁。

74 vgl., PV, S. 140-142. 『責任』一二七－一二八頁参照。

75 vgl., PV, S. 142-143. 『責任』一二九頁参照。

76 vgl., PV, S. 136-138. 『責任』一二二－一二四頁参照。

77 PV, S.171. 『責任』一六一－一六二頁。

78 vgl., PV, S. 231-233. 『責任』二二〇－二二一頁参照。

79 vgl., PV, S. 235. 『責任』二二二－二二三頁参照。

80 vgl., PV, S. 175. 『責任』一六五頁参照。

81 PV, S. 240. 『責任』二二八頁。

82 PV, S. 241. 『責任』二二九頁。

83 Ebenda. 『責任』二二九頁。

84 Ebenda. 『責任』二二九頁。

85 Ebenda. 『責任』二二九頁。

86 47NEWS（二〇一七年四月一五日配信）「幼い命救うこと優先　首相批判も「傍観できぬ」　赤ちゃんポスト開設一〇年」（二〇二二年一二月二〇日閲覧）https://www.47news.jp/710548.html

87 「赤ちゃんポスト」に関する包括的な研究として、以下を参照。柏木恭典『赤ちゃんポストと緊急下の女性：未完の母子救済プロジェクト』北大路書房、二〇一三年。また、日本における内密出産の動向については以下の記事が参考になる。朝日新聞デジタル（二〇二二年九月九日配信）「内密出産　日本での課題は　千葉経済大短期大学部・柏木恭典教授」（二〇二三年一月四日閲覧）https://www.asahi.com/articles/ASQ987G5BQ84TLVB00R.html　「赤ちゃんポスト」とヨナスの倫理学を関連付けた研究として、以下を参照。兼松誠「倫理学は『赤ちゃんポスト』をどう論じるか。（第一部門〈哲学・思想に関する論文〉佳作論文）」『暁烏敏賞入選論文集』二〇一一年（二〇二三年現在、聖学院情報発信システムSERVEよりダウンロード可能）https://serve.repo.nii.ac.jp/?action=pages_view_main&active_action=repository_view_main_item_detail&item_id=1793&item_no=1&page_id=49&block_id=42

88 vgl., PV, S. 189-190. 『責任』一七九－一八〇頁参照。

89 vgl., PV, S. 196-197. 『責任』一八六－一八七頁参照。

90 vgl., PV, S. 197-198.『責任』一八八－一八九頁参照。

91 vgl., PV, S. 166.『責任』一五六－一五七頁参照。

92 PV, S. 198.『責任』一八八頁。

93 vgl., PV, S. 166.『責任』一五六－一五七頁参照。

94 この概要は、内閣官房のホームページから入手可能である。内閣官房「GX実行会議（第5回）」（二〇二三年一月二日閲覧）https://www.cas.go.jp/jp/seisaku/gx_jikkou_kaigi/dai5/index.html

95 vgl., PV, S. 182.『責任』一七二頁参照。より正確には、親の責任と政治家の責任との間の「スペクトル全体 das ganze Spektrum」とあり、両者の二択ではなく、その間に多様な責任主体があり得ることを、ヨナスはその記述において許容している。

96 vgl., PV, S. 230.『責任』二一八－二一九頁参照。

97 さらに付け加えると、ヨナス自身は「政治家」の野心さえ肯定している。職業政治家になる目的が自身の名誉のため等であったとしても、先の定言命法にあるとおりに「地球上で真に人間であると言える生命が永続する」ことに資する実践であれば、「善い」行為ということになる。これを責任のスペクトルに落とし込むなら、政治家以外の職業やポジションであっても、責任を先頭に立って遂行する動機は多様に肯定されるだろう。vgl.,PV, S. 180-182.『責任』一六九－一七二頁参照。

98 PV, S. 235.『責任』二二三頁。

99 Ebenda.『責任』二二三頁。

100 vgl., PV, S. 192-195.『責任』一八二－一八四頁参照。

101 vgl., ebenda.『責任』一八二－一八四頁参照。

102 PV, S. 73.『責任』六〇頁。

103 本書一四一頁。

104 vgl., PV, S. 88-89.『責任』七三－七四頁参照。

105 『低線量被ばくのリスク管理に関するワーキンググループ報告書』九頁参照。（二〇二三年一月二日閲覧）https://www.cas.go.jp/jp/genpatsujiko/info/twg/111222a.pdf

106 本書第一部一四〇－一四一頁。

結語

ここまで、原発事故発生後の環境倫理を、一人ひとりの主体性を擁護してかつ発揮する倫理として構想するべく考察を重ねてきた。とりわけ3章において、福島原発事故後のICRPの生命・環境倫理の思想に替わる新しい環境倫理学を築くうえで欠かせないであろう視点について、ついで4章で、ハンス・ヨナスの「未来倫理」を手がかりに、現代の「リスク社会」に対応した責任倫理学のあり方について詳細に検討してきた。原発事故発生後の日々の暮らしの基盤そのものを侵蝕する問題を倫理の観点から考えるために、ヨナスの「未来倫理」においては不可欠ないわゆる原理論に加え、その実践論も視野に入れ考察してきた。そこからみえてきたのは、専門家集団による知の独占の問題であり、リスク管理の決定権の独占の問題であった。つまり、原発事故後の世界において陰に陽に、互いに分断されてしまっている人々が自らの主体性でもってつながって行為する仕方を具体的に、あるいは各地域ごとに提示していく必要がある。

原発事故後の環境倫理学実践論へ向けて

原子力苛酷事故は、確かに国境を越えてグローバルな規模で大気や水を汚染する側面がある。その一方で、人々の暮らしの現場である地域社会でも深刻な問題を引き起こす。福島県に例をとれば、何より、避難指示区域が少しずつ解除されてはいるものの、今なお解除されずに住民が帰還できない地域が残っていること、それに国が避難指示を解除したとしても、人それぞれの理由（もちろんその根底には放射性物質の残存がある）で帰還を選ばないことから、自治体のなかには、地域が地域として成り立つかどうかの瀬戸際に立たされているところも多い。

そのことについて、吉澤正巳はすでに二〇一九年の段階で、帰還してくる住民の少なさから、双葉郡全体の広域合併へと発展するのではないか、と非常に厳しい見方をしていた。

つまり、かつての世代間倫理が、将来世代に対する倫理的配慮を人類の絶滅に関わる問題として捉えていたのに対し、実際には、関連諸法規上では本来放射線管理区域に該当するほどにまで放射性物質に汚染された地域の存続が問題となっている。本書第一部で元双葉町長の井戸川克隆は、愛媛県にある四国電力伊方原子力発電所を取上げ、原発事故によって地域そのものがなくなってしまう恐れ、そして住民が皆ばらばらに全国へ離散し、町行政として住民の権利を保障する手だてが事実上なくなってしまうことについて、切実な実体験に基づいて語っていた。

このような事態は全国の原発立地及び周辺自治体のどこでも考えられることから、原子力規制委員会は二〇一二年に「原子力災害対策指針」を策定し、原発から半径三〇キロ圏内の自治体に対し、事故時に住民を圏外へ避難させる広域避難計画の策定を義務付けたのである。[1] その影響もあってか、水戸地方裁判所は東海第二原子力発電所の運転差し止めを求める民事訴訟に対して、二〇二一年に原告の訴えを認め、差し止めを日本原子力発電株式会社に命じた。その最大の理由は、「〔原子力発電所から半径〕三〇キロ圏内一四市町村の避難計画を見ると、策定済みなのは人口の少ない五市町にとどまるうえ、この五市町の計画も、大地震などの自然災害による道路の寸断といった事態に備えた代替経路の確保といった検討課題が残されたまま」[2]だからである。

原子力規制委員会は原発再稼働の条件の一つとして、「原子力災害対策指針」の策定を挙げている。この「指針」のなかには、原子力苛酷事故時の住民の避難計画が含まれている。この避難計画には、住民が被ばくせずに避難できる実効性を持たせなければならないことが記されている。この避難計画についてジャーナリストの日野行介は、そのずさんさをこれでもか、というくらいに暴いている。具体的な内容は日野の著書に譲るが、本書では一点だけ指摘しておきたい。すなわち、避難計画の策定にあたり、茨城県が策定主体である市町村に対し、いくつかの前提条件を示していたというのだが、そのうちの一つが以下の記述である。

「地震や水害などの自然災害に比べて原発避難は長期にわたることが想定されるため、避難所の滞在期間は一か月とする」[3]

では、一か月過ぎた後、避難者たちはどうしたらよいのだろうか。日野は、災害救助法に基づいて提供されたいわゆる「みなし仮設住宅」(一般のマンション等の空き部屋を自治体が借り上げて避難者に提供するもの)から〝退去〟しない被災者を、福島県が「不法占拠者」と位置付け、退去を督促するばかりでなく退去しないのなら〝損害金〟を支払えと求めてきたことに対して、当の被災者たちが慰謝料を請求して福島県を相手どって提訴したという事実を書き記している。さらに日野は、「この国の政府はその後、原発災害に合わせて避難者に住宅を保障する法制度を整備することなく、二〇一七年三月末をもって自主避難者への無償提供を終了した」と記している。つまり、現在に至るまで、「自主避難者」に対しては原発事故に必然的に伴う長期に及ぶ避難生活を想定した法も、施策もないのである。[4] また、避難指示が出ている地域の住民の災害復興住宅での苦悩については、特に吉澤正巳が語っているとおりである(第一部一二六頁以下)。

こうした国・県の被災住民の人権無視の政策と対照的なのが、井戸川克隆が双葉町長在職時に構想し、ひそかに実現の機をうかがっていた「仮の町」である。この「仮の町」は、井戸川が利権者に台無しにされるのを危惧してその計画の核心を在職当時につまびらかにしなかったせいもあって、今日ではすでにほぼ忘れられた構想となっている。「仮の町」とは、放射線被ばくの心配のない土地に、森ビル(株)の一連の都市再開発プロジェクトである「~ヒルズ」に準じて人工地盤上に都市開発を行ない、双葉町、もしくは双葉郡全体でコミュニティを維持したまま移住し、世代を超えて被ばく線量が十分に減衰した時点までそこに住み、故郷に帰還する際に「仮の町」のインフラそのものを売却し、その売却益で帰還後の町の再建を図るという、場合によっては一〇〇年単位のタイムスケールにわたる大変な構想であった。[5] 二〇一一年当時の森ビル社長森稔（故人）により、技術面のみならず資金調達の面においても実現の可能性ありと認められ、二〇一一年四月から五月にかけて青写真が社内で出来上がっていた。[6]

井戸川克隆が二〇二四年現在、国と東京電力を相手取り係争中の裁判の準備書面には、「仮の町」の二案が記されている。一つは郡山市内、もう一つはつくば市での建造を想定していた。計画がとん挫する経緯については準備書面に詳しいが、特に後者つくば市への町移転（とはいえ、双葉町住民全員を強制的にそこへ移住させようとしていたのではない。コミュニティの維持継承と、他所に移住した町出身者の心身両面の拠り所としての位置づけである）を念頭に様々なルートを使って実現の可能性を探っていた。[7] ちなみに、町長退任後の大阪日日新聞のインタビューでは、「仮の町」構想をさらに発展させ、原発事故並びに（地球温暖化等の影響に伴う）大規模な自然災害を想定した、市町村単位で緊急避難できる「無人の町」を全国に複数整備しておいた方がいいのではないか、と提言している。[8]

井戸川の一連の企てや発言に対して、空論と断じる向きも多かろう。しかしそれは必ずしも適切な評価とは言えない。[9] 日野がそのずさんさを様々な角度から指摘している原発事故時の避難計画に関して、例えば茨城県日立市の場合、東海第二原発で苛酷事故が発生してＵＰＺ（緊急防護措置を準備する区域。ＰＡＺ、すなわち予防的防護措置を準備する区域が原発からおおむね半径五㎞圏内を指すが、その外側の原発から半径三〇㎞圏内が相当する）に該当した場合の一時移転先として、福島市をはじめとする福島県内一七市町村が挙げられている。[10] また、伊方原発での事故を想定した避難計画において、事故の直接の影響を蒙る愛媛県と山口県は他県と計九つの応援協定を結んでおり、そのなかには一時避難者の受け入れも含まれている。[11]

つまり、どれほどずさんでつじつま合わせでしかないような避難計画であっても、もはや他の都道府県との協力なしに避難が実施できないことを認めざるを得ないのである。そこで問題なのは、セシウム一三七をはじめとする半減期の長い放射性核種の存在である。先に引いたように、想定される避難期間が一か月では、到底避難の名に値しない。一か月よりも先、避難先で生活していかなければならないのだが、そうした長期にわたる避難生活に関する計画の策定は不可避であろう。都道府県にまたがる避難者の受け入れに関する協定が既に存在しているのであれば、それを一歩進めて、自治体単位での避難生活に関する協定の締結はできるはずである。

逆に言えば、そのような避難生活を国民全体でなるべく無くしたいと思うのであれば、選択肢は脱原発しかありえないということになる。しかし、脱原発を実現したとしても、廃炉作業に伴う深刻な事故も考えなければならないし、また地球温暖化に伴うこれまでにない規模の自然災害もあり得る。したがって、井戸川克隆のいう「無人の町」、もしくはそれに相当するような大規模な市町村単位での避難生活構想は今後不可欠になるのではないだろうか。またその避難生活構想は、吉澤正巳が浪江町長選挙の際に訪ね歩いた復興支援住宅の供与の水準にとどまっては、やはりならないだろう。吉澤は自らの牧場に「希望の牧場」と名付けているが、第一部「証言」によれば、復興支援住宅での生活は事故前、さらには先祖代々の人間関係が断ち切られてしまっていて、なすべきことも希望もない。したがって「希望の牧場」という名付け自体に、「現状は全く是認できない」というメッセージが込められている。

現状そうなってしまっている理由は、避難生活構想もなければ、これを可能にする理念が国民の間で共有されていないからである。避難生活構想の必要性を直接示している井戸川の「仮の町」は、人間にとって共同体の本質とは何か、という問いを提示している。すなわち、完全な孤立において生きることのできない人間にとって、①土地や過去から現在に至るまでの人間関係の歴史の中で生かされつつ生きるということが最も本質的なのか、それとも、②生活の課題を常に能動的に関わり合い話し合いながら解決し、あるいは楽しみを能動的に分かち合うことが最も本質的なのか、という問いである。もちろんこの両者は切っても切れない関係にあることは誰しもわかっている。しかし、それでもあえてどちらがより本質的で譲れないものなのか、という問いを、双葉町は二〇一一年当時全町避難した埼玉県加須市の騎西高校から発したのである。

井戸川は①を守っていくために、あえて②を前面に押し出そうとした。それが、故郷の土地から離れたところに築こうとした「仮の町」である。また、当時各地の避難先で実施された「七〇〇〇人の復興会議」は、「仮の町」という空間でどのように生きていきたいか、を町の人々自身に決めてもらうために行なわれたワークショップやインターネット会議、アンケート調査の総称である。結局、「仮の町」の建造がなされなかったので、この取組みも井戸川が意図していた方向で生かされることはなかった。[12]

避難生活構想の必要性が国民全体には共有されていない理由を、ハンス・ヨナスの「未来倫理」に引き付けて言い換えるならば、具体的な実践（実践論）を可能にする倫理的理念、原則（原理論）が欠けているから、ということになる。福島原発事故発生後の日本においては、原発事故に即した環境倫理の原理が必要で、その原理から原発事故発生後の生活を成り立たせる具体的な実践が構想されねばならない。

環境倫理の原理論は、現在および将来の被災者の避難生活構想以外の展望も開く。福島県は原発事故発生後に至るまで、なおも「電力供給植民地」であるという吉澤正巳の言葉を思い出そう。佐藤嘉幸と田口卓臣をはじめとして多くの論者が指摘する通り、福島県は戦前の水力発電がメインの時代から一貫して首都圏に電力を供給してきた。[13]福島第一、第二原発が廃炉となった現在でも、浜通りには広野火力発電所を筆頭に大規模な火力発電所が点在している。それゆえ、ただ単に脱原発するだけでは駄目なのだ。原発以外の大規模発電所を電力消費地から遠い、相対的に人口の少ない場所に設置し、高圧送電線を介して一括して供給するというやり方では、電力を供給する側も、電力消費地の人々も共に経済的社会的合理性の名のもとに主体性を充分には発揮できない状況が維持されるだろう。例えば大規模太陽光発電所設置による環境破壊を、原発の代わりに、あるいは地球温暖化緩和のために地域住民が飲み込まされることは不当である。

肝心なのは風力にしても太陽光その他にしても、基本的に地産地消になるべく近づけるということである。各地域、あるいは各家庭でエネルギーを創造し、それをメインのエネルギー源として使う。そして地域ごとにスマートグリッド化して、足りない分だけを地域外から購入すればいいのである。本書はそれを論じる紙幅を有しないが、技術的にはすでに十分に可能になっていると認識するものである。

倫理的原理論なき原発事故対応

原発事故被災者を含む国民の間で、共有されるべき倫理原則がないとなるとどうなるのか。それは第一部の証言や、それを受けて論じられた第二部1章、さらに2章のＩＣＲＰ刊行物に対する批判から判断すれば、ＡＬＡＲＡ原則という経済合理性の強固な原則の前に、負う必要のない苦労を多様な形で負わねばならないということになってしまう。ただし、本書にて証言して下さった方々がどのように表現しているかは様々なれど、多かれ少なかれ各々の原則に沿って行動しているし、そもそも一般的に各人が倫理的な原則を「持っていない」というには当たらない。各人が日々の生活のなかで自分が従う原則を旗幟鮮明にして大ぜいに向けて宣言しなければならないものではもちろんないし、一人ひとりが内心で必ず明瞭に言語化していなければならないものでもない。

ところが、とりわけ原発事故後の問題というのは、暗黙のものかもしれない一人ひとりの生きる原則が経済合理性原則に必ずしも沿っているとは限らず、むしろ両者の原則が対立していることである。その対立は力関係において均衡状態というわけではなく、リスクを定義する科学者と行政の側の力の方が圧倒的に強い。その強い側が、本書で見てきたようにICRP刊行物一三八ないし一四六に象徴されるような経済合理性に沿って政策判断に関わっている。ウルリヒ・ベックの言葉を借りて言うなら、社会的合理性をめぐる「科学者と行政」対「被災者をはじめとする市井の人々」との、対等でない争いなのである（付け加えるなら、原発事故以前に経済合理性原則に近い原則を自身の生きる原則にしている場合は、さらにたやすく行政側の論理に取込まれやすい）。倫理に言及する一連のICRP刊行物は、経済合理性原則を正面から掲げ、それを各人の唯一の倫理的な原則として正当化しようとする。

刊行物一三八も一四六も、被災地住民の個別の判断やニーズの尊重をうたう。刊行物一三八はあろうことかそれを人間の尊厳の尊重に根拠づけられるとまで主張している。しかし市民と行政及び科学者たちとの間の力関係の不均衡を踏まえて考えれば、市井の人々の生活における自己決定は、経済合理性の許す範囲内でしか認められないだろう。しかしそれは、個々人が持っている人生の原則に則った選択の抑圧につながる。

ゆえに、根底的に経済合理性原則に対決する原則が必要であった。本書ではそれをまず「予防原則」に求め、予防原則の倫理学的内実を、ヨナスの「未来倫理」を軸に構想した。未来倫理は定言命法「汝の行為のもたらす因果的な帰結が、地球上で真に人間であると言える生命が永続することに差し障りがないように、行為せよ」を核心に持っている。この倫理原則を礎として、予防原則の運用、適用がなされるならば、ALARA原則に基づく政策とは相当異なる方向で政策を立案する展望が開けてこよう。

健康権と「未来倫理」における根本義務の関係について

第二部2章では、ICRPのクレメントとロシャールによる、低線量被ばくリスクを他の健康リスク群と混合して相対化したうえで、総体としての社会的なリスクを最小化することが、結果として社会的健康の実現につながるのだ、という主張を取上げた。一方、WHO『健康の社会的決定要因 確かな事実の探求(第二版)』には、メリットとトレードオフの関係になく、健康にとってマイナスでしかない性質の個々の社会的なリスク要因を減らしていくことを通してはじめて社会的健康は実現される、とある。執筆者であるウィルキンソンとマーモット(以下W&M)は、放射線被ばくのリスクを項目立てて取上げてはいない。しかしW&Mの一貫した社会的健康実現のための方法論からしたら、例えば喫煙のリスクと低線量被ばくのリスクの大小を比較し、低線量リスクの方が低いからといって、低線量リスクを減らそうとせず、喫煙のリスクと混ぜ交ぜにしてしまうような、もっといえば、郷里から離れるストレスのリスクと低線量被ばくのリスクとを同一平面上で比べて相対化し、被ばくリスクをわい小化するようなやり方ではなく、それ自体に何の便益もない低線量被ばくは端的にできる限り回避すべきという結論が導かれよう。

社会的健康の阻害要因は個人の選択や努力や行動変容ではなく、個々のリスク要因を減らすことを通した社会環境の改善によってはじめて除去できるという考え方は、社会的権利としての健康権の樹立へとつながる。この健康権は、ICRPのALARA原則という経済社会的合理性の思想、すなわちリスク・コスト・ベネフィット分析の最適解に従って、さらに下げられる被ばく量を下げずに甘受させるのをよしとする考え方と根底的に対立する。他方でこの健康権は、ヨナスの未来倫理がその定言命法において述べていることと矛盾しない。例えばW&Mが社会的健康の阻害要因の一つとして挙げている社会格差は、人の生まれ育ちや事業の失敗等によって心身ともに健康に生きること自体をあきらめさせる側面を持つ。しかし、それ以外の健康阻害要因とオーバーラップさせて、複数の要因を混ぜあわせ、その総体を経済的社会的に合理的と見なせる(誰が見なすのか?)範囲でのみ縮小することを是とするなら、社会格差の是正が不徹底となって、格差の犠牲になる人々のなかに「しょうがない」とあきらめざるを得ない人々が出てきかねない。このことを是認するのであれば、これは将来世代云々以前の問題として、未来倫理の定言命法に抵触する。事故後の長期にわたる低線量被ばくは、健康を害する可能性を全く否定できないし、そのことをW&Mも是認しないだろう。また、そのような倫理観が一般化するのであれば、将来世代が「人間であるといえる」土台の維持継承として地球環境、さらに地域環境を整えることもおぼつかなくなることは目に見えている。健康権の樹立と実現は、現在世代において「未来倫理」の定言命法をまず満たしていくことにかかわってくる。

では、このような健康権は未来倫理の根本義務とどのような関係にあると考えられるだろうか。歴史的な観点からすると、健康権とは基本的人権のなかでも新しいものと考えられるが、同時にすべての人間にとって非常に根源的な権利である。しかしヨナスの倫理学の構図において考えるならば、根本義務の方がより根源的であり、根本義務が健康権を支えている。なぜなら、4章で記したように、根本義務には次の世代を生み出すという含みがあるからである。健康権はあくまで、生を享けた個々人の健康を求める権利である。ただし、こうして整理した時に、次世代以降を生み出すという含みを持つ義務が、健康権をはじめとする基本的人権を制約すると考えてはならない。むしろ逆であって、個々人に等しく与えられる基本的人権が包摂し切れずに漏れる側面において、根本義務があらわになるのだ。

「未来倫理」の根本義務と責任について振り返る

第二部1章を振り返ると、加藤尚武が『環境倫理学のすすめ』において提唱した世代間倫理、すなわち科学技術力の増大によって、現在世代が将来世代にまで深刻な悪影響を残すことを不正であるとみなし、それにつながる行為を正そうとする、当時としては新しい倫理のあり方をとりあげた。その世代間倫理は、必ずしも世代の継承を念頭に置いたシステムでないという民主主義の限界をあらわしていると加藤は認識していた。この認識を踏まえ、加藤はさらに人間が個人の欲望を最大限に充足することを目指しているという人間観に基づき、地球規模で人類の欲望の総量規制を行なうような政治こそが求められると説いた。加藤が世代間倫理において民主主義の限界を認め、「地球全体主義」という指針の下で欲望の総量規制をすべし、というとき、では誰がその総量規制を差配するのだろうか。同氏の『災害論』におけるテクノ・ポピュリズム忌避と重ね合わせるなら、個々人の主体性を結果的に侵害するような選択が考えられよう。

ヨナスの倫理学は加藤の環境倫理学と比較した場合、どのような特徴があるか。

ヨナスの未来倫理は、先にも述べたが核エネルギーが実用化（核兵器及び原子力発電）されたことがその成立の前提にある。核エネルギーの実用化は、人類に自らの手で自らを滅亡させる力を与えてしまったので、まさに人類の存続そのものを倫理的な課題にしたのである。こうした認識に基づき、ヨナスは人類の根本義務を諸権利との相互関係の枠から外し、一切の権利に根拠づけられない「根本義務」として提示したのだった。また、その根本義務は世代を超えた生殖と出産養育のサイクルのなかに位置付けられ、根本義務自体の継承が第一の義務ということになっていた。根本義務の観点から見た場合、出産は義務履行のための権限の一つとなる。[14] さらに、根本義務を世代ごとに継承し得る条件の確保も、同じく根本義務の実践（＝権限の行使）に位置付けられる。そして、核エネルギーのリスクや、さらに今日では人工化学物質の環境と健康へのリスクや、気候変動リスクをできる限り減らしていく根本義務の履行過程のなかにはじめて、各人の基本的人権が実質的に確保されるのだ、とまとめることができる。

一方で加藤は要するに、科学技術力の増進によって、人類が自らを民主主義の外部に押し出してしまったということの反映として世代間倫理を提唱している。それに対しヨナスは、基本的人権の外部に、より根源的な倫理がある、とみなしている。このヨナスの倫理学は、見方によっては基本的人権の制約を是とし、個々人の主体性を抑圧する大変危うい構造を有しているのではないかとも思われる。ではその陥穽をヨナスはどのような論理で超えようとしているのか。

ヨナスの倫理学において、根本義務の履行を可能にするのは、ある対象に対して応答する責任を負うという倫理的性質である。先に責任主体のスペクトルについて述べたが（4章四三二頁以下）、その一方の端は、出産して子をもうけた「親」である。だから責任とは、元来人間が有している道徳的性質の一つとして、生殖と出産養育のサイクルにやはり基づいていると言える。スペクトルの対極には、国民に対して責任を負う「政治家」が配されていた。だがこの政治家を、市井の人々を管理支配する特権を持つ者であり、他の者はこれに服従すべきである、と解してはならない。政治家そのものは確かに職業政治家であるが、これはあくまで責任主体の広がりを表す片方の極でしかない。ヨナスいわく、人類の存続という義務はすべての人々に対して実践が呼びかけられていて、各人は自分の持てる能力に応じた形で責任主体となることが要請されている。そのなかでも、最も能力が大きく、最も大きな責任を担う例として政治家が挙げられているのである。

先に、「親」と「政治家」の責任の共通性を指摘したが、際立った違いも存在する。親の責任は乳飲み子によって否応なく要請されるので、生みの親は（赤ちゃんポストにやむを得ず預けるというごくまれな仕方まで含めて）必ず何らかのやり方でこれを負う。これに対して、すべての人が政治の表舞台に立って国全体に対する責任に応答することを求められてはいない。にもかかわらずあえてこれに応答しようとすることを、ヨナスは「人間の比類なき自発性の特権」と評価する。[15] また〝スペクトル〟という表現が示している通りに、責任主体のあり方が多様である以上、職業政治家として核の問題に対処するだけでなく、例えば自分の日常生活の延長線上、もっと言えば親としての責任を果たすことに直結した形で低線量被ばくの問題や原発事故後の様々な問題に、自身の能力開発を行ないながら応答し取組んでゆくことも、自発性の発露である。他人から押し付けられた責任ではなく、あくまで自分が聴きとって自発的に応答する責任において、根本義務が履行されねばならない。つまり、根本義務自体は一律に人類に課されているが、どのように履行するかは各自の責任において異なる。つまり全くの自由なのである。

ただし、だからと言って被災した人々がそれぞれの生活の場で創意工夫して活動することに、福島原発事故発生後の責任の遂行を完結させてはならないだろう。第一部「証言」のなかで井戸川克隆が強調した原子力災害対策特別措置法二三条の厳格な履行、すなわちもっとも住民に近い存在である市町村行政の原発事故対応の意思決定への直接の参加が求められる。アンデルスの指摘に沿っていえば、原水爆のみならず原発事故もまたすべての人が当事者である。その当事者性を行政において具体的に確保することもまた、責任の遂行の一部をなすはずである。

一方で、根本義務の履行が責任主体の自由裁量に任されているということは、一般的に原発事故や環境問題の難しさとして表れているように思われる。すなわち、各人の持てる能力や、各人の生活への影響の度合いによって、各人のなしうること、なすべきことも個々別々ということになれば、ややもすると原発事故やその他環境問題への無関心、無行為も自由裁量のうちであると肯定されかねない。だからと言って、将来世代の存続の名のもとに基本的人権を制約して自由裁量を奪うような政策は、これもまた「地球上で真に人間であると言える生命」の継承に抵触するというわけである。

責任という人間の倫理的性質は応答の自発性を必然的に伴う。しかし、だからといって、多くの「自主避難者」がそうであるように、自己責任で被災の負担を背負い込まねばならないような政策のもとでは、そもそも将来世代に対する責任を担うことは誰にとっても難しいだろう。ウクライナ等におけるチェルノブイリ法のように、まずは帰還に関する放射線量の基準を見直し、それでもなお帰還する、住み続けることを選ぶ人と、避難先に定着することを選ぶ人の双方に対し、具体的な支援がたとえ事故から一〇余年経った後でもなされるべきである。個々人の基本的人権の制約をやむを得ないとする思想とは全く別の方向へと政策を開いてゆかねばならない。[16]

もっとも、ここまでの構想を主にハンス・ヨナスの倫理学に基づいて展開してきたが、根本義務が基本的人権リストに包摂しえないという点については様々な見解が考えられる。ヨナス倫理学を徹底的に批判し、健康権を含む基本的人権が超世代的であることをあらためて論証したうえで、現在世代と将来世代を包括する倫理を構想することも十分に考えられる。このことは、環境倫理学がアカデミズムの内外を往復しつつ取組むべき今後の課題の一つということになるだろう。

しかしいずれにしても重要なのは、経済合理性を最優先するＡＬＡＲＡ原則に対抗し得るだけの強度を持った理念の提示である。

いのちのサイクルに依拠する環境倫理学へ

ヨナスに戻るなら、基本的人権の外部で自発性の発揮が求められていることが奇妙にも見えてくるが、これは再三繰り返しているように、核エネルギーの実用化に伴い、まず人間の生物学的な生存自体を人間自身が否定できるようになったためである。それによって、他の生き物と同様に子を産み育てる身体の日々の営みに、さらには世代を超えたいのちの営みに、倫理が直接紐づけられざるを得なくなったと考えられる。だからこそ、ヨナスは二〇世紀中盤までの生物学の知見まで参照した自らの自然哲学を、「未来倫理」の基礎に据えたのである。

これは実のところ、私たち人間誰しもが生まれながらに付与されているはずの基本的人権から自分達をなかば押し出してしまったということでもある。自分自身を押し出してはみ出た先は、生み育ててやがて手放すという、すべての生き物に通じるいのちのサイクルそのものであるが、しかし同時に、そのいのちのサイクルがベックのいうところの「第二の自然」において営まれているのが現実である。してみると、ヨナスの「未来倫理」は基本的人権のいわば外部から基本的人権を救援しようとする倫理であると言える。ヨナスは人間の場合、いのちのサイクルがほかの生き物と同じように生存本能によって完遂されるわけではなく、その土台に責任という倫理的性質があることを掘り起こして、こうした基本的人権救援の倫理を構想した。また、未来倫理、ひいては原発事故発生後の環境倫理学は、「第二の自然」の汚染からの原状回復を理想形として希求しながら、第二の自然のいわば内側でいのちをつないでいく倫理である。世代をつなぐこと自体に、第二の自然の実態を常に自分たちで把握し、対策を取続ける要請が内包されている。

また、ヨナスによる人類の自然認識の変遷の解明は、ヨナス自身の未来倫理以外の道も肯定するひろがりをもっているものと考えられる。第二部2章で、ＩＣＲＰ刊行物一三八で取上げられていた「正義」という倫理的価値について批判的に考察した際に言及した「環境正義の原理」を思い起こして欲しい。その前文に、「私たち有色人種は、……土地やコミュニティの破壊と剥奪と戦うために、……私たちの母なる大地の神聖さに対する私たちの霊的な相互依存性をここに再構築する」と記されているが、この構想を時代遅れのアニミズムとして退けようとする向きは多いのではないだろうか。

確かに私たちの自然認識は、近代科学の進歩とともにアニミズムから機械論的自然観へと移り変わり、この機械論的自然観に基づいて私たちは巨大な科学技術文明を築き上げた。ところが、アニミズムが「死」を説明できない一方で、機械論的自然観は「生」を説明できない以上、両者の間に優劣は存在せず、私たちは生と死の双方を包括的に説明する自然観を持たないままに生きざるを得ない、ということをヨナスは明らかにしたのだった。

したがって、基本的人権の外部から基本的人権を救援しなければならない私たちは、科学的な自然観と神話的、あるいは民俗伝承的、もしくは体感的な自然観が交差する接点に、今後も立ち続けなければならない運命にある。

さらに、ウルリヒ・ベックによる二つの合理性に関する議論、つまり科学的合理性と社会的合理性は相互に依存し合う関係にあり、さらに社会的合理性に含まれるであろう自然観の合理性をめぐっても、科学者集団や行政権力と素人市民との間の緊張関係を踏まえるならば、権力の高低差で低い側に属する素人市民たちは自分たちの自然観を積極的に肯定し表現していく必要がある。つまり、例えば「環境正義の原理」に表現されている自然観は、非科学的であるという理由でいたずらに退けられねばならないものではないということである。権力を行使する側が提示してくる科学的合理性に基づく自然観が、経済合理性という社会的合理性に裏打ちされて、素人市民の主体性を侵害する恐れがあるなら、むしろこれへの対抗として「環境正義の原理」に表現されているような自然観が積極的に提示されねばならない。「環境正義の原理」の自然観はアメリカからの一つの提案であって、福島第一原発の被災者をはじめとして、例えば自らが生まれ育った地域の住民間で共有されていた自然観も、対抗抵抗の根拠となると考えられるのである。[17]

だが現代の自然は、伝統的に共有されていた自然観だけではない。原発事故によって自然環境や生きものの身体が、くり返しになるが、第二の自然と化してしまったことを、「希望の牧場」の牛たちは端的に証ししている。その牛たちは、ヨナスの言葉を借りると元の自然、元の身体に戻してくれという「返還請求」を体現する存在だと考えられる。それは被災者である人間による請求との合わせ鏡となっている。これもまた、被災後もなおALARA原則を飲まされて切り捨てられてなるものか、という抵抗の根拠となるのである。

このように、ハンス・ヨナスの思想を下敷きにして、ヨナス自身の未来倫理とは別に、自分たち自身の自然観を原発などによってもたらされる第二の自然や、その第二の自然の受忍を婉曲的に強要してくる権力への抵抗の倫理を構想することもまたできるのではないだろうか。環境倫理学の課題とは、素人市民の自然観と倫理学理論との間の対話を通して、第二の自然を所与のものとして受忍しない思想、まさに素人市民の思想を探し出して、理論的正当化を試みて、多くの人々と共有可能な知にしてゆくことにある。

責任と希望

本書は福島第一原発事故の被災と、その後の生活の証言をもとに、来るべき環境倫理学のあり方について、特に、第二部後半ではヨナスの倫理学を中心とした学説の解釈を通して検討してきた。そこから見えてくる新しい環境倫理の行動規範は、被災して様々な苦難を負っている人々のためだけに止まるものではない。電力供給を今なお受ける側、あるいは起こってはならないが事故が起きた際に被災民を受け入れる側にもかかわっている。さらにそれは、原発事故発生時点の倫理的な対応だけに尽きるものでもない。科学技術の力を伴って環境や人体に悪影響を及ぼしうる行為を、将来世代に至るまで基本的人権を救援する未来倫理において制御し軌道修正しよう、という提言である。

未来倫理の原理は、くり返すが、「真に人間であるといえる生命が永続することに差しさわりがない汝の行為のもたらす因果的な帰結が、地球上で真に人間であると言える生命が永続することに差し障りがないように、行為せよ」である。これに則っているか否かの判断の試金石として、ここでジョナサン・アルドレッドが倫理学概念として位置付けた「共約不可能性」を挙げておく。

抽象的とあざ笑うことなかれ。同じく抽象的なＡＬＡＲＡ原則、すなわち人間や動物の生命を社会的経済的合理性の下でつじつまを合わせようとする原則は、直接間接に現在世代から将来世代に至るまでの生存を脅かしてきた。第一部での石丸小四郎や吉澤正巳の証言をはじめとして、大なり小なり被災者が気にかけているだろう小児甲状腺がん患者の問題は、社会的経済的合理性の名のもとに事故処理を行ない、責任者の責任を軽くし、原発再稼働の道を開いたままにするために、組織的にあえて手をこまねいている例と考えられる。ヨナスに関するこれまでの記述内容を踏まえるなら、これは乳飲み子を死ぬに任せるような責任放棄に限りなく近く（これを集団的に行なっているのである）、患者の健康や生命ばかりでなく、私たちの倫理観そのものにダメージを与えて変容させる類のもの（「その程度の犠牲は仕方ない！」）である。

しかしヨナスの「未来倫理」は、究極的には現在世代の絶えた後の世代にいのちのサイクルを預け渡して託す倫理である。将来世代のありようの原理的な不確定性を受け入れつつも、あきらめることなく、人間性を継承することに挑戦し続けようとする倫理である。その挑戦の過程には脱原発や脱被ばくを目指す具体的な取組みが当然あるのだが、その取組みの行く末はますます先の見えないものとなっているのが現状である。

そこで最後に、再度吉澤正巳のいう「希望」に戻りたい。「希望」という言葉について、文筆家レベッカ・ソルニットは次のように記す。

「希望は、私たちが何が起きるのかを知らないということ、その不確かさの広大な領域にこそ行動の余地があるという前提の中にある。不確かさを認識することは、これから起こることの帰結に影響をもたらせるかもしれないと気が付くことだ。[18]」

つまり、希望は将来に対する期待の感覚である。だからと言って、それは事態の推移を単に楽観視したり、また逆に悲観視することでもないとソルニットは説く。

「希望を持つことは、〈経済格差の拡大や、気候変動などがもたらす影響という〉現実を否認することを意味しない。希望を持つことは、それらを直視し、それらに取組むことを意味する。[19]」

吉澤だけでなく、本書に収められたインタビューで証言してくださった方々は皆、現実を直視して行動している。ソルニットの言葉に従うなら、「希望」は吉澤だけのものではない。しかし依然として、あるいはこれまで以上に脱原発の道、さらには事故由来の低線量被ばくからの脱却は困難な道である。だからと言って、希望を捨ててはならない、とソルニットは言い、さらにその理由をブラジル出身の教育者、パプロ・フレイレの『希望の教育学』から重引して次のように述べる。

「最小限の希望がなければ、私たちは闘いを始めることさえできない。しかし闘いがなければ希望は霧消して、その実りは失われ、希望のなさに変わってしまう。希望のなさは悲惨な絶望に変わりうる。[20]」

だから、「希望」は大事なのである。希望がなければ行動もできないし、行動しなければ希望が失われ、絶望へと帰着するのだ、という。そして、ソルニットは大変意外なことに、二〇世紀の異端的なマルクス主義哲学者だったエルンスト・ブロッホの思想を参照するのだが、ブロッホの思想を解釈して次のように書く。

「希望を持つことは、あなた自身を未来に捧げることである。」

これはしかし、未来のために現在の私を犠牲に供することとは違う。

「その未来へのコミットメントが、現在を生きられる場所にするのだ。[21]」

私たちが、私たちの基本的人権、さらに言えば倫理それ自体を救援して防衛するために先のはっきり見えない未来へ向けて、しかしあてどなく迷走するでもなく、確固たる理念と目標をもって行動すること自体が、現在を生きられる場所にする。それは、生きられる場所に生きる私たち自身を維持する道、あるいは再生する道であろう。本書第一部にあらわれている通り、先に歩いている人が確かにいる。その道をどれだけ多くの人が見出すかどうか。ある人はその道を整え、またある人は後から連なって歩き出す、そのことをどれだけ支援できるかどうかが、福島第一原発苛酷事故発生後の環境倫理学の価値を測る試金石となろう。

◉結語註

1 日野行介『原発再稼働 葬られた過酷事故の教訓』集英社新書、二〇二三年、一二三頁参照。

2 日野、二〇七頁。

3 日野、一三八頁。

4 日野、二六〇－二六一頁参照。

5 だから「仮」とは言っても、例えば一〇〇年後に至ってもなお売却益を出すことを目指す耐久性と、用途に関する柔軟性を持つ巨大な構造物である。

6 『環境倫理』第一号、江戸川大学、二〇一七年、七七－一六四頁参照。https://drive.google.com/file/d/1Yk8FctqQ4_CiCphNhSMKGLBYTNDc6CB8/view

7 平成二七年（ワ）一三五六二号 福島被ばく損害賠償請求事件 原告第一九準備書面、二二－三四頁参照。

8 「災禍越え未来へ 被災地首長の思い《五》 頓挫した「仮の町」構想 井戸川克隆・前福島県双葉町長」『大阪日日新聞』二〇二一年一月一六日付。

9 事故前を思い返せば、大熊町、双葉町をはじめとして二〇二四年現在も人間生活に不適とされ帰還できない土地があり、また、除染ゴミの中間貯蔵施設（三〇年間の時限施設）が広がる光景は、あってはならない絵空事のはずだったのである。さらに言えば、帰還政策の一環である除染にかかった経費が約四兆円と言われているが、「仮の町」の総工費は、六本木ヒルズのそれが約二七〇〇億円だったことから推して考えるに、除染経費よりも間違いなく低かったはずである。六本木ヒルズの総工費については以下を参照した。四国新聞社ウェブサイト二〇〇三年四月二一日配信「六本木ヒルズ、二五日に開業／総事業費二七〇〇億円」（二〇二三年五月四日閲覧）。http://www.shikoku-np.co.jp/national/economy/20030421000283

10 内閣府ホームページ、「第四回東海第二地域原子力防災協議会作業部会（資料八／一三）」六枚目参照。https://www8.cao.go.jp/genshiryoku_bousai/kyougikai/pdf/05_toukai_shiryou04_8.pdf

11 内閣府ホームページ、「六－三 ケース3（海路避難、空路避難）における対応」一一枚目参照。https://www8.cao.go.jp/genshiryoku_bousai/pdf/02_ikata_02041.pdf

12 双葉町ホームページには、当時の町の人々の意見や希望の記録が残されている。『「七〇〇〇人の復興会議」における町民の意見・提案のとりまとめについて』（二〇二三年五月四日閲覧）。http://www.town.fukushima-futaba.lg.jp/2753.htm また、事故当時「仮の町」の構想は井戸川だけでなく、他の自治体でもそのような構想を考慮したり望んだりする人々はいた。浪江町の馬場町長の発言について、三浦英之『白い地図』集英社、二〇二〇年、一三五‐一三六頁参照。合わせて、東京新聞（二〇二三年四月二〇日）「地元住民の復興につながらない」を参照。

13 佐藤嘉幸、田口卓臣『脱原発の哲学』人文書院、二〇一六年。特に、第三部第三章「構造的差別の歴史的起源――電力、二大国策、長距離発送電体制」二三九‐二五九頁を参照のこと。

14 出産の自由が基本的人権の観点からすべての人に対して保障されるべきであることは当然である。ヨナスはこれを否定したり制約したりせず、別の観点があることを示し、そしてその別の観点から、人類の存続の倫理的な妥当性を主張することができると考えたのである。

15 Vgl., PV, S. 181.『責任』一七〇頁参照。

16 特に、元々暮らしていた土地へ帰る、留まることを選択する人に対しては、チェルノブイリ法に準じて保養の権利の保障や、放射線量の低い食料品の確保、医療の充実などを国家が責任をもって実施すべきであろう。チェルノブイリ法の具体的内容については、尾松亮『チェルノブイリという経験』岩波書店、二〇一八年、第一章及び第二章を参照のこと。

17 もっとも、そのような自然観そのものに行き過ぎたパターナリズム（家父長制）や、他者への差別が付随している場合は、個別に修正されねばならないのはいうまでもない。

18 Rececca Solnit, *Hope in the dark: Untold Histories Wild Possibilities*, Canongate Books, 2016, p. xii. レベッカ・ソルニット『暗闇のなかの希望　増補改訂版　語られない歴史、手つかずの可能性』ちくま文庫、二〇二三年、一九頁。

19 Solnit, p. x.　ソルニット、一五頁。

20 Solnit, p. 12. ソルニット、六〇頁。

21 Solnit, p. 4.　以上、ソルニット、四七‐四八頁。

あとがき

　本書は多くの人の力があってはじめて書き上げることができた。まず、面識もない私と科研費グループの訪問に快く応じていただいた第一部の証言者の方々である。フクシマ原発労働者相談センターの秋葉信夫さん、鈴木裕さん、そして長年にわたる反原発運動のご経験も交えて語ってくださった石丸小四郎さん、「いわき放射能市民測定室たらちね」の飯田亜由美さんと、「たらちねクリニック」医師の藤田操さん、「希望の牧場・よしざわ」の吉澤正巳さん、自ら撮影した証言ビデオを提供してくださった福島県双葉町前町長の井戸川克隆さん、以上の皆さんには、原発事故被災にまつわる個人的な体験も含め、他では読むことのできない数々の貴重なお話をしていただいた。また、私たちが福島県浜通り地方を訪問したのは二〇一九年八月であり、実に本書刊行まで四年以上お待たせしてしまった。しかもその間、こちらから何回もインタビュー原稿の校正を依頼し、その都度取組んでいただいたし、吉澤さんには希望の牧場での写真撮影にもご協力をいただいた。さらに、石丸さんからは本書口絵として収録したスライドを提供していただいただけでなく、二〇二四年に追加の談話もお寄せいただいた。本当に申し訳なく、またありがたく思っている。あらためてお礼申しあげたい。

　四つの証言がこうして世に出るまで、大分時間が経ってしまったが、今なお重要な課題が多々はらまれていることは間違いない。読者の皆さんには、まず何よりもこの四つの証言から人間の尊厳と、原子力緊急事態宣言継続中の課題をできるだけ多く読み取っていただければ幸いである。

　次に、二〇一九年度からスタートした科学研究費の研究グループのメンバー、熊坂元大、小松原織香、吉永明弘の三氏の誰一人欠けても、本書を書き上げることはできなかった。そもそも個性の強いこの三人と組んだからこそ、文部科学省に採択されて科学研究費の支給が受けられたと筆者は確信している。小松原さんには、私とは異なる観点から多くの質問やコメントをしていただいたので、第一部のインタビューがより充実した内容になった。熊坂さんは徳島大学に勤務していることもあり、吉野川可動堰反対運動に携わった村上稔さんのインタビューを二〇一六年に企画していただいた。その際の洞察は本書に不可欠である。吉永さんとは一〇年来の付き合いになるが、知り合った当時から文献研究に限定されない環境倫理学研究の道を体現していて大変勉強にも刺激にもなった。本書における筆者自身の方法論は吉永さんの影響で形作られた。

本書刊行のきっかけは、吉永さんがインタビューに基づいた考察を研究代表者である筆者の著作として刊行すべきだ、と主張したところにある。「証言」の貴重さとその重要性に鑑みて、大して逡巡もせずに賛成したのとちょうど同じ頃に、筆者は飯舘村出身の菅野哲さんの手による『〈全村避難〉を生きる：生存・生活権を破壊した福島第一原発「過酷」事故』を読み、感銘を受けた。この本は、菅野さんご自身が暮らす飯舘村の風土と、原発事故被災のありさまとが一体となって書かれている。飯舘村の風土を見つめるまなざしの細やかさは、環境倫理学でいうところのアルド・レオポルドの著作にも匹敵する。それだからこそ、原発事故被害の取返しのつかなさが読者に痛切に伝わってくるのである。こうした書物を出す出版社であれば、インタビュー原稿を大事に扱ってもらえるのではないか、と直観し、言叢社にお世話になることにした。

出版を引き受けてくださった代表の島亨さんは、コロナウィルス禍の最中にお亡くなりになってしまったが、その島さんの「ハンス・ヨナスについても取り上げてください」というサジェスチョンが本書を書いていくうえで指針となった。結局、浅学非才の筆者が四つの「証言」を引き受けて考察するには、出し惜しみをしている余裕はない。ヨナス解釈は言うに及ばず、これまでの研究のすべてを注ぎ込むだけでも足りず、二〇〇％も三〇〇％も投入しなければ到底覚束ないということが直に分かったのである。島さんを引き継いだ五十嵐芳子さんには、筆者の遅筆を大変辛抱強く見守っていただき、感謝に堪えない。スタッフの吉原航平さんには、口絵の編集をはじめとして本書を形作ってゆく過程で隅々に気をくばっていただいた。そして、編集スタッフの大矢野修さんによる徹底した校正には、卓越した識見を見せつけられた。大矢野さんの指摘は、本書の内容を豊かに、かつ正確にするうえで不可欠のものであった。

また、筆者は学生時代より多くの先生方のお世話になってきた。中でも、上智大学の故・ルートヴィヒ・アルムブルスター先生には、ハンス・ヨナスの倫理学をドイツ語原文でマンツーマンで指導していただいた。修士課程を修了してからも、上智大学の長町裕司先生には長きに及び多岐にわたるご支援をいただいて、感謝の言葉もない。そして、博士課程への進学を受け入れてくださった慶應義塾大学の故・西村義人先生の名前をここに書き記さないわけにはゆかない。若くして亡くなられた西村先生が生前、ある意味筆者自身以上に筆者に期待してくださったことのありがたみを日々感じている。

本書刊行にあたっては、島薗進先生より素晴らしい推薦文をいただいた。ほとんど面識がなかったが、本書の内容をご理解くださるのは先生だと思い、お願いした次第であった。限られた時間の中で読みぬいていただき、かたじけなく思う。

筆者を見守ってくれた父も母も亡くなった。プラントエンジニアであった父は息子も技術者になるべきだし、なるものだとばかり思っていたので、息子の倫理学研究を見守り続けることはさぞ心外だったはずである。そうは言っても、原発事故の問題に関心を持ち続ける根底には、技術一筋に生きた父からの大きな影響がある。また、本書に関して心残りは、誰よりも刊行を待ちわびていた母に本書を見せられなかったことである。遅ればせながら、母の無辺の愛情に応えるべく本書を完成できたことがせめてもの救いである。

こうして多くの人の命の上に成り立った本書が、原発の時代を底力で乗り越えたいと願う人々の役にたち、志を同じくする研究者の探究心を駆り立て、環境倫理学を刷新する過程の第一歩になるならば、それに優る喜びはない。

最後になるが、本書は、ＪＳＰＳ科研費基盤研究（Ｃ）19K00017「環境倫理学と民衆に根ざす思想の応答」の助成を受けたものである。

二〇二四年二月二二日

山本　剛史

【著者略歴】

編・著者　山本剛史

一九七二年生れ。慶應義塾大学大学院文学研究科後期博士課程単位取得退学。修士（哲学）。現在、慶應義塾大学教職課程センター他非常勤講師。

共著『環境倫理学』（昭和堂）二〇二〇年、『生命の倫理と宗教的霊性』（ぷねうま舎）二〇一八年、『未来の環境倫理学』（勁草書房）二〇一八年。熊坂、吉永とともに学術雑誌『環境倫理』の編集委員を務める。二〇二三年に刊行した『環境倫理』第五号では自ら編集主幹を務め、「福島原発事故と環境倫理学」の特集を組み、福島原発事故に関心の高い諸氏からの論考を集めて掲載した。二〇一一年の福島原発事故以前から、人間と科学技術との関係について倫理学的観点から研究。事故以後は、学問の外の市井の人々の思想と学問の世界で論じられている内容を相互に照らし合わせることを通して、埋もれてしまいがちな市井の人々の考えの中から原発事故を乗り越える理念を見出すことに関心を持っている。

〈第一部〉報告者

1章　報告者

・**秋葉信夫**　一九五〇年生れ。フクシマ原発労働者相談センター事務局長。二〇一五年に発足したセンターで、廃炉作業に従事する労働者からの労働相談を引き受け続けてきた。また、近年では「くらし・労働なんでも相談会」において困っている人達の相談に乗っている。

・**石丸小四郎**　一九四三年生れ。双葉地方原発反対同盟代表。今日まで約半世紀にわたり、反原発・脱原発の運動に携わる。近年では、定期的に東京電力と交渉し、廃炉作業をめぐる問題点を指摘し続けている。

・**鈴木裕**　一九五〇年生れ。全国一般労働組合全国協議会いわき自由労働組合執行委員長。フクシマ原発労働者相談センターの立ち上げに参加し、コロナ禍以降は「くらし・労働なんでも相談会」にて困っている人たちの相談に乗っている。

2章　報告者

・**飯田亜由美**　元・認定NPO法人いわき放射能市民測定室たらちね理事、広報担当。「たらちね」創設時から活動したメンバーであった。福島県いわき市出身、いわき市在住。四児の母、妊娠六ケ月の時に被災。

・**藤田操**　認定NPO法人いわき放射能市民測定室たらちね理事、たらちねクリニック院長。「たらちね」が二〇一三年に甲状腺検診を始めた当初から協力し、二〇一七年五月にたらちねクリニック開業とともに院長に就任した。以後地域の子どもたち、親たちの健康を見守り続けている。

3章　報告者

・**吉澤正巳**　一九五四年生れ。福島第一原発事故によって放出された放射性物質に被ばくした畜産牛を殺処分せずに寿命を全うするまで飼い続ける希望の牧場・よしざわ（前・希望の牧場・ふくしま）を、原発事故発生当時から営み続けている。また、原発事故がもたらした被害の実態と社会に投げかけている問題を、街頭や国内外での講演で訴え続けている。

4章　報告者

・**井戸川克隆**　一九四六年生れ。前福島県双葉町町長。原発事故発生時の町長であった。事故発生後、住民を放射線源から遠ざけてその生命と健康を守るために、自治体としての双葉町を埼玉県加須市に避難させた。二〇一三年に町長辞職後、同年に参議院選挙、二〇一四年に福島県知事選挙に出るも落選。その後、国と東京電力を相手取り、「福島被ばく訴訟」を提訴し、二〇二四年現在係争中である。

〈第一部〉聞き手（1章〜3章）

・**吉永明弘**　1章「はじめに」

一九七六年生れ。千葉大学大学院 社会文化科学研究科 都市研究専攻博士課程修了。博士（学術）。現在、法政大学人間環境学部人間環境学科教授。

著書：『はじめて学ぶ環境倫理』（ちくまプリマー新書）二〇二一年、『ブックガイド環境倫理』（勁草書房）二〇一七年、『都市の環境倫理』（勁草書房）二〇一四年。**訳書**：シュレーダー＝フレチェット『環境正義』（勁草書房）二〇二二年。『環境倫理学』（昭和堂）。**編著**：『未来の環境倫理学』（勁草書房）。学術雑誌『環境倫理』の発起人でもある。和辻哲郎以来の風土論を方法論的に発展させて継承しつつ、一貫して都市の環境倫理を研究している。

・**熊坂元大**　2章「はじめに」

一九七八年生れ。一橋大学大学院社会学研究科博士後期課程修了、博士（社会学）。現在、徳島大学大学院社会産業理工学研究部 准教授。

訳書：サンドラー『環境徳倫理学』（勁草書房）二〇二二年。シュレーダー＝フレチェット『環境正義』（勁草書房）。**共著**：『環境倫理学』（昭和堂）、『未来の環境倫理学』（勁草書房）、『「環境を守る」とはどういうことか――環境思想入門』（岩波ブックレット）二〇一六年。環境に関心を持ち、護ろうとする人間が持っている性格を環境徳 environmental virtue と名付ける環境徳倫理学研究および、自然や無生物の擬人化とそうした対象に向けられる道徳的感情の関係性について近年取組んでいる。

・**小松原織香**

大阪府立大学大学院人間社会学研究科人間科学専攻博士後期課程修了。博士（人間科学）。現在、大阪公立大学客員研究員。

著書：『性暴力と修復的司法 対話の先にあるもの』（成文堂）二〇一七年。同書は、二〇一八年に第一〇回西尾学術賞（ジェンダー法学会）を受賞。**論文**：「〈被害者の情念〉から〈被害者の表現〉へ――水俣病「一株運動」（一九七〇年）における被害者・加害者対話を検討する」（『現代生命哲学研究』第八号、五七－一二九）二〇一九年により、二〇二〇年に第一三回社会倫理研究奨励賞（南山大学社会倫理研究所）を受賞。自伝的エッセイである『当事者は嘘をつく』（筑摩書房）二〇二二年を発表。水俣を中心とした環境問題における正義概念の研究により、二〇二三年度クリタ水・環境科学研究優秀賞受賞。犯罪や暴力の被害を受けた当事者の視点から、厄災の〈その後〉の思想を研究している。

●福島と人間の生存・生活権を考える　本体二四〇〇円＋税

〈全村避難〉を生きる

■生存・生活権を破壊した福島第一原発「過酷」事故

飯舘村民 **菅野哲** 著　A五判並製三八四頁（2020年刊）

●福島第一原発過酷事故による「全村避難」。人々の生活権を丸ごと破壊する状況のもとで、具体の「いのちの権利」とはなにかを問い、個と家族と《基底村の共同性》に根をおいて、飯舘村民救済申立団の組織者としてたたかった、一人の村民の自伝的著作。また、飯舘村の公務員としての実経験と、公務員としての倫理を詳細に証言した記録でもある。●二〇一一年三月一一日に起こった東日本大震災。放射能雲は福島第一原発から西北方へと流され、帯のように拡がって一帯を襲った。原発周縁を除けば、浪江町津島地区と飯舘村は、この惨劇を最もまともに被った地域となった。「全村避難」という未曾有の事態に直面した飯舘村民全体と、自らの「生存・生活権」をいかにして守るか。三千余人の「飯舘村民救済申立団」を結成。八年余に渡る村民の戦いの記録であるとともに、一人の生活者としていかに生きたかを明かしだてる無類の書物です。

《推薦》澤田昭二氏（素粒子理論物理学）　本体一七一四円＋税

フクシマ

放射能汚染に如何に対処して生きるか

島亨 著 ＋談話 **菅野哲**　四六判並製三六六頁（2012年刊）

●**福島第一原発過酷事故による放射能汚染の事態に対する政策的管理の全過程を追究**（二〇一一年三月〜一二年八月）。被災者の視点から、国・自治体のあり方を問い、文献や科学的考察を網羅して多面的な検討を加え、地域住民はいかに対処して生きるかを考えた著作。十三年を過ぎてなお解決しない被災住民にとって、過酷事故とこれに対処する国、県などがいかに対策を誤ったかの記録は今も大切である。

〈証言と考察〉

被災当事者の思想と環境倫理学

福島原発苛酷事故の経験から

編・著者　山本 剛史

2024年3月31日　第一刷発行

発行者　言叢社同人

発行所　有限会社　言叢社 gensosha

〒101-0065　東京都千代田区西神田2-4-1　東方学会本館
Tel.03-3262-4827／Fax.03-3288-3640
郵便振替・00160-0-51824

印刷・製本　中央精版印刷株式会社

ISBN978-4-86209-090-4 C0036

装丁　小林しおり

索引

う

え

お

か

き

る

ろ

参考文献

＜書籍＞

Beck, Ulrich. *Risikogesellschaft auf dem Weg in eine andere Moderne*. Frankfurt am Main, 1986.（邦訳　ウルリヒ・ベック『危険社会』東簾 , 伊藤美登里訳 , 法政大学出版局 , 1998.）

Beck, Ulrich. Giddens, Anthony. Lash, Scott. *Reflexive Modernization -Politics, Tradition and Aesthetics in the Modern social Order-*. Cambridge. 1994.（邦訳　ウルリヒ・ベック , アンソニー・ギデンズ , スコット・ラッシュ『再帰的近代化　近現代における政治、伝統、美的原理』而立書房 , 1997. ）

Dawkins, Richard. *The Selfish Gene : the 40th edition.* Oxford University press. 2016.（邦訳 リチャード・ドーキンス『利己的な遺伝子』日高敏隆 , 岸由二 , 羽田節子 , 垂水雄二訳 , 紀伊国屋書店 , 1991.）

Eatherly, Claude. Anders, Günther. *Burning Conscience: The Case Of The Hiroshima Pilot Claude Eatherly*. Pickle Partners Publishing 2015, (ebook)（邦訳　ギュンター・アンデルス , クロード・イーザリー『ヒロシマわが罪と罰　原爆パイロットの苦悩の手紙』篠原正瑛訳 , ちくま文庫 ,1987.）

Frechette, Kristin. S. *Environmental Justice*. New York. 2002.（邦訳　K. S ＝フレチェット『環境正義』（奥田太郎、寺本剛、吉永明弘監訳）勁草書房 . 2022. ）

ICRP Publication103. *The 2007 Recommendations of the International Commission on Radiological Protection*. 2007.（邦訳 『ICRP 刊行物 103　国際放射線防護委員会の 2007 年勧告』ICRP 勧告翻訳検討委員会訳 2009.）

ICRP Publication111. *Application of the Commission's Recommendations to the Protection of People Living in Long-term Contaminated Areas after a Nuclear Accident or a Radiation Emergency*. 2008.（邦訳 『ICRP 刊行物 111 原子力事故または放射線緊急事態後の長期汚染地域に居住する人々の防護に対する委員会勧告の適用』ICRP 勧告翻訳検討委員会訳 , 2012. ）

ICRP Publication138. *Protection Radiological of System the of Foundations*. 2018.（邦訳『ICRP 刊行物 138 放射線防護体系の倫理基盤』ICRP 刊行物翻訳検討委員会 , 2021. ）

ICRP Publication146. *Radiological Protection of People and the Environment in the Event of a Large Nuclear Accident Update of ICRP Publication 103 and 111*. 2020.（邦訳 『ICRP 刊行物 146　大規模原子力事故における人と環境の放射線防護― ICRP Publication109 と 111 の改訂』ICRP 刊行物翻訳検討委員会 , 2022. ）

Jonas, Hans. "Dem bösen Ende näher", Böhler, Dietrich. Herrmann, Bernadette (Hrsg.), *Kritische Gesamtausgabe der Werke von Hans Jonas Band* Ⅰ */2*, Rombach Verlag. 2017.（邦訳 ハンス・ヨーナス『悪しき終末に向かって』市野川容孝訳 , みすず第 377 号 , 1992 年 8 月号 , 32-45.）

Jonas, Hans. *Gnostic Religion*(3rd ed). Boston. 2001.（邦訳　ハンス・ヨナス『グノーシスの宗教』秋山さと子 , 入江良平訳 , 人文書院 , 1989. ）

Jonas, Hans. *Macht oder Ohnmacht der Subjektivität?　Das Leib-Seele-Problem im Vorfeld des Prinzips Verantwortung*, Suhrkamp, 1987.（邦訳　ハンス･ヨナス『主観性の無力 心身問題から「責任という原理」へ』東信堂 , 2000.）

Jonas, Hans. *Philosophical Essays*. New York. 2010.

Jonas, Hans. *Philosophische Untersuchungen und metaphysische Vermutungen*. Suhrkamp. 1994.

Jonas, Hans. *Das Prinzip Leben*. Frankfurt am Main. 1994.（邦訳　ハンス・ヨナス『生命の哲学』吉本陵訳 法政大学出版局 , 2009 年 .）

Jonas, Hans. *Das Prinzip Verantwortung. Frankfurt* am Main. 1979.（邦訳 ハンス･ヨナス 『責任という原理』加藤尚武監訳 , 東信堂 , 2000.）

Solnit, Rebecca. *Hope in the dark: Untold Histories Wild Positivities*. Canongate Books. 2016.（邦訳レベッカ・ソルニット『暗闇の中の希望 増補改訂版 語られない歴史　手つかずの可能性』井上利男 , 東辻賢治郎訳 , ちくま文庫 , 2023.）

Ross, W. D. *The right and the good*. New York. 2002.

Zölzer, Friedo. Meskens, Gaston. *Ethics of Environmental Health* (*Routledge Studies in Environment and Health*), London and New York. 2017.

アリストテレス　『ニコマコス倫理学』朴一功訳 , 京都大学学術出版会 , 2002.

――．『自然学（アリストテレス全集第 3 巻）』出隆 , 岩崎允胤訳 , 岩波書店 , 1968.

石丸小四郎 , 建部暹 , 寺西清 , 村田三郎『福島原発と被曝労働　隠された労働現場、過去から未来への 警告』明石書店 , 2013.

井戸川克隆（企画・聞き手　佐藤聡）『なぜ私は町民を埼玉に避難させたのか』駒草出版 , 2014.

今道友信『エコエティカ』講談社学術文庫 , 1990.

リチャード・ウィルキンソン , マイケル・マーモット編『健康の社会的決定要因　確かな事実の探究〔第 2 版〕』高野健人監訳 , WHO 健康都市研究協力センター , 日本健康都市学会 , 2004.

H.T. エンゲルハート , H. ヨナス他著 , 加藤尚武 , 飯田亘之編『バイオエシックスの基礎　欧米の「生命倫理」論』東海大学出版会 , 1988.

大竹千代子 , 東賢一『予防原則　人と環境の保護のための基本理念』合同出版 , 2005.

尾松亮『チェルノブイリという経験』岩波書店 , 2018.

柏木恭典『赤ちゃんポストと緊急下の女性：未完の母子救済プロジェクト』北大路書房 , 2013.

加藤尚武『環境倫理学のすすめ』丸善ライブラリー , 1991.

加藤尚武『新・環境倫理学のすすめ』丸善ライブラリー , 2005.

加藤尚武『災害論』世界思想社 , 2011.

イマヌエル・カント『カント全集 7（実践理性批判・人倫の形而上学の基礎付け）』坂部恵 , 平田俊博 , 伊古田理訳 , 岩波書店 , 2000.

菅野哲『〈全村避難〉を生きる 生存権・生活圏を破壊した福島原発「過酷」事故』言叢社 , 2020.

鬼頭秀一『自然保護を問い直す』ちくま新書 , 1996.

鬼頭秀一 , 福永真弓編『環境倫理学』東京大学出版会 , 2009.

小坂洋右『破壊者のトラウマ　原爆科学者とパイロットの数奇な運命』未来社 , 2005.

後藤秀典『東京電力の変節――最高裁・司法エリートとの癒着と原発被災者攻撃』旬報社 , 2023.

小林傳二編『公共のための科学技術』玉川大学出版部 , 2002.

榊原崇仁『福島が沈黙した日 原発事故と甲状腺被ばく』集英社新書 , 2021.

佐藤とよ子『“原爆ヒーロー”エザリーの神話』朝日新聞社 , 1986.

佐藤嘉幸 , 田口卓臣『脱原発の哲学』人文書院 , 2016.

島崎邦彦『3.11　大津波の対策を邪魔した男たち』青志社 , 2023.

島薗進『原発と放射線被ばくの科学と倫理』専修大学出版局 , 2019.

添田孝史『原発と大津波　警告を葬った人々』岩波新書 , 2014.

――．『東電原発裁判―福島原発事故の責任を問う』岩波新書 , 2017.

高木学校編『高木学校第 21 回市民講座報告集 東電原発事故の放射能と健康被害　わかっていることも分からないことに』高木学校 , 2018.

竹内啓『偶然とは何か』岩波新書 , 2010.

東京電力福島原子力発電所事故調査委員会『国会事故調 報告書』徳間書店 , 2012.

東京電力福島第一原子力発電所における事故調査・検証委員会『政府事故調中間報告書』メディアランド株式会社 , 2012.
中川保雄『増補　放射線被曝の歴史』明石書店 , 2011.
中村桂子『自己創出する生命　普遍と個の物語』ちくま学芸文庫 , 2006.
西澤邦秀、飯田孝夫編『放射線安全取扱の基礎〔第 3 版増訂版〕』名古屋大学出版会 , 2013.
ジョン・ハーシー『ヒロシマ〔増補版〕』石川欣一 , 谷本清 , 明田川融訳 , 法政大学出版局 , 2003.
針谷勉『原発一揆　警戒区域で戦い続ける“ベコ屋”の記録』サイゾー , 2012.
トム・L. ビーチャム、ジェイムズ・F. チルドレス『生命医学倫理〔第 5 版〕』立木教夫 , 足立智孝訳 , 麗澤大学出版会 , 2009.
日野行介『福島原発事故　県民健康管理調査の闇』岩波新書 , 2013.
――．『原発再稼働　葬られた過酷事故の教訓』集英社新書 , 2022.
姫野雅義『第十堰日誌』七つ森書館 , 2012.
ヒューマンライツ・ナウ編『国連グローバー勧告』合同出版 , 2014.
福島県編纂『福島県戦後開拓史』1973.
サミュエル・フライシャッカー『分配的正義の歴史』中井大介訳 , 晃洋書房 , 2017.
堀江邦夫『原発ジプシー 増補改訂版――被曝下請け労働者の記録』現代書館 , 2011.
松田文夫『ICRP 勧告批判』吉岡書店 , 2022.
古川元晴 , 船山泰範『福島原発、裁かれないでいいのか』朝日新書 , 2015.
松浦徹也 , 加藤聰 , 中山政明編『製造・輸出国別でわかる！化学物質規制ガイド』第一法規株式会社 , 2018.
三浦英之『白い地図』集英社 , 2020.
宮本憲一『環境と自治 - 私の戦後ノート』岩波書店 , 1996.
宮本憲一編『沼津住民運動の歩み』日本放送出版協会 , 1979.
村上稔『希望を捨てない市民政治』緑風出版 , 2013.
望月彰『告発！サイクル機構の「40リットル均一化注文」』世界書院 , 2004.
森千里 , 戸高恵美子『へその緒が語る体内汚染』技術評論社 , 2008.
吉永明弘『都市の環境倫理』勁草書房 , 2014.
吉永明弘 , 熊坂元大 , 寺本剛 , 山本剛史編『環境倫理』（第 1 号）, 江戸川大学 , 2017.
吉永明弘 , 寺本剛編『環境倫理学〔3STEP シリーズ〕』昭和堂 , 2020.
ピエル・ルイジ・ルイージ『創発する生命　化学的起源から構成的生物学へ』白川智 , 郡司ペギオ - 幸夫訳 , NTT 出版 , 2009.

＜論文・雑誌記事＞

Aldred, J., “Risk and Precaution in Decision Making about Nature”. Gardiner, Stephen Mark. Thompson, Allen. (Ed.). *The Oxford Handbook of Environmental Ethics*.Oxford University Press. 2017. 321–324.
青山道夫「月間降下物測定 720 ヶ月が教えること（2）―降下物に関する他の長期測定記録と外部被ばく線量の推定」『科学』2019 年 7 月号 , 岩波書店 , 665–672.
明石昇二郎「『急性心筋梗塞ワースト 1』で福島県が放った奇策　死因不明の“福島病”を生み出してはならない」『週刊金曜日』2019 年 5 月 10 日号 , 株式会社金曜日 , 12–14.
石丸小四郎「一橋大学フェアレイバー研究教育センター (47) 福島原発震災と反原発運動の 46 年――石丸小四郎さん (双葉地方原発反対同盟代表) に聞く」『労働法律旬報 (1754)』2011–10, 50–57,

――.「一橋大学フェアレイバー研究教育センター (76) 七〇～八〇年代の福島県双葉地方の反原発運動：石丸小四郎さん (双葉地方原発反対同盟代表) に聞く (2)」『 労働法律旬報 (1807)』, 2014-01-25, 66-72.
今田高俊「リスク社会と再帰的近代――ウルリッヒ・ベックの問題提起」『海外社会保障研究』No.138, 2002, 63-71.
魚住洋一「科学批判から『ミナマタ』へ――丸山徳次の哲学／倫理学」『龍谷哲学論集（丸山徳次先生御任記念号)』第 31 号 , 2017, 15-43.
兼松 誠「倫理学は『赤ちゃんポスト』をどう論じるか」第一部門<哲学・思想に関する論文>佳作論文, 暁烏敏賞入選論文集 , 2011.
菊地真貴子「天野貞祐の道徳教育論の展開と課題」『白鴎大学教育学部論集』第 11 巻第 4 号 , 2018, 41-60.
鬼頭秀一「3.11 以後の『共生』の課題と環境正義」『共生科学』第 10 号 , 2019, 12-17.
松冨哲郎「核燃料サイクルを支えるプルサーマルの行方 (8) 増設問題を抱える双葉郡」『エネルギー』32(5) (通号 375), 1999.05, 66-69.
吉田文和「最大・最悪の公害としての原発災害」『地域経済経営ネットワーク研究センター年報』第 1 号, 2012, 51-74.
吉村和就「水と共生に　東電福島第一原発の汚染水対策」『月刊 Business i ENECO』2013 年 11 月号 , 44-47.

<政府文書>
厚生労働省労働基準局長「通達『労働安全衛生規則及び電離放射線障害防止規則の一部を改正する省令の行等について』」2001 年 3 月 30 日 .
高坂正顕「別記『期待される人間像』. 後期中等教育の拡充整備について（第 20 回答申)」中央教育審議会, 1966.
「国土庁 , 農林水産省構造改善局 , 農林水産省水産庁 , 運輸省 , 気象庁 , 建設省 , 消防庁 , 地域防災計画における津波防災対策の手引き」1997.
「東京電力福島原子力発電所における事故調査・検証委員会」聴取結果書（平成 23 年 7 月 22 日).
――. 聴取結果書（平成 23 年 7 月 28 日).
――. 聴取結果書（平成 23 年 8 月 8 日、9 日).
――. 聴取結果書（平成 23 年 11 月 6 日).

<訴訟記録>
「子ども脱被ばく裁判第 26 回口頭弁論山下俊一氏証人調書」平成 26 年（行ウ）第 8 号 , 平成 27 年（行ウ）第 1 号 , 平成 28 年（行ウ）第 2 号 [福島地方裁判所 , 2020 年 3 月 4 日].
「福島被ばく損害補償請求事件原告第 15 準備書面（その四)」平成 27 年（ワ）第 13562 号 [東京地方裁判所 , 2019 年 4 月 17 日].
「福島被ばく損害賠償請求事件第 16 回口頭弁論陳述書『受けた損害総論（1)』」平成 27 年（ワ）第 13562 号［東京地方裁判所 , 2019 年 10 月 30 日］
「福島被ばく損害補償請求事件原告第 19 回準備書面」 平成 27 年（ワ）第 13562 号［東京地方裁判所 , 2020 年 1 月 22 日］
「原状回復等請求事件判決」令和 3 年 (受) 第 342 号［最高裁判所第二小法廷． 2022 年 6 月 17 日］.

<新聞記事>
大阪日日新聞「災禍越え未来へ　被災地首長の思い《5》　頓挫した「仮の町」構想」井戸川克隆・前福島

県双葉町長 , 2021 年 1 月 16 日 .
社会新報「被ばく労働の現状　初めて労災認定されたあらかぶさんの事例から」2018 年 6 月 27 日 .
東京新聞「地元住民の復興につながらない」2023 年 4 月 30 日 .

＜ウェブページ＞

EJ net.org: Web Resources for Environmental Justice Activities. "The Principles of environmental Justice (EJ)". (Update:6 April 1996) https://www.ejnet.org/ej/principles.html
Japan Atomic Energy Agency. "Dispersion and surface deposition of I-131 over Eastern Japan(2-D animation)." https://nsec.jaea.go.jp/ers/environment/en/envs/fukushima/index/html
Jacques Lochard. "My experience with the post-accident situations of Chernobyl and Fukushima". (The 81st Seminar of Atomic Bomb Disease Institute 6 June 2017, Nagasaki, Japan) https://www.genken. nagasaki-u.ac.jp/abdi/dhrc/data/170606_Nagasaki.pdf
New Mexico Department of Health. "Environmental Justice definitions". https://www.nmhealth.org/ publication/view/help/309/
United States Environmental Protection Agency. "Learn About Environmental Justice". https://www.epa.gov/environmentaljustice/learn-about-environmental-justice
47NEWS「幼い命救うこと優先　首相批判も「傍観できぬ」赤ちゃんポスト開設 10 年」2017 年 4 月 15 日 . https://www.47news.jp/710548.html
Level7News「添田孝史『土木学会で安全確認』実は検討してなかった」2018 年 12 月 18 日 . https://level7online.jp/2018/%E3%80%8C%E5%9C%9F%E6%9C%A8%E5%AD%A6%E4%BC%9A%E3%81%A7%E5%AE%89%E5%85%A8%E7%A2%BA%E8%AA%8D%E3%80%8D%81%A7%E5%AE%89%E5%85%A8%E7%A2%BA%E8%AA%8D%E3%80%8D%
Our Planet TV「『被ばく牛の異変調査を』浪江町の牛飼いが霞ヶ関で抗議」2014 年 6 月 21 日配信 . https://www.youtube.com/watch?v=K1L3-Byeazg.
――．「『福島県は世界最大の実験場』『1 ミリで支援』山下俊一氏」OurPlanetTV ホームページ , 2015 年 5 月 19 日配信 . https://www.ourplanet-tv.org/38063/.
――．「甲状腺がん子ども基金 149 人に給付～福島での再発転移 12 人」OurplanetTV, 2019 年 6 月 17 日 . https://www.ourplanet-tv.org/39623/.
――．「ニコニコ発言「緊張解くため」～山下俊一氏が 9 年前の発言釈明」OurPlanetTV, 2020 年 3 月 6 日配信 . https://www.ourplanet-tv.org/39911/.
朝日新聞デジタル「東京電力、28 年ぶりに赤字　中越沖地震響く」2007 年 10 月 31 日 . http://www.asahi.com/special/070716/TKY200710310325.html
――．「内密出産　日本での課題は　千葉経済大短期大学部・柏木恭典教授」2022 年 9 月 9 日 . https://www.asahi.com/articles/ASQ987G5BQ84TLVB00R.html
天野貞祐「国民実践要領」種村剛ホームページ . 1953. http://tanemura.la.coocan.jp/re3_index/2K/ko_kokumin_zissen_yoryo.html.
井戸川克隆「いま伝えたいこと。双葉町長だった私が国と東電のウソを暴く！」2021 年 7 月 28 日 . https://www.youtube.com/watch?v=Dvsl1ntII08
カネミ油症被害者支援センターホームページ .　https://yusho-support.com
環境省「国連環境開発会議（地球サミット : 1992 年、リオ・デ・ジャネイロ）環境と開発に関するリオ宣言」. https://www.env.go.jp/council/21kankyo-k/y210-02/ref_05_1.pdf

――.「資料 15　ウィングスプレッド宣言」. https://www.env.go.jp/policy/report/h16-03/mat15.pdf
経済産業省「福島第一原子力発電所における汚染水問題への対策」首相官邸　第 31 回原子力災害対策本部会議 . 2013 年 8 月 7 日 . https://www.kantei.go.jp/jp/singi/genshiryoku/dai31/siryou2.pdf
原子力規制委員会「第 71 回特定原子力施設監視・評価検討会議事録」2019 年 5 月 20 日 .
https://warp.da.ndl.go.jp/info:ndljp/pid/11373737/www.nsr.go.jp/data/000270700.pdf
――.「第 72 回特定原子力施設監視・評価検討会議事録」2019 年 6 月 17 日 .
https://www.da.nra.go.jp/file/NR000065815/000277393.pdf
原子力規制庁「東京電力福島第一原子力発電所の中期的リスクの低減目標マップの改定の方針について（第 2 回）」原子力規制委員会，2020 年 2 月 12 日． https://www.nra.go.jp/data/000301258.pdf
崎山比早子「多発する小児甲状線がん 継続検査が必須」原発事故被害者の救済を求める全国運動院内集会", 2018 年 6 月 28 日． https://www.foejapan.org/energy/fukushima/pdf/180628_sakiyama.pdf
四国新聞社ウェブサイト「六本木ヒルズ、25 日に開業／総工費 2700 億円」2003 年 4 月 21 日 .
https://www.shikoku-np.co.jp/national/economy/20030421000283
脱原発情報「再開後 第 52 回目 東電交渉　カイゼン・過去の自殺問題 東電社員苦悩！」2020 年 2 月 25 日 .
http://www.sdp.or.jp/fukushima/genpatu/2020/218all8.pdf
ブログ・民の声新聞「【子ども脱被ばく裁判】「言葉足らずの講演だった」。九年後の "ミスター 100mSv" が法廷で語った今さらながらの「釈明」と「お詫び」。甲状腺がん「多発」は強く否定」 2020 年 3 月 5 日配信 . http://taminokoeshimbun.blog.fc2.com/blog-entry-424.html.
テレ朝 NEWS「廃炉や除染に思いを……福島移住の前原子力規制委員長」 2018 年 3 月 10 日 .
https://news.tv-asahi.co.jp/news_society/articles/000122580.html.
東京電力処理水ポータルサイト「告示濃度比総和」.
https://www.tepco.co.jp/decommission/progress/watertreatment/alpsstate/
東京電力ホームページ「今回の津波は、それまでの知見では想定できない大規模なものでした」 2012 年 4 月 17 日． https://www.tepco.co.jp/nu/fukushima-np/info/12041701-j.html
東京電力ホールディングス株式会社「多核種除去設備等処理水の海洋放出にあたって」第 4 回福島県原子力発電所安全確保技術検討会　資料 1 － 1.2023 年 8 月 23 日 .
https://www.pref.fukushima.lg.jp/uploaded/attachment/591602.PDF
東京電力ホールディングス株式会社「水処理二次廃棄物の処理にむけた検討状況」原子力規制委員会第 5 回特定原子力施設放射性廃棄物規制検討会 , 2017 年 2 月 10 日 .
https://www.da.nra.go.jp/file/NR000037171/000178233.pdf
東京電力ホールディングス株式会社　福島第一廃炉推進カンパニー「（1） 1 ～ 4 号機の状況」 福島県庁ホームページ . 2023 年 3 月 6 日． https://www.pref.fukushima.lg.jp/uploaded/attachment/564415.pdf
東洋経済オンライン「大飯原発『基準地震動評価』が批判されるワケ　島崎氏の指摘を規制委は否定したが…」2016 年 8 月 17 日． https://toyokeizai.net/articles/-/131955
内閣官房「低線量被ばくのリスク管理に関するワーキンググループ報告書」2011 年 12 月 22 日 .
https://www.cas.go.jp/jp/genpatsujiko/info/twg/111222a.pdf
――.「第 5 回『低線量被ばくのリスク管理に関するワーキンググループ』議事録」2011 年 11 月 28 日 .
https://www.cas.go.jp/jp/genpatsujiko/info/twg/gijiroku/dai5.pdf
――.「GX 実行会議（第 5 回）」 2022 年 12 月 22 日 .
https://www.cas.go.jp/jp/seisaku/gx_jikkou_kaigi/dai5/index.html
内閣府ホームページ「第四回東海第二地域原子力防災協議会作業部会（資料 8/13）」 2020 年 3 月 19 日 .

https://www8.cao.go.jp/genshiryoku_bousai/kyougikai/pdf/05_toukai_shiryou04_8.pdf
――.「6-3　ケース3（海路避難、空路避難）における対応」2022年11月13日.
https://www8.cao.go.jp/genshiryoku_bousai/pdf/02_ikata_0204l.pdf
浪江町ホームページ「馬場有町長が永眠されました」2018年8月1日.
https://www.town.namie.fukushima.jp/uploaded/attachment/8896.pdf
日本経済新聞ウェブサイト「原発事故で国の責任否定､東電には賠償命令　東京高裁」2021年1月21日.
https://www.nikkei.com/article/DGXZQODG20DJ10Q1A120C2000000/
認定NPO法人 いわき放射能市民測定室たらちねホームページ｢2021年2月20日　今中哲二講演会資料｣
https://tarachineiwaki.org/wpcms/wp-content/uploads/shiryou_20210220_2.pdf
農林水産省ホームページ「富山県神通川流域カドミウム汚染農地の復元」日付不明.
https://www.maff.go.jp/hokuriku/news/print/50nen_ayumi/pdf/13_17-18_50ayumi.pdf
広島県ホームページ「原爆被害の実態」2020年7月29日.
https://www.pref.hiroshima.lg.jp/uploaded/attachment/399886.pdf
広島市ホームページ「原爆で何人が亡くなった（被爆した）のですか。」2019年10月21日.
https://www.city.hiroshima.lg.jp/site/faq/15511.html
福島県ホームページ「福島県内各地方　環境放射能測定値（第3報から第6報まで）」2011年3月15日.
https://www.pref.fukushima.lg.jp/sec_file/monitoring/m-0/sokuteichi2011.3.15.pdf
福島県ホームページ「福島県内各地方　環境放射能測定値（暫定値）（第127報から第150報まで）」
2011年3月21日. https://www.pref.fukushima.lg.jp/sec_file/monitoring/m-0/sokuteichi2011.3.21.pdf
福島民報ウェブサイト「データで見る　東日本大震災・東電福島第一原発事故」
https://www.minpo.jp/pub/sinsai_data/
福本学「福島第一原発事故に伴う被災動物における体内放射性物質の動態および影響解析研究」『2014～2017年度科学研究費補助金基盤研究(A)（一般）研究成果報告書』2019年6月20日.
https://kaken.nii.ac.jp/ja/file/KAKENHI-PROJECT-26253022/26253022seika.pdf
双葉町ホームページ「『7000人の復興会議』における町民の意見・提案のとりまとめについて」2013年5月10日. https://www.town.fukushima-futaba.lg.jp/2753.htm
まさのあつこ「地味な取材ノート『思い出そう:1F廃炉と柏崎刈羽の関係――東電の約束』2023年8月13日.
https://note.com/masanoatsuko/n/n89cd887b5209
牧内昇平“【イチエフ過労死裁判】判決が認めた救急体制の課題”、月刊政経東北note. 二〇二二年七月一二日配信。https://note.com/seikeitohoku/n/n1cc840ad4a28
民医連ホームページ「元気スペシャル　原発空撮　これでも再稼働？ 写真家・森住 卓」2012年6月1日.
https://www.min-iren.gr.jp/?p=7255.
森住卓のフォトブログ「接近空撮　福島第一原発」2012年4月5日.
http://morizumipoto.sblo.jp/article/183334607.html.

＜映像作品＞

「福島　生きものの記録」（DVD）シリーズ1から5まで, 岩崎雅典監督作品, 群像社, 2013～2017.